环境规制下中国建筑业绿色全要素生产率评价与政策研究

Evaluation and Policy Recommendation on Green
Total factor Productivity of Chinese Construction Industry:
A Environmental Regulation Perspecitve

张静晓 著

人民出版社

责任编辑：宫　共
封面设计：毛　淳　徐　晖

图书在版编目(CIP)数据

环境规制下中国建筑业绿色全要素生产率评价与政策研究/
　张静晓 著. —北京：人民出版社，2023.1
(国家社科成果后期资助)
ISBN 978-7-01-025333-6

Ⅰ.①环…　Ⅱ.①张…　Ⅲ.①建筑业-全要素生产率-研究-中国
Ⅳ.①F426.9

中国版本图书馆 CIP 数据核字(2022)第 246669 号

环境规制下中国建筑业绿色全要素生产率评价与政策研究
HUANJING GUIZHI XIA ZHONGGUO JIANZHUYE LÜSE QUANYAOSU
SHENGCHANLÜ PINGJIA YU ZHENGCE YANJIU

张静晓　著

人民出版社 出版发行
(100706　北京市东城区隆福寺街 99 号)

北京汇林印务有限公司印刷　新华书店经销
2023 年 1 月第 1 版　2023 年 1 月北京第 1 次印刷
开本：710 毫米×1000 毫米 1/16　印张：23.25　字数：430 千字

ISBN 978-7-01-025333-6　定价：70.00 元

邮购地址 100706　北京市东城区隆福寺街 99 号
人民东方图书销售中心　电话 (010)65250042　65289539

版权所有·侵权必究
凡购买本社图书，如有印制质量问题，我社负责调换。
服务电话：(010)65250042

序　一

改革开放以来，我国建筑业实现了飞速发展，但环境、资源等问题和瓶颈也相继产生。而绿色发展是构建现代化经济体系的必然要求，是解决污染问题的根本之策。当前，我国经济增长正由高速发展向高质量转变，近年来的政府工作报告也专门对加强污染防治和生态建设、大力推动绿色发展提出要求。各种事实都在倒逼着我国建筑业进行绿色转型发展。

绿色模式下的中国建筑业，就是要以绿色转型和技术升级为发展目标，改变传统的高能耗、高排放、低产出、低效率的生产模式。技术升级作为经济增长的重要源泉、经济转型和发展的重要驱动力，有不可替代的重要性，更是绿色发展的保障。接近或超越资源环境承载力的建筑业发展模式已经严重制约了中国建筑业的可持续发展。如何促进建筑业绿色发展，需要政府、建筑业产业、企业高管、从业人员、公众以及学术界共同努力。非常欣喜，看到本书从建筑业绿色发展开展了系统深入的研究，并取得了非常具有学术价值和实践意义的成果。

第一，基于环境规制下的绿色经济高质量增长需求，综合绿色经济增长、公共政策评估、环境规制等相关理论，深化我国建筑业绿色全要素生产率评价研究，结合多指标体系构建，系统分析建筑业绿色全要素生产率的影响因素清单，全面评价了我国建筑业绿色全要素生产率，推进环境规制下的建筑业绿色全要素生产率政策深入研究，为建筑业绿色全要素生产率的拓展研究做出了一定的学术贡献。

第二，从环境规制整体强度、不同类型环境规制和环境规制工具组合三个视角，系统分析了环境规制对建筑业绿色全要素生产率的影响，探索与揭示了不同类型环境规制对建筑业绿色全要素生产率的影响机制，填补不同类型环境规制对建筑业绿色全要素生产率的传导机制方面的研究空白。

第三，系统、示范地评估了现有环境规制政策对中国建筑业绿色全要素生产率的影响，并建立了"供给方←→需求方←→绿色金融"三点联动环境规制政策制定框架，有助于政府根据不同环境监管工具的影响修改环境监管政策的组合，为其他行业的全要素生产率提升研究起到了良好的示范作用，为建筑业相关政策的制定提供了科学依据和参考。

协调好建筑业发展与环境的关系已经成为中国建筑业持续健康发展

的关键。本书从中国建筑业的发展实践出发,系统地研究了环境规制下中国建筑业绿色全要素生产率与政策,不仅提出了创新的观点和命题,而且提供了全面深刻的论述和证明;同时,本书还对环境规制政策进行论述,在充分考虑政策制定影响因素的基础上,平衡各核心参与方政策需求,引导供给方、需求方和绿色金融破解环境约束,协同推动建筑业绿色全要素生产率提升,这对促进我国建筑业可持续发展具有重要的理论意义和实践价值。

基于此,本人欣然作序。

中国社会科学院学部委员、经济学家

序 二

自中国经济发展进入新常态以来，依靠生产要素的扩张性投入以及支付高昂环境代价获取经济增长的"数量和速度"的方式将难以为继，促进绿色全要素生产率提升已成为助推"经济高质量发展"和"生态文明"的必然要求。建筑业作为中国重要的物质生产部门，提升建筑业绿色全要素生产率，实现建筑业的绿色可持续发展责无旁贷。在针对建筑业资源环境约束和绿色发展方面，政府也相继出台并且强化了一系列的环境规制政策。在环境规制视角下，对建筑业绿色全要素生产率进行评价和政策分析，有助于政府统筹建筑业绿色发展格局和以环境规制为工具落实建筑业绿色全要素生产率高质量增长，实现经济效益和环境效益双赢的目标。

找到环境保护和建筑业绿色经济高质量增长的平衡点，处理环境规制与建筑业绿色全要素生产率提升以及政策制定问题非常重要。然而，当前研究忽略了关于环境规制对建筑业绿色全要素生产率传导机制的探索，也缺乏对于现有环境规制政策对建筑业绿色全要素生产率的系统评估等问题。因此，亟须结合经济增长理论、环境规制等相关理论，对环境规制下建筑业绿色全要素生产率传导机制和环境规制政策制定框架进行系统性的探索与实践。

欣喜的是，本书在环境规制下中国建筑业绿色全要素生产率评价与政策分析方面开展了深入的研究。本书创新性地制定了一套具有普适性的建筑业绿色全要素生产率影响因素清单，并采用以数据包络分析法为代表的定量分析方法，分别从非期望产出、中间产物、产能利用、产业结构、技术创新和数字化转型六个视角对中国建筑业绿色全要素生产率进行系统性的评价；进一步，从环境规制强度、环境规制类型和环境规制工具组合三个角度，研究环境规制外部因素对建筑业绿色全要素生产率的传导机制；在环境规制政策制定研究方面，首先对现有环境规制政策的实施效果进行系统评估，并以政府为政策制定供给方，业主和承包商为政策制定需求方，绿色金融为政策实施的资本媒介，构建三点联动环境规制政策制定框架，提出促进我国建筑业绿色全要素生产率发展的未来环境政策发展方向。

建筑业作为我国的支柱型产业和经济发展的主要推动力，提升建筑业绿色全要素生产率、推动建筑业的绿色发展将成为当前新经济发展形态和

"生态文明""绿色经济""资源环境约束""高质量发展"时代要求下的必然选择。以上这一系列研究成果对于我们深刻认识环境规制下中国建筑业绿色全要素生产率评价和政策分析具有基础性和引导性的作用，是当前我国工程管理学者对中国建筑业绿色全要素生产率理论与实践相结合探索的重要贡献和突出标志。希望这一系列研究成果能为建筑业产业的政策制定者，为环境规制与技术创新协同驱动建筑业绿色发展的政策制定提供依据，实现建筑业绿色高质量发展的目标。

本书注重学术基础的严谨性，学术思想的新颖性，理论逻辑与现实逻辑的一致性以及理论与实践之间的紧密结合，因此，无论学术界还是工程界都能够从本书不同角度获得启发和收益。

盛昭瀚

南京大学工程管理学院名誉院长

目　录

序　一 ·· 1
序　二 ·· 1
前　言 ·· 1

第一篇　导论及理论基础

第一章　导　论 ··· 3
第一节　研究背景及问题提出 ··· 3
第二节　研究目的及意义 ··· 12
第三节　研究现状综述 ··· 15
第四节　研究方法与基本框架 ··· 26
第五节　创新点 ··· 30

第二章　环境规制与绿色全要素生产率的理论基础 ······················ 32
第一节　环境规制理论 ··· 32
第二节　绿色全要素生产率理论 ·· 41
第三节　公共政策评估理论 ··· 47

第二篇　建筑业绿色全要素生产率影响因素清单

第三章　建筑业绿色全要素生产率影响因素分析 ························· 57
第一节　扎根理论 ·· 60
第二节　研究设计 ·· 62
第三节　研究结果 ·· 69
第四节　影响因素清单的确定 ··· 77

第五节　结　论 …………………………………………………… 88

第三篇　环境规制下中国建筑业绿色全要素生产率评价与传导机制

第四章　生产优化层面中国建筑业绿色全要素生产率评价 …………… 93
　第一节　非期望产出视角下中国建筑业绿色全要素生产率评价 ……… 93
　第二节　中间产物视角下中国建筑业绿色全要素生产率评价 ………… 113

第五章　资源配置层面中国建筑业绿色全要素生产率评价 …………… 132
　第一节　产能利用视角下中国建筑业绿色全要素生产率评价 ………… 132
　第二节　产业结构视角下建筑业绿色全要素生产率评价 ……………… 145

第六章　科技跨越层面中国建筑业绿色全要素生产率评价 …………… 166
　第一节　技术创新视角下中国建筑业绿色全要素生产率评价 ………… 166
　第二节　数字化转型视角下中国建筑业绿色全要素生产率评价 ……… 180

第七章　环境规制对中国建筑业绿色全要素生产率传导机制研究 …… 200
　第一节　环境规制强度对中国建筑业绿色全要素生产率的传导
　　　　　机制 …………………………………………………………… 200
　第二节　不同类型环境规制对中国建筑业绿色全要素生产率的
　　　　　传导机制 ……………………………………………………… 221
　第三节　环境规制工具组合对中国建筑业绿色全要素生产率的
　　　　　传导机制 ……………………………………………………… 234

第四篇　我国现有环境规制政策评估与未来环境规制政策制定

第八章　我国现有环境规制政策评估 …………………………………… 247
　第一节　我国环境规制政策体系以及发展历程 ………………………… 248
　第二节　我国现有环境规制问题 ………………………………………… 253
　第三节　我国环境规制政策偏差实证分析 ……………………………… 255

  第四节 研究结论与政策建议 ·· 270

第九章 我国未来环境规制政策制定与建议 ································ 273
  第一节 我国未来政策制定框架 ·· 273
  第二节 发达国家政策借鉴 ·· 278
  第三节 政策制定影响因素 ·· 286
  第四节 政策制定核心参与方分析 ·· 291
  第五节 "供给方←→需求方←→绿色金融"三方联动的政策建议 ······ 314

第十章 主要结论与研究展望 ·· 320
  第一节 主要结论 ·· 320
  第二节 研究展望 ·· 324

参考文献 ··· 328

前　言

　　建筑业全要素生产率研究是建筑经济与管理领域一个历久弥新的话题。自 1999 年起,在古典经济增长理论范畴内,资本、劳动、技术等要素被考虑进全要素生产率测算框架里。20 年来,历经了多视角分析和多方法测度的产业理论探索和学术争鸣,诸多方家涌现,成果耀眼,深深启发后来者。现如今,建筑业发展已经迈步进入资源约束与产业转型的新征程,提升绿色全要素生产率已成为新经济形态下资源与环境硬约束的必然选择。在环境规制视角下,相对于全要素生产率而言,采用绿色全要素生产率来评价产业经济增长质量更符合"生态文明"和"高质量发展"的时代要求。环境规制下建筑业绿色全要素生产率评价和政策分析无疑将成为相当长一段时间内学术界、产业界和政策制定者关注的重点领域。然而,基于古典经济增长理论的传统全要素生产率模型,未将环境因素纳入传统生产率测算框架并对其拓展,难以满足环境规制下建筑业绿色全要素生产率评价的理论与实践需求。目前,环境规制与建筑业绿色全要素生产率的相关研究领域存在一些不容忽视、亟待解决的问题,主要表现在以下 3 个方面:

　　(1) 建筑业生产率研究仍主要着力传统全要素生产率的因素分析,如技术进步及资本的影响,缺乏建筑业绿色全要素生产率驱动因素分析,未能全面、系统地对影响因素进行梳理与归纳,以形成规范的建筑业绿色全要素生产率影响因素清单。

　　(2) 环境规制对绿色全要素生产率影响的研究,大多集中于工业、制造业等领域,而针对作为中国支柱型产业的建筑业的研究还非常缺乏,忽略了关于环境规制对建筑业绿色全要素生产率传导机制的探索。

　　(3) 现有研究缺乏关于环境规制政策对建筑业绿色全要素生产率的影响评估,大部分研究仅从单一角度,或者仅考虑片面因素,探究环境规制的实施影响,无法系统地评价环境规制强度、不同类型环境规制以及环境规制工具组合对建筑业绿色全要素生产率产生的影响,也缺乏对现有环境规制政策制定和执行偏差进行系统性评估及实证研究,以指导环境规制政策的可持续改进。

　　基于此,本书以广义建筑业为研究对象,以古典经济理论下建筑业生产率模型的拓展探索与实践应用为立足点,展开三点研究:(1) 确定了建筑业绿色全要素生产率影响因素清单。采用基于扎根理论的 Nvivo 软件对典型文献进行编码分析，确定了能源结构、资源优化、要素结构、市场因素、技术水平以及经济环境 6 个内部因素和环境规制一个外部因素。(2) 揭示了环境规制下建筑业绿色全要素生产率传导机制。基于第一部分确定的 6 个内部因素，从相对应的 6 个视角出发，对建筑业绿色全要素生产率进行评价；进一步，从环境规制强度、环境规制类型和环境规制工具组合 3 个角度，研究环境规制外部因素对建筑业绿色全要素生产率的传导机制。(3) 提出了三点联动环境规制政策制定框架。基于影响因素清单和传导机制分析，进一步对"十二五""十三五"期间环境规制政策偏差进行系统评估，并以政府为政策制定供给方，业主和承包商为政策制定需求方，绿色金融为政策实施的资本媒介，构建"供给方←→需求方←→绿色金融"三点联动环境规制政策制定框架，力争为建筑业绿色全要素生产率测算方法、提升路径和最佳实践提供科学判据，为产业政策制定者提供一个新的分析思路和实践依据，为中国建筑业绿色转型升级提供前瞻观察和学术支撑。

  本书在写作过程中得到了清华大学方东平、上海交通大学曾赛星、澳大利亚阿德莱德大学左剑、中国科学院科技战略咨询研究院杨国梁、香港城市大学张晓玲、同济大学乔非、哈尔滨工业大学王要武、东南大学李启明、重庆大学申立银、大连理工大学李忠富、北京交通大学刘伊生、广州大学薛小龙、西安建筑科技大学卢才武等诸多专家的支持和鼓励，此外，人民出版社为本书的出版提供了非常重要的帮助。在此，著者谨向为本书提供悉心帮助的各方表示由衷感谢。受限于著者水平，书中疏漏和不完善之处在所难免，敬请各位同行和读者不吝赐教并予指出。

著 者
2022 年 6 月

第一篇

导论及理论基础

第一章 导 论

第一节 研究背景及问题提出

一、研究背景

"生态文明""绿色经济""资源环境约束""高质量发展"以及"绿色全要素生产率"之间有着深刻的内在契合。2017年10月18日,中国共产党第十九次全国代表大会报告中,4次突出"绿色"一词,强调"建设生态文明是中华民族永续发展的千年大计",充分表明"供需错位"和"资源环境约束倒逼增长方式转型"已经是中国经济新常态形势下的两大难题。[①] 2018年5月,国务院发展研究中心资源与环境政策研究所发布《经合组织关于绿色全要素生产率核算方法的探索及启示》调查研究报告,明确指出在资源环境约束背景下,中国实现高质量发展须密切关注绿色全要素生产率,加强国际合作研究,完善相关统计制度。[②] 2019年3月5日,习近平总书记在参加十三届全国人大二次会议内蒙古代表团审议强调,"保持加强生态文明建设的战略定力,探索以生态优先、绿色发展为导向的高质量发展新路子"[③]。提高全要素生产率是高质量发展的动力源泉,对于我国决胜全面建成小康社会、开启全面建设社会主义现代化国家新征程具有重要意义。在资源环境约束背景下,采用绿色全要素生产率来评价经济增长质量比全要素生产率更符合"生态文明"和"高质量发展"的时代要求。因此,提升绿色全要素生产率将成为新经济发展形态下资源与环境硬约束的必然选择。

建筑业作为我国国民经济的支柱型产业,在社会发展中具有重要的地

[①] 《决胜全面建成小康社会 夺取新时代中国特色社会主义伟大胜利——在中国共产党第十九次全国代表大会上的报告》,人民出版社2017年版,第5页。

[②] 国务院发展研究中心:《经合组织关于绿色全要素生产率核算方法的探索及启示》,《发展研究》2018年第7期。

[③] 《内蒙古自治区党委关于贯彻落实习近平总书记参加十三届全国人大二次会议内蒙古代表团审议时重要讲话精神 坚定不移走以生态优先发展为导向的高质量发展新路子的决定》,《内蒙古日报》(汉)2019年4月27日。

位,但目前建筑业仍为通过增加劳动、资本、自然资源投入实现增长的"粗放式增长"发展方式,长期处于劳动密集式低价放量、粗放高耗低效增长的经济模式。同时,建筑业作为高污染、高消耗的产业,在经济快速发展的同时给生态环境造成极大的负外部性影响,建筑施工环境污染等破坏生态环境的现象屡屡发生,严重制约了建筑业经济可持续发展的实现。当前,我国经济已由高速增长阶段转向高质量发展阶段,转变经济发展方式,推动实现高质量发展是重点。为此,我国政府以生态文明和绿色发展为核心理念,相继出台了一系列环境规制政策,通过资源环境约束推进建筑业由"高消耗、高污染"的"粗放式增长"模式向以提高绿色全要素生产率为途径实现增长的"集约式增长"模式的转变,加快实现以要素驱动、投资规模驱动发展为主向,以绿色创新驱动发展为主的建筑业经济增长模式变革,推动我国建筑业经济实现高质量发展。

资源环境约束对建筑业经济高质量发展的作用不只是停留在宏观理论层面,在微观实践层面也取得了不少优异的成绩,现有众多企业及绿色发展典型项目已经在全国范围内试点运行。例如,在企业层面,中建科技集团是中国建筑为发展建筑工业化而组建的产业平台和科技创新平台,被誉为建筑业绿色发展的"中建样本"。在资源环境约束下,以装配式建筑、绿色建筑和节能建筑、集成房屋、被动式建筑、未来建筑和新型建筑材料为核心业务,集科研、设计、加工、建造、运营、服务和投资于一体。中建科技自成立以来,矢志科技创新,开展合作联动,快速布局市场,近两年联动中建系统实现装配式建筑合同额逾700亿元,取得了同类企业绝无仅有的业绩,为推进供给侧结构性改革和新型城镇化发展,建筑业转型升级及绿色经济高质量发展做出巨大贡献。

在项目层面,地处中国金融高地——浦东陆家嘴的上海中心大厦秉承绿色发展理念,于2008年底开工,2015年4月竣工,总高度比台北"101大楼"(508米)还要高出约四分之一。上海中心大厦在建设过程中采用了多项新型建筑技术,是全国首栋600米级中国绿色三星和美国LEED铂金双认证的最高级绿色建筑,在超高层工程建设方面取得了系列创新成果,达到国际领先水平。近3年来,上海中心大厦的建造研究成果在中国20多个城市的200余幢超高层建筑中得到了推广应用。同时,河北孵化创新型建筑节能产业集群——河北高碑店国家建筑节能技术国际创新园内的被动式专家公寓楼,实现了较20世纪80年代基准建筑节能92%,是世界规模最大的PHI被动房项目。此外,河北唐山市曹妃甸地区现代产业发展试验区试点幼儿园教学楼,是全国首座零能耗被动式绿色建筑幼儿园。除被动式幼儿园外,曹妃甸实验区还拥有15万平方米高端被动房项目,该项目被住房和城乡建设部评为"2017年被动式超低能耗绿色建筑示范工程",并纳入北京市超低能耗建筑示范项目范围等。这些绿色发展项目采用绿色建筑标准和理念,为我国建筑业产业转型提供了实践参考,为推进中国建筑业产业转型和经济高质量发展做出了突出贡献。因此,本书将立足于以下四个背景展开:

(一)资源环境约束趋紧、能源消耗严重——将绿色纳入全要素生产率

在过去三十几年中,中国经济保持了高速稳定的增长趋势,创造了中国经济增长的奇迹,中国经济平均每年以9.6%的速度增长,至2016年人均已超过8000美元,进入了中等高收入国家行列。但是中国经济的增长是粗放型增长,在经济发展的过程中过分注重经济增加而忽视了资源环境,为此对环境造成了无法逆转的影响。2015年,按照《环境空气质量标准(GB3095—2012)》监测的338个城市中,空气质量达标的城市仅占21.6%,有40%左右城市属于空气质量严重污染的城市。环境污染伴随严重经济损失,1998—2010年期间,中国环境污染成本约占实际GDP的8%—10%。[1] 环境污染同样给居民带来严重健康威胁,2010年"环境颗粒物质污染"已成为第四大健康杀手。此外,环境污染更加重了资源环境约束趋紧、生态系统退化的局面,中国的酸雨面积占中国国土资源的比例高达30%;中国的森林面积正在逐年消失并且大量野生动物植物受到破坏,按以往的破坏速度,中国在未来50年内将会失去全部的森林;同时,中国面临巨大的水资源短缺,缺水的城市占全国城市总数的50%以上;中国水土流失问题严重,大量土地被荒废,绿色植被被破坏,荒漠化和沙漠化加重。[2] 能源作为国民经济的命脉,对经济增长起到重要的推动作用。以1978年为基期对我国实际GDP进行测算显示,改革开放40年来,中国经济增长高度依赖能源消耗。[3]

对于已经进入"高质量"经济发展阶段的中国而言,日益严重的环境污染和能源消耗问题,俨然已经成为制约经济可持续发展,影响居民生活质量提升不可忽视的因素。环境污染作为负公共产品,是经济发展过程中由于市场失灵、信息不对称、政府监管与执行不力、环境规制体系不健全等种种

---

[1] 杨继生、徐娟、吴相俊:《经济增长与环境和社会健康成本》,《经济研究》2013年第12期。

[2] 涂蕾:《中国城市绿色全要素生产率溢出效应与收敛性分析》,硕士学位论文,华中科技大学西方经济学,2018年,第1页。

[3] 庞瑞芝、孟辉:《着力提升绿色全要素生产率》,《中国社会科学报》2018年9月5日。

原因造成的,更深层次的是"高投入、高能耗、高污染、低效率"的"黑色"经济增长方式的体现。① 近年来,国家越来越重视资源环境约束下的污染及浪费问题,意识到资源环境约束对转变经济发展方式产生的重要影响。党的十八大报告首次专章论述了生态文明,将总体布局扩展为经济建设、政治建设、文化建设、社会建设、生态文明建设"五位一体",提出要"树立尊重自然、顺应自然、保护自然的生态文明理念,把生态文明建设放在突出地位,融入经济建设、政治建设、文化建设、社会建设各方面和全过程,努力建设美丽中国,实现中华民族永续发展",初步阐述了经济社会发展和生态环境保护之间的关系,指明了实现经济发展和保护环境协同共进的新路径。② 党的十九大报告指出,要推进绿色发展就要树立绿水青山就是金山银山的绿色发展观,坚持新发展理念、坚持推动高质量发展、坚持以供给侧结构性改革为主线。③ 在我国面临的资源环境约束不断加大,劳动力等要素投入成本过高,高投入、高能耗、片面追求 GDP 过快增长发展方式难以为继等"三期矛盾叠加"的背景下,将绿色融入全要素生产率测算,不仅体现了我国坚持生态文明和绿色发展的重要思想,而且为实现人与自然和谐共生的现代化发展提供方向指引和根本遵循。

(二)我国经济发展新要求——提高绿色全要素生产率

2013 年 12 月,习近平总书记在中央经济工作会议上提出,注重处理好经济社会发展的各类问题,既防范增长速度滑出底线,又理性对待高速增长转向中高速增长的新常态。2017 年 10 月,党的十九大报告指出,我国经济已由高速增长阶段转向高质量发展阶段,正处于转变经济发展方式、优化经济结构和转化经济增长动力的攻关时期,必须坚持质量第一、效益优先,以供给侧结构性改革为主线,推动经济发展质量变革、效率变革、动力变革,提高全要素生产率。④ 同年,习近平总书记在中央经济工作会议上进一步强调了推动高质量发展对于我国经济社会发展的必要性。2018 年,高质量发展在国务院政府工作报告中正式提出,高质量发展要求统筹推进"五位一

---

① 范洪敏:《环境规制对绿色全要素生产率影响研究》,博士学位论文,辽宁大学人口、资源与环境经济学,2018 年,第 3 页。
② 《坚定不移沿着中国特色社会主义道路前进 为全面建成小康社会而奋斗——在中国共产党第十八次全国代表大会上的报告》,人民出版社 2012 年版,第 39 页。
③ 《决胜全面建成小康社会 夺取新时代中国特色社会主义伟大胜利——在中国共产党第十九次全国代表大会上的报告》,人民出版社 2017 年版,第 23 页。
④ 《决胜全面建成小康社会 夺取新时代中国特色社会主义伟大胜利——在中国共产党第十九次全国代表大会上的报告》,人民出版社 2017 年版,第 30 页。

体"总体布局、协调推进"四个全面"战略布局。2018年9月审议通过的《关于推动高质量发展的意见》和2021年4月发布的《中共中央国务院关于新时代推动中部地区高质量发展的意见》，成为新时代推动高质量发展的行动指南。其中，经济高质量发展的核心在于强调质量第一和效益优先。所谓"质量第一"着重突出经济运行质量，表现出未来经济发展的稳定性、协调性和可持续性；而经济高质量发展的核心目标在于实现效率变革，包括生产效率、市场效率和协调效率等三大主要内容。其中，协调效率在于经济与社会、经济与生态之间的协同关系和运行效率。从这一点上来看，实现经济与生态协调效率的提升是实现经济高质量发展的重要任务之一。

2012年党的十八大报告首次专章阐述生态文明，并提出"五位一体"的总体建设布局。[①] 2015年国务院政府工作报告首次提出提升全要素生产率。[②] 中国共产党第十八届中央委员会第五次会议中"绿色发展"成为五大发展理念之一。[③] 2017年党的十九大报告提出的我国经济开始转向高质量发展阶段，"绿水青山就是金山银山"写入党章。[④] 2018年建设生态文明和美丽中国写入宪法。2019年政府工作报告将"加强污染防治和生态建设，大力推动绿色发展"列为2019年政府工作十大任务之一。[⑤] 再到2020年政府工作报告指出要提高生态环境治理成效。[⑥] 2021年，政府工作报告将"加强污染防治和生态建设，持续改善环境质量"列为单独一章，继续加大生态环境治理力度，"推进生态系统保护和修复，让我们生活的家园拥有更多碧水蓝天。"这一系列生态文明建设上开展的根本性、开创性、长远性工作，背后穿插着转变经济发展方式，提升经济增长质量，推动经济高质量发展和绿色发展这条主线。所谓绿色发展强调的是在经济发展过程中坚持可持续和环保节约原则，意味着经济发展方式由原先高度依赖能源要素投入的粗放增长转变为减少不可再生要素投入、减少污染物排放负产出、实现传统劳动资本要素高效使用并提高经济产出效率的集约绿色增长，这本质

[①] 《坚定不移沿着中国特色社会主义道路前进　为全面建成小康社会而奋斗——在中国共产党第十八次全国代表大会上的报告》，人民出版社2012年版，第39页。

[②] 《政府工作报告》，人民出版社2015年版，第6页。

[③] 《中国共产党第十八届中央委员会第五次全体会议公报》，人民出版社2015年版，第7页。

[④] 《决胜全面建成小康社会　夺取新时代中国特色社会主义伟大胜利——在中国共产党第十九次全国代表大会上的报告》，人民出版社2017年版，第23页。

[⑤] 《政府工作报告——2019年3月5日在第十三届全国人民代表大会第二次会议上》，人民出版社2019年版，第29页。

[⑥] 《政府工作报告——2020年5月22日在第十三届全国人民代表大会第三次会议上》，人民出版社2020年版，第16页。

上是提高绿色全要素生产率。因此，实现环境质量改善和经济可持续发展的关键在于全面提升绿色全要素生产率。传统意义上的全要素生产率是衡量一个国家或地区技术进步和技术效率的关键指标，在一定程度上可以衡量经济增长质量，但是该指标在测算过程中却未考虑环境规制因素对经济增长制约和经济增长对环境产生的损耗，不能完美体现一个国家或地区的经济增长质量，也不能反映一个国家或地区的经济可持续性和绿色发展程度。而在传统全要素生产率基础上，将环境问题等负产出纳入到经济增长核算框架中得到的绿色全要素生产率能完全体现一个国家或地区的绿色经济增长质量和可持续性。

（三）建筑业高耗能、高污染、低效能问题严重——呼吁绿色经济高质量发展

建筑业作为我国的支柱型产业，随着城镇化进程的推进、民生工程的建设，依然保持良好的发展势头。根据国家统计局统计数据表明，2021年全国建筑业企业（指拥有资质等级的总承包和专业承包建筑业企业，不含劳务分包建筑业企业）完成建筑业总产值293079.31亿元，同比增长11.04%；固定资产投资（不含农户）544547亿元，同比增长4.9%；建筑业总产值占固定资产投资的比重连续5年保持扩大态势，2021年达到53.82%；实现利润8554亿元，同比增长1.26%。自2012年以来，建筑业增加值占国内生产总值的比例始终保持在6.85%以上，在2015年、2016年连续两年下降后，2017年、2018年、2019年连续3年回升，2020年、2021年虽有所下降，2021年仍然达到了7.01%，建筑业国民经济支柱产业的地位稳固。根据国家统计局统计数据表明，2018年全国建筑业企业（指拥有资质等级的总承包和专业承包建筑业企业，不含劳务分包建筑业企业）完成建筑业总产值235085.53亿元，同比增长9.88%；固定资产投资635636亿元，同比增长5.90%；建筑业总产值占固定资产投资的比重连续两年保持扩大态势，2018年达到36.98%；实现利润8104亿元，同比增长8.17%。自2009年以来，建筑业增加值占国内生产总值的比例始终保持在6.5%以上，2018年达到了6.87%的较高点，在2015年、2016年连续两年下降后连续两年回升，建筑业国民经济支柱产业的地位稳固。

然而，建筑业的快速发展不但消耗着大量的资源和能源，更使得资源和环境遭受很大的破坏。一方面，建筑业作为高污染的产业，由其造成的水、光、空气、噪声、固体废弃物污染等环境污染约占总环境污染的1/3；另一方面，建筑业作为高消耗的产业，建筑物在建设和使用过程中能源消耗占全球能源消耗的1/2，远超工业和交通运输行业。虽然全国各级政府先后出台了一系列政策、法规、标准来规范和约束建筑业的节能减排问题,但是在执行过程中收效不大。据统计,目前世界上大约1/5以上的成品钢材和2/5以上的水泥用于中国大陆地区的建筑行业。与发达国家相比,我国建筑用的钢材消耗量高出10%—25%。每拌和1立方米混凝土要多消耗水泥近80公斤,卫生洁具的耗水量高出发达国家30%以上,而污水回收利用率仅为发达国家的25%,资源浪费和环境污染问题严重。另外,我国95%左右的建筑属于不节能建筑,与发达国家相比单位建筑面积能耗高出1—2倍以上。[①] 这些均暴露出建筑业技术水平低,资源浪费严重,创新能力差,从业人员技能单一、业务水平不足,产业竞争力提升缓慢等问题。

美好生活时代,呼吁建筑业绿色高质量发展,《中共中央关于制定国民经济和社会发展第十三个五年规划的建议》中将绿色发展列为五大发展理念之一,并指出建筑业作为国民经济的支柱产业,更应该率先实现绿色发展。[②] 住房和城乡建设部部长陈政高在十二届全国人大四次会议记者会上特别强调,建筑业绿色发展分为两个方面:一是建造过程的绿色发展;二是使用过程的绿色发展。只有两个过程都实现了绿色发展,才能真正把中央有关建筑业绿色发展的要求落到实处。[③] 此外,2019年政府工作报告中提出优化审批、扩大投资、乡村建设、城镇化发展、推进"一带一路"等,都围绕改革创新、绿色发展,指引建筑业迈向高质量发展之路。[④] 进入"十四五"期间,我国将开启全面建设社会主义现代化国家新征程,为此,建筑业必须要走新型建筑工业化发展道路,实现建筑产业现代化,中国建筑业必将会迈上绿色化、工业化、信息化、集约化、社会化的高质量发展之路,成为世界建筑业强国。

(四) 环境规制新阶段——加快发展绿色金融

20世纪70年代以来,资源环境约束问题引起各国人民和政府的重视,各国政府均放松了经济规制,环境规制成了政府主要的规制领域。自此,我国政府以外部性理论为基础,相继出台了"三同时"制度、环境影响评价、环

[①] 张丽丽:《环境规制对我国建筑业经济增长的影响研究》,博士学位论文,哈尔滨工业大学管理科学与工程系,2013年,第34页。

[②] 《中共中央关于制定国民经济和社会发展第十三个五年规划的建议》,人民出版社2015年版,第8页。

[③] 陈政高:《落实绿色发展需保证建造过程和使用过程都绿色》,2016年3月15日,见http://lianghui.people.com.cn/2016npc/n1/2016/0315/c403081-28200862.html。

[④] 《政府工作报告——2019年3月5日在第十三届全国人民代表大会第二次会议上》,人民出版社2019年版,第20页。

境行政处罚、环境标准、环境保护目标责任、排污收费制度、排污许可、"两控区"环境规制政策、环境保护税法等等多种环境规制工具，以改善环境质量，并取得了一定的成效。90年代初，我国针对工业污染防治问题实施了"三个转变"。2000年以后，开始提倡绿色发展观。2005年，国务院颁布《关于落实科学发展观加强环境保护的决定》。2006年，提出将行政、经济、法律、技术手段综合纳入环保措施。2007年，进一步强化激励和约束机制，积极运用价格、财税、金融等激励政策。2008年，环境保护部由全国人大批准成立。2009年，正式施行《循环经济促进法》，为可持续发展奠定了法律基础。《中共中央关于制定国民经济和社会发展第十一个五年规划的建议》执行期间的环境治理工作虽然有了一定的进展，但是并未完全实现环境目标。《中共中央关于制定国民经济和社会发展第十二个五年规划的建议》期间再次将环境与经济协调发展提上日程，"绿色发展以及建设资源节约型、环境友好型社会"成为国家建设的重要内容，中国政府力图从根本上扭转以牺牲环境、浪费资源为代价的粗放式经济增长方式。2013年9月，《大气污染防治行动计划》明确指出：为改善环境质量将提高工业行业环境规制强度。随着经济社会的发展，环境政策体系日趋丰富，工具手段也更加灵活，但是仍然存在诸多方面的问题，需进一步完善和合理化。2014年，重新修订了《中华人民共和国环境保护法》，国家发改委等发布了《关于调整排污费征收标准等相关问题的通知》，要求加大环境规制力度，提高排污收缴率，建立有效的约束和激励机制。2015年，出台《水污染防治行动计划》。2016年12月，政府明确规定按照"税负平移"原则将排污费改为环境保护税，2018年1月1日正式开征环境保护税。2018年6月，《中共中央国务院关于全面加强生态环境保护坚决打好污染防治攻坚战的意见》发布，其总体目标是：到2020年，生态环境质量总体改善，主要污染物排放总量大幅减少，环境风险得到有效管控，生态环境保护水平同全面建成小康社会目标相适应。2020年3月，国务院办公厅出台《关于构建现代环境治理体系的指导意见》，明确指出：到2025年，要建立健全环境治理的领导责任体系、企业责任体系、全民行动体系、监管体系、市场体系、信用体系、法律法规政策体系，落实各类主体责任，提高市场主体和公众参与的积极性，形成导向清晰、决策科学、执行有力、激励有效、多元参与、良性互动的环境治理体系。

在建筑业资源环境约束和绿色发展方面，国家也相继出台了一系列政策。2015年4月，国务院出台《关于加快推进生态文明建设的意见》，强化城镇化过程中的节能理念，大力发展绿色建筑和低碳、便捷的交通体系，推进绿色生态城区建设。2016年2月，国务院出台《关于进一步加强城市规划建设管理工作的若干意见》,提高建筑节能标准,推广绿色建筑和建材。支持和鼓励各地结合自然气候特点,推广应用新能源技术,发展被动式房屋等绿色节能建筑。2017年3月,住建部出台《"十三五"装配式建筑行动方案》,积极推进绿色建材在装配式建筑中应用,到2020年,绿色建材在装配式建筑中的应用比例达到50%以上。2019年3月5日,在第十三届全国人民代表大会第二次会议政府工作报告以及建筑行业最新政策中,提到了壮大绿色环保产业,促进资源节约和循环利用,推广绿色建筑。[①] 改革完善环境经济政策,加快发展绿色金融,培育一批专业化环保骨干企业,提升建筑业绿色发展能力。此外,住建部发布我国首部引领性建筑节能国家标准《近零能耗建筑技术标准》,并于2019年9月1日起正式实施。2020年5月,《住房和城乡建设部关于推进建筑垃圾减量化的指导意见》发布,在落实《中华人民共和国固体废物污染环境防治法》精神的同时,指导建筑垃圾源头减量化工作,促进绿色建造和建筑业转型升级发展。2021年10月13日,住建部在官方发布住房和城乡建设部关于发布国家标准《建筑节能与可再生能源利用通用规范》的公告,批准《建筑节能与可再生能源利用通用规范》为国家标准,将于2022年4月1日起实施。

二、问题提出

环境污染问题对人类的生存和发展极为不利,已经成为全社会乃至全球关注的热点和焦点问题。建筑业作为我国的支柱型产业和经济发展的主要推动力,长期的高能耗、高污染的粗放型经济增长方式加剧了环境保护和经济发展之间的矛盾,使得环境保护问题已经成为制约经济可持续发展的重要因素。理论研究与实践经验都已证实,仅仅依靠市场这只"看不见的手",环境问题将难以解决,尤其对于以大量劳动、资本、自然资源投入实现粗放式增长的传统建筑业。面对凸显的各类环境问题,中国政府颁布一系列与之相对应的环境规制政策。但是,在实践工作中存在着许多顾虑,担心这一系列的环境规制政策在保护环境的同时会降低建筑业的生产效率,使我国建筑业经济增长速度的下滑。

为了在保护环境的同时提高经济增长,政府强化一系列环境规制政策的监管与执行。在环境规制视角下,建筑业绿色全要素生产率的影响因素、环境规制政策对于建筑业绿色全要素生产率的传导机制以及其未来政策制

[①] 《政府工作报告——2019年3月5日在第十三届全国人民代表大会第二次会议上》,人民出版社2019年版,第30页。

定框架，都是目前国内外学者关注的热点。现阶段，环境规制下中国建筑业绿色全要素生产率评价与政策研究存在以下四个问题：

（1）生态文明和经济高质量发展现阶段，哪些因素影响建筑业绿色全要素生产率？

（2）建筑业绿色全要素生产率的内部因素被划分为生产优化、资源配置和科技跨越三个方面，系统评价内部因素对建筑业绿色全要素生产率会产生什么影响，以及怎么实现其内部控制？

（3）环境规制作为建筑业绿色全要素生产率的外部影响因素，随着环境规制强度加大、环境规制类型增多、环境规制工具进步，建筑业绿色全要素生产率又会发生什么样的变化？

（4）现有的环境规制政策实施效果如何，以及中央政府和地方政府在政策制定和执行中是否存在偏差？

（5）未来我国政府应该如何制定更加合理高效和符合我国建筑业经济转型发展现状的环境规制政策？

因此，本书对环境规制下建筑业绿色全要素生产率评价及实践政策进行重新审视，从宏观层面妥善处理环境保护和建筑业绿色经济高质量增长的矛盾，从微观层面处理环境规制与建筑业绿色全要素生产率提升以及政策制定问题。具体来说，本书以绿色经济增长理论、公共政策评估理论、环境规制相关理论等为理论基础，基于环境规制下我国绿色经济高质量增长需求，制定建筑业绿色全要素生产的影响因素清单，从多个层面系统评价中国建筑业绿色全要素生产率，多个视角深度揭示环境规制对中国建筑业绿色全要素生产率的传导机制，并在系统、示范地评估"十二五""十三五"期间环境规制政策偏差的基础上，建立"供给方←→需求方←→绿色金融"三点联动环境规制政策制定框架，从理论到实践，为政府统筹建筑业绿色发展格局和以环境规制为工具落实建筑业绿色全要素生产率高质量增长提供理论支撑和实践借鉴。

第二节　研究目的及意义

一、研究目的

在我国经济高质量转型驱动、资源环境约束日益趋紧的背景下，本书从内外部视角对建筑业绿色全要素生产率展开研究。本书总的研究目标包括对以下几个方面的问题的探讨：建筑业绿色全要素生产率的影响因素清单由什么构成,环境规制政策是如何影响建筑业绿色全要素生产率,现有环境规制政策在制定和执行中是否存在偏差,能否客观有效保护环境实现生态文明发展等问题。基于此,本书将通过以下三个分目标实现此总研究目标。

(一) 确立一套科学合理的具有普适性代表意义的建筑业绿色全要素生产率影响因素清单

对来自中国知网、万方、Science Direct、Springer Link、SSCI 等数据库的 337 篇绿色全要素生产率文献筛选,最终以近 4 年 90 篇相关文献作为样本数据,采用基于扎根理论的 Nvivo 软件,经过开放式编码、主轴译码、选择性编码和饱和度检验,确立出一套科学合理的建筑业绿色全要素生产率影响因素清单。

(二) 多角度系统揭示环境规制对中国建筑业绿色全要素生产率的传导机制

本书从内外部视角展开相应的研究。首先基于内部视角,将内部影响因素分为生产优化、资源配置及科技跨越三个层面分析中国建筑业绿色全要素生产率;然后基于外部视角,对比分析环境规制影响下中国建筑业绿色全要素生产率,从不同环境规制强度、环境规制类型和环境规制工具组合视角系统揭示环境规制对中国建筑业绿色全要素生产率的传导机制。

(三) 构建"供给方←→需求方←→绿色金融"三点联动环境规制政策制定框架

基于多视角下环境规制对中国建筑业绿色全要素生产率传导机制分析,进一步评估"十二五""十三五"期间现有环境规制政策偏差,为提升中国建筑业绿色全要素生产率,构建"供给方←→需求方←→绿色金融"三点联动环境规制政策制定框架。无论从地方政府角度还是从企业角度出发,政府和企业间的良好互动模式是环境规制效益最大化的基础和前提。地方政府作为权力凝集的一方,需要对是否使用权力和权力使用的方向和力度做出判断;企业作为权力的被凝视方,要在权力下被动行为的基础上向主动行为进行转变,才能在遵守环境规制行为规范的同时获取最大化的差异优势,提高绿色全要素生产率。

二、研究意义

(一) 理论价值

1. 系统分析了建筑业绿色全要素生产率的影响因素清单。基于环境规制下的绿色经济高质量增长需求,综合绿色经济增长、公共政策评估、环境规制等相关理论,深化我国建筑业绿色全要素生产率评价研究,结合多指标体系构建,系统分析建筑业绿色全要素生产率的影响因素清单,全面评价我国建筑业绿色全要素生产率,推进环境规制下的建筑业绿色全要素生产率政策深入研究,为建筑业绿色全要素生产率的拓展研究做出一定的学术贡献。

2. 深化了不同视角下建筑业绿色全要素生产率的评价研究。在中国建筑业绿色全要素生产率影响因素的基础上,将内部因素划分为生产优化、资源配置及科技跨越三个层面。进而,从非期望产出、中间产物、产能利用、产业结构、技术创新和数字化转型等视角下,评价了建筑业绿色全要素生产率,为从不同层面了解建筑业绿色全要素生产率提供了理论基础。

3. 填补不同类型环境规制对建筑业绿色全要素生产率的传导机制方面的研究空白。在系统评估中国建筑业绿色全要素生产率及影响因素的基础上,将环境规制作为外部因素,从环境规制整体强度、不同类型环境规制和环境规制工具组合三个视角,系统分析了环境规制对建筑业绿色全要素生产率的影响,探索与揭示不同类型环境规制对建筑业绿色全要素生产率的影响机制。

4. 提出"供给方←→需求方←→绿色金融"三点联动环境规制政策制定框架。系统、示范地评估"十二五""十三五"期间环境规制政策偏差,建立"供给方←→需求方←→绿色金融"三点联动环境规制政策制定框架,有助于政府根据不同环境监管工具的影响修改环境监管政策的组合,为建筑业相关政策的制定提供科学依据和参考,为其他行业的全要素生产率提升研究起到良好的示范作用。

(二) 现实意义

1. 便于政府对建筑业绿色全要素生产率进行清单式管理

建立具有普适性代表意义的建筑业绿色全要素生产率影响因素清单,以随时反映建筑业绿色全要素生产率目前的变动状态,便于政府通过观测影响因素清单对建筑业绿色全要素生产率进行监管,提高政策调控的准确性和高效性。

2. 有助于确定适宜的环境规制政策,促进企业技术创新和绿色发展

通过测算建筑业绿色全要素生产率,分析不同类型环境规制对建筑业绿色全要素生产率的影响,为环境规制与技术创新协同驱动建筑业绿色发展提供政策依据。同时,基于现状分析与需求分析,对"十二五""十三五"期间环境规制政策偏差进行了系统的示范性评估,构建一个充分考虑政策制定影响因素和核心参与方政策需求,引导供给方、需求方和绿色金融协同

推动建筑业绿色全要素生产率提升政策框架的制定,对于增强建筑业企业生产率的要素组织及提高其绿色效率、提高企业技术创新和绿色发展有着积极的意义。

3. 有利于建立覆盖全国的建筑业产能利用监测体系

基于非期望产出视角,建立考虑二氧化碳排放的建筑业产能利用评价指标体系,拓展建筑业产能利用研究理论,丰富区域建筑业产能利用研究成果,为建筑业产能利用测度提供了一种新的可靠方法,对建立覆盖全国的建筑业产能利用监测体系具有实际指导意义,为区域决策者在实现降低环境污染同时推进绿色建筑业稳定发展的这一重要目标提供参考。

4. 有利于推动我国建筑业绿色经济高质量增长

结合时代发展特征、经济发展、资源约束等因素,揭示环境规制对中国建筑业绿色全要素生产率的传导机制,协同推动经济高质量发展和生态环境高水平保护,对于提高我国建筑业绿色全要素生产率,最大限度地节约资源、减少环境污染,推动建筑业产业转型,实现建筑业绿色高质量发展具有重要的现实意义。在要求"扎实做好碳达峰、碳中和各项工作"的当下,从历史角度纵贯梳理中国建筑业碳减排相关政策,分析其演进过程和内在逻辑,对于推进低碳建筑业的发展和实现建筑业绿色高质量发展转型具有重要政策意义与实践参考价值。

第三节 研究现状综述

一、建筑业全要素生产率的影响因素

全要素生产率是相对于利润率、劳动生产率、资本生产率等单要素生产率而言的,是生产率研究的一个分系统,用于表征"产出的价值与全部投入的价值的比例"。在建筑业中,全要素生产率是通过衡量生产系统投入产出效率,来反映建筑业的综合生产力水平。在市场经济高速增长以及产业结构不断调整的背景下,越来越多的专家学者们选择全要素生产率作为评价建筑业生产率的指标,并且通过对建筑业全要素生产率影响因素作用的分析,以期实现建筑业全要素生产率的稳步提升以及经济的持续增长。

关于建筑业全要素生产率的影响因素,国外学者进行了长时间的探索。1997 年 Chung 等提出了 Malmquist-Luenberger(ML)生产率指数法来研究不同因素对全要素生产率的影响,但一般在工业与制造业应用较为

广泛。① Li 和 Liu 采用新型分解技术的 Malmquist 指数法估算了 1990—2007 年期间澳大利亚建筑业的全要素生产率,并分析了影响该行业技术变革的因素,发现先进的技术对提高建筑生产率起到重要作用。② Hu 和 Liu 用 Malmquist 指数法评估了澳大利亚建筑业的能源生产率和全要素生产率的变化,发现其影响因素主要与技术发展有关。③ 此外,Hu 和 Liu 使用了 ML 生产率指数法测算了考虑二氧化碳排放的建筑业全要素生产率,并发现整个行业生产率的提高主要是通过技术改进来促进。④

国内学者同样做了大量的研究。在对建筑业全要素生产率的影响因素研究中,陆歆弘与金维兴对中国建筑业产出增长以及全要素生产率进行了探究,研究表明增强对劳动者知识技能的培训以及提高建筑业技术水平,是促进建筑业全要素生产率增长、生产力水平提升的关键。⑤ 戴永安和陈才基于 1994—2006 年中国 30 个省市建筑业面板数据,采用 DEA-Tobit 两阶段回归模型,对中国各省市建筑业全要素生产率进行测度研究,并提出推动市场化进程和加强管理投融资有利于实现中国建筑业生产力水平的提高。⑥ 陈敏和杨为根运用周方模型,对 1993—2009 年中国建筑业全要素生产率进行实证研究,发现中国建筑业全要素生产率不理想,并提出应通过改善建筑业企业管理机制,提高企业的管理效率,从而推动中国建筑业生产力水平的稳步提升。⑦ 王幼松等基于改进生产函数模型和索洛余值法,测度并分析了 1995—2010 年中国建筑业总产值以及全要素生产率的变化规律,并据此提出了通过优化产业结构、提高资本利用效率等措施来实现

---

① Y. H. Chung, R. Färe, S. Grosskopf, "Productivity and Undesirable Outputs: A Directional Distance Function Approach", *Journal of Environmental Management*, Vol.51, No.3 (1997), pp.229-240.

② Y. Li, C. Liu, "Malmquist Indices of Total Factor Productivity Changes in the Australian Construction Industry", *Construction Management & Economics*, Vol.28, No.9 (2010), pp.933-945.

③ X. C. Hu, C. L. Liu, "Energy Productivity and Total-factor Productivity in the Australian Construction Industry", *Architectural Science Review*, Vol.99, No.5 (2016), pp.432-444.

④ X. C. Hu, C. L. Liu, "Total Factor Productivity Measurement with Carbon reduction", *Engineering Construction and Architectural Management*, Vol.24, No.4 (2017), pp.575-592.

⑤ 陆歆弘、金维兴:《中国建筑业产出增长因素分析》,《上海大学学报》(自然科学版) 2005 年第 3 期。

⑥ 戴永安、陈才、张昉:《中国建筑业全要素生产率及其收敛趋势》,《科技与管理》2010 年第 1 期。

⑦ 陈敏、杨为根:《考虑规模经济影响的建筑业全要素生产率增长测定》,《工程管理学报》2011 年第 5 期。

建筑业生产力水平提高、推动建筑业总产值增长的建议。① 庞永师运用超效率 DEA 和 Malmquist 生产率指数方法对 2007—2011 年中国建筑业全要素生产率进行评价分析时,发现技术进步是促进全要素生产率增长主要推动力。②

二、环境规制对绿色全要素生产率的影响

(一) 环境规制对全要素生产率的影响类别

关于环境规制对全要素生产率的影响,学者们持不同观点,主要有以下四种类别:环境规制不利于全要素生产率的提高、环境规制促进了全要素生产率的提高、环境规制与全要素生产率呈非线性关系及环境规制对全要素生产率的影响不明确。

1. 环境规制对全要素生产率的负向影响

Roberts 和 Gollop 通过对美国 56 个电力公司 1973—1979 年这 7 年数据的研究,利用包含环境规制变量的生产函数来估算环境规制与全要素生产率之间的关系,结果显示由于排放监管强度的加大,使电力公司使用成本更高的低硫燃料,从而抑制了电力产业生产率的增长。③ Barbera 和 McConnell 使用成本函数,对美国的五个制造业生产增长率进行分析,发现 20 世纪 70 年代的减排要求导致生产过程中使用的能源和常规成本增加,从而降低这些行业的生产率,其下降幅度在 10% 到 30% 之间。④ 王彦皓将中国工业企业数据库和地级市层面的企业污染治理投资数据结合分析了环境规制对企业全要素生产率的影响,发现环境规制强度提高会显著抑制企业全要素生产率增长,政企合谋则会弱化环境规制对合谋企业全要素生产率抑制作用。⑤

---

① 王幼松、张文剑、张雁:《基于改进生产函数的中国建筑业全要素生产率计量分析》,《建筑经济》2013 年第 6 期。
② 庞永师、刘景矿、王亦斌等:《基于超效率 DEA 和 Malmquist 法的中国建筑业生产效率分析》,《广州大学学报》(自然科学版) 2015 年第 1 期。
③ F. M. Gollop, M. J. Roberts, "Environmental Regulations and Productivity Growth: The Case of Fossil-Fueled Electric Power Generation", *Journal of Political Economy*, Vol.91, No.4 (1983), pp.654-674.
④ V. D. Mcconnell, R. M. Schwab, "The Impact of Environmental Regulation on Industry Location Decisions: The Motor Vehicle Industry", *Land Economics*, Vol.66, No.1 (1990), pp.67-81.
⑤ 王彦皓:《政企合谋、环境规制与企业全要素生产率》,《经济理论与经济管理》2017 年第 11 期。

2. 环境规制对全要素生产率的正向影响

哈佛大学教授波特最早质疑环境规制不利于全要素生产率增长的观点,他认为有效的环境规制会激发和激励企业进行相关的技术与管理创新,从而提高企业生产效率和竞争优势,即著名的"波特假说"[①]。此后,越来越多的学者研究证明了环境规制对行业发展的激励作用,如李树和陈刚通过对中国 APPCL2000 修订的研究发现,适度的环境规制政策不仅能改善中国的环境质量,还能促进生产率的增长。[②] 刘伟明研究环境规制与全要素生产率的关系得出的结论是环境规制对全要素生产率的提升起正向作用。[③] 朱承亮研究环境规制对国内火电行业全要素生产率的影响,结果表明环境规制有助于火电行业全要素生产率的增长。[④] 潘星通过构建面板数据模型研究环境规制对 28 个制造业整体以及各个分行业全要素生产率的影响,结果表明环境规制对 28 个制造业整体的全要素生产率起到积极作用,并对重度污染行业的全要素生产率具有显著的促进作用。[⑤]

3. 环境规制与全要素生产率呈非线性关系

Yang 等的研究表明在前期环境规制对全要素生产率起到阻碍作用,到达一定的时期存在一个拐点,之后起到促进作用,即"U"型。[⑥] 王杰和刘斌研究发现环境规制与企业全要素生产率之间符合倒"N"型的关系,即当政府实行适当的环境规制时,会促使企业进行技术创新从而提高全要素生产率,当环境规制过于严格时,全要素生产率会下降。[⑦] 张成以工业部门面板数据为研究对象,运用数据包络分析的 Malmquist 生产率指数方法测度生产技术进步指标,发现我国中东部地区环境规制与技术创新呈"U"型趋

---

① M. E. Porter, "America's Green Strategy", *Scientific American*, No.4(1991), pp.168.

② 李树、陈刚:《环境管制与生产率增长——以 APPCL2000 的修订为例》,《经济研究》2013年第 1 期。

③ 刘伟明:《中国的环境规制与地区经济增长研究》,博士学位论文,复旦大学产业组织学,2012 年,第 1 页。

④ 朱承亮:《环境规制下中国火电行业全要素生产率及其影响因素》,《经济与管理评论》2016 年第 6 期。

⑤ 潘星:《环境规制对中国制造业全要素生产率的影响研究》,硕士学位论文,湘潭大学应用经济学,2016 年,第 47 页。

⑥ C. Yang, Y. Tseng, C.Chen, "Environmental Regulations, Induced R&D, and Productivity: Evidence from Taiwan's Manufacturing Industries", *Resource and Energy Economics*, Vol.34, No.4(2012), pp.514-532.

⑦ 王杰、刘斌:《环境规制与企业全要素生产率——基于中国工业企业数据的经验分析》,《中国工业经济》2014 年第 3 期。

势。① 郭启光在利用 Malmquist 指数测算各地区建筑业全要素生产率增长的基础上,使用动态面板系统 GMM 方法分析环境规制对建筑业全要素生产率的影响,结论表明环境规制对建筑业全要素生产率的增长存在"倒 U"型的非线性影响。② 刘和旺利用省级层面的环境规制数据和微观层面的工业企业数据,分析区域环境规制强度对企业全要素生产率的作用机理,结论表明区域环境规制对企业全要素生产率的作用为倒"U"型。③

4. 环境规制对全要素生产率的影响不确定

国内外学者分别对德国 10 个重度污染企业、美国造纸业和中国的环境管制政策与全要素生产率的关系进行研究,发现环境规制在不同的地区对不同产业的影响不同④⑤。聂普焱和黄利将工业分为高、中、低能耗等三类产业,研究发现环境规制政策对不同耗能产业有不同的影响。⑥ 其中,当前环境规制强度对中度耗能产业的全要素生产率有抑制作用,对高耗能产业的全要素生产率影响不明显,对低能耗产业的全要素生产率起促进作用。张成对 1996—2007 年 18 个工业部门的数据研究分析表明,环境规制不是简单的促进或抑制工业部门全要素生产率的增长,从短期来看,环境规制对全要素生产率的影响并不明显,从长期来看会起到促进作用。⑦

(二) 环境规制对绿色全要素生产率的影响效果

随着环境质量日益恶化,如不考虑环境因素对经济效率的影响,全要素生产率可能会被高估。因此越来越多的学者采用不同方法将非期望产出纳入全要素生产率考量,进一步实证分析环境规制能否促进绿色全要素生产率增长而实现绿色经济转型。国内学者得到的主要结论有"环境规制对绿色全要素生产率具有显著促进效应""环境规制对绿色全要素生产率具有抑制效应""环境规制对绿色全要素生产率存在非线性或异质性影响"。

---

① 张成、陆旸、郭路等:《环境规制强度和生产技术进步》,《经济研究》2011 年第 2 期。
② 郭启光:《环境规制对建筑业全要素生产率增长的影响研究》,《建筑经济》2015 年第 1 期。
③ 刘和旺、郑世林、左文婷:《环境规制对企业全要素生产率的影响机制研究》,《科研管理》2016 年第 5 期。
④ K. Conrad, D. Wastl, "The Impact of Environmental Regulation on Productivity in German Industries", *Empirical Economics*, Vol.20, No.4 (1995), pp.615-633.
⑤ 李胜兰、申晨、林沛娜:《环境规制与地区经济增长效应分析——基于中国省际面板数据的实证检验》,《财经论丛》2014 年第 6 期。
⑥ 聂普焱、黄利:《环境规制对全要素能源生产率的影响是否存在产业异质性?》,《产业经济研究》2013 年第 4 期。
⑦ 张成、于同申、郭路:《环境规制影响了中国工业的生产率吗——基于 DEA 与协整分析的实证检验》,《经济理论与经济管理》2010 年第 3 期。

1. 环境规制对绿色全要素生产率具有显著促进效应

叶祥松和彭良燕运用 Malmquist-Luenberger 指数方法测算 1999—2008 年我国各个省份环境规制下的生产率,发现环境规制显著促进了绿色全要素生产率。① 王兵和刘光天分析资源环境约束下节能减排对中国绿色全要素生产率的影响效应与机制,发现节能减排会通过促进技术进步提高绿色全要素生产率,而我国中部和东部地区分别通过"自然减排"和"管理减排"实现绿色全要素生产率增长,而西部地区的高能耗高污染高投入的粗放型增长模式不仅导致环境质量恶化而且抑制绿色全要素生产率增长。②

2. 环境规制对绿色全要素生产率具有抑制效应

雷明和虞晓雯基于动态 Malmquist-Luenberger-DEA 方法,测算 1998—2011 年各省域经济的碳循环全要素生产率增长,并分析其影响因素,发现无论以工业污染治理投资完成额为指标还是以排污征收额表征的环境规制为指标均显著抑制了绿色全要素生产率增长。③ 谢荣辉研究发现环境规制对绿色生产率的直接影响为负,但在长期内具有实现环境保护与竞争力提升"双赢"的可能性。④

3. 环境规制对绿色全要素生产率存在非线性或异质性影响

查建平等研究发现环境规制对绿色全要素生产率影响存在区域差异性,研究表明环境规制会显著促进东部地区绿色全要素生产率提升,而对中部绿色全要素生产率影响存在一定的滞后性。⑤ 陶长琪和周璇发现环境规制对绿色全要素生产率影响存在双门槛效应,政府应适当控制环境规制力度,保证环境规制对绿色全要素生产率促进效应的发挥。⑥ 韩晶等采用方向性距离函数和超效率模型测算了 2005—2014 年我国 31 个省(区、市)的

---

① 叶祥松、彭良燕:《我国环境规制下的规制效率与全要素生产率研究:1999—2008》,《财贸经济》2011 年第 2 期。
② 王兵、刘光天:《节能减排与中国绿色经济增长——基于全要素生产率的视角》,《中国工业经济》2015 年第 5 期。
③ 雷明、虞晓雯:《地方财政支出、环境规制与我国低碳经济转型》,《经济科学》2013 年第 5 期。
④ 谢荣辉:《环境规制、引致创新与中国工业绿色生产率提升》,《产业经济研究》2017 年第 2 期。
⑤ 查建平、郑浩生、范莉莉:《环境规制与中国工业经济增长方式转变——来自 2004~2011 年省级工业面板数据的证据》,《山西财经大学学报》2014 年第 5 期。
⑥ 陶长琪、周璇:《环境规制、要素集聚与全要素生产率的门槛效应研究》,《当代财经》2015 年第 1 期。

绿色全要素生产率,并进一步分析环境规制对绿色全要素生产率的影响,发现环境规制与绿色全要素生产率之间存在"U"型关系,环境规制通过空间维度的产品结构效应和时间维度的清洁收益效应实现了绿色全要素生产率从"遵循成本"的负向影响到"创新补偿"正向影响的转变。① 陈路结合武汉城市圈 2003—2014 年面板数据和 Malmquist-Luenberger 指数,实证分析了环境规制对绿色全要素生产率的影响。② 他发现环境规制与绿色全要素生产率之间存在"U"型关系,短期内环境规制强度提高产生的遵循成本抑制了绿色全要素生产率增长,而中长期内,环境规制则会显著促进绿色全要素生产率增长。

政府实施的环境规制政策在减少环境污染的同时会对其全要素生产率增长产生一定的影响。实证研究表明,环境规制一方面通过"创新补偿效应"对全要素生产率增长产生正向作用,另一方面产生"挤出效应"对全要素生产率造成负向影响。当环境规制强度较低时,"创新补偿效应"大于"挤出效应",环境规制将促进全要素生产率增长。随着环境规制强度不断增加并越过临界点,"挤出效应"逐渐放大并超过"创新补偿效应",导致环境规制阻碍了全要素生产率增长。由此认为,环境规制对全要素生产率增长产生倒"U"型的非线性影响。基于此,政府应统筹兼顾节能减排与全要素生产率增长,在制定和实施相关环境规制政策时应把握适度原则,将环境规制强度控制在合理范围内,在减少环境污染的同时促进其全要素生产率增长,实现环境效益和经济效益"共赢"的目标。

三、环境规制政策对建筑业的影响

环境规制政策是可持续发展战略和环境保护战略的具体化,是实现城市绿色发展战略目标的定向管理手段。环境规制政策可以归纳为命令控制型、市场激励型和自愿参与型三种类型。

(一) 命令控制型环境规制政策对建筑业的影响

对于中国的环境规制政策,始于 1998 年的"两控区"(即酸雨控制区和二氧化硫污染控制区),是目前实施力度最大的命令控制型环境规制政策。③

---

① 韩晶、刘远、张新闻:《市场化、环境规制与中国经济绿色增长》,《经济社会体制比较》2017年第 5 期。
② 陈路:《环境规制二重性:抑制还是促进技术进步——来自武汉城市圈的证据》,《科技进步与对策》2017 年第 12 期。
③ 谌仁俊:《大气污染、公众健康与环境政策研究》,博士学位论文,华中师范大学经济统计,2016 年,第 2 页。

熊波和杨碧云利用1997—2015年的地级市数据,借助双重差分方法和空间计量模型,对"两控区"政策的效果进行了实证检验,发现该政策对改善中国城市环境质量效果较为显著。① 此外,2015年,中国提出"城市双修"政策。该政策是加强城市设计、提倡城市修补的命令控制型环境规制政策,是国家基于城市发展特征提出的城市更新手段,是新常态下对城市存量土地和资源进行挖掘、改造和再利用的新方法。② "城市双修"是指"生态修复和城市修补",修复城市中被破坏的自然环境和地形地貌,改善生态环境质量,用更新织补的理念,拆除违章建筑,修复城市设施、空间环境、景观风貌,提升城市特色和活力,故而该政策对建筑业影响较大。倪敏东等以宁波小浃江片区为例,从城市功能修复、自然生境修复和生活方式修复三个层面探讨"城市双修"理念下的城市设计新思路,以期为相关规划提供借鉴。③ 敬博等针对国内历史城区更新发展过程中面临的现实问题和矛盾,以西安历史城区双修规划实践为例,提出了以强化文化感知,修复生态本底为主题的城市双修的策略路径。④

(二)市场激励型环境规制政策对建筑业的影响

Montero和Sanchez比较企业环境表现、可交易排污权、可拍卖排污权在激励企业投入绿色创新研发的作用,发现基于市场的政策也可以提供优于传统指挥和控制政策的重要优势。⑤ Downing和White认为排污权交易、排污费调整、排放控制补贴和市场许可等市场激励可以激发企业的创新行为。⑥ 排污权交易政策是主要的大气污染治理手段,许多学者从不同的方面对排污权交易政策进行深入研究。其一,在排污权交易政策初始分配方面,Woerdman认为初始分配是排污权交易实施的阻碍之一,同时也阐述了

---

① 熊波、杨碧云:《命令控制型环境政策改善了中国城市环境质量吗?——来自"两控区"政策的"准自然实验"》,《中国地质大学学报》(社会科学版)2019年第3期。
② 杜立柱、杨韫萍、刘喆等:《城市边缘区"城市双修"规划策略——以天津市李七庄街为例》,《规划师》2017年第3期。
③ 倪敏东、陈哲、左卫敏:《"城市双修"理念下的生态地区城市设计策略——以宁波小浃江片区为例》,《规划师》2017年第3期。
④ 敬博、丁禹元、韩挺:《精准性、人本性、传承性:转型期我国历史城区"城市双修"规划的导向探索——以西安老城区为例》,《现代城市研究》2019年第4期。
⑤ J. Montero, J. M. Sanchez, R. Katz, "A Market-Based Environmental Policy Experiment in Chile", *The Journal of Law and Economics*, Vol.45, No.1 (2002), pp.267-287.
⑥ P. B. Downing, L. J. White, "Innovation in Pollution Control", *Journal of Environmental Economics & Management*, Vol.13, No.1 (1986), pp.18-29.

初始分配引起广泛关注的原因。① Betz 认为在初始分配方式中公开拍卖更优于免费分配,并针对澳大利亚的拍卖设计进行了回顾和讨论。② 其二,在排污权交易政策定价方面,Coggins 和 Swinton 根据美国二氧化硫排放计划中的排污权价格进行研究,估计燃煤电厂二氧化硫排放的影子价格。③ 其三,在排污权交易政策效果方面,Oke 等探讨了碳交易原则和系统的概念及其在南非建筑业中的应用,并根据建筑行业的优势和灵活性提出了建议,以期提高旨在实现总体可持续目标的建筑项目的可持续性。④

(三)自愿参与型环境规制政策对建筑业的影响

杨洪刚的研究认为,虽然中国政府设计并实施了包括命令控制型、市场激励型与自愿参与型三种类型的环境政策工具,但主要是以命令控制型与市场激励型为主,而自愿参与型的环境规制政策的实施效果并没有达到预期的目标。⑤ 郭庆宾等基于 2003—2014 年长江经济带的省际面板数据,探讨命令控制型、市场激励型和自愿参与型 3 种环境规制对国际 R&D 溢出效应的影响,研究发现在长江经济带发挥作用的主要是命令控制型环境规制和市场激励型环境规制,而自愿参与型环境规制对创新的激励作用尚未显现。⑥ Xie 等利用公众对污染事件的诉讼案件数来表征环境规制,指出通过自愿参与意识的提高来实现环境目标越来越受到发展中国家的重视。⑦

通过对比国内外的环境规制政策,发现目前环境规制效果较好的国家有瑞典、美国和日本等。借鉴这些国家的先进经验发现,瑞典的环境规制政

---

① E. Woerdman, "Organizing Emissions Trading: the Barrier of Domestic Permit Allocation", *Energy Policy*, Vol.28, No.9(2000), pp.613-623.

② R. Betz, S. Seifert, P. Cramton et al., "Auctioning Greenhouse Gas Emissions Permits in Australia", *Australian Journal of Agricultural & Resource Economics*, Vol.54, No.2(2010), pp.219-238.

③ J. S. Coggins, J. R. Swinton, "The Price of Pollution: A Dual Approach to Valuing SO_2 Allowances", *Journal of Environmental Economics & Management*, Vol.30, No.1(1996), pp.58-72.

④ A. E. Oke, C. Aigbavboa, S. A. Dlamini, "Carbon Emission Trading in South African Construction Industry", *Energy Procedia*, Vol.142, (2017), pp.2371-2376.

⑤ 杨洪刚:《中国环境政策工具的实施效果及其选择研究》,博士学位论文,复旦大学行政管理,2009 年,第 1 页。

⑥ 郭庆宾、刘琪、张冰倩:《不同类型环境规制对国际 R&D 溢出效应的影响比较研究——以长江经济带为例》,《长江流域资源与环境》2017 年第 11 期。

⑦ R. H. Xie, Y. J. Yuan, J. J. Huang, "Different Types of Environmental Regulations and Heterogeneous Influence on 'Green' Productivity: Evidence from China", *Ecological Economics*, Vol.132, (2017), pp.104-112.

策主要是市场激励型,如对纸浆和造纸行业采用二氧化碳税、二氧化硫税、电力证书制度和欧盟排放交易制度等政策。这使得瑞典在环境监管的同时,也能保障污染行业的竞争力。瑞典通过设计良好的环境规制激发污染企业的生态创新,通过"创新抵消"来改善环境和提升业务绩效,从而提高生产效率。美国主要采用命令控制型的环境规制政策,在《国家环境政策法》和《清洁空气法》的基础上,不断修订环境规制政策,提高工业和制造业的产业效率。[①] 日本借鉴美国等国家的环境规制政策经验,采用"命令控制型"和"市场激励型"两种环境规制政策,促进其技术的创新和发展,提高工业和制造业的产业效率。[②]

但命令控制型环境规制政策在解决环境污染问题上具有被动性,实践中缺乏灵活性,对环境技术革新的内在激励不足,常常导致环境规制政策的不经济与低效率。市场激励型环境规制也存在一定弊端。[③] 例如,以市场机制为基础的排污权交易制度在初始排污指标的核定和分配、排污权交易过程的监管等方面还存在较大难度,导致我国排污权交易市场发展缓慢,现阶段仍以试点工作为主,没有得到广泛推广。再如,环保税负担定多少、征税范围定多大等方面的确定颇为复杂,需考虑多方面的因素。近年来,随着公众环保意识的不断提高,环境认证、环境听证与公众参与等形式的环境规制政策日益受到关注。公众参与制度不仅有利于降低政府环境监管成本,而且是行政民主化的体现,使得不同主体的环保利益得到充分表达,有利于发挥公众环境保护的主观能动性。因此,我国在实施命令控制型和市场激励型两种环境规制政策的同时,也设计并实施了自愿参与型的环境规制政策,但实施效果并未达到预期目标。

综上,国内外的环境规制政策均以命令控制型与市场激励型为主,而自愿参与型环境规制对创新的激励作用尚未显现。鉴于不用类型环境规制对建筑业绿色全要素生产率影响的差异性,以及单一环境规制的局限性,政府应合理组合三种类型环境规制工具,从长期监管的角度实施针对建筑业的命令控制型环境规制,从短期监管的角度实施市场激励型环境规制,并通过环保宣传引导公众从早期的了解认可,逐步发展到参与环境诉讼、监督企

---

① 王纬文:《不同类型环境规制对工业绿色增长的政策效应仿真研究》,硕士学位论文,大连理工大学企业管理,2018年,第45页。
② 张倩:《环境规制对企业技术创新的影响机理及实证研究》,博士学位论文,哈尔滨工业大学管理学院,2016年,第18—19页。
③ 牛丽娟:《环境规制对西部地区能源效率影响研究》,博士学位论文,兰州大学应用经济学,2016年,第116—117页。

业环境行为和施加建筑业规范约束等,建立一个全面的环境规制体系。

四、研究现状评述

在环境规制下,中国实现高质量发展须密切关注绿色全要素生产率。建筑业作为我国经济的支柱型产业,需提升绿色全要素生产率以推动建筑业转型升级与实现绿色高质量发展。在此背景下,基于古典经济增长理论的传统全要素生产率模型难以满足研究学者对于建筑业绿色全要素生产率的研究需求,需要将环境因素纳入生产率测算框架对其进行拓展。目前学术界对环境规制与建筑业全要素生产率的研究已经做出了丰富的研究。然而,依然存在一些尚未解决的问题,主要表现在以下三个方面:

(一) 在建筑业高能耗、高污染的发展背景下,现有建筑业全要素生产率影响因素作用的研究主要关注如何提升建筑业生产力水平。大多数研究集中于分析单方面因素,如技术进步或资本的影响,忽略资源和环境因素对建筑业全要素生产率作用结果的分析,缺乏对多种驱动因素作用的探究,未能全面、系统地对影响因素进行梳理与归纳,以形成统一的建筑业绿色全要素生产率影响因素清单。

(二) 现有环境规制对绿色全要素生产率影响的研究,大多集中于工业、制造业等领域,而针对作为中国支柱型产业的建筑业的研究还非常缺乏,并且学者们主要集中于探讨环境规制对绿色全要素生产率影响作用以及两者存在线性或非线性关系,缺乏系统、全面的理论分析和实证检验层面的影响机制探讨,难以深入考察和全面了解两者之间的关系。

(三) 现有研究缺乏关于环境规制政策对建筑业绿色全要素生产率的影响评估,大部分研究仅从单一角度,或者仅考虑片面因素,探究环境规制的实施影响,未能深入探究当前环境规制政策效果,缺乏对现有环境规制政策制定和执行偏差进行系统性评估及实证研究,以指导环境规制政策的可持续改进。

因此,立足国内外学者的相关研究成果,本书在古典经济增长理论的基础上将环境因素纳入建筑业绿色全要素生产率测算框架,拓展建筑业全要素生产率测算模型,确立一套建筑业绿色全要素生产率影响因素清单,揭示环境规制对中国建筑业绿色全要素生产率的传导机制,并构建"供给方←→需求方←→绿色金融"三点联动环境规制政策制定框架,为实现资源环境约束下的中国建筑业绿色发展转型提供科学依据。

第四节 研究方法与基本框架

一、研究方法

(一) 利用基于扎根理论的定性分析方法确定建筑业绿色全要素生产率影响因素清单

本书基于扎根理论,对绿色全要素生产率的337篇文献进行筛选,得出90篇代表性样本文献,采用Nvivo软件进行编码分析,确定出建筑业绿色全要素生产率影响因素清单。

(二) 采用以数据包络分析法为代表的定量分析方法对环境规制下中国建筑业绿色全要素生产率传导机制展开研究

本书综合运用无变量链接差分法、增加变量链接差分法、网络EBM模型、RAM-based Global ML生产率指数、逆DEA模型、交叉效率评价模型等以数据包络分析法为代表的定量分析法,并融合Hansen门槛和Tobit回归模型,提出两种新的DEA组合评价方法,对环境规制下中国建筑业绿色全要素生产率传导机制展开研究。

(三) 利用偏差计量模型(DI)分析现有环境规制政策的制定偏差值和完成偏差值,提出未来环境规制政策发展方向

本书基于公共政策评估理论,以我国"十二五""十三五"时期的环境规制政策为研究样本,采用偏差计量模型(DI)实证检验我国中央政府和地方政府环境规制政策制定和执行方面的偏差,通过分析政策执行情况以及制定和执行偏差,为国家"十四五"环境规制政策的制定与执行提供借鉴,从而指导提出未来环境规制政策发展方向。

(四) 利用政策分析法从政策的多个角度分许提出构建和完善我国环境规制的政策指向和政策建议

本书基于政策评述法,对我国环境规制政策体系的演变脉络和发展历程进行回顾,梳理改革开放以来,尤其是党的十九大以来关于节能减排、资源节约、环境保护、环境治理等领域的政策。试图从整体上把握我国环境规制政策的发展方向。同时,基于实证研究结果,设计和制定不同地区、不同主体的差异化环境规制政策和组合方式,按照不同政策工具形式优势互补、扬长避短、融合使用的思路,设计了我国环境规制政策体系,提出了政策工具的优化组合及创新举措,形成了促进我国环境保护与经济增长协调发展的政策建议。

二、基本框架

本书归纳总结了影响建筑业绿色全要素生产率的影响因素,根据生产函数进一步将影响因素分解为内部因素和外部因素,内部因素包括能源结构、资源优化、要素结构、市场因素、技术水平和经济环境,外部因素主要考虑环境规制。此外,根据内部因素之间的内在联系,将六大内部因素两两相结合依次归纳为资源配置层面、生产优化层面及科技跨越层面[1][2][3],在多层面全面评价中国建筑业绿色全要素生产率的基础上,从环境规制强度、环境规制类型和环境规制工具组合三个视角分析环境规制对中国建筑业绿色全要素生产率的传导机制。如图1.1所示,在明确传导机制后,本书还对现有环境规制政策制定和执行偏差进行评估,归纳出环境规制政策制定和执行经验,并借鉴国际相关实践,制定"供给方←→需求方←→绿色金融"三点联动环境规制政策制定框架,为中国建筑业高质量发展提供政策学习路径。

第一章　导论

本章主要包括研究背景、研究问题、研究目的、研究意义、基本框架及创新点等内容。

第二章　环境规制与绿色全要素生产率的理论基础

本章主要介绍环境规制理论,绿色全要素生产率理论和公共政策评估理论。环境规制理论包括环境规制内涵、政策类别、外部性理论、波特假说,绿色全要素生产率理论介绍了传统全要素生产率与绿色全要素生产率,公共政策评估理论包括公共政策评估的含义、演进历程、评估标准、公共政策偏差分析,通过这三个理论的分析为建筑业绿色全要素生产率影响因素研究提供理论支撑。

第三章　建筑业绿色全要素生产率影响因素分析

本章基于扎根理论的定性分析方法,对中国知网、万方、Science Direct、Springer Link、SSCI等数据库的337篇绿色全要素生产率文献进行筛选,对筛选出的90篇代表文献采用Nvivo软件进行质性分析,经过开放式编码、

---

[1] 郭捷、杨立成:《环境规制、经济发展水平对技术创新的影响研究——以我国民族八省区为例》,《南京财经大学学报》2019年第5期。

[2] 尹礼汇、孟晓倩、吴传清:《环境规制对长江经济带制造业绿色全要素生产率的影响》,《改革》2022年第3期。

[3] 杨骞、秦文晋、刘华军:《环境规制促进产业结构优化升级吗?》,《上海经济研究》2019年第6期。

1 理论研究

```
┌─────────────────────────────────────────────────────────────┐
│  绿色经济增长理论   环境规制相关理论   公共政策评估理论   环境规制下高质量增长需求  │
└─────────────────────────────────────────────────────────────┘
                         理论 支撑
```

2 实证研究

建筑业绿色全要素生产率影响因素

内部因素 / 外部因素

- 能源结构 / 资源优化 → 非期望产出 / 中间产物（资源配置层面）
- 要素结构 / 市场因素 → 产能利用 / 产业结构（生产优化层面）
- 技术水平 / 经济环境 → 技术创新 / 数字化转型（科技跨越层面）
- 环境规制 → 强度 / 类型 / 工具组合

评价研究 → 建筑业绿色全要素生产率 ← 传导机制研究

↓

我国现有环境规制政策评估

↓

我国环境规制政策偏差分析

↓

我国未来环境规制政策制定

- 发达国家政策借鉴
- 政策制定影响因素
- 政策制定核心参与方
- 三方联动政策建议

3 研究成果

| 中国建筑业绿色全要素生产率影响因素清单 | 环境规制对中国建筑业绿色全要素生产率的传导机制 | 促进建筑业绿色全要素生产率提升的环境规制政策制定框架 |

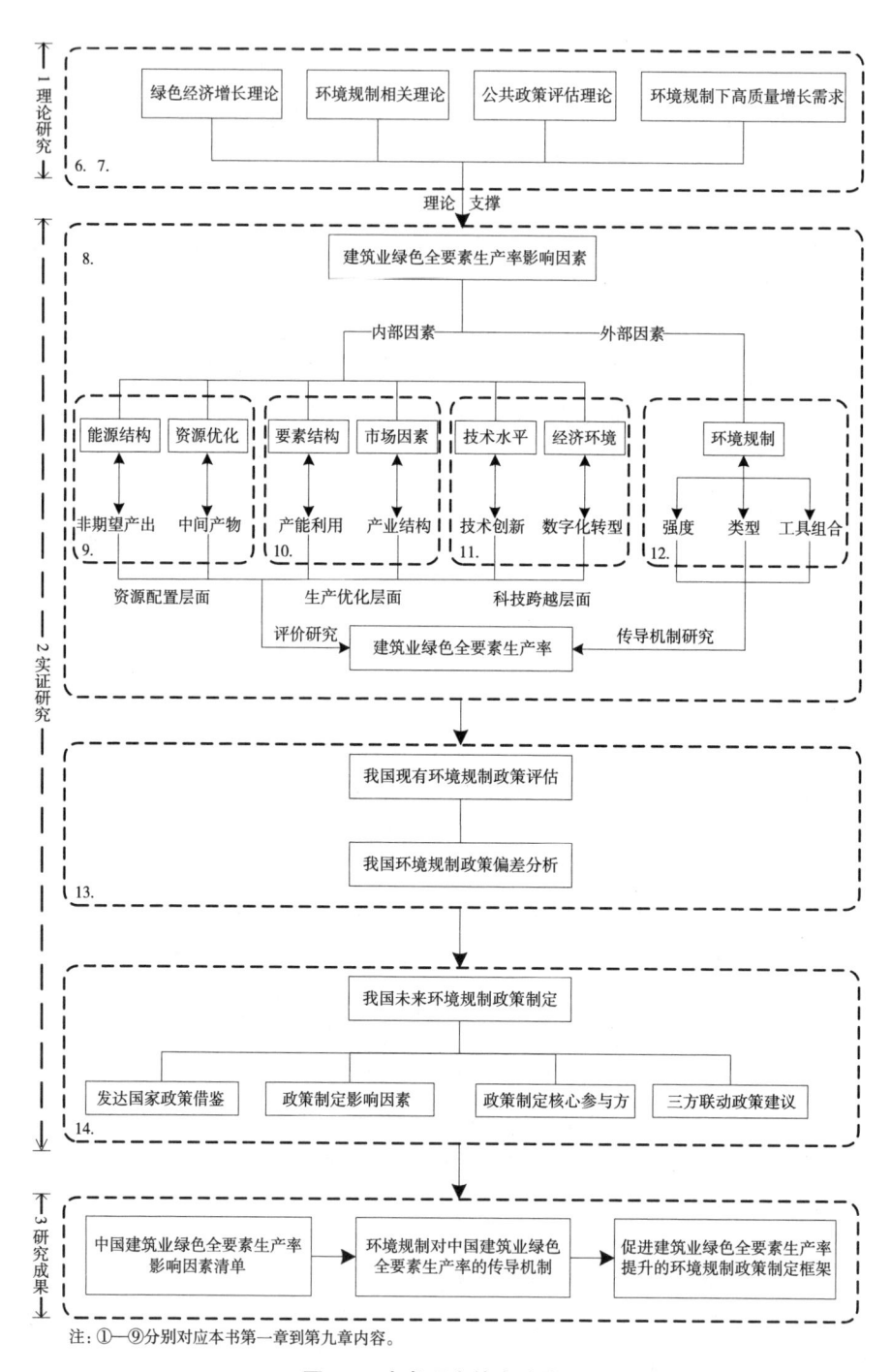

注：①—⑨分别对应本书第一章到第九章内容。

图1.1 本书研究技术路线图

主轴译码、选择性编码和饱和度检验,确立一套建筑业绿色全要素生产率影响因素清。

第四章 生产优化层面中国建筑业绿色全要素生产率评价研究

本章基于非期望产出视角和中间产物视角,系统评价生产优化层面下中国建筑业绿色全要素生产率。生产优化可在促进经济绿色发展的同时提升经济绿色效率和绿色全要素生产率。非期望产出视角下建筑业绿色全要素生产率评价为建筑业低碳发展研究提供一个有效的途径,而中间产物视角下要素投入产出的变化对提高建筑业绿色全要素生产率提供一个新的思路。

第五章 资源配置层面中国建筑业绿色全要素生产率评价研究

本章基于产能利用视角和产业结构视角,系统评价资源配置层面下中国建筑业绿色全要素生产率。全要素生产率研究的是资源配置效率,需借鉴发展经济学研究成果,总结发展中经济体推动发展的成功经验和失败教训,开展中国建筑业产能利用测度研究,并考虑不同市场规模下建筑业企业的集聚效应和选择效应,有利于明确建筑业产能利用现状及产业结构,有助于提升建筑业绿色全要素生产率。

第六章 科技跨越层面中国建筑业绿色全要素生产率评价研究

科技跨越是我国建筑业改革发展的三条主线之一,核心是数字技术对建筑业高质量发展的影响。本章基于技术创新视角和数字化转型视角,系统评价科技跨越层面下中国建筑业绿色全要素生产率。技术创新是实现产业由粗放式发展向集约化转变的重要着力点,而以前景理论为指导的数字化转型则是推进中国建筑业经济模式变革的有效途径。

第七章 环境规制对中国建筑业绿色全要素生产率传导机制研究

本章从环境规制强度、环境规制类型、环境规制工具组合三个方面入手,通过多种数据包络分析法和回归分析法,以中国建筑业省际绿色全要素生产率数据为样本,经理论分析→变量确定及测度→数据包络分析→门槛回归及 Tobit 回归分析,探讨环境规制对中国建筑业绿色全要素生产率影响的传导机制。

第八章 现有环境规制政策评估

本章首先详述我国环境规制政策的发展历程和组成,并对"十二五""十三五"时期的环境规制政策进行实证分析。通过对环境规划政策制定和执行进行对比,明确政策制定和执行偏差,验证是否达到政策制定的初衷,试图在宏观层面系统把控现有环境规制政策的实施效果及可持续改进方向。

第九章　未来环境规制政策制定与建议

基于第八章的研究,进一步从政策"供给方""需求方"和融资平台"绿色金融"三点联动角度出发,提出三点联动环境规制政策制定框架,从社会认知、经济成本、技术知识、经济激励和内部动机等方面分析政策制定影响因素,评价政策制定三个核心参与方的现实需求;并借鉴美国、日本和瑞典等国家的产业发展环境规制政策,提出促进我国建筑业绿色全要素生产率发展的未来环境政策发展方向。

第十章　主要结论与研究展望

本章主要概括前述研究成果,指出存在的不足,并展望未来研究。

第五节　创新点

本书从不同视角分别评价中国建筑业绿色全要素生产率及其影响因素,揭示环境规制对中国建筑业绿色全要素生产率的传导机制,最后构建中国建筑业未来环境规制政策制定框架。本书创新点主要体现在以下四个方面:

(1) 在古典经济增长理论的基础上将环境因素纳入建筑业绿色全要素生产率测算框架,首次制定一套具有普适性的建筑业绿色全要素生产率影响因素清单,拓展并丰富建筑业全要素生产率测算模型。

本书对多个数据库的337篇绿色全要素生产率文献进行筛选,得出具有代表性的90篇相关文献作为样本数据,经过开放式编码、主轴译码、选择性编码和饱和度检验,确立一套建筑业绿色全要素生产率影响因素清单。并在古典经济增长理论的基础上,将环境因素纳入建筑业绿色全要素生产率测算框架,改进传统建筑业全要素生产率测算模型。首先基于非期望产出、中间产物、产能利用、产业结构、技术创新以及数字化转型等六个视角测算研究我国建筑业绿色全要素生产率,然后考虑资源环境约束下建筑业绿色高质量发展新要求,将环境因素纳入建筑业绿色全要素生产率测算模型,延伸环境规制视角下的建筑业绿色全要素生产率的理论边界,拓展并丰富了环境经济学与建筑经济学交叉领域的研究。

(2) 提出一种新的DEA组合模型测算数字化转型前景下建筑业绿色全要素生产率,并给出一种新的DEA变量链接差分法定位建筑业绿色全要素生产率低下的具体原因。

本书考虑数字化转型对生产率的影响,将前景理论引入交叉效率评估法中,测算建筑业绿色全要素生产率,研究决策者心理预期对建筑业绿色全要素生产率的影响。此外,本书基于产能利用视角,引入基于 DEA 模型的无变量链接差分法与增加变量链接差分法,分别对中国建筑业产能利用率进行定量分析,并通过产能利用的现状对绿色全要素生产率现状进行评价,诊断绿色全要素生产率低下的具体原因,为建筑业产能利用的监测提供了可靠的方法。

(3) 验证环境规制强度(ER)对建筑业绿色全要素生产率的"门槛效应",测度不同类型环境规制及其工具组合的政策时间窗口,对影响建筑业绿色全要素生产率的不同类型环境规制政策,进行了典型性、示范性地政策效应评估。

本书从环境规制整体强度、不同类型环境规制和环境规制工具组合三方面,系统分析环境规制对建筑业绿色全要素生产率的影响,验证环境规制强度对建筑业绿色全要素生产率的"门槛效应",门槛值为 0.014;命令控制型与建筑业绿色全要素生产率是正向的线性关系,滞后期为一年;市场激励型 ER 与建筑业绿色全要素生产率是正向的线性关系,无滞后;自愿参与型 ER 与建筑业绿色全要素生产率为倒"U"型关系,滞后期为一年。研究结果为政府准确把握适宜的环境规制强度提供科学依据,为环境规制政策实施的有效时间窗口期提供科学的判断。

(4) 考虑建筑业政策制定三大核心参与方,即政策制定的供给方(政府)、需求方(业主和承包商)以及建筑业绿色发展融资支撑平台(绿色金融),提出促进建筑业绿色全要素生产率的三点联动环境规制政策制定框架。

本书基于现有政策制定框架理论,在确定社会认知、经济成本、技术知识、经济激励和内部动机五大政策制定影响因素的基础上,以我国环境规制政策制定的主导方——政府、实施方——业主及承包商、金融支撑平台——绿色金融三大核心参与方为动力点,为提升建筑业绿色全要素生产率,构建"供给方←→需求方←→绿色金融"三点联动环境规制政策制定框架。并以政策借鉴原则为理论指导,通过借鉴美国、日本和瑞典等国家产业发展环境规制政策,为促进我国建筑业绿色全要素生产率发展给出三个未来环境政策发展方向。

第二章　环境规制与绿色全要素生产率的理论基础

第一节　环境规制理论

一、环境规制的内涵

近年来,关于规制的研究不断深入,规制理论已经涉及社会学、经济学等多个领域,并兴起了规制经济学等交叉学科。但规制的概念较为宽泛,学者给出的定义角度也较丰富,代表性的观点包括:

Kahn 认为,规制作为一种基本的制度安排,政府规制是"对该种产业的结构及其经济绩效直接的政府规定,比如进入控制、价格决定、服务条件及质量的规定,以及在合理条件下服务所有客户时应尽义务的规定"。这个定义偏重规制主体的行为,缺乏对规制目标和客体的考虑。①

Spulber 认为规制是由行政机构制定并执行的一般规则或特殊行为,能够直接干预市场配置机制或间接作用于企业生产行为和消费者决策,该定义指出规制的主体是行政机构,客体是企业和消费者,却没有定义规制的目的。②

植草益将规制称为"公共的规制",并将其定义为:社会公共机构依据一定的规则对企业的活动进行限制的行为。③ 这种观点没有定义规制的主体和目标,并不全面。

虽然规制没有统一的定义,但通过以上关于规制的定义可以发现,规制主要指主体为实现相同利益目标而采取不同类型的法律法规,或按照既有制度对客体的活动进行规范和限制的行为。这种行为是从实现共同或特定的利益出发,主体与客体存在互动的动态过程。传统的规制主体局限于公共部门,随着新公共管理运动的开展,各类部门与公众个体参与规制活动

---

① A. E. Kahn, *The Economics of Regulation: Principles and Institutions*, Cambridge: MIT Press, 1988, p.199.
② Spulber:《管制与市场》,汉语大词典出版社 2008 年版。
③ 植草益:《微观规制经济学》,中国发展出版社 1992 年版。

的频率更高、范围更广,这将形成新的规制主体,私营部门和公众个体等各种妨碍规制目标达成的对象都属于规制客体。

对于环境规制(Environmental Regulation),目前尚无明确、权威的说明与界定。在国外的文献中,"环境规制"(Environmental Regulation)与"环境政策"(Environmental Policy)两个概念经常互换使用。学者们最初认为,环境规制就是国家采用行政的手段及措施,直接对各类环境资源的利用进行控制。随着政府颁布的环境税、政策补贴以及可交易的排污许可证这类经济手段发挥作用,市场机制也被纳入规制范围中。依据科斯定理,政府必须在"环境市场"上有所作为,通过制定相应政策与措施并对相关利益体权益进行调解,才能达到保持环境和经济发展相协调的目的;为达到此目的制定的政策、措施就是环境规制。[1] 李旭颖认为环境规制是政府通过制定相应的政策与措施,针对社会边际成本和厂商边际成本之间的差异,运用价格和数量工具,对厂商及其他造成环境污染的经济活动进行调节,尽可能地把环境污染带来的外部不经济的影响降低到最适水平,以达到环境和经济可持续发展的目标。[2] 赵玉民认为,环境规制是一种基于环境保护,有形或无形的对经济活动中的个体或组织进行约束性的规制形式。[3]

虽然环境规制目前尚无权威的统一的定义,但通过以上研究可以发现,环境规制主要指主体为实现相同环境利益目标而采取不同类型的法律法规,或按照既有制度对客体的有关环境的活动进行规范和限制的行为。这种行为是从实现共同或特定的利益出发,主体与客体存在互动的动态过程。传统的环境规制主体局限于公共部门,随着新公共管理运动的开展,各类部门与公众个体参与环境规制活动的频率更高、范围更广,这将形成新的环境规制主体,私营部门和公众个体等各种妨碍环境规制目标达成的对象都属于环境规制客体。综上所述,本书基于资源环境约束视角将环境规制界定为:政府为实现环境保护和经济高质量发展相协调,采取的命令控制、市场激励及自愿参与等宏观市场调控手段及措施。

二、环境规制政策类别

环境规制是规制理论的一项重要内容,学术界对于环境规制的认识也

---

[1] 陈德敏、张瑞:《环境规制对中国全要素能源效率的影响——基于省际面板数据的实证检验》,《经济科学》2012年第4期。
[2] 李旭颖:《企业创新与环境规制互动影响分析》,《科学学与科学技术管理》2008年第6期。
[3] 赵玉民、朱方明、贺立龙:《环境规制的界定、分类与演进研究》,《中国人口·资源与环境》2009年第6期。

是不断发生改变的。最初的研究将环境规制定义为政府采用命令控制型规制手段直接加以干预,包括非市场转让性的许可证制、禁令等。政府直接制定并执行环境标准,市场、行业和企业的应对策略十分有限。由于这种手段的信息成本高、经济效率低,市场激励型工具逐步被更多地引入,环境规制的含义也逐步被修正。规制的含义扩充为以政府为主导,直接和间接地干预环境资源的利用,既包括行政手段和法律政策,还包括经济手段和市场制度等。然而在市场手段的应用过程中,其作用范围有限的缺陷也不断地暴露。20世纪90年代以来,环境规制工具包括生态标签、自愿协议等方式,信息披露程度高、公众参与度广,规制主体的范围也愈加扩大,公众、媒体、NGO、公司与行业协会成为新兴主体。主体范围的扩大使得环境规制更为有效,规制的内涵也得到扩充:除了传统的命令控制型环境规制、市场激励型环境规制外,自愿参与型环境规制也成为重要的组成部分。综上所述,规制的外延包括了命令控制型环境规制、市场激励型环境规制和自愿参与型环境规制(其发展过程如图2.1所示)。

图 2.1　环境规制政策的发展

环境规制方式、工具多种多样,一般可以总结为如下三类:

(一) 命令控制型环境规制

命令控制型环境规制手段主要是指政府通过制定法律法规、政策或制度来确定企业必须遵守的环保标准,必须安装的环保设备或污染处理技术。[1]如我国修订的《中华人民共和国环境保护法》、环境影响评价制度、"三同时"制度、《大气污染防治行动计划》《水污染防治行动计划》《土壤污染防治行动计划》等均属于命令控制型环境规制手段,且对建筑业具有深远影响;除此以外,部分建筑业环境规制工具如表2.1所示。

---

[1] 赵玉民、朱方明、贺立龙:《环境规制的界定、分类与演进研究》,《中国人口·资源与环境》2009年第6期。

命令控制型环境规制的优点是,目标明确,规范标准清晰,在实施规制政策过程中能够迅速有效地解决污染排放等环境问题。然而,目前命令控制型环境规制手段还包含一定的缺陷。以《生态环境损害赔偿制度改革方案》为例,就存在程序不明确、难以发挥公众监督的作用、对磋商与诉讼如何具体衔接没有明确规定等一系列问题,且命令控制型环境规制需要政府相关部门及时监督,因此会带来额外的实施成本与监督成本。[①] 此外在环境规制政策的制定与实施过程中,政府机构占主导地位,使得企业、市场没有任何的主动权。

表 2.1 部分建筑业环境规制工具

政策类型	政策工具	开始时间	应用范围
命令控制型环境规制	生态环境损害赔偿制度改革方案	2018	全国
	绿色建筑评价标准	2014	全国
	绿色建筑行动方案	2013	全国
	限期治理	2009	全国
市场激励型环境规制	环保税	2018	全国
	国务院办公厅关于进一步推进排污权有偿使用和交易试点工作的指导意见	2014	全国
	"以奖促治以奖代补"农村环境保护专项资金	2010	全国
自愿参与型环境规制	中华人民共和国生态环境部成立	2018	全国
	环保举报热线工作管理办法	2011	全国
	信息公开暂行办法	2008	全国

(二) 市场激励型环境规制

随着环境治理的不断深入,人们发现押金返还制度、信贷激励、政府环境补贴、排污税费、税收优惠等规制方式能够很好地发挥环境保护作用,但是这些规制方式并没有被纳入环境规制定义中去。于是人们将市场机制与经济手段也纳入到了环境规制含义中,称为**市场激励型环境规制**。市场激励型环境规制是指政府通过市场机制,旨在借助市场信号激励和引导企业

---

① 王腾:《我国生态环境损害赔偿磋商制度的功能、问题与对策》,《环境保护》2018年第13期。

在追求自身利益最大化的前提下,主动降低污染排放水平。① 对建筑业而言,以环保税为例,工业废弃物、危险废弃物均需视情况缴纳环保税;建筑施工噪声按照建筑面积,工业噪声按照超过国家规定标准的分贝数缴纳环保税;根据大气污染物、水污染物的污染当量计量应交税费。通过增加建筑业企业的污染成本,采用经济引导的方式,使建筑业企业在市场机制中做出决策,更具有针对性和灵活性。然而不足之处在于市场激励型环境规制的实施需要完善的市场机制作为保障,市场经济体系越完善,市场机制才能更好地发挥调节作用,规制效果才能发挥得越充分。

(三)自愿参与型环境规制

除了上述两种规制类型外,又出现了自愿参与型环境规制等新型环境规制方式。20世纪90年代,随着大众环保意识的逐步增强,出现了一些非官方组织自发进行的环保行为,学者们在之前的环境规制含义基础上进行了扩充,加入了公众参与型的环境规制,又称自愿参与型环境规制;通过企业与居民的环保意识和活动、环保标准或机构的设立等,提升社会整体环保意识和水平,如环境管理体系认证、环境审计、生态标签、环境协议、企业环境信息公开等②,人们对环境规制政策类型的认识逐渐递进、由浅入深,规制主体逐渐由政府转向大众群体,规制措施也变得越来越多样化。然而已有自愿参与型环境规制政策都是面向所有行业的,专门针对建筑业的自愿参与型环境规制政策目前未有,因此本书在评估现有环境规制政策时不对自愿参与型环境规制政策进行研究。

三、环境规制的理论依据——外部性理论

Marshall于1890年提出了"外部经济"的概念,Pigou于1920年在其研究基础上率先分析外部性问题。③ 外部性是某一经济主体的经济行为对其他经济主体所产生的非市场性的影响,即某一经济主体的经济活动给其他经济主体带来利益或损害,并不因此而获得相应报酬或提供相应补偿的现象,从而导致经济主体活动的社会成本或收益与私人成本或收益的不一致性。无论是正外部性抑或负外部性,都不能实现帕累托效率,必然导致资

---

① 赵玉民、朱方明、贺立龙:《环境规制的界定、分类与演进研究》,《中国人口·资源与环境》2009年第6期。
② 彭星、李斌:《不同类型环境规制下中国工业绿色转型问题研究》,《财经研究》2016年第7期。
③ 李世斌、郭砚莉:《环境规制的经济影响及政策工具选择:一个文献综述》,《产业组织评论》2021年第1期。

源配置的低效率。

建筑业企业的生产活动造成了大部分的环境负外部性。由于追求自身利益最大化,建筑业企业对外部性问题抱着回避态度。有效价格机制的缺失使得资源环境的配置常常因为负外部性而扭曲。建筑业对环境造成的问题主要表现在以下方面:固体废弃物污染,主要是建筑施工过程中产生的模板、渣土、散落的砂浆和混凝土等废弃物。建筑垃圾的产生量已占到城市垃圾总量的30%—40%,这些建筑垃圾除了极少部分得到回收利用,大部分的建筑垃圾是作为废弃物被随意填埋或堆放。[①]

外部性意味着仅仅依靠市场力量来提高企业绿色全要素生产率难以奏效,这就需要通过环境规制来干预企业变革过程。Pigou 于 1932 年提出"庇古税",开创了环境规制的先河。为了实现企业生产过程中边际私人成本与边际社会成本的相一致,庇古建议政府可以通过征税或者补贴矫正企业的生产行为,实现私人成本和私人收益与社会成本与社会收益的一致性,进而实现外部性的完全内部化,实现资源的有效配置和社会福利的最大化。因此,环境资源具有公共产品的属性,政府将征收"庇古税"或环境税作为解决环境污染的重要手段,促使企业生产行为的环境负外部性内部化。随着环境质量不断恶化,发达国家和发展中国家所推行的污染者付费、排污费、环保税、补贴、押金—返还制度等都是基于"庇古税"而提出来的环境政策。随后,Coase 以"庇古税"限制经济选择为由,对 Pigou 矫正外部性的方法进行批判,强调了产权和产权交易在环境规制中的重要作用。[②] 新制度经济学派把制度看作是一个由正式规则和非正式规则组成的社会游戏规则,环境规制也可以相应地分为正式环境规制和非正式环境规制,这涉及政府、环保部门、公众和环保非政府组织(环保 NGO)等各利益相关者的行为,其中正式环境规制主要来自于政府和环保部门,而非正式环境规制则主要来自于公众与环保 NGO。

在环境规制的约束之下,建筑业企业会提高技术水平和能源的利用率,使建筑业负外部性降低。环境规制有助于建筑业企业在追求经济效益的同时,协调好经济与环境之间的关系。环境规制带来的影响包括:(1) 生产经营中废弃物的减少。建筑业企业可以对废弃物采取一定的方式进行循环利用,使环境污染所带来的成本损失降低;(2) 珍惜资源、能源和原材,降

---

① 明翠琴、钟书华:《中国建筑业绿色增长转型的评价指标体系研究》,《武汉理工大学学报》(社会科学版)2016 年第 4 期。

② R. H. Coase, "The Problem of Social Cost", *Journal of Law and Economics*, Vol.3, (1960), pp.1-44.

低物耗成本,提高经济效益。建筑业是否采取低碳方式生产,直接取决于政府的环境规制力度。① 这样,建筑业企业在实现其经济效益的时候,可以形成环境的正外部性。

同时,在环境理性的约束之下,政府通过制定一定的法规和优惠政策,来激励和约束建筑业企业的经济行为,减少其造成的环境污染和资源浪费。这有助于避免建筑企业在追求经济增长目标的过程中造成生态环境破坏和掠夺式开发等环境不理性行为。同时受到环境规制,那些较先对环保设备进行投资,采用先进环保技术或主动控制污染排放的建筑业企业将更可能获得竞争优势(创新优势、效率优势和先动优势),从而提高企业的生产率,获得更好的经济收益。②

四、环境规制与创新——波特假说

Porter 和 Linde 指出更加严格但设计恰当的环境规制(特别是基于市场的环境政策如税收、污染排放许可等)能够激励创新并能部分甚至完全抵消遵循环境规制的成本,使厂商在国际市场上更具竞争优势。③ 这被称为"波特假说"。"波特假说"为重新认识环境保护与经济发展的关系提供了全新的视角。

Porter 通过理论分析和案例研究,首次提出环境保护和企业竞争力之间存在"双赢"(win-win)结果的可能性,环境规制能否激励企业创新的问题才受到企业和政策研究者的广泛关注。设计恰当的环境规制之所以能够带来上述"双赢"结果,Porter 和 Linde 认为至少有以下五点原因:第一,环境规制会使企业认识到资源利用缺乏效率,促使企业技术改进;第二,集中于信息收集的环境规制可以通过提高企业环保意识而受益;第三,环境规制可以降低对环境有价值的投资的不确定性;第四,环境规制可以给企业带来不断创新和进步的压力;第五,环境规制可以改变传统的竞争环境。也就是说,环境规制能够确保一个公司不依靠规避环境投资而获得竞争优势。

为了从理论和经验上检验波特假设,Jaffe and Plamer 将波特假设区分

---

① 陆菊春、欧阳寒旭、韩璐:《多主体互动博弈下建筑企业低碳转型的演化机理》,《北京理工大学学报》(社会科学版)2019 年第 1 期。

② 陈哲、陈国宏:《建筑业绿色创新采纳推进政策研究》,《福建论坛》(人文社会科学版)2017 年第 3 期。

③ M. E. Porter, C. V. D. Linde, "Toward a New Conception of the Environment-Competitiveness Relationship", *Journal of Economic Perspectives*, Vol.9, No.4(1995), pp.97-118.

为强"波特假设"、弱"波特假设"和狭义"波特假设"(如下图 2.2 所示)。①

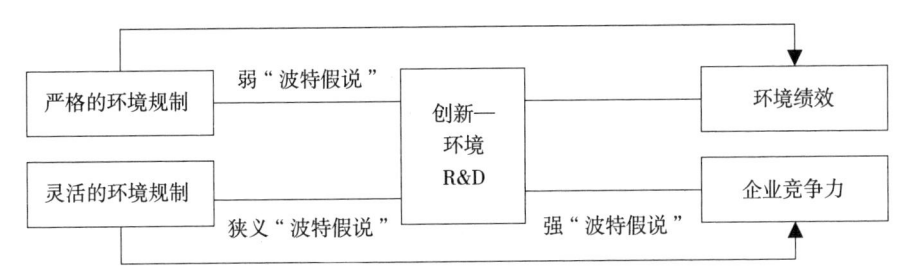

图 2.2 "波特假说"因果关系链

设计适当的环境规制也许能够刺激创新,但不能表明创新对于公司是好还是坏,这种类型的假说常常被称作弱"波特假说"。有许多学者基于此,进行实证研究:Horbach 建立面板数据模型发现环境规制、环境管理工具以及一般组织变革能够鼓励环境创新。② 但也有学者认为"弱波特假说"不成立,即环境规制对企业创新的影响为负。尹建华等重点关注失信惩戒对废水国控重点监测企业的技术创新的影响,结论是失信惩戒对企业创新是显著的负面影响。③ 随着研究的深入,越来越多学者进行更详细的研究,从多个方面进行考察,也得到了其他不同的结论。Kneller 和 Manderson 研究发现,一方面环境规制会刺激环境研发和环境资本投资的增加;另一方面对总研发和总资本积累没有正向影响,也就意味着环境 R&D 可能会挤出非环境 R&D。④ 刘伟等发现环境规制与工业技术创新之间的关系呈现"U"型特征,也就是说,弱环境规制对于技术创新是不利的,然而当其强度达到拐点时,对技术创新的作用则是正向的。⑤

除了"波特假说"以外,在多数情况下环境规制不仅仅能够抵消遵循成本——也就是说环境规制能够提高企业的竞争能力,主要集中在环境规制通过影响技术创新从而影响企业全要素生产率或者经营绩效两个方面。这常常被称作强"波特假说"。赵红和谷庆是从全要素生产率角度出发,研究

---

① A. B. Jaffe, K. L. Palmer, "Environmental Regulation and Innovation: A Panel Data Study", *Review of Economics and Statistics*, Vol.79, No.4(1997), pp.610-619.

② J. Horbach, "Determinants of Environmental Innovation-New evidence from German Panel Data Sources", *Research Policy*, Vol.37, No.1(2006), pp.163-173.

③ 尹建华、弓丽栋、王森:《陷入"惩戒牢笼":失信惩戒是否抑制了企业创新?——来自废水国控重点监测企业的证据》,《北京理工大学学报》(社会科学版)2018 年第 6 期。

④ R. Kneller, E. Manderson, "Environmental Regulations and Innovation Activity in UK Manufacturing Industries", *Resource & Energy Economics*, Vol.34, No.2(2012), pp.211-235.

⑤ 刘伟、童健、薛景:《行业异质性、环境规制与工业技术创新》,《科研管理》2017 年第 5 期。

环境管制、研发投入和全要素生产率三者关系。① 在经营绩效方面,李波和孙利华的研究表示医药产业环境规制对行业经营绩效作用为正且存在滞后效应。②

最后,狭义"波特假说"认为,灵活的规制政策尤其是经济手段更能够刺激公司进行创新,比传统的规制形式更加有效。Zhao 和 Sun 从实证上对"波特假说"进行检验,他们以 2007—2012 年中国污染密集型企业为样本,证明了环境规制对企业创新能力的提升具有显著的正向影响,对企业竞争力有不显著的负面影响。③ 张平等分析了费用型环境规制和投资型环境规制,对我国 30 个省(区、市)在 2003—2012 年的面板数据进行研究,发现费用型环境规制即排污费的征收会增加企业生产成本,但不能促进技术创新,而投资型环境规制会促进企业技术创新。④

对于建筑行业而言,"波特假说"也经过了检验。Testa 利用欧洲三个地区建筑部门不同细分市场中企业层面的调查数据,建立有序 Probit 模型进一步考察三种代表性环境规制工具的相互作用是否会给企业竞争力带来不同的影响。⑤ 研究显示设计优良的直接管制对企业创新及无形绩效的积极影响最为显著,而经济手段会对企业经济绩效产生负面效应。钱爱民和郁智对包括建筑业在内的多种重污染企业的数据,实证分析了我国地方政府的环境规制强度对企业技术创新的影响,验证了"波特假说"在中国的适用性。⑥

综上所述,"波特假说"认为环境规制会促进企业创新,甚至提高企业经营绩效、全要素生产率(强波特假说),为进行环境规制提供有力的支持。

---

① 赵红、谷庆:《环境规制、引致 R&D 与全要素生产率》,《重庆大学学报》(社会科学版)2015 年第 5 期。

② 李波、孙利华:《环境规制对产业绩效的影响:基于医药产业的实证分析》,《中国医药工业杂志》2017 年第 11 期。

③ X. Zhao, B. Sun, "The influence of Chinese Environmental Regulation on Corporation Innovation and Competitiveness", *Journal of Cleaner Production*, Vol.112, No.4 (2015), pp.1528-1536.

④ 张平、张鹏鹏、蔡国庆:《不同类型环境规制对企业技术创新影响比较研究》,《中国人口·资源与环境》2016 年第 4 期。

⑤ F. Testa, F. Iraldo, M.Frey, "The Effect of Environmental Regulation on Firms' Competitive Performance: The Case of the Building & Construction Sector in some EU Regions", *Journal of Environmental Management*, Vol.92, No.9 (2011), pp.2136-2144.

⑥ 钱爱民、郁智:《政府环境规制、官员晋升压力与企业技术创新》,《技术经济》2017 年第 12 期。

建筑业的能源消耗、生态破坏、资源短缺相比其他行业也较为严重,建筑业环境规制逐渐增多;同时建筑产品具有位置固定、工程体量大、人员涉及众多、资金占用量大以及建设周期长等特点,使建筑业在技术创新速度缓慢、生产效率低下等方面历来饱受指责,建筑业创新能力、全要素生产率亟待提高。[①] 建筑业企业污染较为密集、环境规制政策日趋丰富、创新能力要求逐渐提高、全要素生产率日渐提升势在必行,"波特假说"为研究建筑业环境规制与绿色全要素生产率之间的关系,提供了良好的理论基础。

第二节 绿色全要素生产率理论

一、传统全要素生产率

(一) 全要素生产率的内涵及相关研究

新古典经济增长理论认为,经济增长来源于投入要素的增加和生产率的提高。然而,投入要素存在边际递减效应,无法为经济增长提供长期保障。[②] 鉴于此,提高生产率以促进经济增长成为一种较优的选择,并受到学者们的广泛关注。生产率的发展可大致分为三个阶段,单要素生产率、全要素生产率和绿色全要素生产率。单要素生产率,顾名思义,表示的是单一投入与产出之间的关系。然而,实际生产过程往往存在多项投入和产出。例如,在古典经济增长理论中,劳动、资本和土地是社会生产的三大必然要素。因此,单要素生产率显然无法反映真实的生产过程,更不能描述经济增长的实际状况。

为克服单要素生产率存在的上述缺陷,全要素生产率的概念被引入。全要素生产率是指包含劳动力和资本在内所有生产要素所产生的产出增长率。[③] 与单要素生产率相比,全要素生产率最突出的优势就是准确衡量整个生产过程中所有投入的产出效率,能够反映一个国家、地区或者行业一定时期内为经济增长所做的努力及其进步。单要素生产率和全要素生产率之

[①] 段宗志、彭志胜:《中国区域建筑业 TFP 增长多因素评价研究》,《华东经济管理》2011 年第 9 期。

[②] 杨秀艳:《长江经济带绿色全要素生产率测度及影响因素分析》,硕士学位论文,浙江财经大学经济统计学,2019 年,第 10 页。

[③] R. Färe, S. Grosskopf, M. Norris, "Productivity Growth, Technical Progress, and Efficiency Change in Industrialized Countries: Reply", *American Economic Review*, Vol.87, No.5 (1997), pp.1040-1043.

间的差别可参阅表2.2。与此对应,有关全要素生产率的研究也多从区域、行业和企业角度开展,以帮助研究者从不同层面了解全要素生产率。① 在区域层面,Liu和Bi基于2003—2016年中国省际面板数据构建了动态空间计量经济模型,对区域全要素生产率的增长情况进行了评估,并发现技术进步是拉动全要素生产率增长的主要原因。② Burda和Severgnini则对德国东部和西部的全要素生产率差异进行研究,发现东部各州的生产率落后于西部。③ 在产业层面,李士梅和李强评估2001—2015年中国30个省市装备制造业及细分行业全要素生产率,研究发现考察期内装备制造业总体全要素生产率上升14.3%,同样其增长主要来源于技术进步。④ 姚战琪则对1985—2007年间中国工业部门的全要素生产率进行分析和评估,发现劳动要素的结构变化伴随着工业部门的生产率增长。⑤ 在企业层面,马荣对2003—2008年国有企业的全要素生产率进行研究,发现技术效率和规模效率低下是限制国有企业全要素生产率增长的主要原因。⑥ 范剑勇等基于1998—2007年的面板数据,以通信设备、计算机与其他电子设备业企业为研究对象,评估企业全要素生产率及其结构性因素,发现前沿技术进步总体上对研究对象全要素生产率增长贡献不大。⑦ 由上述研究还可以发现,技术创新、产业结构、资源配置、要素结构和地域因素等均对全要素生产率的增长产生了影响。值得注意的是,在这其中,技术进步对全要素生产率增长的拉动作用得到充分验证。从新古典经济增长理论意识到技术进步对经济增长的作用,再到内生增长理论强调技术进步是内部机制推动的结果,依靠技术进步提升全要素生产率,从而实现经济增长的观点已被普遍接受。

---

① X. A. Shi, L. S. Li, "Green Total Factor Productivity and its Decomposition of Chinese Manufacturing based on the MML Index: 2003-2015", *Journal of Cleaner Production*, Vol.222, (2019), pp.998-1008.

② J. Liu, C. Bi, "Effects of Higher Education Levels on Total Factor Productivity Growth", *Sustainability*, Vol.11, No.6 (2019), pp.1790-1802.

③ M. C. Burda, B. Severgnini, "Total Factor Productivity Convergence in German States since Reunification: Evidence and Explanations", *Journal of Comparative Economics*, Vol.46, No.1 (2018), pp.192-211.

④ 李士梅、李强:《中国装备制造业全要素生产率测算及提升路径》,《哈尔滨商业大学学报》(社会科学版) 2019 年第 2 期。

⑤ 姚战琪:《生产率增长与要素再配置效应:中国的经验研究》,《经济研究》2009 年第 11 期。

⑥ 马荣:《中国国有企业效率研究——基于全要素生产率增长及分解因素的分析》,《上海经济研究》2011 年第 2 期。

⑦ 范剑勇、冯猛、李方文:《产业集聚与企业全要素生产率》,《世界经济》2014 年第 5 期。

表 2.2 单要素生产率和全要素生产率的比较

产出的测度	投入的测度			
	劳动	资本	劳动、资本和其他中间投入品	劳动、资本和其他中间投入品（考虑环境规制作用）
生产总值	单要素生产率	单要素生产率	多要素生产率	环境规制下多要素生产率
增加值			—	—
生产总值、增加值和其他产出（不含环境因素）	—		全要素生产率	环境规制下全要素生产率
生产总值、增加值和其他产出（含环境因素）	—		绿色全要素生产率	环境规制下绿色全要素生产率

资料来源：Organization for Economic Co-operation and Development (OECD) Manual.①

(二) 建筑业全要素生产率的研究

建筑业作为密集型产业，对资本、劳动力和能源等投入要素的需求巨大。鉴于这一特点，如何提升建筑业全要素生产率，实现建筑业产业转型成为众多学者关注的问题。建筑业全要素生产率测度研究的基础，是构建科学合理的评价指标体系。一般认为，建筑业的投入要素主要包括人力、物力和财力三个方面，通常用从业人员数、建筑业职工工资总额、自有机械设备年末总功率、能源投入、建筑产业总资产等指标表示。② 在不考虑环境规制前提下，通常认为建筑业产出只为期望产出，通常用工程结算利润、建筑施工面积、建筑业总产值和建筑产业利润总额等指标表示。学者在进行建筑业全要素生产率测度研究时，往往会因为研究目的的不同，有侧重地进行指标的选取。在明确评价指标体系后，学者们开展建筑业全要素生产率的测度研究。例如，Hu 和 Liu 以澳大利亚建筑为例，测度了其在 1990—2007 年期间的全要素生产率，并在此基础上探讨如何改善澳大利亚建筑业全要素

---

① O. O. f. E. Co-operation Development, "Measuring Productivity-OECD Manual Measurement of Aggregate and Industry-level Productivity Growth", *Sourceoecd Statistics Sources & Methods*, Vol.2001, (2001), pp.1-156.

② J. X. Zhang, H. Li, B. Xia, et al., "Impact of Environment Regulation on the Efficiency of Regional Construction Industry: A 3-stage Data Envelopment Analysis (DEA)", *Journal of Cleaner Production*, Vol.200, (2018), pp.770-780.

生产率。① 谭丹等基于1993—2013年中国建筑业行业数据,对全要素生产率的增长特征及其影响因素进行分析,发现技术进步是全要素生产率长的主要源泉。② 李惠玲和孙飞对2010—2014年中国东北地区建筑业全要素生产率进行测度研究,发现该地区建筑业综合技术效率、规模效率和纯技术效率差距较大。③

由以上分析可知,目前对于全要素生产率的研究已较为成熟。一方面,既有研究已经从理论角度给出了完善的全要素生产率定义与解释,肯定了全要素生产率对于促进经济增长的重要作用;另一方面,诸多实证研究为开展区域或者行业的全要素生产率研究提供了成熟的方法和思路借鉴。此外,对于建筑业全要素生产率,既有实证研究已在评价指标体系构建、影响因素分析、全要素生产率测度方法选择等方面进行诸多有益的尝试,为本书研究的开展提供了一定理论与实践基础。

二、绿色全要素生产率

(一) 绿色全要素生产率的内涵

当今世界,伴随着经济快速发展的同时,资源与环境问题日益突出。面对环境恶化和资源匮乏带给人类社会的巨大危机,人们开展关注资源环境约束下的经济增长,即绿色经济发展。与传统的发展模式不同,绿色经济发展模式更关注于经济增长的质量,而非经济增长的速度。与此同时,越来越多的学者们开始将环境因素、资源因素纳入经济学模型,研究资源环境约束下的经济增长。在这一阶段,现代经济增长理论开始形成。与内生增长理论相比,现代经济增长理论最大的进步是考虑到了环境与自然因素对经济增长的影响。在这一背景下,如何准确衡量区域或者产业的经济增长质量成为了一个亟须解决的问题。

绿色转型发展是绿色发展与绿色转型相辅相成的结果,由过度浪费资源、污染环境的发展形态向资源节约型、环境友好型绿色发展形态的转变。④ 因此,产业绿色转型的一个重点是提高资源利用率和减少环境污

---

① X. C. Hu, C. L. Liu, "Energy Productivity and Total-Factor Productivity in the Australian Construction Industry", *Architectural Science Review*, Vol.99, No.5 (2016), pp.432-444.

② 谭丹、王广斌、曹冬平:《建筑业全要素生产率的增长特征及其影响因素》,《同济大学学报》(自然科学版) 2015年第12期。

③ 李惠玲、孙飞:《东北地区建筑业效率实证分析及提升策略》,《沈阳建筑大学学报》(社会科学版) 2017年第2期。

④ 李佐军:《中国绿色转型发展报告》,中共中央党校出版社2012年版,第1页。

染,尤其对于工业、建筑业等高耗能、高污染企业更是如此。以建筑业为例,其水泥和钢铁消费占全球使用量的一半,能源消耗约占中国总能耗的46%。① 与此同时,作为中国二氧化碳排放量大的行业,建筑业的温室气体排放量占中国所有行业的40%以上。② 相关研究已经表明,忽略环境因素影响的建筑业生产率被高估。③ 值得注意的是,传统的全要素生产率虽然能准确衡量整个生产过程中的产出效率,但由于未考虑环境与资源因素,无法衡量产业经济的增长质量。在此背景下,绿色全要素生产率应运而生。

本书将绿色全要素生产率定义为:绿色全要素生产率是在全要素生产率计算的基础上,将环境因素纳入生产率框架,突破新古典经济增长理论生产率模型忽视资源约束与环境污染的缺陷,实现对经济增长速度与增长质量的综合考察。绿色全要素生产率有效弥补传统全要素生产率的缺陷,客观和真实地反映实际生产过程,准确衡量资源环境约束下产业经济增长状况。

(二) 绿色全要素生产率测度研究

目前,绿色全要素生产率的研究主要集中在生产率测度和影响因素分析两个方面。在绿色全要素生产率的测度研究中,测度方法改进研究是一个重点领域。鉴于数据包络分析(Data Envelopment Analysis, DEA)方法在处理多投入和多产出问题上所具有的突出优势,该方法早在绿色全要素生产率提出之前已被广泛用于全要素生产率的测度研究。值得注意的是,生产过程中产生的环境污染,它作为一种非期望产出,其本身对绿色全要素生产率的增长是不利的。因此,传统的DEA模型无法有效测度绿色全要素生产率。就如何在计算过程中适当处理非期望产出的问题,学者们做了很多这方面的研究。例如,Färe和Grosskopf首先提出了非期望产出的弱处置性,即环境污染是不能被随意处置的,引入"环境技术"(一种非参数方

---

① D. Zhao, A. P. McCoy, J. Du, et al., "Interaction Effects of Building Technology and Resident Behavior on Energy Consumption in Residential Buildings", *Energy And Buildings*, Vol.134, (2017), pp.223-233.

② M. U. Hossain, C. S. Poon, "Global Warming Potential and Energy Consumption of Temporary Works in Building Construction: A Case Study in Hong Kong", *Building And Environment*, Vol.142, (2018), pp.171-179.

③ J. X. Zhang, H. Li, B. Xia, et al., "Impact of Environment Regulation on the Efficiency of Regional Construction Industry: A 3-stage Data Envelopment Analysis (DEA)", *Journal of Cleaner Production*, Vol.200, (2018), pp.770-780.

法)处理非期望产出。① Chung 提出了方向距离函数(Directional Distance Function, DDF),通过允许期望产出增加的同时减少非期望产出,实现了对非期望产出的有效处理。② 之后,Tone 提出了考虑非期望产出的 SBM (slacks-based measure),从对投入产出的松弛变量处理角度给出了非期望产出处理的一种思路。③ 此外,部分学者还提出污染物作投入处理法、数据转换函数处理法等方法。④ 上述方法因为其在处理不同研究问题中的优势,得到了广泛的使用。

(三)绿色全要素生产率影响因素研究

在绿色全要素生产率的影响因素研究方面,既有研究已从产业结构、技术创新、资源配置、要素结构、市场化程度、环境规制等视角进行研究。例如,韩晶等基于中国 266 个城市 2006—2015 年的面板数据,从产业结构合理化和产业结构高级化两个维度研究产业升级对中国城市绿色全要素生产率的影响,得出产业高级化对于绿色增长具有正向作用,而产业结构合理化对绿色增长的影响则因不同城市所处的发展阶段不同而有着明显差异。⑤ 张家亮则基于 2006—2015 年中国 30 个省(市区)的面板数据,从技术创新、要素结构、产业结构、外资利用和环境规制五个方面出发,研究以上因素对中国绿色全要素生产率的影响,发现技术创新、要素结构、产业结构、外资利用和环境规制对绿色全要素生产率的提高均具有显著的促进作用。⑥ 章忠亮则以华东地区的物流业为研究对象,基于 2006—2016 年的面板数据研究了环境规制对绿色全要素生产率的影响,发现环境规制与物流业绿色全要素生产率之间呈现出"U"型的关系,即随着环境规制的不断增强,环境

---

① R. Fare, S. Grosskopf, E. C. Kokkelenberg, "Measuring Plant Capacity, Utilization, and Technical Change: a Nonparametric Approach", *International Economic Review*, Vol.30, No.3(1989), pp.655-666.

② Y. H. Chung, R. Färe, S. Grosskopf, "Productivity and Undesirable Outputs: A Directional Distance Function Approach", *Journal of Environmental Management*, Vol.51, No.3(1997), pp.229-240.

③ K. Tone, "A slacks-based Measure of Efficiency in Data Envelopment Analysis", *European Journal of Operational Research*, Vol.130, No.3(2001), pp.498-509.

④ 卞亦文:《基于 DEA 理论的环境效率评价方法研究》,博士学位论文,中国科学技术大学管理科学与工程系,2006 年,第 6 页。

⑤ 韩晶、孙雅雯、陈超凡等:《产业升级推动了中国城市绿色增长吗?》,《北京师范大学学报》(社会科学版)2019 年第 3 期。

⑥ 张家亮:《我国绿色全要素生产率的测度及影响因素的机理分析》,硕士学位论文,东北财经大学应用经济学系,2018 年,第 2 页。

规制将有利于物流业绿色全要素生产率的提升。① 在建筑业，Hu 和 Liu 以澳大利亚建筑业为例，从技术标准角度研究环境规制对澳大利亚建筑业绿色全要素生产率的影响，发现技术标准学习能够促进建筑业减排，从而提高建筑业绿色全要素生产率。② Zhang 等研究环境规制强度对建筑业绿色全要素生产率的影响，发现高环境规制地区的建筑业绿色全要素生产率受环境规制的影响较小。③ 本书在第三章对绿色全要素生产率影响因素进行了详细分析。

基于以上分析可知，现代经济增长理论为绿色全要素生产率的研究提供了有力的理论支撑，明确了绿色全要素生产率是衡量经济增长质量的重要指标，实现了对经济增长速度和质量的综合反映。而对于该指标的测度，以 DEA 为基础的多种更加综合全面的方法相继出现，形成了比较系统的方法体系，为本书研究的开展提供了重要的方法借鉴。此外，在绿色全要素生产率影响因素分析方面，虽然尚未形成统一的体系，但是环境规制对于绿色全要素生产率的影响是众多学者必然考虑的首选因素。因此，系统全面分析环境规制对建筑业绿色全要素生产率的传导机制，以环境规制为手段促进中国建筑业绿色经济高质量发展是非常必要的。

第三节　公共政策评估理论

政策评估为政策运行的各个环节提供标准和判断依据，对政策系统的良性运转起关键作用。自 20 世纪 30 年代以来，公共政策评估研究得到空前的发展，科学、规范的公共政策评估既可以对政策制定的过程和政策效果进行全面的检验，针对发现的问题提出合理化建议，也可对政策的价值做出综合判断，为公共政策的改进或终止以及后续政策的制定提供参考。④ 随着国家对环境问题的日益重视，颁布诸多环境法律法规以规范产业和公众行为，但环境政策数量的增加与资源要素投入并未带来很好的政策预

---

① 章忠亮：《环境规制对物流业绿色全要素生产率的影响——基于华东六省一市的实证研究》，硕士学位论文，安徽财经大学工商管理系，2018 年，第 5 页。
② X. C. Hu, C. L. Liu, "Total Factor Productivity Measurement with Carbon reduction", *Engineering Construction and Architectural Management*, Vol.24, No.4 (2017), pp.575-592.
③ J. X. Zhang, H. Li, B. Xia, et al., "Impact of Environment Regulation on the Efficiency of Regional Construction Industry: A 3-stage Data Envelopment Analysis (DEA)", *Journal of Cleaner Production*, Vol.200, (2018), pp.770-780.
④ 贠杰、杨诚虎：《公共政策评估：理论与方法》，中国社会科学出版社 2006 年版，第 6 页。

期效果,因此需要对政策效果、效率以及政策合理性、公平性等进行评估分析。

随着绿色建筑理念的不断兴起,国家对建筑业环境治理提出较高要求,因此对环境规制政策进行评估很有必要。公共政策偏差是指政策效果偏离原本的政策目标,政策偏差贯穿整个政策过程而不仅仅出现在公共政策执行之中。环境规制政策作为公共政策的一部分,其政策制定、运行、评估、监控与终结受到国内外学者的诸多关注。因此,本节将公共政策评估理论作为研究基础进行分析,为环境规制政策偏差研究奠定基础,用以解决环境规制政策修缮与新政策制定的问题。

一、公共政策评估含义

公共政策评估含义一般分为四类,依次是决策支持、关注过程、结果导向及促进学习。[1]第一种观点认为政策评估主要关注解析和预测,依靠经验性证据和分析,判断政策是否有用,为决策者选择政策方案提供依据。[2]第二种观点认为公共政策评估是各种权利角色相互作用的结果,行为学派将政策评价看作是政策过程的一个阶段,其实质内容是对政策内容、政策实施效果估计、评价和鉴定,其在评估过程中将利益相关者之间的作用关系考虑进去。第三种观点是基于政策科学一般理论,侧重于政策预期效果的评估,对政策各要素进行系统和经验性的测量,Vedung认为政策评估就是对政策效果的评估和鉴定,对政府干预的价值、产出及结果进行评价。[3]第四种观点是对前面三种内涵的概括和总结,强调通过政策评估来实现政策方案的改进,它认为政策评估是依据一定的标准和程序,通过各种质询和辩论的方式产生与政策相关的信息,通过这些信息可论断政策的设计是否周全完整,有无偏离既定政策方向,从而为政策改进和制定新政策提供依据。[4]本书倾向于第四种观点,强调公共政策评估效果与政策偏差,同时关注事实与价值要素。

---

[1] 陈玉龙:《基于事实与价值的公共政策评估研究——以农村税费改革政策为例》,博士学位论文,浙江大学行政管理系,2015年,第10页。

[2] M. C. Alkin, "An Approach to Evaluation Theory Development", *Studies in Educational Evaluation*, Vol.5, No.2(1979), pp.125-127.

[3] E.Vedung, "Public Policy and Program Evaluation", *Administrative ence Quarterly*, Vol.44, No.2(1997), pp.160-161.

[4] 威廉·N.邓恩:《公共政策分析导论》,中国人民大学出版社2011年版,第4页。

二、公共政策评估演进历程

公共政策评估的发展建立在政策科学理论基础上。到目前为止,公共政策评估实现以事实为主、注重测量到以价值为主,再到以事实和价值为主的综合评估演进过程。

第一阶段的政策评估强调政策实施的效率和政策目标的实现程度,采用科学严谨的方法对公共政策绩效进行客观测量。[1] 这一阶段的政策评估综合运用数学、经济学、统计学、运筹学等多学科的模型、方法,对政策制定、执行及其效果以及存在的政策偏差做出分析,从而对政策进行全面评估。[2] 例如"成本—收益"分析、"投入—产出"分析、模拟仿真分析、对比分析等成为主要评估方法。[3] 公共政策评估经过客观和准确的计量或度量,确定最佳的政策方案以达到政策效率与效益最大化,从而判断公共政策效果是否达到了政策主体(如政府)的预期目标。[4][5] 但是这类公共政策评估结果可能在政策过程中不能得到有效利用,严重制约政策评估的实践作用。[6]

第二阶段的政策评估否认对实证主义的价值中立的观点,更加注重价值问题在政策评估中的重要性。随着对政策社会公平、公正问题的关注,有的学者认为政策评估不仅仅是衡量效率与效能,而应首先对其进行价值评判,判断公共政策是否具有公正性,政策是否偏离公正、公平、公益的价值观。政策研究中的价值分析是实现决策功能的前提和基础,任何政策的价值分析都要与事实分析联系在一起,而且要以事实分析为依据。不同的利益相关者有不同的评估标准,政策评估想遵循"事实"与"价值"分离,建立一个完全客观的评估标准在现实中是不可行的。[7]

第三阶段的公共政策评估呈现出多元化特征,公共政策评估理论也逐

---

[1] M. Bovens, P. Hart, S. Kuipers, *The Politics of Policy Evaluation*, The Oxford Handbook of Public Policy, 2006, pp.317-33.

[2] 刘祺、叶仲霖、陈国渊:《公共政策价值评估:缘起、概念及测度——一种批判实证主义的评估程式建构》,《东南学术》2011年第4期。

[3] 周建国:《公共政策评估多元模式的困境及其解决的哲学思考》,《中国行政管理》2012年第2期。

[4] 伍启元:《公共政策》,香港商务印书馆1989年版,第4页。

[5] 戴伊、鞠方安、吴忧:《自上而下的政策制定》,中国人民大学出版社2002年版,第4页。

[6] 赵书松、吴思、彭忠益:《地方政府政策评估的均衡性价值取向》,《中南大学学报》(社会科学版)2018年第3期。

[7] C. W. Anderson, "The Place of Principles in Policy Analysis", *American Political Science Review*, Vol.73, No.3(1979), pp.711-723.

渐丰富。这一阶段关注政策评估过程中的多方利益需求，在评估主体、研究方法以及价值取向等方面呈现出多元化。这个阶段也被称为回应性评估阶段，形成了"执行—评估—调整—执行"的循环理论，也称之为建构主义评估（The Responsive Constructive Evaluation），以 Guba 和 Lincoln 的回应式评估为主。① 以"第四代评估"理论为代表，该理论是在批判理论基础上发展而来，不仅关注评估技术和方法的严谨，也意识到价值多元性是保证公共政策评估成功的重要因素，并逐步关注不同利益相关者对政策偏差产生的影响，强调围绕评估政策方案产生的多元认识向共同认识的转变。② 他们认为以前的评估理论都缺乏对政策的价值、目标、内容、过程、方法的深刻思考。事实判断与价值判断相结合的思想已经成为公共政策评估的趋势，这将是本书进行环境规制政策评估的理论基础与核心思想。

三、公共政策评估标准

评估标准是公共政策评估的核心，只有按照一定的规则程序对公共政策的效果、效率等进行评估，才能有效判定政策的科学性。陈何南认为应该对政策进行全过程、各阶段的评估，并将效果标准、效率标准、公平公正标准、可行性标准、回应性标准应用到评估各阶段，为政策评估提供统一范式，这构成评估标准的第一条应用路径，将不同标准指导不同政策评估阶段当作是第二条应用路径，最后作者将事实标准应用于政策评估全过程和价值标准有所侧重形成第三条应用路径。③ 谢明提出评估有两个标准：事实标准和价值标准。其中事实标准指能够反映事物过去、现在和将来的存在状况的数量值、比率关系、统计结果等可测量的客观指标，包含政策效果、效率与可行性；价值标准是对政策中规范、伦理成分的表述，反映公共政策对生产力发展、国家和社会发展，以及广大人民利益的实现程度。④ 宋国君等认为环境政策的评估标准包含效益标准、效率标准、社会公平性标准以及政策回应度标准等四种类型。⑤ 其中效益标准反映政策预期目标的实现程度；效率标准反映政策实施的成本—效益问题；社会公平性标准体现利益公平

---

① E. G. Guba, Y. S. Lincoln, "The Countenances of Fourth-generation Evaluation: Description, Judgement and Negotiation", *The politics of program evaluation*, (1987), pp.202-234.
② 李瑛、康德颜、齐二石：《政策评估理论与实践研究综述》，《公共管理评论》2006 年第 1 期。
③ 陈何南：《公共政策评估标准的应用路径分析》，《商业经济研究》2014 年第 6 期。
④ 谢明：《政策分析概论》，中国人民大学出版社 2004 年版，第 20 页。
⑤ 宋国君、马中、姜妮：《环境政策评估及对中国环境保护的意义》，《环境保护》2003 年第 12 期。

分配的程度,回应度标准是对利益相关者参与程度的判断。

不同的评估标准会导致不同的政策评估效果,其中邓恩提出的公共政策评估标准理论被广泛应用。① 邓恩公共政策评估标准理论中主要有六种类型,即效果、效率、充分性、公平性、回应性和适宜性。

(一) 效果

效果被称为邓恩公共政策评估标准理论的首要标准,用于衡量政策目标的实现程度,即政策实行后是否达到预期目标,即政策是否存在偏差。该标准也可用于本书对于环境规制政策的评估,通过对环境规制政策出台后的实施效果与预期效果相比较,判断环境问题是否得到了缓解与改善,政策目标是否得以实现,是否符合各个主体的利益需求与建筑业可持续发展要求等。

(二) 效率

效率是指为达到特定效果,政策投入与产出的比例。衡量某项公共政策是否有效率,实质上是衡量该政策在投入最少的资源投入量时是否能够实现最佳的政策价值产出。政策效率越高,说明政策的价值取向和实施现状水平越高,公共资源优化配置程度越高。比如绿色建筑政策,可以根据环境规制政策所需的技术、资金、设备、人员素质等投入与最终政策产出(如绿色施工、绿色材料,碳排放总量情况等)的比例衡量该政策效果。

(三) 充分性

政策的充分性是指"政策所带来的效果满足公共问题的价值、机会和需求的程度,它反映了政策方案和政策结果两者之间的预期关系程度。"充分性问题不可能通过任意采用某一标准来解决,需要将政策的"成本—收益"问题进行综合分析。在环境规制政策评估时,可以依据充分性的高低判断环境政策实施后是否达到预期的政策目标。

(四) 公平性

政策的公平性标准是指政策的成本和利益分配到社会各个群体的公平程度,评判其是否符合大众利益。公共政策需要满足和创造社会利益最大化,公平合理地分配在不同社会阶层和社会群体之中,以便更好地整合公共资源,实现最优政策目标。环境作为人类命运共同体生存与发展的基础,其规制政策不应该只追求个人利益,而应该是社会群体公平共享环保效益,维护每个个体的根本利益。同时环境规制政策的实施不应只是政府或少部分组织机构承担环境政策成本,而应该是环境规制政策的受益者都分担环

---

① 威廉·N. 邓恩:《公共政策分析导论》,中国人民大学出版社 2011 年版,第 4 页。

境政策成本,但也要考虑到不同地区或群体的承受能力,确保当地不会因环境规制成本过高而阻碍经济和创新发展。

(五) 回应性

公共政策的回应性是指政策对象对政策实施的反馈以及自身需求与标准价值得到满足的程度的判定。只要公众认可政策能够满足自身利益,同时该政策能够促进社会经济发展,那么该政策的回应度就高。回应性标准准确检验了政策的效果、效率、充分性和公平性标准是否真正地反映了公众的需要、价值和偏好。能够反映广大公众的利益的政策才是最有实施价值的,同时在政策运行过程中,制定者也需要注重公众对政策的反馈,从而知晓该政策是否真的发挥了预期效果,以判断政策是否成功。在对环境规制政策评估时,政策制定者需要关注建筑行业从业者和企业机构对政策实施结果的回应,检验环境政策是否真的体现了建筑行业的材料供应商、施工方、业主方等各个利益相关者的实质性需要。

(六) 适宜性

政策的适宜性标准是政策实施的前提,决定能否真正实现政策的目标和价值。政策制定者需要优先考虑政策的适宜性标准,为其他标准提供可行性判断,只有政策是适宜的,才能够发挥政策的真正效用。环境规制政策评估过程中,首先需要考虑政策制定是否适宜,是否满足绿色发展需求,只有政策适宜,考虑其他评估标准才是有意义的。

四、公共政策偏差分析

政策在制定和实施过程中的许多因素都会使政策在制定、执行和最终效果方面出现偏离。政策偏差一般是政策制定以及执行过程中对相关规律及目标的偏离。政策制度的合理性会受到政策制定者意图以及对执行对象的掌握程度的影响;政策执行偏差会受到行政执行系统和执行对象对政策贯彻实施配合程度的影响;政策的市场绩效偏差体现政策制定和执行的有效性以及与政策目标意图的偏差。

由于政治体制的不同,我国政策制定和执行过程中也和国外有所不同,政策偏差也会存在不同。学者对政策偏差的研究主要为政策主体设计与客观对象心理承受能力的偏差、政策设计思想与领导素质的偏差、政策设计与客观存在的偏差等,并且基本上是从政策过程分析入手的。

由于政策过程的复杂性,Peter Deleon(1999)直接简单定义政策执行为"政策目标和政策结果之间的活动",集中关注政策执行效果与影响因素。德国社会学家马克斯·韦伯对政策结构和决策机制分析构建自上而下式的政策制度和执行体系。想要有效实现政策目标,就必须具备良好的执行机制。在政策执行理论发展的早期阶段,学者更多重视单一案例的解析,并以政策分析作为目标。通过运用政策理论对具体政策分析,政策执行研究进入新的发展阶段,并且依据政策执行过程可以科学地找到影响政策执行的多种因素。

中国也从20世纪90年代开始关注政策执行问题,研究主要以西方理论为主,但也逐渐形成适合中国环境政策执行分析的理论框架。地方竞争也被认为是环境治理问题的重要原因,环境规制的制度缺失也导致企业逃避环境责任。还有学者通过构建模型以及实证研究探讨了地方政府竞争、外商投资以及市场结构对环境政策执行的影响。[1]

在我国政策偏差具体表现为:(1)国家利益与个人利益定位上的偏差;(2)公共权力机关所确定的政策,往往是自利性和公共性的混合物,从而不可避免地会出现公共政策目标的偏差;(3)在建立市场经济过程中,各地区、各部门、各利益群体之间的利益博弈,造成与公共利益目标的偏离;(4)政策执行过程中,政策执行仅停留在表面或者未能将政策和因地制宜结合起来造成政策执行中的偏差;(5)政策主体出于自身的需要,对政策做出虚假的评价。

政策在执行过程也会产生执行偏差,主要存在以下几个方面:(1)象征性执行,也称为政策敷衍,即执行仅仅停留在表面,只在乎政策表面形象以及政策宣传却并未进行实质性的政策执行活动;(2)机械性执行,也称为政策照搬,即仅简单对政策进行复制,并未因地制宜有效结合起来,缺乏具体问题具体分析以及灵活变通性;(3)选择性执行,即政策执行过程中随意选择实施政策,导致政策并未完整地贯彻落实;(4)附加性政策执行,即人为地扩大政策执行范围和力度以及预期目标,有些不相关的附加政策往往缺乏科学合理性,导致政策不能有效实施,影响政策发挥整体功能以及实现政策目标。

国家政策的统一性和地方政策的因地制宜产生的矛盾是政策执行偏差的主要原因。[2] 我国政府是最终的政策制定者,政策实施范围覆盖全国;各个地方政府是具体实施者,需执行国家政策并且受到地域限制。但在环境规制执行过程中地方政府仍具有很大的自由空间,可能会产生地方政府

---

[1] 范群林、邵云飞、唐小我:《环境政策、技术进步、市场结构对环境技术创新影响的实证研究》,《科研管理》2013年第6期。

[2] 张书涛:《政府绩效评估的政策偏差与矫治:基于府际协同治理的视角》,《河南师范大学学报》(哲学社会科学版)2016年第2期。

为追逐财政收入而象征性或拒绝执行环境规制，从而导致政策偏差。

虽然许多学者从诸多角度对环境问题进行研究，但针对环境规制政策的政策偏差研究仍然缺乏。环境问题可以从不同学科进行研究，除环境科学外，法学、社会学、管理学、经济学都试图从各自的角度对环境问题以及环境规制政策执行问题进行研究，并逐渐形成环境法学、环境社会学、环境经济学、环境管理学等交叉学科。比如环境法学认为不健全的法律体系以及不严格的环境执法导致环境问题的出现。[1][2] 环境经济学以"外部性""产权理论"等理论对环境问题进行分析，并且提倡以市场为主的环境规制政策，例如排污权交易、排污税费等。[3] 虽然诸多学科均对环境问题产生的原因及环境规制的形式提出了具体的意见与建议，但针对环境规制政策的执行效果的分析却极为缺乏。环境规制政策的制定是当地生态环境现状的表现，也是迎合地方官员升迁中短期效应的表现。基于短期寻租行为的地方环境政策，势必会影响国家总体环境规制效应，因而对地方政府制定偏差与执行偏差的研究就显得极为重要。

---

[1] 王曦、卢锟：《规范和制约有关环境的政府行为：理论思考和制度设计》，《上海交通大学学报》（哲学社会科学版）2014年第2期。

[2] 柯坚：《环境行政管制困局的立法破解——以新修订的〈环境保护法〉为中心的解读》，《西南民族大学学报》（人文社科版）2015年第5期。

[3] 陈健鹏：《温室气体减排政策：国际经验及对中国的启示——基于政策工具演进的视角》，《中国人口·资源与环境》2012年第9期。

第二篇

建筑业绿色全要素生产率影响因素清单

第三章 建筑业绿色全要素生产率影响因素分析

改革开放以来，中国经济不断创造着"中国奇迹"，但在经济总量逐渐攀升的同时，其背后付出的资源与环境的代价是极其巨大的，资源匮乏和环境恶化等问题日益凸显，这严重降低我国的生态效益和社会效益。为缓解我国目前存在的发展困境，国家"十三五"规划提出了绿色发展理念。[①] 同时，习近平总书记在十九大报告中提到"要推动经济发展质量变革、效率变革、动力变革，提高全要素生产率"，这表明全要素生产率的提高已被提上日程。绿色全要素生产率已经成为判断一个国家或地区的经济能否实现长期可持续增长的依据，绿色全要素生产率的提升会受到哪些因素的影响便成为研究的突破口。[②] 本课题的建筑业绿色全要素生产率指的是，对于房屋建筑业、土木工程建筑业、建筑安装业、建筑装饰业和其他建筑业等分行业，在传统全要素生产率的基础上，将能源消耗和二氧化碳排放纳入建筑业生产率分析框架，进行测算所得出的全要素生产率。[③]

绿色全要素生产率又称环境全要素生产率，它的研究起源于20世纪中后期，并于21世纪开始发展。GTFP是在传统TFP的基础上发展而来的。起初，各位专家学者研究的焦点是传统的TFP，直到有学者发现如果在传统的TFP测算中没有考虑能源的投入和环境污染排放等非期望的产出，那么得到的测算结果将不可避免地产生偏差。鉴于当前经济的快速发展和突出的资源环境问题，环境因素成为TFP研究中不容忽视的重要问题。

表3.1 现有绿色全要素生产率定义的文献

作者	年份	定义
陈诗一	2009	将二氧化碳排放作为投入要素计算出的全要素生产率即为GTFP。

[①] 郑强：《城镇化对绿色全要素生产率的影响——基于公共支出门槛效应的分析》，《城市问题》2018年第3期。

[②] 陈超凡：《中国工业绿色全要素生产率及其影响因素——基于ML生产率指数及动态面板模型的实证研究》，《统计研究》2016年第3期。

[③] 杨亚萍：《低碳约束下的建筑业绿色全要素生产率研究》，硕士学位论文，东北林业大学管理科学与工程，2016年，第2页。

续表

作者	年份	定义
徐晋涛	2009	认为 GTFP 就是考虑了环境污染变量（废水、二氧化硫和固体废弃物）的全要素生产率。
杨俊等	2009	认为所谓的 GTFP 就是将 SO_2 排放量视为某种"坏"产出，使其遵循全要素生产率的测算分析框架的原则。
李玲等	2011	认为 GTFP 就是将能源消耗量作为能源投入数据，将工业"三废"作为非期望产出的全要素生产率。
王兵等	2010	将包含能源在内的资源投入纳入生产率测算，选择 SO_2 和化学需氧量作为"坏产出"指标。
魏楚等	2011	将环境污染作为非期望产出整合到传统生产理论框架中，用于度量不同经济单元的"环境敏感性生产率"。
程钰丹	2020	将环境污染纳入全要素生产率测算的效率值为绿色全要素生产率。

上表 3.1 归纳总结了已有文献中 GTFP 文章中的定义[1][2][3][4][5][6]，发现 GTFP 的研究主要是将反映能源消耗和环境污染排放的指标作为某种特定要素进行处理。学者们一致认为 GTFP 是指将能源消耗作为投入的全要素生产率；而对于环境污染排放的处理方式则有以下几种：(1) 将环境污染排放作为一种未支付成本的投入要素，并将其纳入生产率的测算框架；(2) 将环境污染排放视为生产过程中的副产品，即与其他的期望产出一样；(3) 将环境污染排放作为非期望产出，并对生产率产生负面影响。本节借鉴已有文献研究中对 GTFP 的定义，界定本课题建筑业绿色全要素生产率的概念。

当前，绿色全要素生产率是衡量资源、环境和经济协调发展的重要指标，能够反映一定时期内经济系统真实的绿色增长绩效；另一方面，建筑业

---

[1] 陈诗一：《中国的绿色工业革命：基于环境全要素生产率视角的解释（1980—2008）》，《经济研究》2010 年第 11 期。

[2] 李俊、徐晋涛：《省际绿色全要素生产率增长趋势的分析——一种非参数方法的应用》，《北京林业大学学报》（社会科学版）2009 年第 4 期。

[3] 杨俊、邵汉华：《环境约束下的中国工业增长状况研究——基于 Malmquist-Luenberger 指数的实证分析》，《数量经济技术经济研究》2009 年第 9 期。

[4] 李玲、陶锋：《污染密集型产业的绿色全要素生产率及影响因素——基于 SBM 方向性距离函数的实证分析》，《经济学家》2011 年第 12 期。

[5] Xia Y., Kong Y., Ji Q., et al. Impacts of China-US trade conflicts on the energy sector [J]. *China Economic Review*, 2019, p.58.

[6] 陈诗一：《能源消耗、二氧化碳排放与中国工业的可持续发展》，《经济研究》2009 年第 4 期。

包含了房屋建筑业、土木工程建筑业、建筑安装业、建筑装饰业和其他建筑业等分行业。因此,本课题的建筑业绿色全要素生产率指的是,对于房屋建筑业、土木工程建筑业、建筑安装业、建筑装饰业和其他建筑业等分行业,在传统全要素生产率的基础上,将能源消耗和二氧化碳排放纳入建筑业生产率分析框架,进行测算所得出的全要素生产率。①

目前对于 GTFP 影响因素的研究,很少有文献对其展开系统、全面的归纳梳理,已有文献多从产业结构、技术创新、资源配置、要素结构、市场化程度、环境规制等视角开展了相关研究,拓宽了 GTFP 影响因素方面的研究面。例如:郝文涛基于中国 30 个省市的建筑业面板数据,研究环境规制、技术创新水平、外商直接投资三个方面对建筑业 GTFP 的影响,构建的面板回归模型中设定环境规制的平方项以及其与技术创新水平、外商直接投资的交叉作用,研究得到技术创新水平、外商直接投资在环境规制中对中、东部地区起正向调节作用,西部地区起负向调节作用。②

向鹏成等对我国 30 个省份 2008—2017 年建筑业投入产出面板数据进行测算,从能源消费结构、建筑业发展情况、外部环境、辅助产业等四个方面研究建筑业 GTFP 的影响因素,研究结果表明,建筑资本投入、人力资本及劳动力素质对提高 GTFP 具有正向作用;建筑业国有化、勘察设计从业人数比例具有一定的负向影响。③ 惠明珠和苏有文研究了环境、经济、产业等众多因素限制下的碳排放效率时空分布特征,结果显示除了节能技术水平外,其他因素均对本省份及相邻省份的碳排放效率产生负向影响。④ 张家亮研究要素、产业、技术等内部因素,以及社会资本、环境外部因素综合作用下我国 GTFP 的变动,发现这些因素均对 GTFP 的提升具有显著的促进作用。⑤

然而,在现有关于绿色全要素生产率的研究中,多数是从单一方面展开的,例如,黄庆华等考虑到生产率对环境规制的反向影响,验证分析绿色

---

① 杨亚萍:《低碳约束下的建筑业绿色全要素生产率研究》,硕士学位论文,东北林业大学管理科学与工程,2016 年,第 2 页。
② 郝文涛:《环境规制对建筑业绿色全要素生产率的影响研究》,硕士学位论文,西安科技大学技术经济与管理,2020 年,第 9—10 页。
③ 向鹏成、谢怡欣、李宗煜:《低碳视角下建筑业绿色全要素生产率及影响因素研究》,《工业技术经济》2019 年第 8 期。
④ 惠明珠、苏有文:《中国建筑业碳排放效率空间特征及其影响因素》,《环境工程》2018 年第 12 期。
⑤ 张家亮:《我国绿色全要素生产率的测度及影响因素的机理分析》,硕士学位论文,东北财经大学,2018 年。

全要素生产率与环境规制之间的双向动态关系。① 周五七等认为，地区的金融发展能够对绿色全要素生产率产生积极作用。② 这一类型的研究仅考虑了某种单一因素对绿色全要素生产率的影响作用，缺乏从全局的角度出发，系统分析建筑业绿色全要素生产率的影响因素清单。

针对这一问题，本章基于全局视角，在考虑技术水平、环境规制、市场化程度等的因素的前提下，进一步研究绿色全要素生产率的影响因素。在搜集最新、最优的文献的基础上，运用 Nvivo11 软件，基于扎根理论，将提取的有用信息编码，然后为编码建立关系，最后提出建筑业绿色全要素生产率的影响因素清单。

第一节 扎根理论

本章是基于扎根理论对绿色全要素生产率的影响因素进行质性分析。扎根理论是由 Glaser 和 Strauss 于 1967 年提出的，其含义简言之就是通过分析大量资料得出本章研究所需要的结论。扎根理论是一种系统的质性研究方法，在收集和分析质性资料的基础上，扎根在数据中自下而上地建构反映社会现象的理论。它将归纳和演绎方法有效结合，有助于生成易于解释研究背景下相关行为的理论形态。扎根理论的主要思想体现在 Open Coding、Axial Coding 和 Selective Coding 这三重过程中。因此，扎根理论更为适合研究的特点，更易获得满意的研究结果。研究流程如图 3.1 所示。

开放式编码、关联式编码以及选择式编码。③ 但是，它们的内涵是一致的，即将收集到的资料进行分析，将现象或事件概念化，然后将概念进一步抽象、概括得到范畴并确定范畴的性质和性质的维度；然后，根据典范模型确定主范畴；最后，识别核心范畴，发展故事线。本节选取李志刚和李兴旺在 2006 年的翻译作为本节扎根理论分析中三种编码的命名。最终，各范畴之间关系的本质就是研究所得到的理论。

扎根理论的基本思路主要包括如下五个方面：(1) 从资料中产生理论。扎根理论是一个归纳的过程，与一般的宏大理论不同的是，扎根理论不对研

---

① 黄庆华、胡江峰、陈习定：《环境规制与绿色全要素生产率：两难还是双赢？》，《中国人口·资源与环境》2018 年第 11 期。
② 周五七、朱亚男：《金融发展对绿色全要素生产率增长的影响研究——以长江经济带 11 省（市）为例》，《宏观质量研究》2018 年第 3 期。
③ 孙晓娥：《扎根理论在深度访谈研究中的实例探析》，《西安交通大学学报》（社会科学版）2011 年第 6 期。

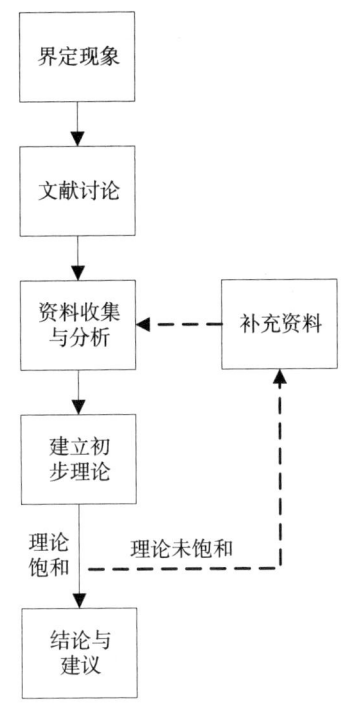

图 3.1　扎根理论研究流程

究者自己事先设定的假设进行逻辑推演,而是从资料入手进行归纳分析。(2) 对理论保持敏感。由于扎根理论的主要宗旨是建构理论,因此它特别强调研究者对理论保持高度的敏感。不论是在设计阶段,还是在收集和分析资料的时候,研究者都应该对自己现有的理论、前人的理论以及资料中呈现的理论保持敏感。(3) 不断比较的方法。扎根理论的主要分析思路是在资料和资料之间、理论和理论之间不断进行对比,然后根据资料与理论之间的相关关系提炼出有关的类属及其属性。(4) 理论抽样的方法。在对资料进行分析时,研究者可以将从资料中初步生成的理论作为下一步资料抽样的标准。这些理论可指导下一步的资料收集和分析工作,如选择资料、设码、建立编码和归档系统。(5) 灵活运用文献。资料、研究者个人的理解以及前人的研究成果之间实际上是一个三角互动关系,研究者在运用文献时必须结合原始资料和自己个人的判断。

（一）开放性编码

在开放性编码中,研究者要求以一种开放的心态,尽量"悬置"个人的"偏见"和研究界的"定见",将所有的资料按其本身所呈现的状态进行编码。这是一个将收集的资料打散,赋予概念,然后再以新的方式重新组合起来的操作化过程。编码的目的是从资料中发现概念类属,对类属加以命名,确定类属的属性和维度,然后对研究的现象加以命名及类属化。开放性编码的过程类似一个漏斗,开始时编码的范围比较宽,随后不断地缩小范围,直至编码出现了饱和。在对资料进行编码时,研究者应该就资料的内容询问一些具体的、概念上有一定联系的问题。提问的时候要牢记自己的原初研究目的,同时留有余地让那些事先没有预想到的目标从资料中冒出来。在这个阶段研究者应该遵守的一个重要原则是:既什么都相信又什么都不相信。

(二) 主轴译码

主轴译码的主要任务是发现和建立概念类属之间的各种联系,以表现资料中各个部分之间的有机关联。这些联系可以是因果关系、时间先后关系、语义关系、情境关系、相似关系、差异关系、对等关系、类型关系、结构关系、功能关系、过程关系、策略关系等。在主轴译码中,研究者每一次只对一个类属进行深度分析,围绕着这一个类属寻找相关关系,因此称之为"主轴"。随着分析的不断深入,有关各个类属之间的各种联系应该变得越来越具体。在对概念类属进行关联性分析时,研究者不仅要考虑到这些概念类属本身之间的关联,而且要探寻表达这些概念类属的被研究者的意图和动机,将他们的言语放到当时的语境以及他们所处的社会文化背景中加以考虑。

(三) 选择性译码

选择性译码指的是在所有已发现的概念类属中经过系统的分析以后选择一个"核心类属",分析不断地集中到那些与核心类属有关的编码上面。核心类属必须在与其他类属的比较中一再被证明具有统领性,能够将最大多数的研究结果囊括在一个比较宽泛的理论范围之内。就像是一个渔网的拉线,核心类属可以把所有其他的类属换成一个整体拎起来,起到"提纲挈领"的作用。

第二节 研究设计

一、绿色全要素生产率驱动因素分析步骤

绿色全要素生产率驱动因素分析步骤可以分为五个具体阶段:(1) 确定研究问题。通过整理研究相关的文献,从已有的文献中发现在绿色全要素生产率研究领域内存在许多不足以及空白,因此,全面地分析其影响因素就是所要研究的问题。(2) 数据收集。为了解决研究的不足、填补空白,需

收集更多的文献用于后来的分析。(3) 样本筛选。对收集到的数据进行筛选,消除那些不能解决中心问题的文献,以确保决策的一致性。(4) 文献分析。对文献质性分析,要从审查的主要研究报告中搜索关键信息项,进行数据提取。(5) 整理、总结和报告结果。为了使报告结果更加全面和系统,研究者经过整理后得出结果,分析得到的建筑业绿色全要素生产率影响因素清单即为研究的最终结论。

本节采用 Nvivo11 软件对有关绿色全要素生产率影响因素的问题进行质性分析研究。Nvivo 软件提供两种研究思路。一种是"由粗到细"的过程,在已经得知了粗略的结果时,就可以根据这些粗略的结果深入文章中,挖掘与各个结果相关的详细内容。另一种是"由细到粗"的过程,在结论未知情况下,直接进行文件编码,获得诸多相互独立的自由节点,然后分析各个节点的从属关系,转变为树节点。本章采取第二种研究思路,将收集到的数据导入软件整理,在之后分析过程中,深入扎根理论对文献进行逐级编码:开放性编码、主轴译码、选择性译码,最后对编码的参考点数进行比较分析,得出结论。

二、数据收集

本节对近四年间与绿色全要素生产率相关的文章进行收集与整理。具体收集过程分为以下三个步骤:(1) 在中国知网、万方等中文数据库网站以及 Science Direct、Springer Link、SSCI 等外文数据库网站中检索,剔除重复出现且与本主题不相关的论文;(2) 选择 300 篇被引用较多的论文;(3) 对论文进行主题分类及内容分析。

在进行文献研究时采用关键词检索选择论文与期刊。本节文献计量分析的第一步也将采用关键词检索方法初选论文。中文文献选择中国知网数据库搜索引擎,以主题 = ("绿色全要素生产率影响因素"或"绿色全要素生产率提升途径")为检索表达式。英文文献选择美国科学信息研究所(ISI)出版的 SCI 和 SSCI 引文索引作为数据来源,利用 Science Direct、Springer Link、SSCI 等数据库搜索引擎,以主题 = ("Influencing factors of Green Total Factor Productivity" 或 "Ways to enhance Green Total Factor Productivity")为检索表达式,选择"Article"或"Review"为文献精简类型。中文文献以 2017—2019 年为检索时间跨度,英文文献以 2016—2019 年为检索时间跨度,进一步缩小搜索范围。

以上共获得 337 篇文献检索结果,其中包括中文 176 篇,英文 161 篇。剔除了重复文献和不符合时间跨度的文献,分别保留了 137 篇中文文献、94

篇英文文献。再通过对问题和摘要的梳理,排除了与文献类型和研究对象明显不一致的 46 篇中文文献、37 篇英文文献,余下中文 91 篇、英文 57 篇。最终,根据文献来源的期刊质量筛选,保留了 90 篇文献,包括中文 50 篇,英文 40 篇。具体筛选过程如图 3.2 所示。

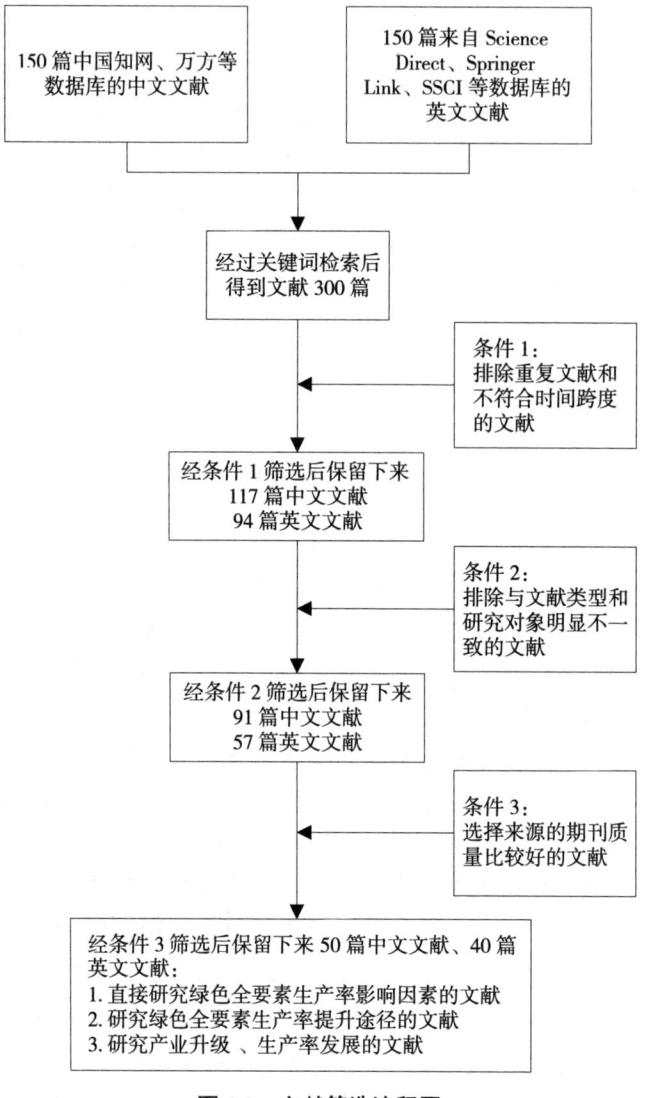

图 3.2 文献筛选流程图

涉及绿色全要素生产率影响因素的文献中,中文文献的数量从 2016 年的 2 篇增加到了 2019 年的 23 篇,英文文献的数量从 2016 年的 6 篇增加到了2019年的15篇。总体看来,发表论文的总数呈上升趋势,这一趋势表明绿色全要素生产率影响因素的研究越来越受到广泛关注。如表3.2及3.3所示。

表3.2　2016—2019年间出版的与绿色全要素生产率有关的文章（中文文献）

目标期刊	2016	2017	2018	2019	总计
《经济体制改革》				1	1
《华东经济管理》			1	1	2
《统计与信息论坛》		1			1
《城市问题》			1	1	2
《中国人口·资源与环境》	1	1	2	2	6
《财经理论与实践》			1	1	2
《山西财经大学学报》			1	1	2
《现代经济探讨》			1		1
《北京理工大学学报》			1		1
《江淮论坛》			1		1
《科技进步与对策》			3	4	7
《管理工程学报》			1		1
《暨南学报》			1		1
《上海经济研究》			1	1	2
《经济经纬》			1		1
《经济学家》		1			1
《国际贸易问题》	1		1		2
《生态经济》			1	1	2
《经济管理》				1	1
《工业技术经济》			1	2	3
《软科学》				4	4
《宏观质量研究》			1		1
《辽宁大学》			1		1
《地理科学》			1		1
《农业经济问题》				1	1

续表

目标期刊	2016	2017	2018	2019	总计
《财经科学》				1	1
《产业经济研究》				1	1
总计	2	3	22	23	50

表 3.3　2016—2019 年间出版的与绿色全要素生产率有关的文章（英文文献）

目标期刊	2016	2017	2018	2019	合计
Journal of Environmental Economics and Management		1			1
Journal of Safety Research			1		1
Journal of Cleaner Production	2	1	4	6	13
Energy Economics	1		1		2
Environmental and Resource Economics			1	1	2
Business Strategy and the Environment		1			1
Emerging Markets Finance and Trade	1			2	3
European Journal of Operational Research		2			2
Ecological Indicators		1	1	1	3
Applied Energy	1		1	2	4
International Conference on Construction and Real Estate Management		1		1	2
International Journal of Environmental Reasearch and Public Health	1		2	2	5
International Journal of Production Economics			1		1
合计	6	7	12	15	40

本节结果展示，如下表 3.4 所示。

表 3.4 重要文献分析结果

序号	作者/年份	研究内容	期刊	来源
1	伍格致、游达明/2019	不同类型环境规制工具对技术创新和绿色全要素生产率的直接效应、空间溢出效应和总效应的影响具有显著差异，并且具有区域异质性；财政分权对不同类型环境规制工具对技术创新和绿色全要素生产率的直接效应、空间溢出效应和总效应的调节作用具有差异，并且具有区域异质性。	《管理工程学报》	CSCD CSSCI 核心期刊 JST
2	黄庆华、胡江峰、陈习定/2018	绿色全要素生产率与污染减排成本互为Granger因果，但与污染排放强度仅存在单向Granger因果关系。GMM估计结果和脉冲响应函数表明，短期而言，政府减排政策对绿色全要素生产率的影响具有时效性，近期的环境政策确实能够促进绿色全要素生产率增长，同时绿色全要素生产率也有助于减少污染排放和补偿减排成本；但长期来看，由于政策滞后性等特点，陈旧的环境政策不仅无法促进绿色全要素生产率持续增长，而且还诱发企业为补偿污染减排成本而加速提高污染型经济产出的行为，进而恶化了环境状况。	《中国人口·资源与环境》	CSCD CSSCI 核心期刊 JST
3	刘钻扩、辛丽/2018	(1) 沿线重点省域的GTFP发展现状总体较好；技术进步是主要驱动力。(2) "一带一路"建设对沿线重点省域的GTFP和技术进步均起到了显著促进作用。(3) 研发投入对GTFP和技术进步表现为抑制作用但不显著；经济发展与GTFP表现为"U"型关系，沿线重点省域当前的经济发展水平与GTFP表现为负相关；沿线重点省域与"一带一路"沿线国家间的贸易对GTFP当前主要表现为负效应。(4) "一带一路"建设对丝绸之路经济带和海上丝绸之路沿线重点省域的GTFP均表现为显著正效应，对两大区域的技术进步同样表现为正效应。	《中国人口·资源与环境》	CSCD CSSCI 核心期刊 JST

续表

序号	作者/年份	研究内容	期刊	来源
4	岳鸿飞、徐颖、吴璘/2017	在考虑了能源投入与污染物排放非期望产出后，行业间的绿色全要素生产率表现出了明显的绿色差异性。传统高投入、高污染、高耗能型的工业行业其绿色全要素生产率明显低于绿色特征明显的工业行业。在技术创新方式选择上，自主创新与政府支持是资源密集型工业行业实现绿色转型的关键方式；对于劳动密集型工业行业，技术引进则是实现绿色转型的最优路径；对于技术密集型工业行业，自主创新仍是推动该行业实现绿色发展的首要驱动力。	《中国人口·资源与环境》	CSCD CSSCI 核心期刊 JST
5	李汝资、刘耀彬、王文刚、孙东琪/2018	考虑非期望产出的长江经济带城市 GFTP 提升更明显，污染物减排效应反映出的技术进步对 GFTP 改善贡献突出；区域差异表现为上、中、下游城市 GFTP 增长率依次递减；长江经济带城市 GFTP 变化具有显著空间自相关性，局部热点区域表现为上、中、下游"哑铃"型分布，并开始由下游地区逐步向上游地区转移。最后将长江经济带城市划分为 GFTP 增长严重滞后型、技术进步引发 GFTP 增长滞后型、综合效率引发 TFP 增长滞后型、技术进步滞后型、综合效率滞后型、GFTP 增长稳定型等 6 种类型区域，并从提升区域协同发展水平、明确主体功能、强化城市群辐射功能、加快绿色发展动力转换等方面提出长江经济带实现保护与开发协调发展的主要途径。	《地理科学》	CSCD CSSCI 核心期刊 JST Рж（AJ）
6	Silvia Albrizio、Tomasz Kozluk、Vera Zipperer/2017	This paper investigates the impact of changes in environmental policy stringency on industry- and firm-level productivity growth in a panel of OECD countries. To test the strong version of the Porter Hypothesis (PH), we extend a neo-Schumpeterian productivity model to allow for effects of environmental policies. We use a new environmental policy stringency (EPS) index and let the effect of countries' environmental policies vary with the pollution intensity of the industry and with the countries' and firms' technological advancement.	*Journal of Environmental Economics and Management*	SSCI

续表

序号	作者/年份	研究内容	期刊	来源
7	Alessandro Manello/2017	This paper analyzes the environmental and economic efficiency of a sample of firms located in Italy and Germany, operating in the chemical sector and included in the European Pollution Release and Transfer Register (E-PRTR). The Directional Distance Function (DDF) approach in a conditional setting has been applied to obtain efficiency score and Total Factor Productivity (TFP) growth indexes considering pollution in computations.	European Journal of Operational Research	SCI
……	……	……	……	……

第三节　研究结果

Nvivo软件应用开始之前,需要创建一个项目以保存现有的或在将来工作过程中产生的所有数据和想法。运行Nvivo11在欢迎界面上单击"新建项目"按钮或在"文件"菜单上单击"新建项目",在"新建项目"对话框内输入项目名称:绿色全要素生产率影响因素分析,选择项目保存的位置,单击"确定"按钮,新增项目,将以此文档名称以nvp格式保存到计算机中。备忘录用于存放研究过程中研究者的心得体会、观察的结果或见解等内容;而框架矩阵为在网格中总结研究材料内容。在研究的资料分析中,导入Nvivo的材料一般以内部材料为主,将所要分析的50篇中文文献导入软件中,开始编码,而40篇英文文献另建项目,与中文文献分开分析。

一、开放性编码

开放性编码是将所收集的资料逐步进行概念化和范畴化,即首先对原始文本资料进行概念化并赋予标签,而后通过持续分析与比较对概念进行重新整合,使其构成更为抽象的范畴。根据开放性编码的要求,通过通篇逐字逐句地阅读文献,提取出符合绿色全要素生产率提升有关的直接的或带有隐含意思的句子进行编码。在此阶段中,初步分析后的节点概念有:技术知识获取、创新投入、适度环境规制、研发强度、市场激励型环境规制等节点。开放性编码示例如表 3.5 所示。

表 3.5 初级编码示例

序号	原始文本	初级编码
1	命令控制型环境规制尚未显著直接影响绿色全要素生产率。	命令控制型环境规制
2	环境规制对各来源 FDI 对 GTFP 的影响均有正向的调节效应。	环境规制
3	产业集聚对绿色全要素生产率的提高也可能产生阻碍作用。	产业集聚
4	长江经济带城镇化发展不均衡，对绿色全要素生产率的影响差异增大，负向影响程度呈现"上游＞中游＞下游"的趋势。	城镇化
5	"一带一路"建设对沿线重点省域的 GTFP 和技术进步均起到了显著促进作用，影响净效应分别达 0.138 和 0.156。	"一带一路"建设
6	政府干预和对外开放对中国绿色经济绩效的作用以抑制为主。	对外开放
7	东部地区的财政分权对该地区绿色全要素生产率及其技术进步存在显著的抑制作用，对其技术效率存在显著的促进作用；中部地区的财政分权对绿色全要素生产率及其技术进步存在显著的促进作用，对其技术效率存在显著的抑制作用；西部地区的财政分权对该地区绿色全要素生产率及其技术进步和技术效率存在显著的抑制作用。	财政分权
8	金融深化与金融结构长期对 GTFP 存在促进作用。	金融深化
9	从整体上看，长江经济带 GFTP 出现了先下降后上升、再下降又上升的变化趋势，大多数省份近年来的绿色全要素生产率出现了上升趋势，且长江经济带绿色全要素生产率的增长主要来自绿色技术进步的促进作用。	技术进步
10	企业规模、交通运输、FDI 和研发强度对工业绿色生产率的影响显著为正。	研发强度
11	In addition, we test the moderating effect of internal R&D. The results show that internal R&D positively moderates the effect of foreign technology on productivity, while it negatively moderates the effect of domestic technology on productivity.	R&D

续表

序号	原始文本	初级编码
12	The empirical results indicate that an open innovation strategy has a mediating effect on the relationship between environmental regulations and productivity.	Open innovation strategy
13	The results in this paper thus suggest that productivity growth is not primarily explained by the traditional suspects, labour quality and capital—except for the UK, but rather by TFP which warrants further investigation. Indeed identification of the key drivers of productivity enables policy makers to prioritize (focus) their efforts on issues where the impact is largest.	Labor quality
14	market-based environmental policies are found to be more productivity-friendly than non-market instruments.	market-based environmental policy
15	In contrast to the overall environmental regulation effect, innovation, technology transfers, and sound supply-and demand-side policies are identified as significant drivers of sectoral productivity growth.	supply-and demand-side policy
16	At the same time, incentives for innovation, efficiency improvements and within-firm reallocation may lead to higher productivity, as suggested by the so-called Porter Hypothesis.	within-firm reallocation
	……	……

通过开放性编码得出绿色全要素生产率的初步影响因素，如表3.6所示，为中文文献分析结果，如表3.7所示，为英文文献分析结果。

表3.6 初始影响因素清单（中文文献分析）

序号	影响因素	来源
1	市场激励型	（蔡乌赶和周小亮，2017）、（陈超凡、韩晶和毛渊龙，2018）、（范洪敏，2018b）、（伍格致和游达明，2019）
2	命令控制型	（蔡乌赶和周小亮，2017）、（伍格致和游达明，2019）
3	自愿参与型	（蔡乌赶和周小亮，2017）、（伍格致和游达明，2019）
4	治理投入型	（伍格致和游达明，2019）、（孙付华、李申达、龚茗菲和李军，2019）

续表

序号	影响因素	来源
5	加强环境规制	(孙燕铭和孙晓,2018)、(刘华军和李超,2018)、(傅京燕、胡瑾和曹翔,2018)、(胡宗义、张丽娜和李毅,2019)、(张峰、宋晓娜,2019)、(向鹏成、谢怡欣和李宗煜,2019)
6	中等环境规制强度	(吴传清和张雅晴,2018)、(舒扬、孔凡邦,2019)
7	产业集聚	(岳鸿飞、徐颖和吴璘,2017)、(范洪敏,2018b)、(屈小娥、胡琰欣和赵昱钧,2019)(肖远飞、吴允,2019)
8	财政分权	(杨志安和王佳莹,2018)、(范洪敏,2018b)、(伍格致和游达明,2019)、(李斌、祁源和李倩,2016)
9	金融深化	(王小腾、徐璋勇和刘潭,2018)
10	技术进步	(孙燕铭和孙晓琦,2018)、(刘华军和李超,2018)、(李汝资等,2018)、(傅京燕、胡瑾和曹翔,2018)、(陈超凡、韩晶和毛渊龙,2018)、(陶锋和王余妃,2018)、(郑垂勇、朱晔华和程飞,2018)、(刘钻扩和辛丽,2018)、(吴新中和邓明亮,2018)、(全良、张敏和赵凤,2019a)
11	能源效率	(刘赢时、田银华和罗迎,2018)
12	技术效率	(周五七和朱亚男,2018)、(吴新中和邓明亮,2018)、(彭衡和李扬,2019)、(孟祥海、周海川、杜丽永和沈贵银,2019)
13	研发强度	(吴传清和张雅晴,2018)、(全良、张敏和赵凤,2019a)
14	创新质量	(刘华军和李超,2018)、(朱金鹤和王雅莉,2018)、(董会忠等,2019)
15	教育投入	(吴新中和邓明亮,2018)
16	研发投入	(吴新中和邓明亮,2018)、(刘钻扩和辛丽,2018)
17	人力资本	(刘华军和李超,2018)、(全良、张敏和赵凤,2019a)、(谭政、王学义,2016)、(张素庸、汪传旭和任阳军,2019)
18	能源效率	(刘赢时、田银华和罗迎,2018)
19	外商投资FDI	(蔡乌赶和周小亮,2017)、(傅京燕、胡瑾和曹翔,2018)、(吴传清和张雅晴,2018)、(崔兴华和林明裕,2019)、(朱金鹤和王雅莉,2019)、(全良、张敏和赵凤,2019a)、(李健和刘召,2019)、(任阳军、汪传旭和俞超,2019)、(李敏杰和王健,2019)
20	要素禀赋	(蔡乌赶和周小亮,2017)、(李琳和刘琛,2018)、(吴新中和邓明亮,2018)、(范洪敏,2018b)、(屈小娥、胡琰欣和赵昱钧,2019)

续表

序号	影响因素	来源
21	地区人均产出	(傅京燕、胡瑾和曹翔,2018)
22	经济发展水平	(孙燕铭和孙晓琦,2018)、(傅京燕、胡瑾和曹翔,2018)、(刘钻扩和辛丽,2018)、(吴新中和邓明亮,2018)、(全良、张敏和赵凤,2019a)
23	提高资本投入生产率	(刘华军和李超,2018)
24	交通运输	(吴传清和张雅晴,2018)、(彭小辉、王静怡,2019)
25	基础设施	(吴传清和张雅晴,2018)、(吴新中和邓明亮,2018)
26	金融效率	(周五七和朱亚男,2018)、(王小腾、徐璋勇和刘潭,2018)
27	产权结构	(蔡乌赶和周小亮,2017)、(吴传清和张雅晴,2018)、(全良、张敏和赵凤,2019a)、(范洪敏,2018b)
28	市场化程度	(范洪敏,2018b)
29	市场结构	(屈小娥、胡琰欣和赵昱钧,2019)
30	融资约束程度	(范洪敏,2018b)
31	金融结构	(王小腾、徐璋勇和刘潭,2018)
32	技术创新	(蔡乌赶和周小亮,2017)、(惠树鹏、张威振和边珺,2017)、(刘华军和李超,2018)、(朱金鹤和王雅莉,2018)、(范洪敏,2018b)、(董会忠等,2019)、(李健和刘召,2019)、(朱文涛、吕成锐和顾乃华,2019)、(郑婷婷、付伟和陈静,2019)、(董会忠、刘帅、刘明睿和唐磊,2019)
33	要素集聚	(冯严超和王晓红,2018)、(屈小娥、胡琰欣和赵昱钧,2019)
34	要素投入	(刘华军和李超,2018)、(李琳和刘琛,2018)
35	能源投入	(岳鸿飞、徐颖和吴璘,2017)、(全良、张敏和赵凤,2019a)
36	城镇化	(郑强,2018a)、(胡绪华、陈默,2019)、(肖滢、卢丽文,2019)
37	适度污染行业	(陈超凡、韩晶和毛渊龙,2018)
38	轻度污染行业	(陈超凡、韩晶和毛渊龙,2018)

续表

序号	影响因素	来源
39	产权结构	（蔡乌赶和周小亮，2017）、（吴传清和张雅晴，2018）、（全良、张敏和赵凤，2019b）、（范洪敏，2018a）
40	市场化程度	（范洪敏，2018a）
41	市场结构	（屈小娥、胡琰欣和赵昱钧，2019）
42	融资约束程度	（范洪敏，2018a）
43	金融结构	（王小腾、徐璋勇和刘潭，2018）

表 3.7　初始影响因素清单（英文文献分析）

序号	影响因素	来源
1	efficiency improvement	（Albrizio, Kozluk 和 Zipperer，2017）、（Hu, Wang 和 Li，2017）、（Huang 和 Liu，2019）
2	energy efficiency	（Yusof et al.，2016）、（Zhao 和 Sun，2016）
3	waste management	（Yusof et al.，2016）、（Zhao 和 Sun，2016）
4	complete information	（Manello，2017）
5	R&D	（Hu, Wang 和 Li，2017）、（Chen 和 Shen，2018）、（Zhao 和 Sun，2016）
6	stringency of environmental policy	（Albrizio, Kozluk 和 Zipperer，2017）、（Hille 和 Möbius，2018）、（Manello，2017）、（Huang 和 Liu，2019）、（Zhao, Liu 和 Yang，2018）
7	market-based environmental policy	（Albrizio, Kozluk 和 Zipperer，2017）
8	market based environmental regulation	（Zhao, Liu 和 Yang，2018）
9	augment input	（Chen 和 Shen，2018）
10	scientific research investment	（Jin et al.，2019）
11	industrial organization structure	（Chen 和 Shen，2018）、（Ghodrati, Yiu 和 Wilkinson，2018）
12	project type	（Zhao, Liu 和 Yang，2018）
13	project size	（Manello，2017）、（Chen 和 Shen，2018）

续表

序号	影响因素	来源
14	market ownership structure	（Chen 和 Shen，2018）
15	market specialization division structure	（Chen 和 Shen，2018）
16	expand market	（Chen 和 Shen，2018）
17	compliance cost	（Manello，2017）、（Zhao 和 Sun，2016）
18	element agglomeration	（Chen 和 Shen，2018）
19	within-firm reallocation	（Albrizio，Kozluk，和 Zipperer，2017）
20	command and control environmental regulation	（Zhao，Liu 和 Yang，2018）
21	voluntary environmental regulation	（Zhao，Liu 和 Yang，2018）
22	element agglomeration	（Chen et al.，2018）
23	voluntary environmental regulation	（Zhao，Liu 和 Yang，2018）
24	supply and demand side policy	（Hille 和 Möbius，2018）

二、主轴译码

主轴编码主要是发现范畴之间的潜在逻辑联系，发展主范畴及其副范畴。本节的主题是探究绿色全要素生产率的影响因素，在这个阶段，研究者需要建立起各个自由节点的从属关系，或者将同类节点聚类并赋予新的概念而统一，分析已经建立起的自由节点，探究它们可能存在的层次关系，从而建立为树节点。经过多次比较，反复分析后，得出了一系列二级编码，包括创新质量、技术进步、产业结构、经济发展水平、能源结构等。

三、选择性译码

选择性译码是在主范畴中挖掘一个具有统领性的核心范畴，将其系统地与其他范畴进行联结，验证其间关系，从而发展出系统的理论框架。本阶段，在主轴译码的基础上，进一步概括出核心的关键节点，即一级节点，得到更加贴合主题的，更具有系统作用的节点。一级节点位于从属关系的最顶层，其编码参考点数依赖其下属二级节点及三级节点的编码参考点数。最终,研究共得出7个绿色全要素生产率影响因素,这些一级节点分别为:市场因素、技术水平、经济环境、能源结构、要素结构、资源优化、环境规制。

四、饱和度检验

饱和度检验是指在不获取额外文献的基础上,是否能继续提炼出一个新的节点或者范畴,以作为停止采样的标准。扎根理论研究法也被称为"连续比较方法",而连续比较是指资料搜集和资料分析是同时进行的,即搜集到资料以后,立即对资料展开分析,寻找新的资料中与已经形成的概念、范畴或关系的异同之处。所以资料的搜集与分析伴随着整个研究过程,直至达到"理论饱和",即新的资料中再没有新的概念、范畴或关系出现。[①]

中文文献分析得出绿色全要素生产影响因素范畴如图3.3所示,英文文献分析结果如图3.4所示。在进行文献分析时,本研究对除337篇样本资料以外的随机保留的16篇文献重复三重编码的过程,以检验理论的饱和度。在分析完毕后发现编码结果与所有现有代码和类别一致,并未增加新的节点或者范畴,没有与研究主题相关的新代码,饱和度检验举证两例,如表3.8所示。因此,可以得出结论,在之前的模型中的范畴已经完备,并未发现绿色全要素生产率的其他影响因素,理论模型已经达到饱和。[②]

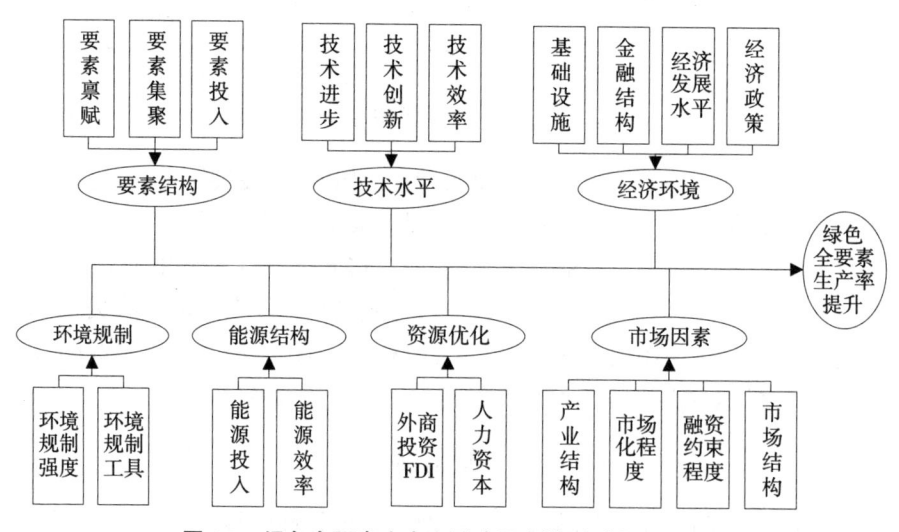

图3.3 绿色全要素生产率影响因素模型(中文分析)

[①] 张敬伟、马东俊:《扎根理论研究法与管理学研究》,《现代管理科学》2009年第2期。
[②] STRUTZEL B G G A L S E. The Discovery of Grounded Theory:Strategies for Qualitative Research [J]. *Nursing Research*, 1968, 17(4):p.364.

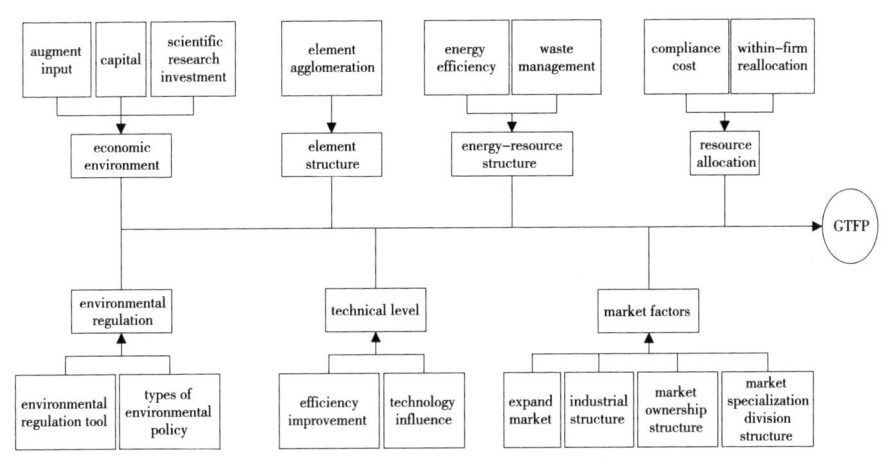

第三章　建筑业绿色全要素生产率影响因素分析

图 3.4　绿色全要素生产率影响因素模型（英文分析）

表 3.8　理论饱和度检验举例

原始语句	代码	概念
张娟、耿宏等认为政府环境规制对绿色技术创新产品的影响作用，从企业层面来看属于微观经济的问题，从整个社会经济的大环境来看……	产业政策环境	技术进步
孟祥海、周海川等测算了1997—2016年中国29个省份的环境技术效率和绿色全要素生产率增长情况，并对农业环境技术无效率的来源和绿色全……	环境技术效率	

第四节　影响因素清单的确定

本节通过对中英文文献进行开放性编码、主轴译码和选择性译码，得出绿色全要素生产率的影响因素的结构维度。再通过对编码参考点数进行排序发现，由表 3.9 可以看出，中英文文献分析结果基本一致。

表 3.9　中英文一级节点及参考点汇总

序号	名称	材料来源	编码参考点	序号	名称	材料来源	编码参考点
1	技术水平	13	24	8	environmental regulation	16	64
2	环境规制	9	11	9	government action	13	50
3	资源优化	21	34	10	incentive for innovation	16	64

续表

序号	名称	材料来源	编码参考点	序号	名称	材料来源	编码参考点
4	能源结构	12	20	11	region	7	30
5	经济环境	13	18	12	economic environment	5	8
6	要素结构	11	14	13	industrial structure	5	8
7	市场因素	9	9	14	market	1	4

(一) 技术水平

在环境规制的条件下，企业为规避环境规制带来的影响，会投入大量资金进行环境治理或者绿色生产技术的研发，从而促进了企业的技术创新，实现科技的跨越。技术创新是驱动绿色全要素生产率的主要因素之一。在环境规制的条件下，企业为规避环境规制带来的影响，会投入大量资金进行环境治理或者绿色生产技术的研发，从而促进了企业的技术进步。并且，由于行业的技术水平不同，也会对技术创新产生影响，技术水平高的行业一般更加重视研发新技术与控制污染物排放，且技术创新的效率也更高，使得行业的绿色全要素生产率水平也能够得到提高。另外，企业进行技术创新后的成果质量也很重要，一个高质量的创新成果相对于低质量的创新成果更能对绿色全要素生产率产生显著的推动作用。最后，教育投入与研发投入也是需要关注的方面，教育投入是为了培养更高素质的人才，研发投入是为了使人才有良好的条件进行技术创新，只有有了人才和研发投入，中国经济绿色发展才能持续。

技术水平的影响因素包括技术创新、技术进步、技术效率。其中，技术创新的影响方式为技术创新改进和技术规模效率是长江经济带绿色全要素生产率提升的重要驱动力；通过绿色工艺创新实现的经济效益补偿来抵消环境规制的成本，从而推动绿色全要素生产率增长。技术进步的影响方式为技术进步的源动力是创新，伴随着电子信息技术、互联网、大数据等的迅速发展和广泛应用，传统产业转型升级的步伐加快，随着长三角地区外资的大量涌入，形成知识溢出效应，这样既促进创新，又促进生产技术进步，最终达到提高生产效率的目的；技术进步是影响中国绿色全要素生产率的主要因素。技术效率的影响方式为技术效率的提高是前提，通过增加科技投入，提高技术水平，可以作用于能源消耗的全过程，提升整个过程的效率，这主要得益于技术的进步；提高绿色技术的使用效率是改进绿色全要素生产率增长的主要源泉。

(二) 环境规制

环境规制是本章对绿色全要素生产率影响因素研究的重点方面。在环境规制一级编码下设有环境规制工具以及环境规制强度两个二级编码。根据对所有文献进行的分析总结将环境规制工具分为命令控制型环境规制工具、市场激励型环境规制工具、自愿参与型环境规制工具以及治理投入型环境规制工具。不同的环境规制工具对绿色全要素生产率的影响显著不同,目前使用最广泛的是命令控制型工具,政府通过严格且合适的环境规制,促使企业在变动约束下不断改善自己的绿色生产能力以及环境治理能力。但是目前最受学者们推崇的却是市场激励型环境规制工具,市场激励型环境规制是基于市场的价格导向原则,具有动态灵活的特点,能最大程度调动企业提升环境绩效的积极性,通过市场促进企业不断提高改善绿色全要素生产率。[1] 而另外两个环境规制工具对绿色全要素生产率的影响作用并不明显。除了环境规制工具以外,环境规制强度也是应该重视的一个方面。若环境规制强度弱,则起不到对企业环境规制的作用,对绿色全要素生产率也无法起到促进作用;若环境规制强度过强,虽然能产生一定的创新补偿效应,但尚不足以弥补企业由此产生的规制遵循成本,绿色全要素生产率将会有所降低。适当的环境规制强度能够刺激行业加大技术创新投入、推动科技成果转化,促使其研发并采用有利于提高资源利用效率的绿色节能减排技术,发挥技术进步和效率改进的最大效用。[2] 由上可知,适当的环境规制工具以及环境规制强度才能更好地推动绿色全要素生产率增长。

环境规制的影响因素包括环境规制工具、环境规制强度。其中,环境规制工具的影响方式为命令控制型环境规制通过设置市场准入、技术和环境标准影响经济主体的行动报酬,短期内可以促进节能减排,但是容易导致设租和寻租现象,弱化资源优化配置;一定的自愿参与型环境规制强度能有效提高绿色全要素生产率。企业"自愿"承诺达到更高的环境绩效,短期内会增加企业环境治理支出,但从长期来看,企业通过生态产品认证、环境管理和审计等方式换取更宽松的规制,并有利于在市场上树立良好的绿色形象,提高市场占有率和绿色全要素生产率;市场激励型和自愿参与型环境规制,这两种环境规制带来的"创新补偿效应"大于"抵消效应",体现了企业逐渐重视环保技术和节能技术的研发和投入,以满足环境规制要求。环

---

[1] 陈超凡、韩晶、毛渊龙:《环境规制、行业异质性与中国工业绿色增长——基于全要素生产率视角的非线性检验》,《山西财经大学学报》2018年第3期。

[2] 孙玉环、刘宁宁、张银花:《中国环境规制与全要素生产率关系的区域比较》,《东北财经大学学报》2018年第1期。

规制强度的影响方式为严格的环境规制能倒逼要素结构升级,促进绿色全要素生产率的提高;加强环境规制,提高清洁生产技术和污染治理技术的创新效率,深入推进绿色创新和培育节能环保产业,是绿色全要素生产率持续提升的关键之一;合规成本占企业总成本的比重较大,企业有动力去进行绿色创新以降低合规成本,所产生的创新补偿效应完全抵消了企业合规成本;强环境规制,有助于其污染得到有效控制,使绿色全要素生产率得到提升。

（三）资源优化

资源优化是对相对稀缺的资源在各种不同的用途上加以比较做出的选择。人们对有限的、相对稀缺的资源进行合理配置,以便用最少的资源耗费获取生产优化层面最佳的效益。人力资本是所有资源中最为稀缺的,高素质的人力资本结构会推动清洁技术的创新,进而表现为对绿色全要素生产率提升的促进作用。[①] 此外不同地区的要素禀赋结构不同,也会对绿色全要素生产率产生影响。最后,外商投资会促进资源优化配置,因此外商投资对生产率的增长也能起到促进作用。外资企业一般具有较高的环境保护意识,也更关注企业的技术创新。一方面外资的进入带来了先进的技术水平和经营管理理念;另一方面还能够通过示范、模仿和竞争效应,发挥正向的促进效应。[②] 这些都促进了我国企业加大生产投入,提高资源配置效率等以保持自身的竞争力,从而对绿色全要素生产率的增长产生了显著的作用。

资源优化的影响因素包括基础设施、金融因素、经济发展水平、经济政策。其中,基础设施的影响方式为发达的交通网络有利于企业共享环境基础设施,提高其运作效率;交通基础设施水平的改善为要素在地区间流通创造了条件,有利于提供产业升级过程中所需要的要素。金融因素的影响方式为金融效率,主要通过促进绿色技术进步推动长江经济带 GFTP 增长;金融行业的快速发展可以为经济社会发展提供强有力的资金支撑;金融结构的优化代表着资本市场的良好发展,因而企业能够减少自身的流动性风险,并且从长期来看,在研发技术方面能够很好地调动资金支持。经济发展水平的影响方式为经济发展水平,为社会进行深化改革提供了资本积累,有利于推动经济转型升级的发展。经济政策的影响方式为金融深化没有显著推动 GFTP 增长,是因为金融深化（FDI）导致了技术效率的损失,这种损失在

---

① 全良、张敏、赵凤:《中国工业绿色全要素生产率及其影响因素研究——基于全局 SBM 方向性距离函数及 SYS-GMM 模型》,《生态经济》2019 年第 4 期。

② 许水平、邓文涛、赵一澍:《环境规制、技术创新与全要素生产率——基于对"波特假说"的实证检验》,《企业经济》2016 年第 12 期。

很大程度上抵消了金融深化对绿色技术进步的促进效应;金融深化的提升代表着金融信贷资源向私营部门的倾斜,在没有环境立法保护的情况下,私营部门可能并不会为了环境保护进行财务支出而降低利润率,也不会超前进行环保方面的创新活动而提升信贷资源的使用风险而降低技术进步。

(四) 能源结构

在考虑能源投入与污染物排放非期望产出后,行业间的绿色全要素生产率表现出了明显的绿色差异性。能源结构直接影响非期望产出,而较少的非期望产出是实现建筑业生产优化的关键。传统高投入、高污染、高耗能型的行业其绿色全要素生产率明显低于绿色特征明显的行业。长三角城市群的经济发展水平、能源结构对其绿色全要素生产率具有一定的负向抑制作用,即经济增长与能源资源节约和环境保护并不完全兼容。这其中,提升节能、环境友好的清洁生产技术的创新效率极为重要。产业结构升级、能源效率以及两者交互作用对绿色全要素生产效率具有正向推动作用;产业结构升级对绿色全要素生产率的促进作用要大于能源效率的促进作用。

能源结构的影响因素包括产业结构、融资约束程度、市场化程度、市场结构。产业结构的影响方式为产业结构对中国绿色经济绩效有显著的促进作用,政府干预和对外开放对中国绿色经济绩效的作用以抑制为主;产业结构升级过程中,二、三产业的比重会增加,尤其是第三产业的发展,会带动更多清洁且无污染行业的发展,这就会对资源进行重新配置,原有污染较为严重的行业会被限期整改或者关掉,其中一部分资源就会转移到第三产业中来,这就减少了污染程度,有利于绿色全要素生产率的提高;产业结构升级过程中将导致分工更加细化,各个行业针对自身需求,不断提高专业化程度,这有利于提高工业部门的综合竞争力,也有利于提升服务业的质量和水平,通过这种综合作用机制来促进绿色全要素生产效率的提高;产业结构升级和能源效率的共同作用主要体现在科技投入和技术水平的提升,通过技术的改造和革新来作用于经济的全过程;长期内产业集聚对绿色全要素生产率的促进作用明显。融资约束程度的影响方式为环境规制对绿色全要素生产率影响存在融资约束程度异质性效应,地区融资约束程度越高,环境规制对绿色全要素生产率的抑制效应越大,但并不明显。市场化程度的影响方式为环境规制对绿色全要素生产率影响存在市场化程度异质性效应,市场化程度越高的地区,环境规制对绿色全要素生产率提升效应越强。市场结构的影响方式为每个行业的市场结构不同,因此,每个行业的产业集聚对绿色全要素生产率的影响效果也可能呈现出差异化的特征。

(五) 经济环境

经济发展与绿色全要素生产率表现为"U"型关系,这种 U 型关系源于沿线重点省域不合理的贸易结构和研发与经济水平的牵制作用。金融发展通过优化技术效率、推动技术进步,从而带动各地区经济绿色发展。金融效率对长江经济带绿色全要素生产率增长有显著的积极作用,金融深化对绿色全要素生产率增长的促进作用不显著,金融效率主要通过促进绿色技术进步推动长江经济带绿色全要素生产率增长;金融深化没有显著推动绿色全要素生产率增长,是因为金融深化导致技术效率的损失,在很大程度上抵消了金融深化对绿色技术进步的促进效应。不同来源的外商直接投资对绿色全要素生产率的作用不同。长三角城市群的经济发展水平、能源结构对其绿色全要素生产率具有一定的负向抑制作用,即经济增长与能源资源节约和环境保护并不完全兼容。长三角核心城市要发挥其对于周边城市的辐射带动效应。人才、资源、技术等要素的高度集中使少数的点状地区具有一定优越条件,可以加快这些区域的数字化转型,实现科技的跨越,其发展动力将通过辐射效应逐渐扩散到广阔的腹地。发挥中心城市的引领作用,引导中心城市的知识、信息、技术、人才等资源合理流动,通过枢纽型、功能性、网络化的基础设施体系建设,促进功能复合、一体化的区域生态网络形成,提升区域整体的绿色全要素生产率。

经济环境的影响因素包括人力资本、外商投资 FDI。其中,人力资本的影响方式为只有具备较高人力资本水平的劳动力,才能够充分利用和有效使用技术等资源,最大限度地发挥创新动力对绿色全要素生产率的促进作用;通过提高劳动力的素质,增强人们节能增效的意识,并把这种意识付诸行动,同样可以改善投入与产出关系,从而作用于绿色全要素生产率;高素质人力资本结构也会推动清洁技术创新。中国香港地区 FDI 能显著促进内地绿色全要素生产率的提升,而日本 FDI 则对中国绿色全要素生产率提升有显著的抑制作用,美国 FDI 和韩国 FDI 对中国绿色全要素生产率提升存在阻碍作用但并不显著,新加坡 FDI 对中国绿色全要素生产率提升存在促进作用但不显著;FDI 对工业绿色全要素生产率的影响效应为正,原因是迄今为止长江经济带沿线各省市外资企业的平均技术水平和管理能力仍高于本地企业,所以外企迁入将带来明显的技术和管理溢出,有助于提高地区绿色全要素生产率;外商直接投资主要通过技术外溢的方式作用于我国的转型升级;外商直接投资将一些先进清洁工艺技术带到国内,促进了绿色全要素生产率的增长。

(六) 要素结构

随着我国市场化程度进程的深入和经济结构转型的不断深化,土地、能源等传统经济增长要素的比较优势正在逐步减弱,矿物能源的消耗虽然提高了经济增长,但也造成了严重的环境污染,所以,需要推动要素结构的调整来促进绿色全要素生产率的提高。要素结构是指要素构成中,各类要素之间的相对比重。要素结构的调整与优化,有利于推动经济发展从依靠能源驱动转向依靠人力资本等其他要素驱动,增加产能利用,提高资源配置层面的生产要素利用效率,从而促进绿色全要素生产率的提高。环境规制通过技术创新、要素结构和FDI三条路径对绿色全要素生产率产生间接影响,其中要素结构的间接效应最大。互联网的兴起催生了新兴产业、发掘新的投资热点,推动信息技术资本取代传统资本,促进技术进步,拉动绿色全要素生产率增长。

要素结构的影响因素包括要素禀赋、要素集聚、要素投入。其中,要素禀赋的影响方式为要素禀赋对绿色经济绩效的影响具有不确定性,这与近年来生产要素过度集中造成的要素扭曲和效率损失有关;禀赋结构提升促进了技术进步,然而同时严重恶化了绿色技术效率,最后显著负向作用于绿色全要素生产率。要素集聚的影响方式为通过效率改进和技术进步的方式,环境规制和要素集聚对绿色全要素生产率产生正向影响。要素投入的影响方式为财政分权通过环境规制、经济增长和要素投入的变动影响全要素生产率。

(七) 市场因素

一个地区市场化程度越高意味着该地区政府和市场关系更加健康,能够充分发挥市场在资源配置中的决定性作用,优化产业结构,实现资源有效合理配置,市场发展和政府职能相辅相成能够促进经济绿色转型,提高绿色全要素生产率。市场化程度较高的地区通常是法律制度更为完善,产权保护意识更强,可以激发企业加大研发投入,促进环境治理技术创新,实现绿色全要素生产率的提升。融资约束的程度也影响着绿色全要素生产率的提升,当地方融资约束程度较高时,企业从银行或者其他融资途径获得贷款的成本较高,可能导致企业无法获得资金加大污染治理投入,影响环境质量的改善,甚至限制企业开展环境治理技术研发和创新,从而抑制绿色全要素生产率的提升。

市场因素的影响因素包括能源投入、能源效率。其中,能源投入的影响方式为能源是区域发展的基本动力来源,能源的消耗也是环境污染存在的主要原因,区域能源投入量一定程度上影响了全要素生产率。能源效率的影响方式为能源效率的提升主要通过改变投入与产出之间的关系,这主要得益于技术进步的推动,因此,能源效率影响绿色全要素生产效率提升的作用机制就表现为技术效率的提升;产业结构升级与能源效率对全要素生产率存在共同的作用路径,即技术进步,通过技术革新和技术效率的提升作用于绿色全要素生产率。

建筑业与工业、制造业存在着部分共性,比如人员庞大,岗位数量多;员工整体素质水平低;生产环节专业化程度高。本章对工业及制造业绿色全要素生产率的分析可以对建筑业有一定的启示作用,本节以此列出了建筑业绿色全要素生产率的影响因素清单,其结果如表3.10所示。

表3.10 建筑业绿色全要素生产率影响因素清单

序号	类别	影响因素	影响方式
1	技术水平	技术创新	1. 技术创新改进和技术规模效率是长江经济带绿色全要素生产率提升的重要驱动力; 2. 通过绿色工艺创新实现的经济效益补偿来抵消环境规制的成本,从而推动绿色全要素生产率增长。
		技术进步	1. 技术进步的源动力是创新,伴随着电子信息技术、互联网、大数据等的迅速发展和广泛应用,传统产业转型升级的步伐加快,随着长三角地区外资的大量涌入,形成知识溢出效应,这样既促进创新,又促进生产技术进步,最终达到提高生产效率的目的; 2. 技术进步是影响中国绿色全要素生产率的主要因素。
		技术效率	1. 技术效率的提高是前提,通过增加科技投入,提高技术水平,可以作用于能源消耗的全过程,提升整个过程的效率,这主要得益于技术的进步; 2. 提高绿色技术的使用效率是改进绿色全要素生产率增长的主要源泉。
2	环境规制	环境规制工具	1. 命令控制型环境规制通过设置市场准入、技术和环境标准影响经济主体的行动报酬,短期内可以促进节能减排,但是容易导致设租和寻租现象,弱化资源优化配置; 2. 一定的自愿参与型环境规制强度能有效提高绿色全要素生产率。企业"自愿"承诺达到更高的环境绩效,短期内会增加企业环境治理支出,但从长期来看,企业通过生态产品认证、环境管理和审计等方式换取更宽松的规制,并有利于在市场上树立良好的绿色形象,提高市场占有率和绿色全要素生产率; 3. 市场激励型和自愿参与型环境规制,这两种环境规制带来的"创新补偿效应"大于"抵消效应",体现了企业逐渐重视环保技术和节能技术的研发和投入,以满足环境规制要求。

续表

序号	类别	影响因素	影响方式
2	环境规制	环境规制强度	1. 严格的环境规制能倒逼要素结构升级，促进绿色全要素生产率的提高； 2. 加强环境规制，提高清洁生产技术和污染治理技术的创新效率，深入推进绿色创新和培育节能环保产业，是绿色全要素生产率持续提升的关键之一； 3. 合规成本占企业总成本的比重较大，企业有动力去进行绿色创新以降低合规成本，所产生的创新补偿效应完全抵消了企业合规成本； 4. 强环境规制，有助于其污染得到有效控制，使绿色全要素生产率得到提升。
3	经济环境	基础设施	1. 发达的交通网络有利于企业共享环境基础设施，提高其运作效率； 2. 交通基础设施水平的改善为要素在地区间流通创造了条件，有利于提供产业升级过程中所需要的要素。
		金融因素	1. 金融效率主要通过促进绿色技术进步推动长江经济带 GFTP 增长； 2. 金融行业的快速发展可以为经济社会发展提供强有力的资金支撑； 3. 金融结构的优化代表着资本市场的良好发展，因而企业能够减少自身的流动性风险，并且从长期来看，在研发技术方面能够很好地调动资金支持。
		经济发展水平	1. 经济发展水平则为社会进行深化改革提供了资本积累，有利于推动经济转型升级的发展。
		经济政策	1. 金融深化没有显著推动 GFTP 增长，是因为金融深化（FDI）导致了技术效率的损失，这种损失在很大程度上抵消了金融深化对绿色技术进步的促进效应； 2. 金融深化的提升代表着金融信贷资源向私营部门的倾斜，在没有环境立法保护的情况下，私营部门可能并不会为了环境保护进行财务支出而降低利润率，也不会超前进行环保方面的创新活动而提升信贷资源的使用风险、因而降低技术进步。
4	市场因素	产业结构	1. 产业结构对中国绿色经济绩效有显著的促进作用，政府干预和对外开放对中国绿色经济绩效的作用以抑制为主； 2. 产业结构升级过程中，二、三产业的比重会增加，尤其是第三产业的发展，会带动更多清洁且无污染行业的发展，这就会对资源进行重新配置，原有污染较为严重的行业会被限期整改或者关掉，其中一部分资源就会转移到第三产业中来，这就减少了污染

续表

序号	类别	影响因素	影响方式
			程度，有利于绿色全要素生产率的提高； 3. 产业结构升级过程中将导致分工更加细化，各个行业针对自身需求，不断提高专业化程度，这有利于提高工业部门的综合竞争力，也有利于提升服务业的质量和水平，通过这种综合作用机制来促进绿色全要素生产效率的提高； 4. 产业结构升级和能源效率的共同作用主要体现在科技投入和技术水平的提升，通过技术的改造和革新来作用于经济的全过程； 5. 长期内产业集聚对绿色全要素生产率的促进作用明显。
		融资约束程度	1. 环境规制对绿色全要素生产率影响存在融资约束程度异质性效应，地区融资约束程度越高，环境规制对绿色全要素生产率的抑制效应越大，但并不明显。
		市场化程度	1. 环境规制对绿色全要素生产率影响存在市场化程度异质性效应，市场化程度越高的地区，环境规制对绿色全要素生产率提升效应越强。
		市场结构	1. 每个行业的市场结构不同，因此，每个行业的产业集聚对绿色全要素生产率的影响效果也可能呈现出差异化的特征。
5	资源优化	人力资本	1. 只有具备较高人力资本水平的劳动力，才能够充分利用和有效使用技术等资源，最大限度地发挥创新动力对绿色全要素生产率的促进作用； 2. 通过提高劳动力的素质，增强人们节能增效的意识，并把这种意识付诸行动，同样可以改善投入与产出关系，从而作用于绿色全要素生产率； 3. 高素质人力资本结构也会推动清洁技术创新。
		外商投资FDI	1. 中国香港地区FDI能显著促进内地绿色全要素生产率的提升，而日本FDI则对中国绿色全要素生产率提升有显著的抑制作用，美国FDI和韩国FDI对中国绿色全要素生产率提升存在阻碍作用但并不显著，新加坡FDI对中国绿色全要素生产率提升存在促进作用但不显著； 2. FDI对工业绿色全要素生产率的影响效应为正，原因是迄今为止长江经济带沿线各省市外资企业的平均技术水平和管理能力仍高于本地企业，所以外企迁入将带来明显的技术和管理溢出，有助于提高地区绿色全要素生产率； 3. 外商直接投资主要通过技术外溢的方式作用于我国的转型升级； 4. 外商直接投资将一些先进清洁工艺技术带到国内，促进了绿色全要素生产率的增长。

续表

序号	类别	影响因素	影响方式
6	要素结构	要素禀赋	1. 要素禀赋对绿色经济绩效的影响具有不确定性，这与近年来生产要素过度集中造成的要素扭曲和效率损失有关； 2. 禀赋结构提升促进了技术进步，然而同时严重恶化了绿色技术效率，最后显著负向作用于绿色全要素生产率。
		要素集聚	通过效率改进和技术进步的方式，环境规制和要素集聚对绿色全要素生产率产生正向影响。
		要素投入	财政分权通过环境规制、经济增长和要素投入的变动影响全要素生产率。
7	能源结构	能源投入	能源是区域发展的基本动力来源，能源的消耗也是环境污染存在的主要原因，区域能源投入量一定程度上影响了全要素生产率。
		能源效率	1. 能源效率的提升主要通过改变投入与产出之间的关系，这主要得益于技术进步的推动，因此，能源效率影响绿色全要素生产效率提升的作用机制就表现为技术效率的提升； 2. 产业结构升级与能源效率对全要素生产率存在共同的作用路径，即技术进步，通过技术革新和技术效率的提升作用于绿色全要素生产率。

同时，从内外部视角研究影响因素对实现建筑业绿色全要素生产率的内外部控制至关重要[1][2][3]，因此本节将影响因素分为内部因素和外部因素，并将内部因素划分为生产优化、资源配置和科技跨越三个层面[4]，其中生产优化层面包括能源结构和资源优化[5][6]，资源配置层面包括要素结构

---

[1] 曹洪军、陈泽文：《内外环境对企业绿色创新战略的驱动效应——高管环保意识的调节作用》，《南开管理评论》2017年第6期。
[2] 邢丽云、俞会新：《环境规制对企业绿色创新的影响——基于绿色动态能力的调节作用》，《华东经济管理》2019年第10期。
[3] 谢贤君、王晓芳、任晓刚：《市场化对绿色全要素生产率的影响》，《北京理工大学学报》(社会科学版)2021年第1期。
[4] 杨赫、杨栋会、刘方：《环境规制、产业转移与资源配置》，《资源与产业》2019年第3期。
[5] 王钺：《市场整合、资源有效配置与产业结构调整》，《经济经纬》2021年第6期。
[6] 李婉红、李娜、李策：《要素配置效率、选择性产业政策与制造业结构转型——基于东北地区的实证研究》，《产业经济评论》2021年第2期。

和市场因素[1],科技跨越层面包括技术水平和经济环境[2],外部因素为环境规制[3]。

第五节 结 论

文献分析表明,目前关于环境规制与绿色全要素生产率之间关系的研究文献数量不多,关于建筑业方面研究相对更少。本章共获得337篇中英文文献检索结果,经过筛选,对保留的90篇文献进行分析,文献数量满足扎根理论下对样本分析的数量的要求,同时,进行了文献的饱和度检验,并未发现增加新的节点或者范畴,通过了饱和度检验。本章探究了绿色全要素生产率的影响因素,得到以下重要结论:

(1)绿色全要素生产率的影响因素可以归为七个主要范畴:技术水平、环境规制、资源优化、经济环境、能源结构、要素结构、市场因素。促进技术水平进步可以加快企业的技术创新,从而降低环境规制对企业的负面影响,有助于绿色全要素生产率实现科技跨越层面的提升;实施资源优化,对有限的、相对稀缺的资源进行合理配置,以便用最少的资源耗费获取生产优化层面最佳的效益;能源结构直接影响非期望产出,而较少的非期望产出是实现建筑业生产优化的关键;良好的经济环境可以加快区域的数字化转型,数字化转型是绿色全要素生产率在科技跨越层面的重要发力点;要素结构的调整与优化,有利于推动经济发展从依靠能源驱动转向依靠人力资本等其他要素驱动,提高资源配置层面的产能利用效率,从而促进绿色全要素生产率的提高;发挥市场作用可以促进产业结构升级,产业结构升级有利于绿色全要素生产率实现资源配置层面的跨越。

(2)这些影响因素范畴不是单一作用于绿色全要素生产率,而是通过交互作用,不同程度地牵制着绿色全要素生产率的浮动。如市场激励型和自愿参与型环境规制与技术创新的交互项1%的水平上显著,意味着这两种环境规制带来的"创新补偿效应"大于"抵消效应",体现了企业逐渐重视环保技术和节能技术的研发和投入,以满足环境规制要求,促进绿色全要素生产率的提高。

---

[1] 李婉红、李娜:《自然资源禀赋、市场化配置与产业结构转型——来自116个资源型城市的经验证据》,《现代经济探讨》2021年第8期。

[2] 彭影:《数字经济下创新要素综合配置与产业结构调整》,《当代经济管理》2021年第3期。

[3] 潘星:《环境规制对中国制造业全要素生产率的影响研究》,硕士学位论文,湘潭大学应用经济学,2016年,第47页。

（3）技术创新是影响绿色全要素生产率最直接的因素。环境规制则是通过技术创新、要素结构和 FDI 三条路径对绿色全要素生产率产生间接影响，产业结构升级和能源效率的共同作用主要也是体现在科技投入和技术水平的提升，通过技术的改造和革新来作用于绿色全要素生产率的提升。

对绿色全要素生产率影响因素的探究是提高建筑业绿色全要素生产率的基础。系统评价内部因素对建筑业绿色全要素生产率的影响是评价、反馈、再评价的动态过程，有助于实现对建筑业绿色全要素生产率的内部控制，发现内部控制的缺陷及薄弱环节，促进内部控制的有效实施和持续改善。[1] 探究外部因素影响建筑业绿色全要素生产率的传导机制，有助于明确外部因素作用于建筑业绿色全要素生产率的路径及媒介，将外部因素影响转化为内部因素影响，从而实现对建筑业绿色全要素生产率的针对性改善。[2] 在系统评价内部因素影响的基础上，探究外部因素的传导机制，既全面分析了影响因素，又能明确各因素的作用路径，全面实现对建筑业绿色全要素生产率的内外部控制，从而提高建筑业绿色全要素生产率。

本章通过质性研究方法得到了绿色全要素生产率的影响因素，提出了七大因素：技术水平、环境规制、资源优化、经济环境、能源结构、要素结构、市场因素。这七大因素通过交互作用作用于绿色全要素生产率，不同程度地牵制着绿色全要素生产率的浮动。（见图 3.5 第三部分结构图）

其中，由于能源结构直接影响着非期望产出，而且资源优化，合理配置资源可以提高生产优化层面的效益[3][4]，因此本研究的第四章从非期望产出视角和中间产物视角对中国建筑业绿色全要素生产率进行了评价研究。又因为要素结构的调整与优化可以提高资源配置层面的生产要素利用效率，而且一个地区的市场化可以优化产业结构，实现资源有效合理配置[5]，因此研究的第五章从产能利用视角和产业结构视角进行了评价研究。企业是技术创新的主体，在数字经济和服务经济的快速发展引领下，数字化转型已经

---

[1] 向鹏成、谢怡欣、李宗煜：《低碳视角下建筑业绿色全要素生产率及影响因素研究》，《工业技术经济》2019 年第 8 期。

[2] 刘祎、杨旭、黄茂兴：《环境规制与绿色全要素生产率——基于不同技术进步路径的中介效应分析》，《当代经济管理》2020 年第 6 期。

[3] 陈星星：《非期望产出下我国能源消耗产出效率差异研究》，《中国管理科学》2019 年第 8 期。

[4] 李根忠、朱洪亮：《长江经济带产业结构升级与绿色全要素生产率研究》，《运筹与管理》2021 年第 5 期。

[5] 秦炳涛、刘建昆：《环境规制强度、产业结构优化与我国资源配置改善》，《重庆工商大学学报》（社会科学版）2020 年第 6 期。

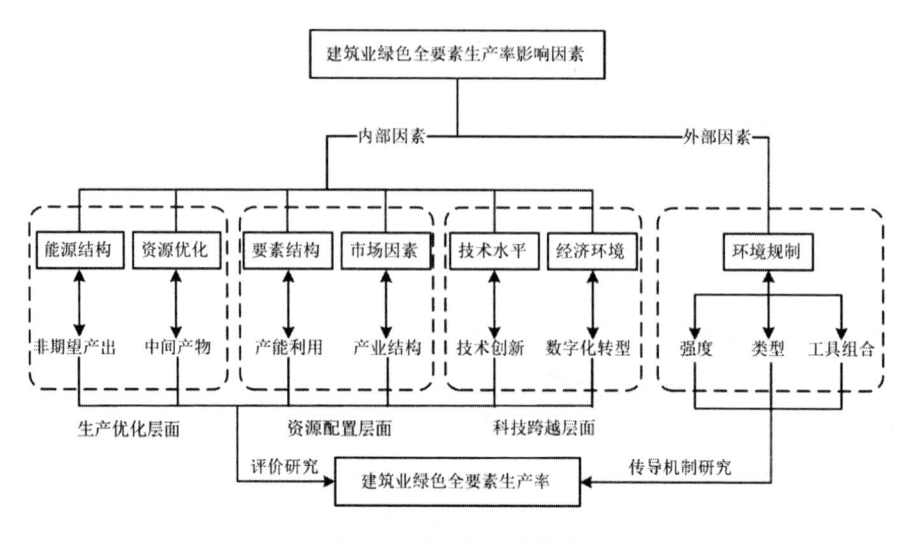

图 3.5 第三部分结构图

成为增强企业服务创新绩效的关键策略[①][②]，所以第六章从技术创新视角和数字化转型视角对绿色全要素生产率进行了评价研究。环境规制是应对气候变化、保证能源安全和创建资源节约和环境友好型社会的重要手段[③][④]，与第四章到第六章将内部因素引入研究不同的是，第七章将外部环境因素——环境规制引入生产率测算框架对其进行拓展，并从环境规制强度、环境规制类型和环境规制工具组合三个方面分析环境规制对中国建筑业绿色全要素生产率的传导机制。不论是内部评价还是外部传导机制，其都是为了更好地测算和分析中国建筑业的绿色全要素生产率[⑤]，以便于推动我国建筑业产业转型，实现建筑业绿色高质量发展的目标。

---

① 杨越、成力为、赵晏辰：《技术进步、要素价格与区域能源效率动态演化》，《科研管理》2018年第8期。
② 王玉、张占斌：《数字经济、要素配置与区域一体化水平》，《东南学术》2021年第5期。
③ 郭炳南、林基：《基于非期望产出SBM模型的长三角地区碳排放效率评价研究》，《工业技术经济》2017年第1期。
④ 邱士雷、王子龙、刘帅等：《非期望产出约束下环境规制对环境绩效的异质性效应研究》，《中国人口·资源与环境》2018年第12期。
⑤ 刘祎、杨旭、黄茂兴：《环境规制与绿色全要素生产率——基于不同技术进步路径的中介效应分析》，《当代经济管理》2020年第6期。

第三篇

环境规制下中国建筑业绿色全要素生产率评价与传导机制

第四章 生产优化层面中国建筑业绿色全要素生产率评价

第一节 非期望产出视角下中国建筑业绿色全要素生产率评价

作为世界上最大的二氧化碳排放国,中国一直致力于控制和减少二氧化碳排放。中国政府已承诺,到2030年单位国内生产总值二氧化碳排放比2005年下降60%—65%。① 在此背景下,各行业都亟须实现低碳转型。作为中国的支柱产业,建筑业快速发展的同时,也造成了大量的二氧化碳排放,严重制约了建筑业低碳转型。如何实现建筑业低碳转型已成为众多学者关注的热点。[2][3]

事实上,非期望产出在建筑企业的经营过程中,总是伴随着期望产出而来。已有的研究大多对决策单元内部活动的研究都是基于投入最小化产出最大化,认为系统的投入和产出都是期望的,但现实中企业或经济体在生产经营过程中除了有"好"产出,即期望产出,有时也会产生"坏"产出,即非期望产出。如发电、造纸等企业在产生经济利润等期望产出的同时,势必还会产生环境污染等非期望产出。李斌等从考虑非期望产出的视角测算了工业行业的绿色技术效率和绿色全要素生产率,规避了无法准确区分绿色技术创新和其他非环保类技术创新的障碍。[4] 中国生态农业的绩效评价通过 DEA 相关软件,选用 SBM 模型规模可变的条件下,选取非期望产出的视角,结合表4.1的指标体系,测算出2000—2010年各省市区的生态农业

---

① 《中共中央国务院关于完整准确全面贯彻新发展理念做好碳达峰碳中和工作的意见》。
② 关军、蒋立红、张智慧等:《中国建筑业碳排放增长的结构分解分析》,《工程管理学报》2016年第6期。
③ 叶玲、叶贵、付媛:《基于BP-VIKOR的建筑企业技术创新评价模型》,《建筑经济》2018年第9期。
④ 郭进:《环境规制对绿色技术创新的影响——"波特效应"的中国证据》,《财贸经济》2019年第3期。

绩效值。① 朱承亮等基于非期望产出视角研究专利密集型产业绿色创新绩效的行业分布、提升潜力、动态演进特征、驱动机制及提升路径。② 狄乾斌等基于非期望产出视角，采用 SBM 模型测度 2005—2014 年中国东部沿海地区 53 个城市的发展效率，并分析其时空差异特征及其影响因素。③ 还未有研究从非期望产出视角研究建筑业绿色全要素生产率。但是，在产生收入以及利润等期望产出的同时，建筑企业也会产生类似环境污染等非期望产出。考虑到非期望产出十分常见，所以可以看出较少的非期望产出是实现建筑业生产优化的关键。

另一方面，作为评估低碳转型的重要指标，绿色全要素生产率可进一步划分为静态和动态两类。静态绿色全要素生产率是指环境约束下，决策单元（DMU）同一时期所有投入的综合生产率。动态绿色全要素生产率则是指一个时期的静态绿色全要素生产率与以前某个时期的静态绿色全要素生产率的比值。与静态绿色全要素生产率相比，动态绿色全要素生产率的优点在于能够反映不同时期生产率的增长或减少，揭示生产率的演变过程。评估建筑业动态绿色全要素生产率有助于明确建筑业低碳转型的动态过程，为建筑业高质量发展政策的制定提供重要参考。因此，有必要合理评估建筑业动态绿色全要素生产率。然而，目前关于评估动态绿色全要素生产率的研究主要集中在工业、制造业和能源产业，对建筑业的关注仍十分有限。另一方面，当前研究多侧重于建筑业二氧化碳排放及其影响因素分析，而未给出具体方案以改善建筑业绿色全要素生产率现状。例如，Noh 等基于全生命周期原理，测度建筑业基础设施全生命周期的二氧化碳排放量，提出采用绿色节能的建筑材料和维修方法能够有效地减少基础设施的二氧化碳排放量。④ Onat 等则采用混合经济投入产出生命周期分析方法，测度 2002 年美国建筑业的二氧化碳排放。⑤ Tian 等分析社会经济转型

---

① 刘应元、冯中朝、李鹏、丁玉梅：《中国生态农业绩效评价与区域差异》，《经济地理》2014 年第 3 期。

② 朱亮亮、刘瑞明、王宏伟：《专利密集型产业绿色创新绩效评估及提升路径》，《数量经济技术经济研究》2018 年第 4 期。

③ 狄乾斌、孟雪：《基于非期望产出的城市发展效率时空差异探讨——以中国东部沿海地区城市为例》，《地理科学》2017 年第 6 期。

④ S. Noh, Y. Son, J. Park, "Life Cycle Carbon Dioxide Emissions for Fill Dams", *Journal Of Cleaner Production*, Vol.201, (2018), pp.820-829.

⑤ N. C. Onat, M. Kucukvar, O. Tatari, "Scope-based Carbon Footprint Analysis of US Residential and Commercial Buildings: An Input-output Hybrid Life Cycle Assessment Approach", *Building And Environment*, Vol.72, (2014), pp.53-62.

对1997—2012年间中国重庆二氧化碳排放的影响,研究发现由于建筑部门的密集投资加快了城市化进程,导致二氧化碳排放量增加。[1] Zhang等基于LMDI分解模型及改进的Kaya恒等式,对中国安徽省1997—2011年二氧化碳排放的驱动因素进行定量测度,发现经济增长、建设用地扩展、人口密度变化对二氧化碳排放具有增量效应。[2] 鉴于建筑业是重要的国民经济产业,有必要在非期望产出视角下,合理评估建筑业动态绿色全要素生产率。

本研究为在非期望产出视角下,动态绿色全要素生产率测度提供一种新的可靠方法,丰富产业和区域动态绿色全要素生产率的研究内容,并首次优化中国建筑业二氧化碳排放分配方案,为中国建筑业控制二氧化碳排放政策的制定提供科学依据,对于其他地区或行业的低碳转型具有一定的参考价值。

一、研究设计

针对非期望产出的问题,现有动态绿色全要素生产率测度方法存在缺陷,可能影响测度结果的准确性。例如,Malmquist（M）生产率指数无法有效处理非期望产出、Malmquist-Luenberger（ML）生产率指数在求解跨期方向距离函数时,可能存在线性规划无解的潜在问题。全局Malmquist-Luenberger（Global Malmquist-Luenberger,GML）生产率指数以所有各期的总和为参考集,GML指数具备传递性,可累乘,一定程度上能有效避免线性规划无可行解的问题,有时还可避免"技术倒退"现象出现。[3] 但是,Global Malmquist-Luenberger（GML）生产率指数虽然克服了ML生产率指数存在的问题,但时间限制的变化却使得测度结果不稳定。由于逆DEA问题是DEA问题的反问题,其原理是逆优化,且其在处理效率预测与资源配置问题,特别是处理当前效率水平下的资源配置问题上具有突出优势。如解决"针对一组DMU,假设保持当前效率水平不变,如果增加其投入,那

---

[1] X. Tian, M. Chang, F. Shi, et al., "Decoding the Effect of Socioeconomic Transitions on Carbon Dioxide Emissions: Analysis Framework and Application in Megacity Chongqing from Inland China", *Journal Of Cleaner Production*, Vol.142,（2017）,pp.2114-2124.

[2] L. Q. Zhang, S. P. Chen, Y. W. Zhu, et al., "The Measurement of Carbon Emission Effect of Construction Land Changes in Anhui Province Based on the Extended LMDI Model", *Journal of Resources and Ecology*, Vol.4, No.2（2013）,pp.186-192.

[3] 陈超凡、韩晶、毛渊龙:《环境规制、行业异质性与中国工业绿色增长——基于全要素生产率视角的非线性检验》,《山西财经大学学报》2018年第3期。

么其产出能够增加多少？或者如果希望其产出增加一定数量,那么其投入应该增加多少？"这些问题都具有优势。所以在此基础上,本研究将非期望产出纳入评价体系中。在充分考虑了非期望产出的前提下,提出一个优化的 GML 生产率指数,用以合理评估建筑业的动态绿色全要素生产率,在此基础上,采用逆 DEA 模型进行二氧化碳排放省级配额计算。采用逆 DEA 模型进行二氧化碳排放省级配额计算。

（一）模型构建

1.RAM-based Global ML 生产率指数

假设在 T ($t=1, \cdots, T$) 时间段内有 n 个决策单元 DMU ($j=1, \cdots, n\ DMU_j$)。投入用 $I=(i_1, i_2, \cdots, i_m) \in R^+_{m \times n}$ 表示,期望产出用 $O=(o_1, o_2, \cdots, o_s) \in R^+_{s \times n}$ 表示,非期望产出用 $UO=(uo_1, uo_2, \cdots, uo_k) \in R^+_{k \times n}$ 表示。产出集定义如下：

$$P = \{(I', O', UO') : I' \text{ 能够生产 } (O', UO')\} \quad (4.1)$$

RAM-based Global ML 生产率指数的 PGD 如下：

$$MLP^G(I^t, O^t, UO^t, I^{t+1}, O^{t+1}, UO^{t+1}) = \frac{\vec{D}^G_{DDF}(I^{t+1}, O^{t+1}, UO^{t+1})}{\vec{D}^G_{DDF}(I^t, O^t, UO^t)} \quad (4.2)$$

其中

$$\vec{D}^G_{DDF}(I^p, O^p, UO^p)$$
$$= \min\{\theta = 1 - (R_I^{pT}d_I^p + R_O^{pT}d_O^p + R_{UO}^{pT}d_{UO}^p) : (X^p - d_I^p, Y^p + d_O^p, \quad (4.3)$$
$$B^p - d_{UO}^p) \in P_D^G\}, p = t,\ t+1$$

如果进一步假设该技术 P_D^G 的 CRS（规模报酬不变）,则

$$\vec{D}^G_{DDF}(I^p, O^p, UO^p) = \min \theta = 1 - (R_I^{pT}d_I^p + R_O^{pT}d_O^p + R_{UO}^{pT}d_{UO}^p)$$
$$s.t. \begin{cases} \sum_{t=1}^T \sum_{j=1}^n \lambda_{jt} I_j^t + d_I^p = I^p \\ \sum_{t=1}^T \sum_{j=1}^n \lambda_{jt} O_j^t - d_O^p = O^p \\ \sum_{t=1}^T \sum_{j=1}^n \lambda_{jt} UO_j^t + d_{UO}^p = UO^p \\ \lambda_{jt} \geq 0, j=1,..,n; t=1,..,T \end{cases} \quad (4.4)$$

其中 λ 表示影响权重

$$R_I^{pT} = \left(R_{I1}^p, R_{I2}^p, \dots, R_{Im}^p\right)^T, \quad R_O^{pT} = \left(R_{O1}^p, R_{O2}^p, \dots, R_{Os}^p\right)^T 以及$$

$$R_{UO}^{pT} = \left(R_{UO1}^p, R_{UO2}^p, \dots, R_{UOk}^p\right)^T,$$

且

$$R_I^{pt} = (m+s+k)^{-1}\left(max\{i_{uj}^p|j=1,\dots,n\} - min\{i_{uj}^p|j=1,\dots,n\}\right)^{-1},$$
$$u=1,2,\dots m \tag{4.5}$$

$$R_O^{pt} = (m+s+k)^{-1}\left(max\{o_{rj}^p|j=1,\dots,n\} - min\{o_{rj}^p|j=1,\dots,n\}\right)^{-1},$$
$$r=1,2,\dots s \tag{4.6}$$

$$R_{UO}^{pt} = (m+s+k)^{-1}\left(max\{uo_{qj}^p|j=1,\dots,n\} - min\{uo_{qj}^p|j=1,\dots,n\}\right)^{-1}, \tag{4.7}$$
$$q=1,2,\dots k$$

$$p = t, \ t+1 \tag{4.8}$$

其中 m, s, k 分别表示投入，期望产出，非期望产出的指标个数。
在 VRS（规模报酬可变）下，

$$\overrightarrow{D}_{DDF}^G (I^p, O^p, UO^p) = min\theta = 1 - \left(R_I^{pT} d_I^p + R_O^{pT} d_O^p + R_{UO}^{pT} d_{UO}^p\right)$$

$$\begin{cases} \sum_{t=1}^T \sum_{j=1}^n \lambda_{jt} I_j^t + d_I^p = I^P \\ \sum_{t=1}^T \sum_{j=1}^n \lambda_{jt} O_j^t - d_O^p = O^P \\ \sum_{t=1}^T \sum_{j=1}^n \lambda_{jt} UO_j^t + d_{UO}^p = UO^P \\ \sum_{t=1}^T \sum_{j=1}^n \lambda_{jt} = 1 \\ \lambda_{jt} \geq 0, j=1,\dots,n; t=1,\dots,T \end{cases} \tag{4.9}$$

为了直观地反映二氧化碳排放对动态绿色全要素生产率的影响，RAM-based Global ML 生产率指数在 CRS 和 VRS 假设下被分解为生产率增长的组成部分，如下所示：

(1) CRS 假设下

$$MLP_C^G(I^t, O^t, UO^t, X^{t+1}, O^{t+1}, UO^{t+1})$$
$$= \frac{TE^{t+1}}{TE^t} \times \left[\frac{BPG_{t+1}^{t, \ t+1}}{BPG_t^{t, \ t+1}}\right] \tag{4.10}$$
$$= EC^{t, \ t+1} \times BPC^{t, \ t+1}$$

时间 t 的技术效率（TE）和时间段 t 到 $t+1$ 的效率变化（EC）分别用 TE^t 和 $EC^{t,\ t+1}$ 表示。$BPG^{t,\ t+1}$ 表示全域技术基准面与传统技术基准面之间的最佳实践距离。

(2) VRS 假设下

$$MLP_V^G(I^t, O^t, UO^t, I^{t+1}, O^{t+1}, UO^{t+1})$$

$$= \frac{PTE^{t+1}}{PTE^t} \times \left[\frac{BPG_{t+1}^{t,t+1}}{BPG_t^{t,t+1}}\right] \times \left(\frac{SE^{t+1}(I^{t+1}, O^{t+1}, UO^{t+1})}{SE^t(I^t, O^t, UO^t)}\right) \quad (4.11)$$

$$= PEC^{t,t+1} \times BPC^{t,t+1} \times SCH^{t,t+1}$$

PTE^t 表示时间 t 的纯技术效率,时间 t 到时间 $t+1$ 的变化表示为 $PEC^{t,t+1}$。同样地,$BPG_t^{t,t+1}$ 表示全域技术基准面与传统技术基准面之间的最佳实践距离。因此,为了测度时间 t 和时间 $t+1$ 之间的技术变化,本节使用 $BPC^{t,t+1}$ 表示 BPG 的变化。SE^t 表示规模效率,

$$SE^t(I^t, O^t) = \frac{\vec{D}_{DDF,C}^G(I^t, O^t, UO^t)}{\vec{D}_{DDF,V}^G(I^t, O^t, UO^t)} \quad (4.12)$$

$SCH_t^{t,t+1}$ 表示 VRS 假设下的全域基准技术下两个时期的规模效率比。

2. 逆 DEA 模型

假设有 n 个决策单元(DMU)。对于任意的决策单元 DMU_j ($j=1, \cdots n$),定义其投入为 x_{ij} ($i=1, \cdots M$),期望产出为 y_{rj} ($r=1, \cdots R$),非期望产出 b_{pj} ($p=1, \cdots P$),非期望产出为本节采用 DEA-BCC 模型作为逆 DEA 模型的基础模型,并运用方向距离函数(directional distance function,DDF)处理非期望产出。假设方向变量为 $g=(0, g_y, -g_b)$,表示投入不变,期望产出增加,非期望产出减少。对应的模型如下:

$$\vec{D}_{DDF}(X_k, Y_k, B_k, g_y, -g_b) = \max \vec{\beta_k}$$

$$s.t.$$

$$\sum_{j=1}^n \lambda_j x_{ij} \leq x_{ik}, i=1,2,\ldots M$$

$$\sum_{j=1}^n \lambda_j y_{rj} \geq \left(1+\vec{\beta_k}\right) y_{rk}, r=1,2,\ldots,R \quad (4.13)$$

$$\sum_{j=1}^n \lambda_j b_{pj} = \left(1-\vec{\beta_k}\right) b_{pk}, p=1,2,\ldots,P$$

$$\sum_{j=1}^n \lambda_j = 1, j=1,2,\ldots n$$

$$\lambda_j \geq 0$$

其中 M, R, P 分别表示投入,期望产出,非期望产出的指标个数,λ 表示影响权重。

$\vec{D}_{DDF}(X_k, Y_k, B_k, g_y, -g_b) = 0$,表示在投入要素不变的条件下,决策单元的投入产出效率最优;$\vec{D}_{DDF}(X_k, Y_k, B_k, g_y, -g_b) > 0$ 表示决策单元的投入产出效率存在潜在提升空间。

值得注意的是,本节仅采用无效决策单元作为二氧化碳减排对象,即可实现中国政府的减排目标。此外,考虑到二氧化碳减排不应减小决策单元效率值这一实际情况,本节做出以下假设:

假设1:二氧化碳排放的减少不会改变效率前沿面。

假设2:二氧化碳排放的减少不会造成决策单元效率值减小。

建筑业是中国的支柱产业之一,对国民经济发展具有突出贡献。为确保环境污染得到治理的同时,经济保持稳定增长,中国政府在制定相关政策时,可能会对建筑业产出设置一个阈值。这与 Emrouznejad 等的观点一致。① 为使得模型更加合理,本节给出以下假设:

假设3:期望产出存在特定的政策阈值。

基于上述假设,构建了如下逆 DEA 模型:

$$\min \sum_{k \in L} \sum_{i=1}^{m} \alpha_{ik} - \sum_{k \in L} \sum_{r=1}^{R} \beta_{rk}$$

$$s.t.$$

$$\sum_{j \in F} \lambda_j^k x_{ij} - \alpha_{ik} \leq 0, \forall k \in L, i = 1, \ldots, m$$

$$\sum_{j \in F} \lambda_j^k y_{rj} - (1 + \hat{\beta}_k) \beta_{rk} \geq 0, \forall k \in L, r = 1, \ldots, R$$

$$\sum_{j \in F} \lambda_j^k b_{pj} - (1 - \hat{\beta}_k) \gamma_{pk} = 0, \forall k \in L, p = 1, \ldots, P \quad (4.14)$$

$$\sum_{j \in F} \lambda_j^k = 1, \forall k \in L$$

$$\sum_{j \in L} \gamma_{pj} = a_p, p = 1, \ldots, P$$

---

① A.Emrouznejad, G.l. Yang, G.R. Amin, "A novel Inverse DEA Model with Application to Allocate the CO 替换商标 Emissions Quota to Different Regions in Chinese Manufacturing Industries", *Journal of the Operational Research Society*, (2018), pp.1-12.

$$0 \leq \alpha_{ik} \leq x_{ik}, \forall k \in L, i = 1, \ldots, M$$

$$(1 - c_{rk})y_{rk} \leq \beta_{rk}, \forall k \in L, r = 1, \ldots, R$$

$$0 \leq \gamma_{pk} \leq b_{pk}, \forall k \in L, p = 1, \ldots, P$$

$$\lambda_j^k \geq 0, \forall j \in F_k, k \in L$$

其中，α_{ik}，β_{rk} 和 γ_{pk} 则分别表示决策单元 k 减少非期望产出后的第 i 项投入，第 r 项期望产出和第 p 项非期望产出的水平。c_{rk} 是政策阈值，以限制非期望产出的减少。a_p 是 γ_{pj} $(j \in L)$ 的总和，表示 L 中所有无效决策单元的第 p 个非期望产出水平。此外，$\hat{\beta}_k$ 是确保 L 中的决策单元效率值在二氧化碳排放减少后不减小的参数，满足 $0 \leq \hat{\beta}_k \leq \overrightarrow{\beta_k^*}$，其中 $\overrightarrow{\beta_k^*}$ 是 DEA 模型（13）的最优解。

（二）变量选取

对中国建筑业绿色全要素生产率的度量，不仅要科学合理地衡量全要素生产率，还要体现全要素生产率中的"绿色"属性，不仅要从投入—产出角度考虑投入要素在生产过程中的利用率，还要加入绿色化的理念，充分考虑资源消耗及环境污染。借鉴以后研究，兼顾指标的科学性，本节尝试在传统绿色全要素生产率指标的基础上加入环境指标，构建中国建筑业包括投入、期望产出和非期望产出三个方面的绿色全要素生产率指标体系①，系统化多因素作用下的中国建筑业绿色全要素生产率，如表 4.1 所示。

表 4.1 各变量选取

变量类型	一级指标	二级指标	单位
解释变量	投入指标	建筑业从业人数	万人
		建筑业自有机械设备总功率	万千瓦
		建筑业企业总资产	万元
		建筑业能源消耗	万吨标准煤
被解释变量	期望产出指标	建筑业总产值	万元
		建筑业总利润	万元
	非期望产出指标	建筑业二氧化碳排放	万吨

---

① 陈超凡、韩晶、毛渊龙：《环境规制、行业异质性与中国工业绿色增长——基于全要素生产率视角的非线性检验》，《山西财经大学学报》2018 年第 3 期。

1. 解释变量

（1）投入指标：在绿色全要素生产率投入上，主要考虑人力、物力和财力三方面，选取建筑业从业人数、建筑业自有机械设备总功率、建筑业能源消耗和建筑业企业总资产这四个指标。①② 之所以选择这四个指标是因为它们代表了建筑业投入的四个主要方面：劳动力数量、劳动成本、固定资本投入和机械功率。已有的DEA研究中劳动力指标多单纯地采用行业从业人数表示，该指标只能说明劳动力数量的多少，不能完全表达行业劳动力成本状况，因此本研究在投入指标中加入建筑业职工工资总额来弥补上述不足。

2. 被解释变量

（1）期望产出指标：为更全面反映中国建筑业绿色全要素生产率的特点，本节选取建筑业总产值和建筑业总利润两个指标表征。③④ 建筑业总产值反映经济总收入，建筑业总利润反映经济增长收入。

（2）非期望产出指标：本节选取建筑业二氧化碳排放指标表征。⑤ 参照政府间气候变化专门委员会（IPCC）编制的国家温室气体清单指南中碳排放量的计算方法，使用工业煤炭、原油和天然气三种一次化石能源为基准并通过估算加和而得到分行业规模以上工业企业碳排放量，公式为 $CO_2 = \sum_{i=1}^{n} E_i \times NCV_i \times CEF_i \times COF_i \times \left(\frac{44}{12}\right)$。其中，$E_i$代表能源终端消费量，$NCV_i$代表能源平均低位发热量，$CEF_i$代表能源碳排放系数，$COF_i$代表能源碳氧化率（%），$\frac{44}{12}$代表二氧化碳的相对分子质量与碳的相对原子质量之比。

---

① 龚新蜀、李梦洁：《OFDI、环境规制与中国工业绿色全要素生产率》，《国际商务研究》2019年第1期。
② 陈超凡：《中国工业绿色全要素生产率及其影响因素——基于ML生产率指数及动态面板模型的实证研究》，《统计研究》2016年第3期。
③ Fuxia Yang and Mian Yang and Hualin Nie. Productivity trends of Chinese regions: A perspective from energy saving and environmental regulations [J]. *Applied Energy*, 2013, 110: pp.82-89.
④ 潘勤华、李樱、胡靖：《环境规制方式及其强度对全要素生产率的影响——基于中国面板数据研究》，《企业经济》2016年第12期。
⑤ 花均南、王岩：《中国建筑业绿色全要素生产率分析——基于30个省份的面板数据》，《数学的实践与认识》2020年第13期。

(三) 数据来源

本节数据主要来源于《中国统计年鉴》(2011—2017年)、《中国建筑业统计年鉴》(2011—2017年)、《中国能源统计年鉴》(2011—2017年)以及各省市相关统计年鉴,其他数据来自网站查询(http://cyfd.cnki.com.cn/),有助于提升数据的可信度。由于西藏各能源排放量数据获取来源的限制,本节不将西藏纳入研究范围,且目前无法获得台湾、香港和澳门地区的可靠数据,所以所选数据中不包括这些区域。考虑到数据的可获得性和完整性,所选数据包括由中国22个省、4个直辖市(北京、天津、上海和重庆)和4个自治区(广西、内蒙古、宁夏和新疆)组成的30个省级单位,各指标数据统计口径基本一致,能够保证指标数据的真实性和客观性。建筑业二氧化碳排放量则是以2006年联合国政府间气候变化委员会(IPCC)发布的《国家温室气体IPCC指南》提供的二氧化碳排放估算公式为基础,计算建筑业能源消耗所排放的二氧化碳。这种二氧化碳排放估算研究方法已得到了国际学术界的认可和广泛的应用,有助于提高数据的可靠性。

二、研究结果与分析

(一) 中国建筑业绿色全要素生产率分析

1. 全国层面绿色全要素生产率分析

如图4.1所示,GML在2011—2014年期间增长,而在2014—2017年期间下降。因此,根据GML的发展趋势,研究期被分为两个阶段:(1) 2011—2014;(2) 2014—2017。在第一阶段(2011—2014),GML略大于1,表明建筑业绿色全要素生产率低速增长。最佳实践距离(BPC)具有与GML类似的发展趋势,从1.0034增加到1.0143,表明同期边界向更多期望产出和更少二氧化碳排放方向转向全域技术前沿。然而,纯技术效率(PEC)从1.0009下降至0.9928,表明平均技术效率低于同期基准。同时,规模效率变化(SCH)从1.0003略微下降至0.9928。

在第二阶段(2014—2017年),GML从1.004大幅下降至0.971,表明建筑业绿色全要素生产率持续下降,并且速度加快。通过分析GML的分解,发现最佳实践距离的下降是GML恶化的主要原因。在此期间,最佳实践距离下降了0.0349,表明同期边界向更少期望产出和更多二氧化碳排放方向转向全域技术前沿。与此同时,纯技术效率在0.9930附近趋于平稳,表明建筑行业的技术效率持续低速下降,进一步加剧了绿色全要素生产率的恶化。值得注意的是,随着规模效率变化从0.9980增加到1.0066,建筑规模效率开始改善。

国家层面的分析结果表明,中国建筑业绿色全要素生产率在2011—2014年期间有所增长,而在2015—2017年期间下降。中国政府在"十二五"规划中将二氧化碳排放作为约束性指标。在建筑业,政府采取许多减少二氧化碳排放的措施,例如推广低碳和环保建筑材料、回收废弃建筑材料以及提高预制化水平。2011—2014年期间绿色全要素生产率的增长肯定政府的努力。尽管如此,纯技术效率在2014年急剧下降,且SCH在2011—2014年期间也持续下降。通过区域层面的分析,发现变化主要发生在中西部地区。与东部地区相比,中西部地区的投入和产出不足更为普遍,造成了纯技术效率和规模效率变化的负增长趋势。与此同时,绿色全要素生产率在2015年开始下降,这与Zhang等基于静态角度的观察结果一致。[①] 期望产出的增长放缓是该时期绿色全要素生产率下降的主要原因。中国建筑业发展严重依赖投资。但在2015年,中国遭受了股市危机。此后,国内投资放缓,对建筑业的发展产生负面影响。例如,中国建筑业2015年的总产值仅较上一年增长2.6%,与2014年的10.2%的增幅相比明显下降。[②] 这种变化导致同期的技术前沿沿着更少期望产出和更多二氧化碳排放的方向向全域技术前沿转移,从而导致绿色全要素生产率的下降。

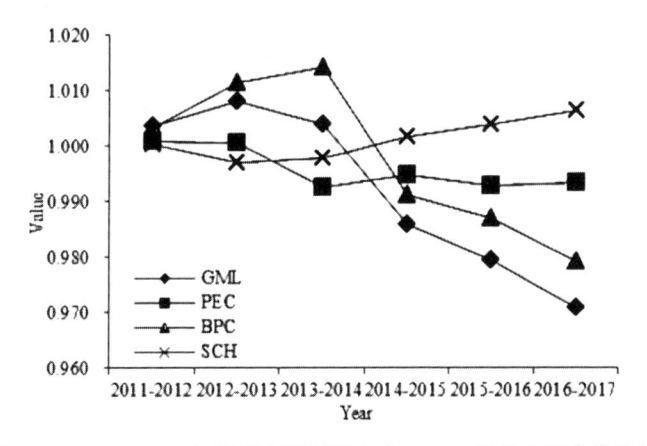

图4.1 2011—2017年期间全国层面动态GTFP及其分解变化趋势

2. 地区层面绿色全要素生产率分析

根据地区的地理位置和经济发展水平,本研究将30个省市划分为东、

[①] J. Zhang, H. Li, Xia B, et al., "Impact of Environment Regulation on the Efficiency of Regional Construction Industry: A 3-Stage Data Envelopment Analysis (DEA)", *Journal of Cleaner Production*, No.200(2018), pp.770-780.

[②] 中华人民共和国国家统计局:《中国统计年鉴(2016)》,中国统计出版社2016年版。

中、西三个地区。从图4.2(a)可见,东部和中部地区的GML在2011—2017年期间呈先升后降的趋势,而西部地区则呈相反的趋势。在2011—2013年期间,东部地区的GML从1.013略微增加到1.024,表明绿色全要素生产率缓慢增长。然而,在2014—2017年,东部地区的GML从0.998下降到0.974,表明绿色全要素生产率下降且下降速度加快。中部地区的GML在2015—2017年期间下降了0.040,几乎是同时期东部地区下降幅度的两倍。与东部和西部地区不同,在2011—2017期间,西部地区的GML从1.003增加到1.015,表明绿色全要素生产率略有增加。

由图4.2(b)可见,在2011—2014年期间,三个地区的纯技术效率仅有小幅波动,表明该时期建筑业的技术效率相对稳定。从2015年开始,三个地区的纯技术效率开始发生明显变化,并呈现出截然不同的趋势。东部地区的纯技术效率从1.019增加到1.053。然而,在同一时期,中西部地区的纯技术效率均小于1,表明技术效率持续下降。特别是在2015—2017年期间,中部地区的纯技术效率下降了0.035,表明技术效率大幅下降。

如图4.2(c)所示,在大多数年份中,中部地区和西部地区的最佳实践距离都大于1,表明这两个地区的同期技术前沿沿着更多期望产出和更少二氧化碳排放的方向向全域技术前沿靠近。在考察期内,东部地区的最佳实践距离呈先升后降的趋势。2011—2014年期间,东部地区的最佳实践距离大于1,表明东部地区建筑业的二氧化碳排放得到了有效控制。然而,在2015—2017年期间,东部地区的最佳实践距离从0.970下降至0.919。

如图4.2(d)所示,在2011—2017年期间,东部地区的规模效率变化呈总体下降趋势,表明建筑业规模效率下降。但是,中西部地区的规模效率变化在大多数年份都大于1,表明这两个地区的建筑业规模效率稳定增长。值得注意的是,在2015—2017年期间,西部的规模效率变化从1.004增加到1.029,表明规模效率改善明显。

区域层面的分析结果表明,中国建筑业绿色全要素生产率发展存在明显的区域异质性。产业发展与区域经济水平相关。[①][②] 由于区域经济的异质性,可以合理地预期绿色全要素生产率的发展也具有异质性。在考察期内,东部地区技术效率不断提高。与中西部地区相比,东部地区经济发达,

---

① H.H. Zheng, Z.X. Wang, "Measurement and Comparison of Export Sophistication of the New Energy Industry in 30 Countries during 2000-2015", *Renewable & Sustainable Energy Reviews*, Vol.108(2019), pp.140-158.

② 陈德强、杨田:《基于DEA的西部地区建筑业生产效率实证研究》,《工程管理学报》2012年第2期。

资源集中,为技术进步提供了相对有利的环境。然而,在 2015—2017 年期间,技术进步未能抵消期望产出增长放缓带来的负面影响。由于高度的市场化,东部地区受到经济危机的影响更大。中部地区绿色全要素生产率在 2015—2017 年期间出现明显下降,主要是由于技术效率和规模效率下降。与此同时,规模效率的下降表明中部地区面临严重的产能过剩问题。在建筑业技术效率低下的情况下,中部地区应思考如何利用过剩的产能来提高技术效率。与上述两个地区不同,随着规模效率变化和最佳实践距离的改善,西部地区绿色全要素生产率在 2015—2017 年期间以较低的速度增长。主要原因可能是:(1)"一带一路"倡议带动西部地区基础设施建设的发展,使建筑业的潜在规模效率得以实现;(2) 在中国西部大开发计划的支持下,西部地区进一步发展基础设施,并高度重视能效提高,这有利于控制二氧化碳排放;(3) 西部地区市场化程度低,有效地保护了建筑业的发展不受经济危机的影响。

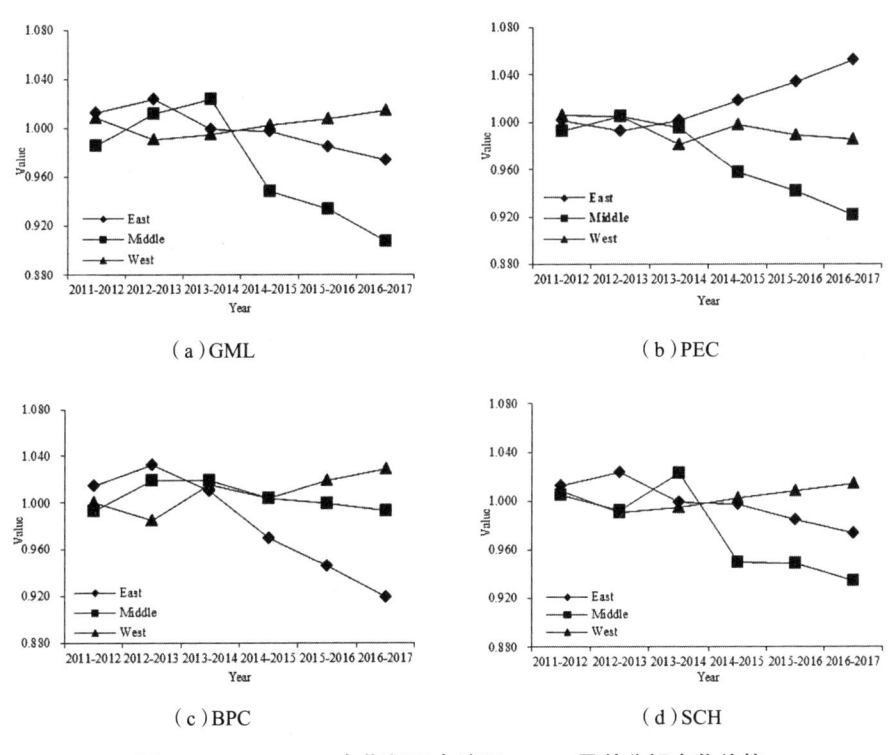

(a) GML

(b) PEC

(c) BPC

(d) SCH

图 4.2　2011—2017 年期间三个地区 GTFP 及其分解变化趋势

3. 不同测度方法比较分析

为验证改进的 GML 生产率指数在测度动态绿色全要素生产率方面的

先进性，本研究采用标准 GML 生产率指数和改进的 GML 生产率指数分别对 2011—2017 年期间中国建筑业的动态绿色全要素生产率进行测度，并对测度结果进行比较分析。

考虑到动态绿色全要素生产率的相似分布可能产生不同的 DMU 排名，本研究参考 Oh 的做法，采用 T 检验和核密度图对两种方法的测度结果进行比较。A 比较分析过程分为两个阶段：(1) 在第一阶段，使用 T 检验确定两种测度方法测度产生的 DMU 排名是否相同；(2) 在第二阶段，使用核密度图确定两组测度结果分布是否相同。

在第一阶段，首先分别检验两组测度结果分布的正态性。表 4.2 的检验结果表明，两组测度结果均满足正态分布 (Sig=0.000)。在满足这一前提条件后，进行 T 检验。如表 4.3 所示，两种测度方法测度产生的 DMU 排名相同的假设在 5% 显著性水平上被拒绝。这意味着两组测度结果之间存在显著差异，但哪种方法的测度结果更加合理仍需在第二阶段进行检验。

表 4.2 正态分布检验结果

方法	Kolmogorov-Smirnov[a]			Shapiro-Wilkest		
	Statistics	df	Sig.	Statistics	df	Sig.
改进 GML 生产率指数	0.224	180	0.000	0.782	180	0.000
标准 GML 生产率指数	0.112	180	0.000	0.872	180	0.000

表 4.3 T 检验结果

方差	Levene test of variance		T-test of mean					95%	
	F	Sig.	t	df	Sig. (two sided)	Mean of Standard deviation	Standard deviation	Lower	Upper
假设方差相等	74.152	0.000	−1.998	238	0.0470	−0.0392	0.01964	−0.0779	−0.0005
假设方差不相等			−1.998	127.08	0.0480	−0.0392	0.01964	−0.0781	−0.0004

在第二阶段，如图 4.3 所示，两组测度结果基本呈对称分布，且对称轴

较为接近。但是,与标准 GML 生产率指数相比,改进的 GML 生产率指数测度得到的结果分布更加集中,且极端效率值更少,表明其测度得到的结果更加合理。

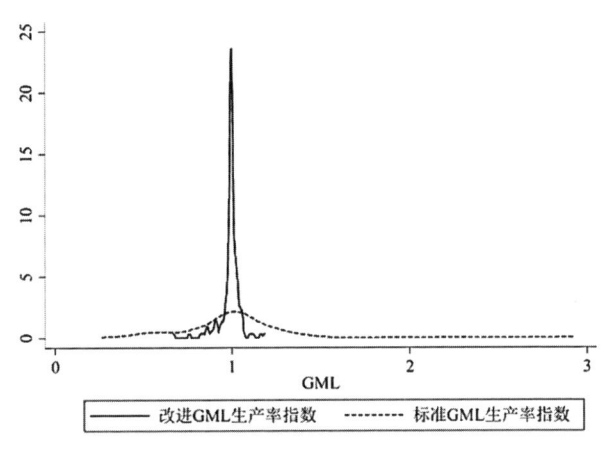

图 4.3　GML 核密度图

(二) 中国建筑业二氧化碳排放分配方案

在有效评价建筑业绿色全要素生产率的基础上,本节采用逆 DEA 方法优化中国建筑业二氧化碳排放方案,实现整体方案效率最优。确定建筑业二氧化碳排放方案的过程分为三个阶段:第一阶段,从中国政府 2030 年减排目标入手,明确建筑业二氧化碳减排总量;第二阶段,采用 DEA-BCC 模型评估中国各省市建筑业的二氧化碳减排空间,明确优先序;第三阶段,采用逆 DEA 模型进行二氧化碳排放省级配额计算,优化各省市二氧化碳排放分配。

1. 第一阶段

中国政府的减排目标是到 2030 年,将本国的单位 GDP 二氧化碳排放量减少到 2005 年水平的 35% 至 40%。考虑到这是一个区间,本节取上限 40% 作为减排目标。建筑业生产总值(GVOC)是表征一定时期内建筑业产出总和的指标,同 GDP 反映国家或地区产出总和的作用相似。因此,中国建筑业减排目标可以描述为:到 2030 年,单位 GVOC 二氧化碳排放量减少到 2005 年水平的 40%。

本节采用碳排放系数法测度中国建筑业 2005—2015 年间二氧化碳排放量。此外,为避免价格水平变动对测度结果的影响,本节采用中国居民消费指数(CPI)将建筑业生产总值(GVOC)转化为 2010 年的不变价格。由表 4.4 可知,从 2005 年到 2015 年,中国建筑业二氧化碳排放量逐年增长,

但 CO_2 emission/GVOC 总体处于下降状态，仅 2015 年较 2014 年略有回升，表明中国建筑业单位 GVOC 二氧化碳排放量受到有效控制。其中，2015 年中国建筑业 CO_2 emission/GVOC 达到 0.0422。若减排目标于 2015 年实现，2015 年的 CO_2 emission/GVOC 应为 0.03411，意味着 2015 年二氧化碳排放量应控制在 5367.56（10000 tons）以下。然而，实际二氧化碳排放总量是 6641.23（10000 tons）。因此，需要减少的二氧化碳份额为 1273.67（10000 tons）。

表 4.4 2005—2015 年 CO_2 emission/GVOC 变化

年份	二氧化碳排放（万吨）	建筑业总产值（当前价格—2010）（亿元）	CO_2 emission/GVOC	中国消费价格指数（CPI）
2005	3404.63	39913.57	0.0853	86.5673
2006	3677.94	47311.73	0.0777	87.8369
2007	3771.21	55467.94	0.0680	92.0238
2008	4262.29	63658.05	0.0670	97.4532
2009	4755.22	79360.45	0.0599	96.7834
2010	5556.43	96031.13	0.0579	100.0000
2011	6126.33	110987.9	0.0552	105.4706
2012	5992.73	126792.8	0.0473	108.2221
2013	6392.86	143434.3	0.0446	111.0703
2014	6500.15	155993.6	0.0417	113.2825
2015	6641.23	157360.3	0.0422	114.8685

2. 第二阶段

在这一阶段，本节使用 DEA-BCC 模型测度 2015 年中国 30 个省市自治区建筑业效率，用以评估各省市的减排空间。根据测度结果，30 个决策单元被分为两组，如表 4.5 所示。L 中的决策单元效率值均小于 1，为无效决策单元，表明存在较大减排空间；F 中的决策单元效率值均为 1，表明处于生产前沿面上，减排空间相对于 L 中的决策单元较小。因此，本节优先选择 L 中的决策单元作为减排对象。在实际的二氧化碳排放分配过程中，本节发现 L 中的决策单元所具备的减排空间可满足 1273.67（10000 tons）

的减排目标。若无效单元的减排空间无法满足减排目标，Emrouznejad 等认为应将减排对象扩展至全体决策单元。①

表 4.5　DEA-BCC 模型测度结果

DMUs	效率值	$\vec{\beta}_k^*$	集合	DMUs	效率值	$\vec{\beta}_k^*$	集合
云南	0.6844	0.4612	L	内蒙古	1	0	F
新疆	0.8188	0.2212	L	吉林	1	0	F
山西	0.8280	0.2078	L	黑龙江	1	0	F
辽宁	0.8696	0.1499	L	上海	1	0	F
贵州	0.8804	0.1358	L	江苏	1	0	F
甘肃	0.8821	0.1337	L	浙江	1	0	F
安徽	0.9136	0.0946	L	福建	1	0	F
河南	0.9157	0.0921	L	江西	1	0	F
山东	0.9166	0.091	L	湖北	1	0	F
宁夏	0.9396	0.0643	L	湖南	1	0	F
陕西	0.9408	0.0629	L	广东	1	0	F
四川	0.9683	0.0327	L	广西	1	0	F
北京	1	0	F	海南	1	0	F
天津	1	0	F	重庆	1	0	F
河北	1	0	F	青海	1	0	F

3. 第三阶段

在这一阶段，本节采用逆 DEA 模型将确定的中国建筑业二氧化碳减排总量分配给 12 个具有较大减排空间的省市。为了实现整体效益最优，在逆 DEA 模型中引入参数 $\hat{\beta}_k$，用以保证决策单元二氧化碳排放的减少不会造成其效率值降低。由于在建筑业实际生产过程中，非期望产出的减少，通常

---

① A.Emrouznejad, G.l. Yang, G.R. Amin, "A novel Inverse DEA Model with Application to Allocate the CO 替换商标 Emissions Quota to Different Regions in Chinese Manufacturing Industries", Journal of the Operational Research Society, (2018), pp.1-12.

会提升行业对环境因素的效率水平的预期。因此，本节定义 $\hat{\beta}_k = 0.9 \vec{\beta}_k^*$，即二氧化碳排放的减少，使得决策单元的方向距离函数改善 10%，这也意味着建筑业效率水平的提升。此外，为使模型更为合理，本节在方法部分假设期望产出存在特定的政策阈值。在政策阈值的设定上，参考 Emrouznejad 等对中国制造业期望产出的政策阈值设定，取 c_{rk} 为 0.05，即最大允许二氧化碳减排对建筑业期望产出造成 5% 的损失。二氧化碳排放分配具体结果如表 4.6 所示。

由表 4.6 可知，除四川、辽宁外，其余 10 个省市自治区建筑业二氧化碳减排配额均占其 2015 年二氧化碳排放量的 40% 以上，表明这 10 个省市自治区存在很大的减排空间。其中，新疆、陕西、贵州的占比超过了 70%，表明这 3 个地区面临严峻的减排压力，亟须对建筑业绿色转型进行探索。四川、辽宁建筑业二氧化碳减排配额占比均小于 0.5%，表明这两个省减排空间很小。然而，造成四川、辽宁两个省减排空间很小的原因不同。如表 4.6 所示，四川的 $\vec{\beta}_k^*$ 仅为 0.0327，表明其技术进步空间很小，通过技术进步减少建筑业二氧化碳排放的效果不理想。辽宁的 $\vec{\beta}_k^*$ 则为 0.1499，存在较大的技术进步空间，但其减排空间接近为 0，考虑规模效应的影响。通过使用 InvDEA 模型将二氧化碳排放量分配给 L 组中的低效 DMU，获得中国建筑业二氧化碳排放分配方案，实现整体效率，如表 4.7 所示。

表 4.6 二氧化碳排放省级配额

DMUs	集合	$\vec{\beta}_k^*$	$\hat{\beta}_k$	分配的二氧化碳减排量	2015 年二氧化碳排放总量	减排比例
新疆	L	0.2212	0.1991	138.58	159.68	86.78%
山西	L	0.2078	0.187	175.87	217.58	80.83%
贵州	L	0.1358	0.1223	115.56	157.69	73.28%
安徽	L	0.0946	0.0851	184.71	270.54	68.28%
陕西	L	0.0629	0.0566	124.92	198.84	62.82%
山东	L	0.091	0.0819	185.42	305.68	60.66%
甘肃	L	0.1337	0.1203	59.08	109.65	53.88%
河南	L	0.0921	0.0829	153.50	290.63	52.82%

续表

DMUs	集合	$\vec{\beta_k^*}$	$\hat{\beta}_k$	分配的二氧化碳减排量	2015年二氧化碳排放总量	减排比例
宁夏	L	0.0643	0.0578	34.48	81.35	42.38%
云南	L	0.4612	0.415	101.00	251.73	40.12%
四川	L	0.0327	0.0294	0.55	163.97	0.33%
辽宁	L	0.1499	0.1349	0.00	91.53	0.00%
北京	F	0	0	0.00	125.18	0.00%
天津	F	0	0	0.00	384.27	0.00%
河北	F	0	0	0.00	142.36	0.00%
内蒙古	F	0	0	0.00	426.33	0.00%
吉林	F	0	0	0.00	313.14	0.00%
黑龙江	F	0	0	0.00	25.77	0.00%
上海	F	0	0	0.00	181.61	0.00%
江苏	F	0	0	0.00	145.90	0.00%
浙江	F	0	0	0.00	582.30	0.00%
福建	F	0	0	0.00	232.11	0.00%
江西	F	0	0	0.00	71.46	0.00%
湖北	F	0	0	0.00	638.34	0.00%
湖南	F	0	0	0.00	583.50	0.00%
广东	F	0	0	0.00	223.61	0.00%
广西	F	0	0	0.00	7.22	0.00%
海南	F	0	0	0.00	44.82	0.00%
重庆	F	0	0	0.00	168.20	0.00%
青海	F	0	0	0.00	46.24	0.00%

表 4.7　中国建筑业二氧化碳排放省级配额（单位：万吨）

DMUs	集合	二氧化碳排放份额（单位：万吨）	DMUs	集合	二氧化碳排放份额（单位：万吨）
新疆	L	21.10	内蒙古	F	426.33

续表

DMUs	集合	二氧化碳排放份额（单位：万吨）	DMUs	集合	二氧化碳排放份额（单位：万吨）
山西	L	41.71	吉林	F	313.14
贵州	L	42.13	黑龙江	F	25.77
安徽	L	85.83	上海	F	181.61
陕西	L	73.92	江苏	F	145.90
山东	L	120.26	浙江	F	582.30
甘肃	L	50.57	福建	F	232.11
河南	L	137.13	江西	F	71.46
宁夏	L	46.87	湖北	F	638.34
云南	L	150.73	湖南	F	583.50
四川	L	163.42	广东	F	223.61
辽宁	L	91.53	广西	F	7.22
北京	F	125.18	海南	F	44.82
天津	F	384.27	重庆	F	168.20
河北	F	142.36	青海	F	46.24

三、小　结

本节构建 RAM-based Global ML 生产指数，准确测度中国建筑业动态绿色全要素生产率。基于 2011—2017 年的面板数据，本研究将改进的 GML 生产率指数应用于中国 30 个省市自治区的建筑业动态绿色全要素生产率测度；并进一步从全国和地区两个层面分析建筑业动态绿色全要素生产率发展，探讨了绿色全要素生产率变化的原因。另一方面，本研究在准确评估建筑业绿色全要素生产率的基础上，从整体效率视角出发，采用逆 DEA 模型进行二氧化碳排放省级配额计算。在本节构建的逆 DEA 模型中，通过改善减少二氧化碳排放，即以技术进步促进二氧化碳减排。而在实际的分配结果中，陕西、宁夏等省市的技术进步空间不大，但减排空间却达到 40% 以上。辽宁的技术进步空间明显大于陕西、宁夏，但其减排空间却接近于零。研究结果表明，造成 $\hat{\beta}_k$ 与二氧化碳减排空间的相关性不强的原因可能是规模效应的影响。

第二节 中间产物视角下中国建筑业绿色全要素生产率评价

现有关于绿色全要素生产率的研究大都集中在国家和区域等宏观层面。[①] 针对行业的延伸研究比较少，且多集中于工业、制造业等。[②][③] 围绕建筑业绿色全要素生产率开展的研究较少，杨亚萍运用 Malmquist-DEA 模型对中国 30 个省市自治区 2005—2014 年建筑业绿色全要素生产率变化进行实证测算，以评价建筑业发展的可持续性。[④] 向鹏成采用 Global Malmquist-Luenberger 模型测算低碳视角下的建筑业绿色全要素生产率，并对影响因素进行分析。[⑤] 可以发现针对建筑业绿色全要素生产率的测度研究相对较少，尚处于起步阶段，且均采用传统的 DEA 模型。[⑥]

中间产物经常被忽略，究其原因是因为建筑业生产系统具有生产过程多样性和复杂性，以往研究仅仅停留在评价建筑业单系统"黑箱"评价模型层次上[⑦]，没有关注到建筑业生产过程的中间产物。如何打开建筑业生产系统的"黑箱"，对生产系统中复杂的生产网络进行分析并对各个生产子过程效率评价，实现对其复杂生产过程进行全面评价非常关键。[⑧] 孙玉华和曾庆铎[⑨] 以中间产物为考虑对象，以不同比例最大化作为第一阶段输

---

① X. Hu, C. Liu, "Total Factor Productivity Measurement with Carbon Reduction", *Engineering Construction & Architectural Management*, Vol.24, No.4(2017), pp.575-592.

② 陈诗一:《能源消耗、二氧化碳排放与中国工业的可持续发展》，《经济研究》2009 年第 4 期。

③ R. Färe, S. Grosskopf, C. A. Pasurka, et al., "Accounting for Air Pollution Emissions in Measures of State Manufacturing Productivity Growth", *Journal of Regional Science*, Vol.41, No.3(2001), pp.381-409.

④ 杨亚萍:《低碳约束下的建筑业绿色全要素生产率研究》，硕士学位论文，东北林业大学管理科学与工程系，2016 年，第 2 页。

⑤ 向鹏成、谢怡欣、李宗煜:《低碳视角下建筑业绿色全要素生产率及影响因素研究》，《工业技术经济》2019 年第 8 期。

⑥ J. Hu, S. Wang, "Total-Factor Energy Efficiency of Regions in China", *Energy Policy*, Vol.34, No.17(2006), pp.3206-3217.

⑦ M. G. Ladu, M. Meleddu, "Is There any Relationship between Energy and TFP (Total Factor Productivity)? A Panel Cointegration Approach for Italian regions", *Energy*, Vol.75(2014), pp.560-567.

⑧ D. H. Oh, "A global Malmquist-Luenberger Productivity Index", *Journal of Productivity Analysis 2010*, Vol.34, No.3(2010), pp.183-197.

⑨ 孙玉华、曾庆铎:《二阶段网络系统的全局 DEA 模型》，《统计与决策》2014 年第 11 期。

出的中间产物,最小化作为第二阶段输入的中间产物,以最优的方式把中间产物的各个分量投影到生产前沿面上。Ci Chen[①]曾对供应链的资源浪费问题做了研究,但只考虑了中间产物的浪费情况,没有考虑整个系统的资源浪费,DEA模型直接以前沿面为参考,从整个系统出发考虑资源浪费问题。

本节基于中间产物视角,采用网络DEA方法,利用2008—2017年中国30个省市自治区建筑业实际生产过程的投入产出数据,构建两阶段网络DEA模型对建筑业整体生产过程以及各阶段效率进行评价分析。通过对我国建筑业绿色全要素生产率系统性的研究,可以把握当前我国建筑业具体的发展状况,了解不同年份之间、区域之间、子系统与系统整体之间建筑业绿色全要素生产率的差异,据此为我国建筑业健康可持续发展提供有用的建议,为政府和建筑业相关的产业部门制定提高建筑业绿色全要素生产率以及保证经济绿色增长的政策提供决策参考。

一、研究设计

数据包络分析方法(DEA)是对相似类型的决策单元进行相对有效性或效率评价的一种系统分析方法,通过指标数据的自我评价效率值来确定权重系数,其系数权重的取值不受主观因素的影响,因此,和传统评价方法比较而言更具有客观性。[②]而网络DEA模型可以对决策内部单元进行分析,在其评价过程中使用各阶段的投入和产出数据,从多角度深入系统内部考察各决策单元的效率及其之间的组织机制,使得DEA方法能够应用到复杂系统的效率评价等方面,为更科学的评价系统效率、分析系统状态等提供理论支撑。

另一方面,考虑到建筑业的生产过程具有较明显的两阶段特性。第一阶段为建造阶段,表示其通过各种建筑材料、土地、建筑人员、建筑设备、资金等从投入到房屋竣工面积产出的全过程,主要包括建筑工程和安装工程。第二阶段为经济转化阶段,表示建筑物从建成到以货币形式表现的全部过程,包括建筑产品(房屋竣工面积)的销售和维护等内容。如图4.4所示,X是建筑业系统总的投入向量,总的投入(建筑人员、资金)被两个子阶段共同利用。由于只有建筑业系统整体的相关统计数据,没有两个子阶段投入

[①] Chen C, Yan H. Network DEA model for supply chain performance evaluation [J]. *European Journal of Operational Research*, 2011, pp.147-155.

[②] 崔媛、朱卫未、淦贵生:《基于两阶段网络DEA模型的省域宜居水平测量方法研究》,《生态经济》2021年第2期。

的具体的相关统计数据,这里考虑将系统总的投入以一定比例对两个子阶段进行分配。

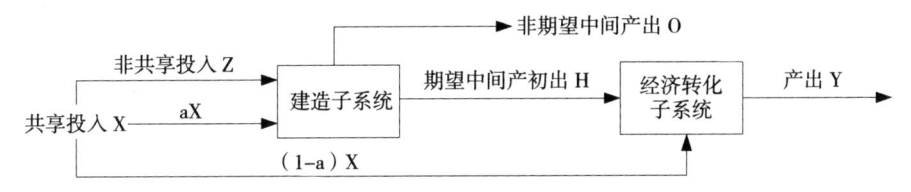

图 4.4 建筑业绿色全要素生产率评价两阶段系统图

因此,本节采用两阶段网络 DEA 方法进行建筑业整体生产过程以及各阶段效率的评价分析。

(一) 模型构建

假设建筑业两个阶段分配的投入的比例为 $a:(1-a)(0<a<1)$,则第一阶段消耗的投入向量为 aX,第二阶段消耗的投入向量为 $(1-a)X$, H 表示中间向量,它是第一阶段的输出,同时也是第二阶段的输入,O 表示第一阶段的非期望产出,Y 表示第二阶段的输出向量。

同时,假设有 N 个决策单元(DMU),每个 DMU 由两个阶段构成。在第一个阶段,第 n 个决策单元 DMU_n ($n=1, \cdots, N$) 的初始共享投入 $aX = (aX_1, \cdots, aX_J)$,非共享投入 $Z = (Z_1, \cdots, Z_k)$,期望中间产出 $H = (H_1, \cdots, H_T)$,非期望产出 $O = (O_1, \cdots, O_S)$。在第二阶段,投入来自两方面,一方面为第一阶段的期望中间产出 $H = (H_1, \cdots, H_T)$,另一方面为共享投入部分 $(1-a)X = ((1-a)X_1, \cdots, (1-a)X_F)$,最终产出为 $Y = (Y_1, \cdots, Y_M)$。

第一阶段的生产可能集可表示为

$$P(aX, Z) = \{(H, O)(aX, Z) \text{可产生} (H, O), aX \in R_+^N, Z \in R_+^N\}$$

定义1:产出要素(包括期望产出和非期望产出)为弱可处置,当且仅当 $(H, O) \in P(aX, Z)$,且 $0 \leq \theta \leq 1$ 时, $(\theta H, \theta O) \in P(aX, Z)$, $aX \in RN+$、$Z \in RN+$ 也成立。

Maghbouli 等基于上述"弱可处置"定义,提出了考虑非期望中间产出的网络 DEA 模型[①]。假设待评价决策单元 $DMU0$,则其对应的全局效率值可以通过求解以下模型得到:

$$\min E_0 = \frac{1}{2}\left[\frac{1}{J+K+S}\left(\sum_{j=1}^{J}\beta_j + \sum_{k=1}^{K}\alpha_k + \sum_{s=1}^{S}\gamma_s\right) + \frac{1}{F+S}\left(\sum_{f=1}^{F}\varphi_f + \sum_{s=1}^{S}\gamma_s\right)\right] \quad (4.15)$$

---

① M. Maghbouli, A. Amirteimoori, S. Kordrostami. "Two-stage Network Structures with Undesirable Outputs: A DEA based Approach", *Measurement*, Vol.48(2014), pp.109-118.

第一阶段约束条件：

$$\text{s.t.} \sum_{n=1}^{N}(\rho^n + \mu^n)aX_j^n \leq a\beta_j X_j^0, \ j=1, \ldots, J$$

$$\sum_{n=1}^{N}(\rho^n + \mu^n)Z_k^n \leq \alpha_k Z_k^0, \ k=1, \ldots, K \qquad (4.16)$$

$$\sum_{n=1}^{N}\rho^n H_t^n \geq Z_t^0, \ t=1,\ldots,T$$

$$\sum_{n=1}^{N}\rho^n O_s^n = \gamma_s O_s^0, \ s=1,\ldots,S$$

第二阶段约束条件：

$$\text{s.t.} \sum_{n=1}^{N}(\rho^n + \mu^n)(1-a)X_f^n \leq (1-a)\varphi_f X_f^0, \ f=1, \ldots, F$$

$$\sum_{n=1}^{N}(\rho^n + \mu^n)Y_m^n \geq Y_m^0, \ m=1, \ldots, M \qquad (4.17)$$

一般约束条件：

$$\sum_{n=1}^{N}(\rho^n + \mu^n) = 1$$

$$\rho^n \geq 0, \ \mu^n \geq 0, \ n=1,\ldots,N$$

$$0 \leq \beta_j \leq 1, j=1,\ldots,J$$

$$0 \leq \alpha_k \leq 1, k=1,\ldots,K \qquad (4.18)$$

$$0 \leq \gamma_s \leq 1, s=1,\ldots,S$$

$$0 \leq \varphi_f \leq 1, f=1,\ldots,F$$

在上述公式中，$0 \leq \beta_j, \alpha_k, \gamma_s, \varphi_f \leq 1$ 约束条件为是主要要求。目标函数

可分解为两项的平均值:第一项 $\frac{1}{J+K+S}(\sum_{j=1}^{J}\beta_j + \sum_{k=1}^{K}\alpha_k + \sum_{s=1}^{S}\gamma_s)$ 是第一阶段效率的 Russell 输入/不期望产出度量,第二项 $\frac{1}{F+S}(\sum_{f=1}^{F}\varphi_f + \sum_{s=1}^{S}\gamma_s)$,是第二阶段的 Russell 输入度量。

(二) 变量选取

基于上述两阶段网络 DEA 模型,参考既有建筑业绩效的研究以及投入产出变量的选择,结合建筑业生产过程的特性,遵循变量数据选取的相关性和可得性,本节建立考虑非期望中间产出的建筑业绿色全要素生产率评价指标体系,如表 4.8 所示。

1. 第一阶段

(1) 解释变量

初始投入指标:本节选取建筑业从业人数、建筑业企业总资产和建筑业能源消耗三个指标表征,与第四章第一节一致。建筑业企业人数,在第一阶段占比 a。建筑业总资产,在第一阶段占比 a。基于《中国建筑业统计年鉴》,建筑业现场施工人数和建筑业从业人员数(现场施工人数作为建造阶段的从业人数,其余为经济转化阶段的从业人数)的比约为 0.8,故 a 取值 0.8。

(2) 被解释变量

中间产出指标:本节选取建筑业房屋竣工面积和二氧化碳排放量两个指标表征。二氧化碳排放量,与第四章第一节一致。建筑业房屋竣工面积则表示为报告期内房屋建筑按照设计要求已全部完工,达到住人和使用条件,经验收鉴定合格或达到竣工验收标准,可正式移交使用的各栋房屋建筑面积的总和。

2. 第二阶段

(1) 解释变量

中间投入指标:本节选取建筑业从业人数和建筑业企业总资产两个指标表征,与第四章第一节一致。建筑业企业人数,在第二阶段占比 $(1-a)$。建筑业总资产,在第二阶段占比 $(1-a)$。同上,a 取值 0.8。

(2) 被解释变量

最终产出指标:本节选取建筑业企业利润总额和建筑业企业总产值两个指标表征,与第四章第一节一致。

表 4.8　各变量选取

阶段	变量类型	指标	指标内容	表示符号	单位
第一阶段	解释变量	初始投入指标	建筑业从业人数	aX_1	万人
			建筑业企业总资产	aX_2	亿元
			建筑业能源消耗	Z_1	万吨标准煤
	被解释变量	中间产出指标	建筑业房屋竣工面积	H_1	万平方米
			二氧化碳排放量	O_1	万吨
第二阶段	解释变量	中间投入指标	建筑业从业人数	$(1-a)X_1$	万人
			建筑业企业总资产	$(1-a)X_2$	亿元
	被解释变量	最终产出指标	建筑业企业利润总额	Y_1	亿元
			建筑业企业总产值	Y_2	亿元

(三) 数据来源

本节主要收集整理中国30个省市自治区的相关数据(在考虑了数据的可得性和完整性后,省去了西藏、香港、澳门、台湾地区的相关数据),其主要来源于《中国建筑业统计年鉴》(2008—2017年)、《中国统计年鉴》(2008—2017年)、《中国能源统计年鉴》以及中国各省市自治区的相关建筑业统计年鉴,有助于提升数据的可信度。还有一部分数据是通过浏览相关网站(http://cyfd.cnki.com.cn/)进行资料查询等方式获取,各指标数据统计口径基本一致,能够保证指标数据的真实性和客观性。建筑业二氧化碳排放量则是以2006年联合国政府间气候变化委员会(IPCC)发布的《国家温室气体IPCC指南》提供的二氧化碳排放估算公式为基础,计算建筑业能源消耗所排放的二氧化碳。这一二氧化碳排放估算研究方法已得到了国际学术界的认可和广泛的应用,有助于提高数据的可靠性。

二、研究结果与分析

(一) 建筑业生产阶段效率评价

1. 全国层面

中国建筑业2008—2017年建造阶段效率的测算结果如表4.9所示。首先从全国层面对研究期内建筑业建造阶段效率的变化情况进行分析。如图4.5所示,2008—2017年中国建筑业建造阶段效率平均值为0.792,建造阶段效率还存在改善的空间。此外,研究期内中国建筑业建造阶段效率平均值的发展可分为两个阶段:第一阶段(2008—2012年),中国建筑业的建造阶段效率平均值由 0.761 增长至 0.824,虽然 2009 年建筑业建造效率值降低至 0.743,但之后呈现显著的上升趋势。中国建筑业建造阶段效率明显增长的原因可能是我国提出"四万亿"经济刺激计划以应对 2008 年金融危机,推动了基础设施建设、保障住房、灾后重建等相关领域的发展。第二阶段(2013—2017 年),中国建筑业建造阶段效率呈现出较小的波动,但整体较为平稳,建筑业建造效率值仍存在提升的潜力。

表 4.9　2008—2017 年 30 省（市、区）建筑业建造阶段效率测度结果

区域	省（市、区）	2008	2009	2010	2011	2012	2013	2014	2015	2016	2017	平均值
华北地区	北京	1	1	1	1	1	1	1	1	1	1	1
	天津	0.921	0.761	0.883	0.837	1	0.895	1	1	1	0.945	0.924
	河北	0.755	0.688	0.657	0.704	0.72	0.68	0.69	0.685	0.636	0.702	0.692
	山西	0.933	0.919	1	1	1	1	1	1	1	1	0.985
	内蒙古	0.444	0.454	0.351	0.387	0.381	0.488	0.441	0.385	0.413	0.528	0.427
东北地区	辽宁	0.703	0.621	0.586	0.749	0.88	0.725	0.813	0.964	1	1	0.804
	吉林	0.496	0.408	0.435	0.495	0.627	0.504	0.446	0.62	0.57	0.542	0.514
	黑龙江	1	1	1	1	0.979	0.956	0.818	1	0.905	0.919	0.958
华南地区	上海	0.764	0.791	0.802	0.955	0.988	0.945	0.886	1	0.914	0.767	0.881
	江苏	0.873	0.867	0.853	1	1	1	1	1	1	1	0.959

续表

区域	省(市、区)	2008	2009	2010	2011	2012	2013	2014	2015	2016	2017	平均值
	浙江	0.567	0.592	0.745	0.997	1	1	1	1	0.989	0.995	0.889
	安徽	0.831	0.762	0.81	0.919	0.905	0.83	0.77	0.682	0.696	0.582	0.779
	福建	0.746	0.876	0.913	0.957	1	1	1	1	1	1	0.949
	山东	0.778	0.731	0.713	0.864	0.886	0.868	0.787	0.793	0.753	0.742	0.792
中南地区	江西	0.635	0.649	0.79	0.818	0.823	0.835	0.892	0.773	0.719	0.693	0.763
	河南	1	0.936	1	1	1	0.999	0.874	0.859	0.811	0.684	0.916
	湖北	0.621	0.558	0.495	0.53	0.597	0.562	0.543	0.606	0.618	0.529	0.566
	湖南	0.682	0.62	0.556	0.499	0.507	0.511	0.522	0.656	0.628	0.567	0.575
	广东	0.73	0.776	0.938	0.971	1	1	1	0.963	0.808	0.795	0.898
	广西	0.718	0.708	1	1	1	1	1	1	1	1	0.943
	海南	0.918	0.93	0.769	0.447	0.375	0.358	0.475	0.435	0.465	0.492	0.566
西南地区	重庆	0.768	0.738	0.858	1	0.958	1	1	1	1	1	0.932
	四川	0.883	0.845	1	1	0.899	0.961	0.884	0.856	0.752	0.785	0.887

续表

区域	省（市、区）	2008	2009	2010	2011	2012	2013	2014	2015	2016	2017	平均值
	贵州	0.892	0.836	0.837	0.999	0.867	0.875	0.861	0.868	0.783	0.752	0.857
	云南	0.754	0.668	0.622	0.669	0.701	0.713	0.69	0.732	0.803	0.907	0.726
西北地区	陕西	0.8	1	0.954	0.696	0.835	0.914	0.817	0.902	1	1	0.892
	甘肃	0.856	0.891	0.786	0.979	0.987	0.865	0.839	0.749	0.732	0.83	0.851
	青海	1	1	1	1	1	1	1	1	1	1	1
	宁夏	0.373	0.298	0.34	0.389	0.341	0.408	0.434	0.471	0.468	0.631	0.415
	新疆	0.401	0.37	0.41	0.478	0.457	0.438	0.402	0.419	0.433	0.515	0.432
	平均值	0.761	0.743	0.770	0.811	0.824	0.811	0.796	0.814	0.797	0.797	0.792

图 4.5　2008—2017 年中国建筑业生产阶段效率值

2. 区域层面

基于 Zhang 等的研究，本节将我国 30 个省份分为华东、华北、东北、西北、中南和西南地区，区域划分情况如表 4.9 所示。图 4.6 清楚地反映了 2008—2017 年间六个区域建筑业建造阶段效率变化情况。由图 4.6 可知，研究期内西南和华南地区建造阶段效率变化趋势相近，在 2009—2011 年间呈现出明显增长趋势，2012—2017 年间有下降趋势；研究期内华北和西北地区建造阶段效率变化虽然呈现出小幅波动，但整体呈现增长趋势；其余两个地区，中南和东北地区研究期内建造阶段效率呈现明显的波动趋势，尤其是东北地区，效率变化波动幅度较大。

表 4.9 也反映中国 30 个省市自治区建筑业 2008—2017 年的建造阶段效率平均值，有 19 个省市的建造阶段效率平均值超过全国层面的平均值 0.792，而其中仅有北京市和青海省研究期内建造阶段效率平均值为 1，这意味着这两个地区建造阶段效率达到有效状态。而其余 28 个省市自治区的建造阶段效率低于 1，均为非有效地区，表明绝大多数省、市存在资源投入冗余或产出不足的情况。因此，这些省市自治区建造阶段效率值还存在一定的改善空间。

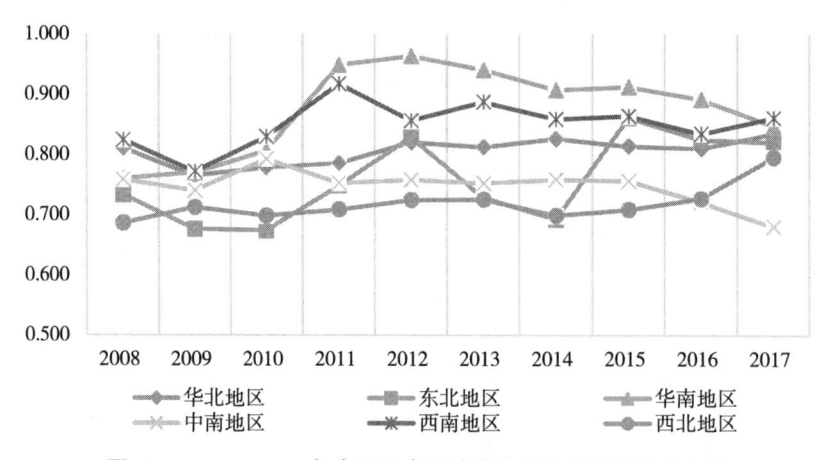

图 4.6　2008—2017 年中国六个区域建筑业生产阶段效率变化

（二）建筑业经济转化阶段效率评价

1. 全国层面

中国建筑业 2008—2017 年经济转化阶段效率的测算结果如表 4.10 所示。首先从全国层面对研究期内建筑业经济转化阶段效率的变化情况进行分析。如图 4.7 所示，2008—2017 年中国建筑业经济转化阶段效率平均值为 0.860，经济转化阶段效率较高，但还存在改善的空间。2008—

2017年中国建筑业经济转化阶段效率总体呈现增长的趋势,特别是2011—2015年,中国建筑业经济转化阶段效率从0.838上升至0.911,刚好处于建筑业"十二五"时期,这也说明"十二五"规划能有效推动建筑业经济发展;2016—2017年中国建筑业经济转化阶段效率也呈现出较小的波动,但从整体来看,建筑业经济转化阶段效率值仍存在提升的空间。

表4.10 2008—2017年30个省(市、区)建筑业经济转化阶段效率测度结果

区域	省(市、区)	2008	2009	2010	2011	2012	2013	2014	2015	2016	2017	平均值
华北地区	北京	1	1	1	1	1	1	1	1	1	1	1
	天津	0.921	0.856	0.888	0.837	1	0.895	1	1	1	1	0.940
	河北	0.749	0.734	0.67	0.708	0.721	0.716	0.713	0.775	0.72	0.816	0.732
	山西	0.971	1	1	1	1	1	1	1	1	0.961	0.993
	内蒙古	0.722	0.78	0.76	0.837	0.877	0.948	1	1	0.944	1	0.887
东北地区	辽宁	0.669	0.658	0.633	0.66	0.691	0.67	0.77	0.943	1	1	0.769
	吉林	0.571	0.533	0.58	0.6	0.749	0.746	0.707	0.895	0.758	0.734	0.687
	黑龙江	0.804	0.796	0.646	0.672	0.627	0.701	0.72	0.894	0.751	0.916	0.753
华南地区	上海	0.73	0.765	0.816	0.903	0.917	0.956	0.962	1	0.931	0.907	0.889
	江苏	0.666	0.69	0.686	0.845	0.963	0.91	0.905	0.839	0.815	0.787	0.811
	浙江	0.632	0.658	0.658	0.773	0.948	0.919	0.974	0.955	0.866	0.895	0.828
	安徽	0.851	0.867	0.819	0.952	0.971	0.938	0.955	0.871	0.804	0.775	0.880
	福建	0.806	0.877	0.867	0.92	1	1	1	1	1	1	0.947
	山东	0.897	0.907	0.909	0.976	0.985	1	0.984	0.974	0.864	0.903	0.940

续表

区域	省(市、区)	2008	2009	2010	2011	2012	2013	2014	2015	2016	2017	平均值
中南地区	江西	0.74	0.753	0.693	0.838	0.922	0.904	0.892	0.832	0.808	0.75	0.813
	河南	0.82	0.806	0.758	0.89	0.913	0.925	0.916	0.91	0.832	0.804	0.857
	湖北	0.754	0.785	0.737	0.75	0.713	0.698	0.695	0.758	0.671	0.683	0.724
	湖南	0.746	0.747	0.659	0.607	0.668	0.712	0.702	0.857	0.823	0.85	0.737
	广东	0.893	0.927	0.885	0.915	0.921	0.962	0.976	0.885	0.8	0.801	0.897
	广西	0.805	0.831	0.803	0.986	1	1	1	1	1	1	0.943
	海南	0.946	0.985	0.859	0.575	0.562	0.663	0.854	0.786	0.7	0.711	0.764
西南地区	重庆	0.846	0.869	0.837	0.897	0.89	0.957	0.948	0.884	0.831	0.847	0.881
	四川	0.877	0.859	1	1	0.901	0.965	0.927	0.959	0.856	1	0.934
	贵州	1	1	1	1	1	1	1	1	1	0.923	0.992
	云南	1	0.91	0.894	0.881	0.842	0.863	0.935	0.953	0.896	0.999	0.917
西北地区	陕西	0.7	0.865	0.96	0.637	0.688	0.793	0.766	0.833	0.777	0.759	0.778
	甘肃	1	1	0.883	1	1	0.942	0.994	0.912	0.842	0.985	0.956
	青海	1	1	1	1	1	1	1	1	1	1	1
	宁夏	0.82	0.804	0.707	0.74	0.737	0.97	0.78	0.871	0.855	0.865	0.815
	新疆	0.634	0.844	0.719	0.753	0.675	0.863	0.689	0.74	0.772	0.721	0.741
	平均值	0.819	0.837	0.811	0.838	0.863	0.887	0.892	0.911	0.864	0.880	0.860

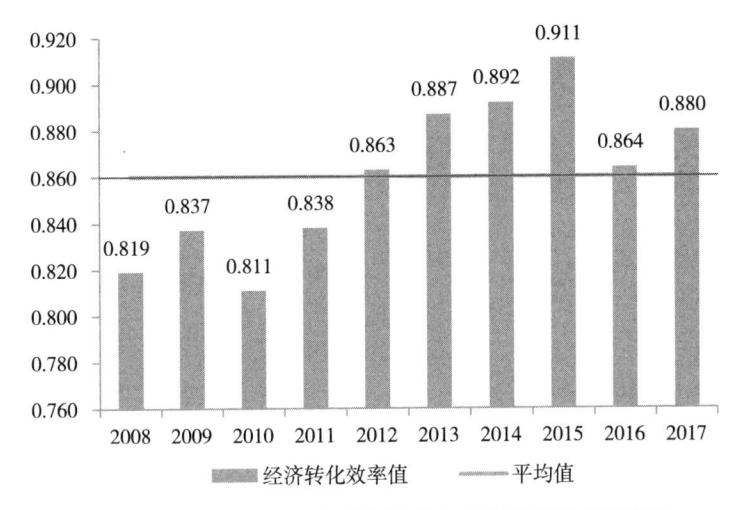

图 4.7　2008—2017 年中国建筑业经济转化阶段效率值

2. 区域层面

同理,从区域层面对 2008—2017 年中国建筑业经济转化阶段效率值进行分析。图 4.8 清楚地反映了 2008—2017 年间六个区域建筑业经济转化阶段效率变化情况。由图 4.8 可知,研究期内中南、西北、华北和东北地区建筑业经济转化阶段效率变化趋势相近,在 2009—2010 年下降,2011—2015 年呈现明显增长趋势,2016—2017 年又有小幅的波动和下降趋势。且与其他三个地区相比,东北地区建筑业经济转化阶段效率变化波动幅度较大。除了 2015 年、2016 年和 2017 年,东北地区经济转化阶段效率在六个地区中均处于最低水平。研究期内华南地区建筑业经济转化阶段效率变化呈现两阶段的趋势,2008—2012 年间呈现明显增长趋势,2013—2017 年间有小幅的波动和下降趋势。此外,研究期内西南地区建筑业经济转化阶段效率值总体水平较高,但也呈现出小幅度的波动趋势。

表 4.10 反映了中国 30 个省市自治区建筑业 2008—2017 年的经济转化阶段效率平均值,有 16 个省市自治区的建筑阶段效率平均值超过全国层面的平均值 0.860,而其中仅有北京市和青海省研究期内经济转化阶段效率平均值为 1,这意味着这两个地区经济转化阶段效率达到有效状态。其余 28 个省市自治区的经济转化阶段效率低于 1,均为非有效地区,这表明绝大多数省、市存在投入经济冗余或产出不足的情况。其中,东北地区吉林省建筑业经济转化阶段效率最低,仅为 0.687。因此,这些省市自治区经济转化阶段效率值都存在不同程度的改善空间。

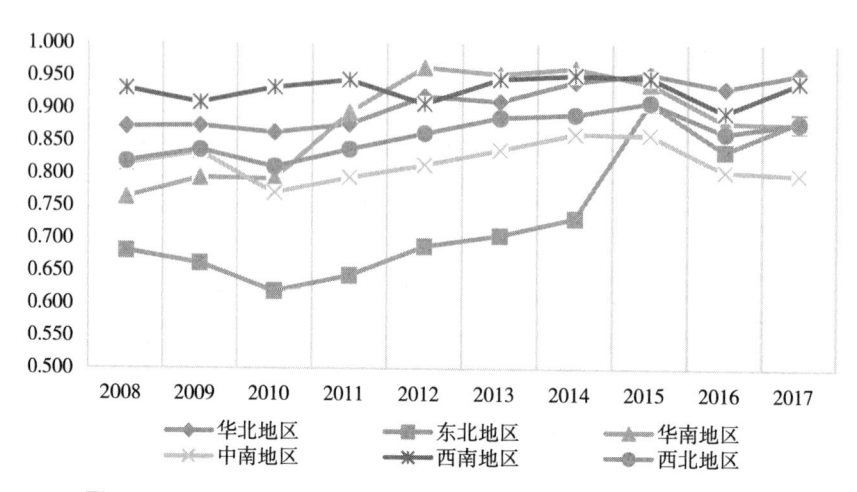

图 4.8　2008—2017 年中国六个区域建筑业经济转化阶段效率值变化

（三）建筑业系统整体绿色全要素生产率评价

1. 全国层面

2008—2017 年中国建筑业系统整体绿色全要素生产率的测算结果如表 4.11 所示。为了反映研究期内中国建筑业绿色全要素生产率变化趋势和总体特征，以及与建筑业建造阶段和经济转化阶段效率值变化趋势形成直观的对比，绘制了如图 4.9 所示的效率值变化折线图。

表 4.11　2008—2017 年 30 个省（市、区）建筑业整体绿色全要素生产率测度结果

区域	省（市、区）	2008	2009	2010	2011	2012	2013	2014	2015	2016	2017	平均值
华北地区	北京	1	1	1	1	1	1	1	1	1	1	1.000
	天津	0.838	1	0.925	0.892	0.934	0.896	0.874	0.864	1	1	0.922
	河北	1	1	0.923	0.956	0.991	0.801	0.802	0.804	0.742	0.704	0.872
	山西	0.871	1	0.994	1	0.952	0.975	0.989	1	0.985	0.994	0.976
	内蒙古	0.774	0.786	0.703	1	1	1	0.913	1	1	1	0.918

续表

区域	省(市、区)	2008	2009	2010	2011	2012	2013	2014	2015	2016	2017	平均值
东北地区	辽宁	0.747	0.746	0.726	0.719	0.798	0.71	0.845	1	1	1	0.829
	吉林	0.437	0.405	0.384	0.415	0.576	0.752	0.712	0.651	0.597	0.552	0.548
	黑龙江	1	1	1	1	1	1	1	1	0.93	0.956	0.989
华南地区	上海	0.754	0.81	0.772	0.858	0.934	0.994	0.972	1	0.912	0.778	0.878
	江苏	1	1	0.972	1	1	1	1	1	1	1	0.997
	浙江	0.819	0.853	0.843	0.921	1	0.946	0.984	1	0.989	0.995	0.935
	安徽	0.861	0.829	0.669	0.891	0.904	0.935	0.959	0.69	0.696	0.582	0.802
	福建	0.952	1	0.888	1	1	1	1	1	1	1	0.984
	山东	1	1	0.853	0.851	0.887	1	1	0.81	0.753	0.742	0.890
中南地区	江西	0.802	0.862	0.79	0.896	0.882	0.973	0.959	0.803	0.726	0.708	0.840
	河南	1	1	0.987	1	0.964	0.962	0.925	0.866	0.811	0.684	0.920
	湖北	0.643	0.678	0.529	0.616	0.606	0.703	0.703	0.625	0.618	0.529	0.625
	湖南	0.673	0.68	0.651	0.574	0.643	0.798	0.705	0.715	0.674	0.579	0.669
	广东	0.93	0.972	1	1	1	1	1	1	1	0.795	0.970
	广西	1	1	1	1	1	1	1	1	1	1	1.000
	海南	0.572	0.623	0.552	0.619	0.651	0.867	1	0.894	0.986	0.919	0.768

续表

区域	省(市、区)	2008	2009	2010	2011	2012	2013	2014	2015	2016	2017	平均值
西南地区	重庆	0.978	0.938	0.882	0.947	0.939	0.968	0.964	1	0.996	1	0.961
	四川	1	0.98	1	1	0.969	1	1	1	0.83	0.799	0.958
	贵州	1	1	1	1	1	1	1	1	0.892	0.752	0.964
	云南	0.883	0.826	0.708	0.798	0.733	0.87	0.937	0.759	0.811	0.907	0.823
西北地区	陕西	0.801	0.922	0.982	0.732	0.815	0.836	0.896	0.915	0.881	0.991	0.877
	甘肃	1	1	0.907	1	0.968	0.946	1	0.773	0.757	0.83	0.918
	青海	1	1	0.904	1	1	1	1	1	1	1	0.990
	宁夏	0.921	0.608	0.434	0.491	0.773	0.953	0.899	0.824	0.973	1	0.788
	新疆	0.615	0.644	0.45	0.602	0.621	0.737	0.667	0.701	0.901	0.674	0.661
	平均值	0.862	0.872	0.814	0.859	0.885	0.921	0.926	0.887	0.882	0.849	0.876

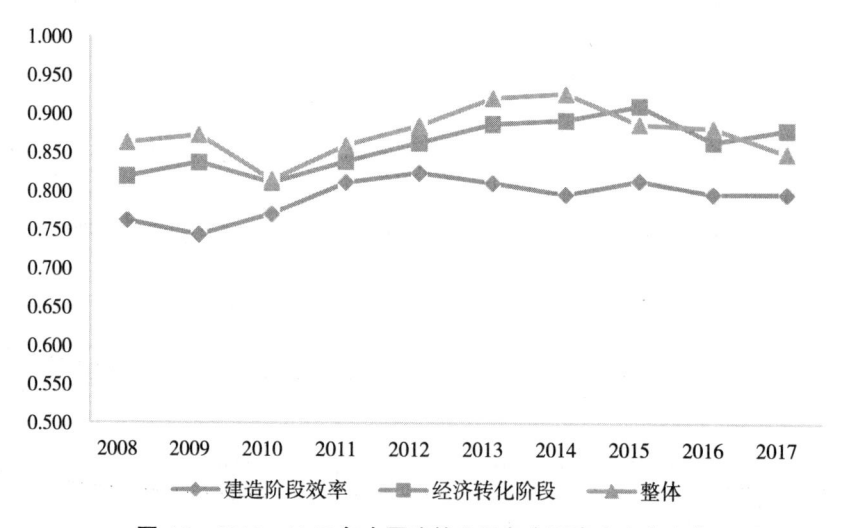

图 4.9 2008—2017 年中国建筑业绿色全要素生产率变化

总体来看，2008—2017年间中国建筑业整体绿色全要素生产率呈现较大的波动，研究期内中国建筑业整体绿色全要素生产率与经济转化阶段效率变化趋势趋于一致。相比之下，建筑业建造阶段效率一直处于较低的状态。2008—2010年，中国建筑业整体绿色全要素生产率总体呈下降趋势，2010年达到最低值，为0.814。2011—2014年间，中国建筑业整体绿色全要素生产率增长，也刚好处于建筑业"十二五"时期，这说明了"十二五"规划有效地推动建筑业的高效发展。2015—2017年间，中国建筑业整体绿色全要素生产率呈现下降趋势。此外，从数据结果来看，中国建筑业整体绿色全要素生产率偏低主要是由于中国建筑业生产阶段效率不高造成的。由此可见，中国建筑业生产阶段效率的提升对提高中国建筑业的整体绿色全要素生产率效率具有重大意义。

2. 区域层面

图4.10清楚地反映2008—2017年间六个区域建筑业整体绿色全要素生产率变化情况。由图4.10可知，研究期内华北、华南、西南和西北地区建筑业整体绿色全要素生产率变化趋势均呈现出小幅度的波动趋势，其中华南和西北地区的变化相近，2010—2014年间呈现增长趋势，而2015—2017年间有下降趋势。研究期内中南地区建筑业整体绿色全要素生产率虽然也有小幅度的波动，但整体上平均效率值呈现下降趋势。此外，与其他五个地区相比，东北地区建筑业整体绿色全要素生产率变化波动幅度较大，且除了2015年和2017年，东北地区整体绿色全要素生产率均为最低。东北地区有着特殊的建筑环境，其建筑技术水平和资源配置还存在一定的局限性，东

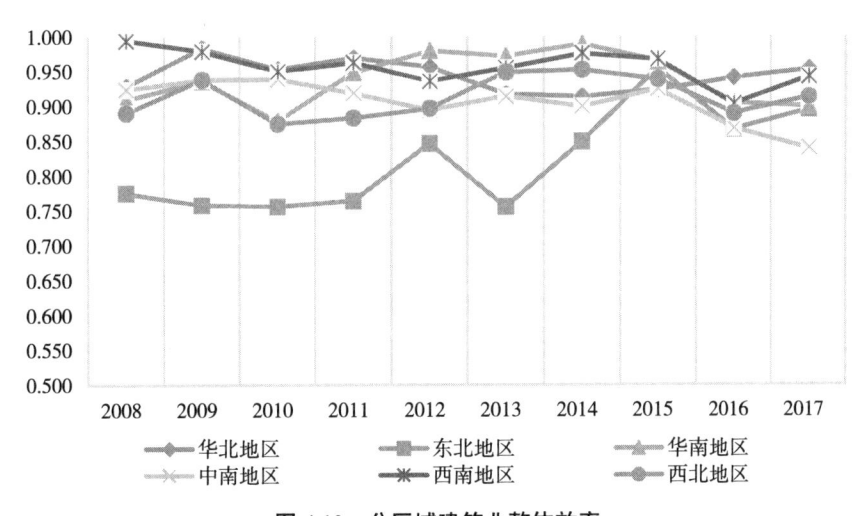

图4.10 分区域建筑业整体效率

北地区建筑业绿色全要素生产率还存在较大的提升空间。

由表4.11可知,中国30个省市建筑业2008—2017年的整体绿色全要素生产率平均值为0.876,研究期内仅有北京市整体绿色全要素生产率平均值为1,达到有效状态。其余29个省市自治区建筑业整体绿色全要素生产率低于1,均为非有效地区,这意味着这些省市自治区建筑业整体绿色全要素生产率都存在不同程度的改善空间。

(四)针对评价结果的政策建议

1. 提高建筑业建造阶段绿色全要素生产率

对比建筑业生产过程两个阶段的测算结果可以发现,两阶段绿色全要素生产率平均值差异较大,研究期内经济转化阶段的平均值为0.860,而建造阶段的平均值为0.792,由此可见建造阶段为薄弱环节,改善其将对建筑业整体绿色全要素生产率的提高起到较为明显的作用。建筑业建造阶段反映的是各种建筑业人员、资金、材料、设备等从投入到房屋竣工面积产出的全过程,提升这一过程的效率可以从增强员工素质、降低成本提高效率、购进机械设备提升机械化程度、提高管理水平等角度出发。建立多层次建筑业人才培养体系,注重高技术型人才的培养。强化建筑业资金的有效供给,拓宽资金渠道。加强科技研发成果的转换,实现技术研发与实际建筑业生产成功对接。创新绿色技术,通过新技术的应用,实现降低能耗的目标。推广绿色管理,对建造过程中产生的海量数据进行整合和分析,进而通过数据实现对建筑运行的有效控制。

2. 缩小区域绿色全要素生产率发展不平衡

研究期内华东、华北、东北、西北、中南和西南地区建筑业整体绿色全要素生产率、建造阶段效率和经济转化阶段效率差异化显著。与其他五个地区相比,东北地区建筑业绿色全要素生产率变化波动幅度较大,且在2008—2014年间其建筑业整体绿色全要素生产率和经济转化阶段效率均为最低,2015—2017年有所改善。一般而言,波动幅度大意味着会有着更大的风险和机遇并存,更需要加强控制,因此加强对东北地区建筑业政策的指引和市场的监控尤为重要。可以通过"技术后发优势",促进东北地区吸收和采纳先进地区建筑技术,实现其技术水平的跨越。具体来说,东北地区可以加大绿色技术进步的支持力度,诱发企业进行节能减排技术创新,绿色技术进步一方面能加快经济发展的速度,另一方面能够节约能源和减少环境污染,是提高绿色全要素生产率的主要途径。此外,东北地区还可以通过资源整合和要素重置的方式,坚决淘汰绿色技术效率低、污染特别严重的"僵尸企业",实现产业重新优化组合,将资源配置到生产效率高、环境效益好的企业中去，进而实现绿色技术效率的改善。最后东北地区还可以通过引进人才、加强与其余各区域省市的交流合作以及政策倾斜等措施来加快东北地区建筑业绿色全要素生产率的提升。

三、小　结

在能源和环境已经成为经济发展的内生变量和刚性约束的背景下，中国经济实现绿色发展已迫在眉睫，而绿色全要素生产率始终是实现绿色经济和环境共赢发展的关键所在。本节基于中间产物视角，打开建筑业生产系统的"黑箱"，将建筑生产阶段划分为建造阶段和经济转化阶段，通过考虑非期望中间产出的网络 DEA 模型测算了中国 30 个省市自治区建筑业 2008—2017 年的建造阶段效率、经济转化阶段效率以及整体绿色全要素生产率。研究期内中国建筑业生产阶段效率不高是限制中国建筑业整体绿色全要素生产率进一步提升的主要原因；六个地区建筑业整体绿色全要素生产率、建造阶段效率和经济转化阶段效率差异化显著，东北地区效率值波动幅度最大，只有北京市建筑业整体绿色全要素生产率、建造阶段效率和经济转化阶段效率达到有效状态，青海省建筑业建造阶段效率和经济转化阶段效率达到有效状态，其余省市自治区各阶段效率值和整体绿色全要素生产率均存在不同程度的提升空间。可见，经济发达省份应该进一步发挥区位优势，积极引进国外先进的节能减排技术，进而促进节能减排技术向其他省份扩散，逐步缩小区域技术水平差距。除此之外，考虑到区域的异质性，应该实施区域差异化的绿色经济发展模式，对于建筑业整体绿色全要素生产率达到有效状态的省份应该继续保持现有环境规制强度，绝对不能一味追求 GDP 的上升，否则将出现经济与资源环境难以协调发展的局面，而对于其他省份应该转变经济发展方式和加强环境管制，进而逐步实现环境和绿色经济共赢。

第五章 资源配置层面中国建筑业绿色全要素生产率评价

第一节 产能利用视角下中国建筑业绿色全要素生产率评价

绿色全要素生产率是经济增长领域中的一个重要概念。面对当前的资源约束和二氧化碳高排放的情况，我国建筑业迫切需要加快绿色转型，在经济不断对 GDP 做出贡献的同时需要考虑能源环境的代价，既要保证经济增长的绿色质量，又要提高建筑业绿色全要素生产率。建筑产品拥有固定性与高值性，生产过程复杂耗时，致使产能的调整弹性小，速度慢，退出难度大。目前，学界普遍采用产能利用水平来衡量产能利用程度。建筑业产能利用水平是反映产出能力与市场需求之间关系，是衡量生产系统投入产出效率的最为关键的指标之一。在资源环境约束的背景下，基于产能利用视角，通过中国建筑业产能利用现状，对建筑业绿色全要素生产率进行分析和评价，对于助推建筑业绿色高效发展有着重要意义。

基于产能利用视角，对中国建筑业绿色全要素生产率问题的研究，Zhang 等基于 1993—2010 年建筑业人力及资本平减数据，通过建筑业边界生产最大能力测算建筑业产能利用率，并提出提高建筑业的生产能力、促进建筑业转型发展策略。[1] Zhao 等基于数据包络分析（DEA）方法建立模型，根据营造能力和市场需求相关指标测度了建筑业产能利用率，并基于此，对建筑业绿色全要素生产率提升空间进行评价和分析，依据相应的计算结果提出优化产能以及提升绿色全要素生产率的策略。[2] 但是他们忽略了建筑业环境污染对绿色全要素生产率的影响，且仅通过定量的方法通过产能利用视角，揭示了中国建筑业绿色全要素生产率低下这一事实，却没有办法说明造成这一现象的具体原因。

---

[1] 张静晓、李慧、周天华：《我国建筑业产能过剩测度及对策研究》，《科技进步与对策》2012 年第 18 期。

[2] Z. Y, Zhao, M.M. Yao, X.C. Li. "Overcapacity Analysis and Coping Strategies of China's Construction Industry", *Construction economy*, Vol.37, No.06(2016), pp.9-13.

同时，Yang等通过广义的差异形式方法测算了中国制造业的产能利用率，它通过潜在产出集合和传统生产集合的差异性来表征产能利用程度，并以此来衡量绿色全要素生产率[1]，这种测算方法的优势在于能有效地反映可变投入用于生产产能产出的程度。

基于此，本节基于产能利用视角，建立覆盖全国的建筑业绿色全要素生产率评价体系。从中国30个省市自治区2011—2016年的建筑业面板数据着手，通过无变量链接差分法和增加变量链接的差分法这两种方法，对建筑业多个投入变量和多个产出变量进行分析，测度了建筑业产能利用程度，并以此来衡量建筑业绿色全要素生产率提升空间。

一、研究设计

采用无变量链接差分法和增加变量链接的差分法进行建筑业绿色全要素生产率的分析评价，能够快速找到导致建筑业产能利用不足的原因和提升绿色全要素生产率低下有效途径。而产能利用的增加，需要对要素的结构进行调整与优化，要素结构的调整与优化有利于推动经济发展从依靠能源驱动转向依靠人力资本等其他要素驱动，提高资源配置层面的生产要素利用效率，从而促进绿色全要素生产率的提高，故本节采用无变量链接差分法和增加变量链接的差分法进行建筑业绿色全要素生产率的分析评价。

（一）模型构建

1. 无变量链接差分法

Yang等通过广义的差异形式方法测算了中国制造业的产能利用率，它通过潜在产出集合和传统生产集合的差异性来表征产能利用程度，并以此来衡量绿色全要素生产率。[2] 优势在于能有效地反映可变投入用于生产产能产出的程度，具体的计算过程如下。

定义可变投入 $v = (v_1, \cdots, v_N) \in R_N^+$，固定投入 $f = (f_1, \cdots, f_P) \in R_P^+$，期望产出（desirable outputs）$d = (d_1, \cdots, d_M) \in R_M^+$，以及非期望产出（undesirable outputs）$u = (u_1, \cdots, u_I) \in R_I^+$，假设有 K 个决策单元 DMU（$k = 1, \cdots, k$），根据Shephard联合弱可处置性（JWD）属性，建立如下生产可能性集合（Production Possibility Sets）：

$$\text{JWD}: (v, u, f, d) \in T \text{ and } \varphi \geqslant 1 \to (\varphi v, \varphi u, f, d) \in T \tag{5.1}$$

---

[1] Y. Gao, S.B. Tsai, X. Xue, et al., "An Empirical Study on Green Innovation Efficiency in the Green Institutional Environment", *Sustainability*, Vol.10, No.3 (2018), p.724.

[2] Y. Gao, S.B. Tsai, X. Xue, et al., "An Empirical Study on Green Innovation Efficiency in the Green Institutional Environment", *Sustainability*, Vol.10, No.3 (2018), p.724.

参考 Kuosmanen 的研究,放宽了假设中共同扩大因子的限制,允许扩大因子 φ 可以在不同的 DMU 中变化。B 令 v_{nj}, f_{pj}, u_{ij}, d_{mj} 为 DMU_j 的观察变量。DEA 生产可能性集合可表示为:

$$T_1 = \left\{ (v, f, d, u) \mid \begin{array}{l} v_n \geq \sum_{j=1}^{J} v_{nj} \lambda_j, \forall n; f_p \geq \sum_{j=1}^{J} f_{pj} \lambda_j, \forall p; \\ d_m \leq \sum_{j=1}^{J} \varphi_j^k d_{mj} \lambda_j, \forall m; u_i = \sum_{j=1}^{J} \varphi_j^k u_{ij} \lambda_j, \forall i; \\ \sum_{j=1}^{J} \lambda_j = 1; \lambda \geq 0; \varphi_j^k \geq 1, \forall k \forall j \end{array} \right\} \quad (5.2)$$

其中,基于 Chung 的研究,设方向向量为 $g = (g^a, g^b)$。表示在生产技术 T 条件下,通过方向向量 g,减少非期望产出的同时增加期望产出,从而改善生产现状。

通过引入线性规则以及基于对 j 和 k 变量实现不同 φ_j^k 的限制条件,线性的方向距离函数可表示如下:

$$\theta_0(v_0, f_0, d_0, u_0; g) = \max \left\{ \beta \mid \begin{array}{l} v_{n0} \geq \sum_{j=1}^{J} v_{nj} \sum_{k=1}^{K} (r_j^k + s_j^k) \forall n; \\ f_{p0} \geq \sum_{j=1}^{J} f_{pj} \sum_{k=1}^{K} (r_j^k + s_j^k), \forall p; \\ d_{m0} + \beta g_m^b \leq \sum_{j=1}^{J} d_{mj} \sum_{k=1}^{K} (r_j^k + s_j^k), \forall m; \\ u_{i0} - \beta g_k^a = \sum_{j=1}^{J} u_{ij} \sum_{k=1}^{K} (r_j^k + s_j^k), \forall i \\ \sum_{j=1}^{J} \sum_{k=1}^{K} (r_j^k + s_j^k) = 1; \\ r_j^k + s_j^k \geq 0; \forall k \forall j; \\ r_j^k \geq 0, \forall k \forall j; \\ s_j^k \leq 0, \forall k \forall j, \beta \text{ free} \end{array} \right\} \quad (5.3)$$

考虑 Färe 等和 Kirkley 等提出的建议,在(1)式中去掉这一限制条件,允许不同强度变量(v,u)来构造①②。基于这一非限制性条件,产出方向产出距离函数可表示如下:

$$\widehat{\theta_0}(v_0, f_0, d_0, u_0; g) = \max\{\beta \mid (v_0, f_0, d_0 + \beta g^b, u_0 - \beta g^a; g) \in \widehat{T}, \beta \text{ free}\} =$$

$$\max \left\{ \beta \mid \begin{array}{l} \delta_k^v v_{n0} \geq K \sum_{j=1}^{J} v_{n0}(r_j^k + s_j^k), \forall n; ; \\ f_{p0} \geq \sum_{j=1}^{J} f_{pj} \sum_{k=1}^{K} (r_j^k + s_j^k), \forall p; \\ d_{m0} + \beta g_m^b \leq \sum_{j=1}^{J} d_{mj} \sum_{k=1}^{K} (r_j^k + s_j^k), \forall m; \\ u_{i0} - \beta g_k^a = K \sum_{j=1}^{J} u_{kj}^v r_j^k, \forall k; \\ \sum_{j=1}^{J} \sum_{k=1}^{K} (r_j^k + s_j^k) = 1; r_j^k + s_j^k \geq 0; \forall k \forall j \\ r_j^k \geq 0; \forall k \forall j; s_j^k \leq 0, \forall k \forall j; \delta_k^{vu} \geq 0, \forall k; \delta_n^v \geq 0, \forall n; \beta \text{ free} \end{array} \right\} \quad (5.4)$$

---

① R. Fare, M. Grosskopf, Z. Morris, et al., "Productivity Growth, Technical Progress and Efficiency Change in Industrialised Countries", *American Economic Review*, Vol.84, No.1 (1994), p.18.

② J. Kirkley, C. J. M. Paul, and D. Squires, "Capacity and Capacity Utilization in Common-pool Resource Industries", *Environmental & Resource Economics*, Vol.22 (2002), pp.71-97.

其中 δ_k^v 代表潜在产出达到最大时,可变投入的变化程度。方便理解,将其简化为 $\widehat{\theta_0}(v_0, f_0, d_0, u_0; g)$ 和 $\theta_0(v_0, f_0, d_0, u_0; g)$。CU 指标定义为二者的差异,表示如下:

$$CU = \widehat{\theta_0} - \theta_0 \tag{5.5}$$

$CU=0$ 表示评估的 DMU 能够充分利用当前固定投入以产生最大量的产能产出。另一方面,$CU>0$ 表示评估的 DMU 产能利用不足,绿色全要素生产率发展受限,若增加其可变投入,那么它的产能产出将大于其当前水平,且绿色全要素生产率也会有所提高。

2. 增加变量链接差分法

由于本节基于产能利用视角,研究中国建筑业绿色全要素生产率。在实际生产过程中,建筑业非期望产出主要来源于建筑业能源消耗。基于此,为了更符合实际生产情况,提高产能利用水平评价的准确性。本节在指标测算模型中将与非期望产出直接相关的可变投入进行链接。

同样考虑可变投入 v,固定投入 f,期望产出 d,以及非期望产出 u 以及 Shephard 联合弱可处置性(JWD)属性,在(3)式的基础上增加了部分可变投入 v_k^u ($k=1, \cdots, K$) 和非期望产出 u_k^v ($k=1, \cdots, K$) 链接。① 基于对 j 和 k 变量实现不同 φ_j^k 的限制条件,方向距离函数可定义为如下形式:

$$D_0(v_0^u, u_0^v, v_0, f_0, d_0; g)$$

$$= \max\left\{\beta \middle| \begin{array}{l} v_{k0}^u \geq K\sum_{j=1}^J v_{kj}^u r_j^k, \forall k; u_{k0}^v - \beta g_k^a = K\sum_{j=1}^J u_{kj}^v r_j^k, \forall k; \\ v_{n0} \geq \sum_{j=1}^J v_{nj} \sum_{k=1}^K (r_j^k + s_j^k) \forall n; f_{p0} \geq \sum_{j=1}^J f_{pj} \sum_{k=1}^K (r_j^k + s_j^k), \forall p; \\ d_{m0} + \beta g_m^b \leq \sum_{j=1}^J d_{mj} \sum_{k=1}^K (r_j^k + s_j^k), \forall m; \\ \sum_{j=1}^J \sum_{k=1}^K (r_j^k + s_j^k) = 1; r_j^k + s_j^k \geq 0; \forall k \forall j; r_j^k \geq 0, \forall k \forall j; s_j^k \leq 0, \forall k \forall j, \beta \text{ free} \end{array}\right\} \tag{5.6}$$

去掉了 φ 这一限制条件,允许不同强度变量 (v^u, v) 来构造。基于这一非限制性条件,产能方向产出距离函数可表示如下:

$$\widehat{D_0}(v_0^u, u_0^v, f_0, v_0, d_0; g) = \max\{\beta | (v_0^u, u_0^v - \beta g^a, f_0, v_0, d_0 + \beta g^b; g) \in \widehat{T}, \beta \text{ free}\}$$

$$= \max\left\{\beta \middle| \begin{array}{l} \delta_k^{vu} v_{k0}^u \geq K\sum_{j=1}^J v_{kj}^u r_j^k, \forall k; u_{k0}^v - \beta g_k^a = K\sum_{j=1}^J u_{kj}^v r_j^k, \forall k; \\ f_{p0} \geq \sum_{j=1}^J f_{pj} \sum_{k=1}^K (r_j^k + s_j^k), \forall p; \\ \delta_n^v v_{n0} \geq \sum_{j=1}^J v_{nj} \sum_{k=1}^K (r_j^k + s_j^k) \forall n; \\ d_{m0} + \beta g_m^b \leq \sum_{j=1}^J d_{mj} \sum_{k=1}^K (r_j^k + s_j^k), \forall m; \\ \sum_{j=1}^J \sum_{k=1}^K (r_j^k + s_j^k) = 1; r_j^k + s_j^k \geq 0; \forall k \forall j \\ r_j^k \geq 0; \forall k \forall j; s_j^k \leq 0, \forall k \forall j; \delta_k^{vu} \geq 0, \forall k; \delta_n^v \geq 0, \forall n; \beta \text{ free} \end{array}\right\} \tag{5.7}$$

---

① R.W. Shepard, *Indirect Production Functions*, Mathematical Economics and Game Theory, 1977, pp.418-434.

(二) 变量选取

本节首先参考现有研究中关于中国区域建筑业、工业等产能利用率以及绿色全要素生产率使用的投入和产出指标。

1. 解释变量

（1）固定投入

本节选取建设用地来表征土地要素的投入。

（2）可变投入

本节选取建筑业从业人员、建筑业企业总资产和建筑业自有施工机械设备总功率三个指标来表征，其中建筑业从业人员反映建筑业投入水平，建筑业企业总资产反映建筑业财力投入水平，建筑业自有施工机械设备总功率反映建筑业设备投入水平

（3）链接可变投入

本节选取建筑业能源终端消耗量来表征链接可变投入，反映建筑业能源投入水平。

2. 被解释变量

（1）期望产出

本节选取建筑业总产值和建筑业利润总额两个指标来表征，建筑业总产值反映经济总收入，建筑业总利润反映经济增长收入。

（2）链接非期望产出

本节选取建筑业二氧化碳排放量来表征链接非期望产出。参照政府间气候变化专门委员会（IPCC）编制的国家温室气体清单指南中碳排放量的计算方法，使用工业煤炭、原油和天然气三种一次化石能源为基准并通过估算加和而得到分行业规模以上工业企业碳排放量，公式为：

$$CO_2 = \sum_{i=1}^{n} E_i \times NCV_i \times CEF_i \times COF_i \times \left(\frac{44}{12}\right)$$

其中，E_i代表能源终端消费量，NCV_i代表能源平均低位发热量，CEF_i代表能源碳排放系数，COF_i代表能源碳氧化率(%)，$\frac{44}{12}$代表二氧化碳的相对分子质量与碳的相对原子质量之比。

结合差分法，本节选择了更全面和更细化的建筑业数据集对中国建筑业各省市自治区产能利用程度以及绿色全要素生产率问题进行探究。本节所选的投入产出指标如下表 5.1 所示。

表 5.1　各变量选取

变量类型	变量内容	指标类型	单位	参考文献
解释变量	f_1 = 建设用地	固定投入	万公顷	(Yang et al., 2018)[1]
	v_1 = 建筑业从业人员	可变投入	万人	(Xue et al., 2015)、(Huo et al., 2018)、(Chancellor 和 Lu, 2016)、(Feng 和 Wang, 2017)、(Li 和 Song, 2012)[2][3][4][5][6]
	v_2 = 建筑业企业总资产	可变投入	亿元	(Li 和 Song, 2012)、(Huo et al., 2018)、(Chancellor 和 Lu., 2016)[7][8]
	v_3 = 建筑业自有施工机械和设备总功率	可变投入	万千瓦	(Huo et al., 2018)、(Chancellor 和 Lu, 2016)[9][10]

[1] Y. Gao, S.B. Tsai, X. Xue, et al., "An Empirical Study on Green Innovation Efficiency in the Green Institutional Environment", *Sustainability*, Vol.10, No.3 (2018), p.724.

[2] X. Xue, H. Wu, X. Zhang, et al., "Measuring Energy Consumption Efficiency of the Construction Industry: the Case of China", *Journal of Cleaner Production*, Vol.107 (2015), pp.509-515.

[3] T. Huo, H. Ren, W. Cai, et al., "The Total-Factor Energy Productivity Growth of China's Construction Industry: Evidence from the Regional Level", *Natural Hazards*, Vol.92, No.3 (2018), pp.1593-1616.

[4] W. Chancellor, W. S. Lu, "A Regional and Provincial Productivity Analysis of the Chinese Construction Industry: 1995 to 2012", *Journal of Construction Engineering And Management*, Vol.142, No.11 (2016), pp.13.

[5] C. Feng, M. Wang, "The Economy-Wide Energy Efficiency in China's Regional Building Industry", *Energy*, Vol.141 (2017), pp.1869-1879.

[6] Q.Li, Y. Song, "Productivity Growth in Chinese Construction Industry Considering Solid Wastes Generation", *Advanced Materials Research*, Vol.472 (2012), pp.3316-3319.

[7] T. Huo, H. Ren, W. Cai, et al., "The Total-Factor Energy Productivity Growth of China's Construction Industry: Evidence from the Regional Level", *Natural Hazards*, Vol.92, No.3 (2018), pp.1593-1616.

[8] W. Chancellor, W. S. Lu, "A Regional and Provincial Productivity Analysis of the Chinese Construction Industry: 1995 to 2012", *Journal of Construction Engineering And Management*, Vol.142, No.11 (2016), pp.13.

[9] T. Huo, H. Ren, W. Cai, et al., "The Total-Factor Energy Productivity Growth of China's Construction Industry: Evidence from the Regional Level", *Natural Hazards*, Vol.92, No.3 (2018), pp.1593-1616.

[10] W. Chancellor, W. S. Lu, "A Regional and Provincial Productivity Analysis of the Chinese Construction Industry: 1995 to 2012", *Journal of Construction Engineering And Management*, Vol.142, No.11 (2016), pp.13.

续表

变量类型	变量内容	指标类型	单位	参考文献
	v_1^u = 建筑业能源终端消耗量	链接可变投入	万吨标准煤	(Feng 和 Wang, 2017)、(Bian, Liang 和 Xu, 2015)①②
被解释变量	u_1^v = 建筑业二氧化碳排放量	链接非期望产出	万吨	(Feng 和 Wang, 2017)、(Du, Chen 和 Huang, 2018)、(Zhang 和 Choi, 2013)③④⑤
	d_1 = 建筑业总产值	期望产出	亿元	(Zhang et al., 2018)、(Huo et al., 2018)⑥⑦
	d_2 = 建筑业利润总额	期望产出	亿元	(Zhang et al., 2018)、(Li 和 Song, 2012)⑧⑨

① Y. Bian, N, Liang, H. Xu, "Efficiency Evaluation of Chinese Regional Industrial Systems with Undesirable Factors using a Two-Stage Slacks-Based Measure Approach", *Journal of Cleaner Production*, Vol.87 (2015), pp.348-356.

② J. Du, Y. Chen, Y. Huang, "A Modified Malmquist-Luenberger Productivity Index: Assessing Environmental Productivity Performance in China", *European Journal of Operational Research*, Vol.269, No.1 (2018), pp.171-187.

③ C. Feng, M. Wang, "The Economy-Wide Energy Efficiency in China's Regional Building Industry", *Energy*, Vol.141 (2017), pp.1869-1879.

④ J. Du, Y. Chen, Y. Huang, "A Modified Malmquist-Luenberger Productivity Index: Assessing Environmental Productivity Performance in China", *European Journal of Operational Research*, Vol.269, No.1 (2018), pp.171-187.

⑤ N.Zhang, Y. Choi, "Environmental Energy Efficiency of China's Regional Economies: A Non-oriented Slacks-based Measure Analysis", *The Social Science Journal*, Vol.50, No.2 (2013), pp.225-234.

⑥ J. X. Zhang, H. Li, B. Xia, et al., "Impact of Environment Regulation on the Efficiency of Regional Construction Industry: A 3-stage Data Envelopment Analysis (DEA)", *Journal of Cleaner Production*, Vol.200, (2018), pp.770-780.

⑦ T. Huo, H. Ren, W. Cai, et al., "The Total-Factor Energy Productivity Growth of China's Construction Industry: Evidence from the Regional Level", *Natural Hazards*, Vol.92, No.3 (2018), pp.1593-1616.

⑧ J. X. Zhang, H. Li, B. Xia, et al., "Impact of Environment Regulation on the Efficiency of Regional Construction Industry: A 3-stage Data Envelopment Analysis (DEA)", *Journal of Cleaner Production*, Vol.200, (2018), pp.770-780.

⑨ Q.Li, Y. Song, "Productivity Growth in Chinese Construction Industry Considering Solid Wastes Generation", *Advanced Materials Research*, Vol.472 (2012), pp.3316-3319.

(三) 数据来源

本节数据主要来源于《中国统计年鉴》(2011—2017年)、《中国建筑业统计年鉴》(2011—2017年)、《中国能源统计年鉴》(2011—2017年)以及各省市相关统计年鉴,其他数据来自网站查询(http://cyfd.cnki.com.cn/),有助于提升数据的可信度。由于西藏各能源排放量数据获取来源的限制,本节不将西藏纳入研究范围,且目前无法获得台湾、香港和澳门地区的可靠数据,所以所选数据中不包括这些区域。考虑到数据的可获得性和完整性,所选数据包括由中国22个省、4个直辖市(北京、天津、上海和重庆)和4个自治区(广西、内蒙古、宁夏和新疆)组成的30个省级单位,各指标数据统计口径基本一致,能够保证指标数据的真实性和客观性。建筑业二氧化碳排放量则是以2006年联合国政府间气候变化委员会(IPCC)发布的《国家温室气体IPCC指南》提供的二氧化碳排放估算公式为基础,计算建筑业能源消耗所排放的二氧化碳。这一二氧化碳排放估算研究方法已得到了国际学术界的认可和广泛的应用,有助于提高数据的可靠性。

二、研究结果与分析

(一) 以增加变量链接测算结果为例对中国建筑业绿色全要素生产率进行分析

1. 中国建筑业绿色全要素生产率分析

中国建筑业绿色全要素生产率分析根据相应的测算结果,可知有2个省(区)具有零CU值,分别是江苏和广西。这意味着它们都充分利用了它们的可变投入(即建筑业从业人员、建筑业企业总资产、建筑业自有施工机械和设备总功率以及建筑业能源终端消耗量)来进行产能产出。因此,这也意味着这两个省(区)建筑业产能利用水平较高,绿色全要素生产率增长情况良好。相反,其他28个省市自治区(例如北京,天津,山西等)的CU指标为正,表明其产能利用程度不足,绿色全要素生产率增长受限。这一证据也反映了:如果适当增加其可变投入,建筑业将产生高于其当前水平的产出,有助于绿色全要素生产率的提升。

海南省建筑业在2011年和2012年的CU值为0,表示其在这一时期充分利用了可变投入进行产能产出,绿色全要素生产率较高。但是从2013年开始其CU值变为正值,意味着海南省在2013年之后建筑业的产能利用程度下降,绿色全要素生产率增长受到限制,表明生产潜力还需要进一步提升。黑龙江省和青海省的建筑业分别在2011年和2012年充分利用了其产出能力,但从2013年开始,均未充分利用相应的可变投入,这说明还需要充分挖掘其生产潜力,提高产能利用水平,从而提升绿色全要素生产率。

此外,针对各省市自治区的平均 CU 值进行排名。6 个省市具有相对较高的平均 CU 值(大于 0.5),湖北省的 CU 平均值为 0.6581,这意味着湖北的建筑业的产能利用水平严重不足,绿色全要素生产率增长严重受限。天津的 CU 值(0.6265)也很高,意味着其建筑业很大程度上未充分利用其产出能力,还有很大的生产潜力。相反,除 CU 值为零的省市外,只有内蒙古的平均 CU 值小于 0.2,表明该省份建筑业针对当前可变投入而言,较为充分地利用了它们的产出能力,产能利用水平较高,但绿色全要素生产率仍有一定的提升空间。

为了更清晰地反映中国建筑业产能利用水平,本节计算了 2011—2016 年期间 CU 平均值,为 0.3858>0,表明中国建筑业很大程度上未充分利用其产出能力,产能利用水平不足,绿色全要素生产率的改善空间较大。根据相应计算的数值,进一步绘制了研究期间中国 30 个省市自治区建筑业的平均 CU 的趋势变化(见图 5.1)。图中清楚地反映了 2011—2014 年中国建筑业的 CU 值增加,表明建筑业利用其可变投入进行产能产出的能力下降,产能利用程度低下,绿色全要素生产率增长受限。如 2015—2016 年中国建筑业的 CU 值减小,表明建筑业产能利用水平提升,绿色全要素生产率有所增长,但也有较大的提升空间。

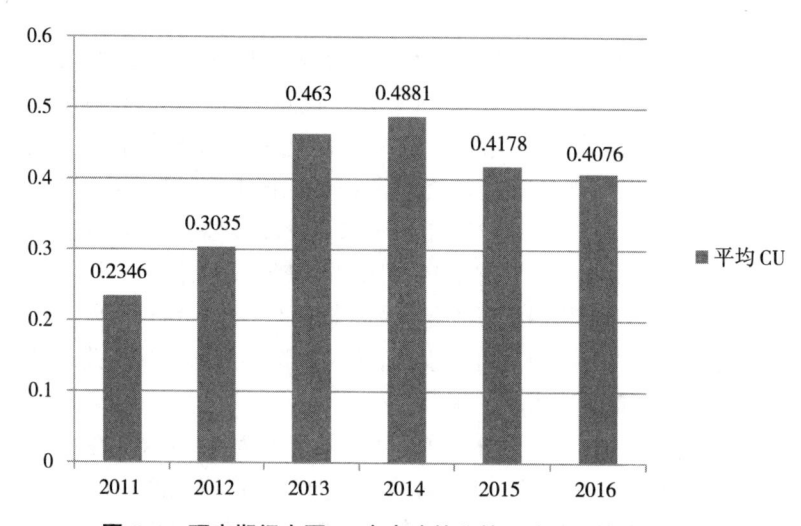

图 5.1　研究期间中国 30 个省建筑业的平均 CU 的趋势变化

2. 中国区域建筑业绿色全要素生产率分析

Wang 等根据中国的地理特点与经济发展状况,将中国划分 8 个区域。[1] 本节采用 Wang 等的分类方法,将中国区域发展与建筑业 CU 值变化相结合来讨论。8 个地区的详细划分如下:北部沿海地区包括北京、天津、山东和河北;东北地区包括黑龙江、吉林和辽宁;西北地区包括宁夏、甘肃、新疆和青海;长江中部区域湖北、湖南、江西和安徽;黄河中部地区包括河南、内蒙古、陕西和山西;东部沿海地区包括浙江、江苏和上海;西南地区包括四川、云南、广西、重庆和贵州;南部沿海地区包括海南、广东和福建。

图 5.2 详细地展示了在 2011—2016 年研究期内,8 个地区 CU 值的变化情况。平均 CU 值较高的分别是长江中部地区、东北地区和北部沿海地区,这表明这些区域的建筑业很大程度上未充分利用其产出能力,产能利用水平不足,限制绿色全要素生产率增长。此外,西南地区和东部沿海地区这两个区域的平均 CU 值较低,表明这些区域所对应省份建筑业针对当前可变投入而言,较为充分地利用了它们的产出能力,绿色全要素生产率较高,但也有一定的提升空间。而其它地区包括黄河中部,西北和南海岸在内的三个区域平均 CU 值也比较高,意味着区域建筑业生产潜力还未完全发掘,建筑业产能利用程度和绿色全要素生产率有很大的提升空间。

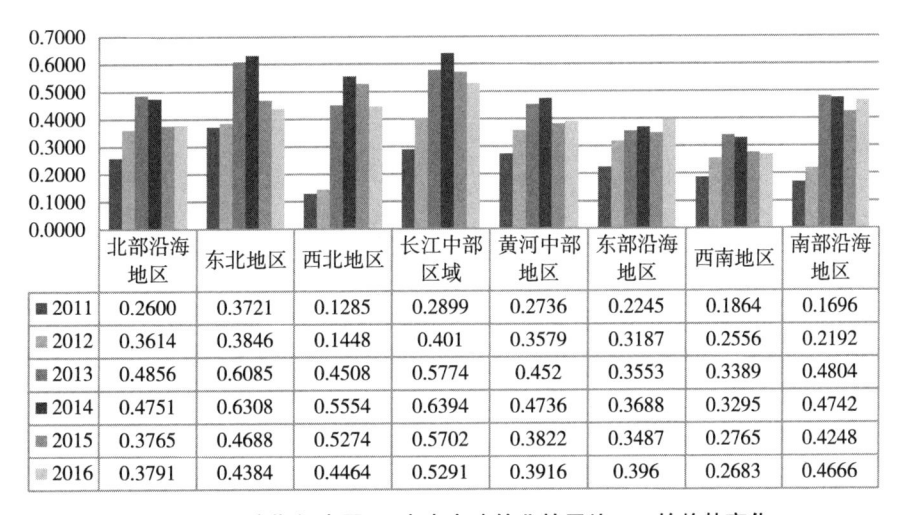

	北部沿海地区	东北地区	西北地区	长江中部区域	黄河中部地区	东部沿海地区	西南地区	南部沿海地区
2011	0.2600	0.3721	0.1285	0.2899	0.2736	0.2245	0.1864	0.1696
2012	0.3614	0.3846	0.1448	0.401	0.3579	0.3187	0.2556	0.2192
2013	0.4856	0.6085	0.4508	0.5774	0.452	0.3553	0.3389	0.4804
2014	0.4751	0.6308	0.5554	0.6394	0.4736	0.3688	0.3295	0.4742
2015	0.3765	0.4688	0.5274	0.5702	0.3822	0.3487	0.2765	0.4248
2016	0.3791	0.4384	0.4464	0.5291	0.3916	0.396	0.2683	0.4666

图 5.2 研究期间中国 30 个省市建筑业的平均 CU 的趋势变化

图 5.2 中也展示了相应的结果。针对当前建筑业的投入和产出,各区域均有不同程度绿色全要素生产率低下的情况。西南地区建筑业绿色全要素生产率虽高,但也应当采取相应的手段进行进一步提升。而长江中部地

---

[1] K. Wang, Y. M. Wei, "China's Regional Industrial Energy Efficiency and Carbon Emissions Abatement Costs", *Applied Energy*, Vol.130 (2014), pp.617-631.

区建筑业绿色全要素生产率最低,这需要紧急干预并且改善。根据研究结果,除了西南区域的广西和东海岸区域的江苏建筑业绿色全要素生产率较高,其他各区域的省份均有不同程度绿色全要素生产率的改善空间。特别是长江中游区域的湖北、北部沿海地区的天津、东北区域的吉林和东海岸区域的浙江,它们的建筑业绿色全要素生产率改善潜力最大。

(二)无变量链接差分法与增加变量链接差分法测算结果对比分析

本节将无变量链接差分法和增加变量链接差分法测算结果进行比较,从而分析绿色全要素生产率的变化情况,通过核密度图来反映二者差异。

图5.3清楚地显示了:在2011—2016年这一期间,通过差分法所测算的CU中最大的值均大于通过增加变量链接差分法所测算的,这表明与考虑变量链接测算的建筑业CU相比,不考虑部分可变投入与非期望产出链接的情况下测算的建筑业产能利用不足的情况更为严峻,限制了建筑业绿色全要素生产率的增长。

相对于差分法测算的CU分布而言,增加变量链接差分法测算的CU值分布更为集中。在研究期间增加变量链接的差分法测算的CU值曲线的波峰均在差分法测算CU值曲线的左侧。这表明增加变量链接差分法测算

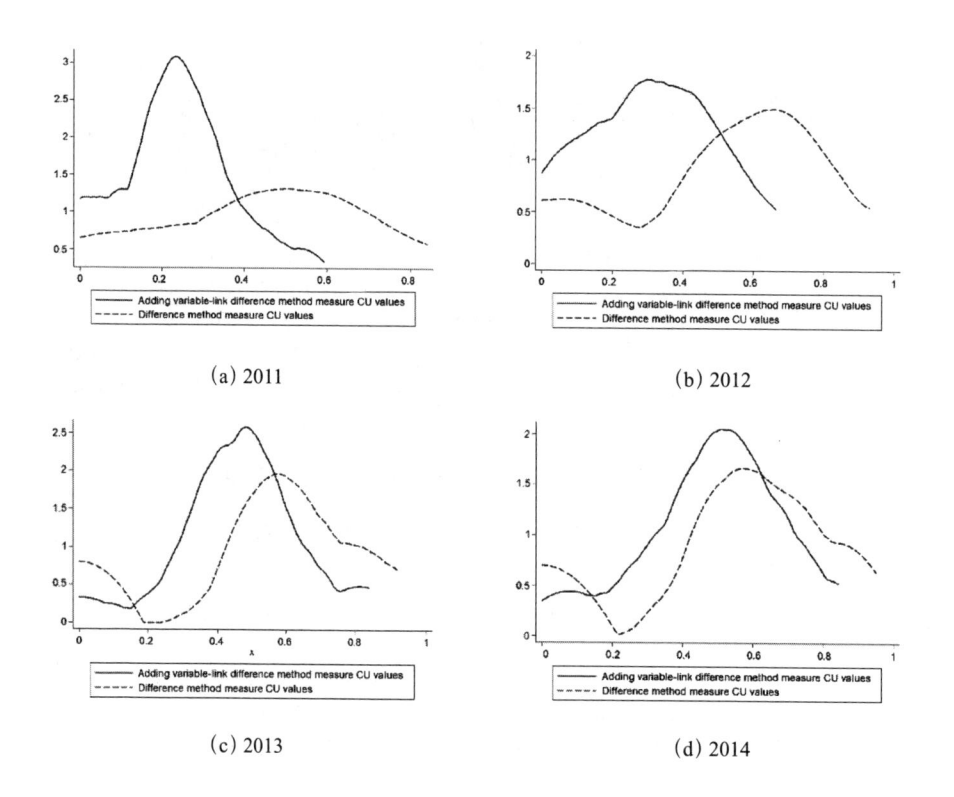

(a) 2011

(b) 2012

(c) 2013

(d) 2014

(e) 2015　　　　　　　　　　　　(f) 2016

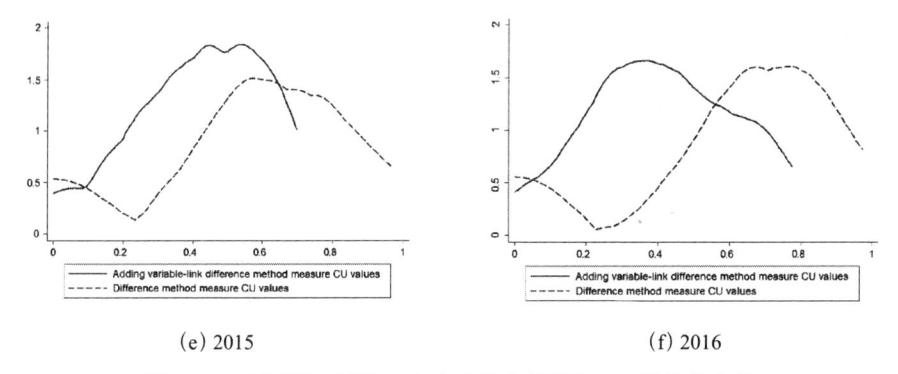

图 5.3　研究期间中国 30 个省建筑业的平均 CU 的趋势变化

的建筑业总体 CU 值低于差分法测算的 CU 值,这意味着考虑部分可变投入与非期望产出链接的情况下,产能利用程度较为乐观。增加变量链接差分法测算 CU 值曲线:虽然曲线形状均有细微差别,但在整个研究期内所反映的趋势更为相似。这也表明了考虑部分可变投入与非期望产出链接情况的差分法所测算的建筑业 CU 值更加理想的。这一现象的出现是由于增加可变投入与非期望产出的链接后,产能结构更加优化,从而测算的 CU 值更加科学合理。

(三) 中国建筑业绿色全要素生产率讨论

针对中国建筑业产能利用程度和绿色全要素生产率实证结果,有如下几个发现:

(1) 在研究期间(2011—2016 年)中国建筑业平均 CU 值呈现先增长后下降的趋势,这表明建筑业产能利用不足问题存在,建筑业绿色全要素生产率较低,虽然近两年有所改善,但也有很大的提升空间。(2) 仅位于东海岸和西南地区的江苏和广西充分利用了可变投入进行产能产出,其余各区域各省市建筑业均有不同程度的产能利用和绿色全要素生产率不足的问题。其中,长江中部地区、东北地区和北部沿海地区还应当充分挖掘其生产潜力。(3) 对比增加变量链接差分法测算的 CU 值以及仅用差分法测算的 CU 值结果,表明增加变量链接差分法测算的建筑业 CU 值以及绿色全要素生产率是更为优化和理想。

(四) 中国建筑业绿色全要素生产率政策建议

基于本节的分析,提出了以下政策建议:

(1) 针对以上建筑业产能利用不足、建筑业绿色全要素生产率低下的地区,建筑业企业应当将新型环保材料和先进的绿色节能技术运用到施工阶段以提高其建筑施工技术。而中央政府也应当采取人才引进战略,使这些地区能够吸引更多建筑业高技能型人才。

（2）区域政策决策者应当采取相应的措施,充分发掘建筑业生产潜力。突破工程施工服务的单一经营模式,将工程施工与资本经营有机结合,拓宽资本渠道,促进我国各省份的发展。此外,在积极倡导绿色消费,推进生态文明建设的同时,结合实际因地制宜地修订动态的、差异化的环境管制标准,激励企业进行自主创新活动,加大对节能环保技术的研发及对高能效产品的投资,持续不断地推动技术进步和促进技术效率改善。选择合理的环境管制形式,根据区域特点灵活利用环境税收、排污收费、污染罚款等各种管制手段。

（3）为促进建筑业绿色高效发展,建筑业应当制定低碳发展的竞争机制,减少建筑业能源消耗,减少以煤炭为代表的化石能源消耗,将开发充足、稳定、绿色、低污染的新能源作为能源转型的主攻方向,大力发展太阳能、风能、核能等新能源和可再生能源,优化能源消费结构,提高能源利用效率,以降低建筑业二氧化碳的排放。

（4）建筑业产能过剩省份应当充分挖掘自身资源和潜力,延伸产业链条,采取多元化战略向物料加工、能源、环保等产业领域拓展,以减少对建设用地的过度使用。建筑业应紧跟国家战略政策,加强供给侧结构性改革,完善市场进入和退出机制,消除落后产能并且提升绿色全要素生产率,向高端建筑业发展。

三、小 结

本节基于产能利用视角,采用无变量链接差分法与增加变量链接差分法对中国建筑业产能利用率进行定量分析,通过产能利用的现状对绿色全要素生产率现状进行评价,明确造成绿色全要素生产率低下的具体原因,并比较两种测度方法的优劣性,为建筑业绿色全要素生产率评价和研究提供了一种新的可靠方法,为区域建筑业发展政策的制定提供了科学依据,研究发现在2011—2016年中国建筑业平均CU值呈现先增长后下降的趋势。此外,仅位于东海岸和西南地区的江苏和广西充分利用了可变投入进行产能产出,其余各区域各省市建筑业均有不同程度的产能利用和绿色全要素生产率不足的问题。基于此,本节提出了一些政策建议,对建立覆盖全国的建筑业绿色全要素生产率评价体系具有实际指导意义。

第二节　产业结构视角下建筑业绿色全要素生产率评价

中国的经济效率具有较大的空间差异,较为直观的比较是生产总值较高省份和较低省份的人均GDP比例较大,这种差异传统上可以用聚集经济、劳动力分类和自然优势来解释。企业选择理论是在过去十年发展起来的,它揭示了导致企业生产率空间变化的重要因素。该理论指出,更大市场的主要特征是拥有更激烈的竞争,这会导致生产力最低的企业退出。能够在大市场中生存下来的企业通常比那些在小市场中生存下来的企业拥有更高的生产率、更大的规模和更多的利润。由于我国各地区所处经济发展阶段不同,各地区的建筑业产业布局和结构差异引致要素投入、生产效率出现差别,影响建筑业及其细分产业的发展状况。因此,在产业结构视角下,探索集聚效应与选择效应对建筑业及其细分产业绿色全要素生产率的影响,是促进我国建筑业高质量发展的重要问题。

实现产业结构升级的任务对于目前的中国而言已经迫在眉睫,而产业集聚对于产业结构具有重要作用。目前关于不同市场规模下产业集聚现状的研究是学者们比较关注的领域。[1] 研究者通常将大规模市场的生产优势归结为集聚经济的功劳,即在经济集聚的过程中,集聚区通过企业间的分工与合作、企业共享供应商、密集的劳动力市场和良好的匹配机制以及经验的学习,实现知识的累积和创新等途径,使得集聚中心区(大规模市场)的企业具有更高的生产率。[2][3] 随着学者们对不同市场规模下产业生产率差异及其产生机理的深入研究,选择效应的存在也不断被各国研究者加以证明,即高效率的企业会选择定位于大规模市场以获得更大的市场份额,而低效率的企业则选择定位于小规模市场以逃避激烈的竞争,并且大规模市场激烈的竞争会迫使低效率企业退出,从而形成高效率企业定位于大规模市场和低效率企业定位于小规模市场的格局,内生地导致大规模市场、小规模市

---

[1] P. C. Melo, D. J. Graham, R. B. Noland, "A Meta-Analysis of Estimates of Urban Agglomeration Economies", *Regional Science and Urban Economics*, Vol.39, No. (2009), pp.332-342.

[2] G. Duranton, D. Puga, "Micro-Foundations fo Urban Agglomeration Economies", *Social ence Electronic Publishing*, Vol.4, No.4(2003), pp.2063-2117.

[3] A. Accetturo, V. Di Giacinto, G. Micucci, et al., "Geography, Productivity, and Trade: Does Selection Explain why some Locations are More Productive than others?", *Journal of Regional Science*, Vol.58, No.5(2018), pp.949-979.

场的生产率差异。①②

然而,国内外学者在研究产业集聚的问题时,基本主要针对传统工业(如制造业)以及服务业,对建筑业产业集聚的研究则极少,这是由于建筑业的特殊性造成的。产业集聚和选择效应的产生通常是一个长期的、不断重复而产生累积效应的过程,而创造建筑业产值的建设项目却具有一次性及不可重复的特征,故较多学者认为,建筑业并不会存在和传统工业或者服务业相同的产业集聚或选择现象。③ 但是,孙继德等通过对中国上海市各个区、县的建筑业信息进行分析,得出上海市建筑业存在区位生产率差异,且中心城区生产率高于郊区。④ 由此可见,城市间由于存在城市化进程的相似性,不能将建筑业的产业集聚或选择反映出来,但建筑业的产业集聚或选择一定存在于地区发展差异较大的地区,诸如单个城市中的中心城区和郊区,以及全国范围内的发达地区与欠发达地区。这表明不同地区的建筑业之间存在产业集聚现象,本节提出的研究命题适用于建筑行业。

作为具有良好商业投资属性和较高投资乘数的行业,建筑业的生产增加值与 GDP 之间关系紧密。在世界经济全球化的背景下,国际建筑业保持着良好的发展势头,国际竞争下对各国建筑业的发展要求也在不断提高。⑤ 明确不同市场规模下建筑业内部产业集聚与选择现状,有助于一国政策制定者了解建筑业的市场结构、生产力发展状况和变动特点,从而明确建筑业的产业结构与具体发展现状,进而为建筑业不同细分产业的发展提供具有针对性的政策决定与政策干涉建议,进一步推动一国国民经济整体的稳定发展。因此,分析并确定建筑业在不同市场规模下的产业集聚现状是十分有必要的。

然而,不同市场规模下,集聚效应和选择效应如何在多大程度上影响建筑业各细分产业的生产率这一问题还没有被完全讨论。目前对建筑业生

---

① R. E. Baldwin, T. Okubo, "Heterogeneous Firms, Agglomeration and Economic Geography: Spatial Selection and Sorting", *Journal of Economic Geography*, Vol.6, No.3 (2006), pp.323-346.

② C. Ding, Y. Niu, "Market Size, Competition, and Firm Productivity for Manufacturing in China", *Regional Science and Urban Economics*, Vol.74 (2019), pp.81-98.

③ H. Lee, "Agglomeration and Growth", *The Korean Economic Review*, Vol.24, No.2 (2008), pp.425-57.

④ 孙继德、陈旭、聂琪:《上海市建筑业产业集聚效应分析》,《上海管理科学》2015 年第 3 期。

⑤ Z. Zhao, C. Tang, X. Zhang, et al., "Agglomeration and Competitive Position of Contractors in the International Construction Sector", *Journal of Construction Engineering and Management*, Vol.143, No.6 (2017), pp.1-9.

产力的研究局限于生产力的计算方法和影响因素这两方面，主要侧重于讨论建筑业生产力的计算方法、指标选取、变化趋势以及生产率提高办法等，但研究过程很少涉及市场规模这一因素。①②③④⑤ 且对建筑业产业集聚的研究较少，也极少将建筑业各细分产业作为实证分析对象进行研究。

产业结构的优化与一个地区的市场化程度密切相关，一个地区市场化程度越高意味着该地区政府和市场关系更加健康，能够充分发挥市场在资源配置中的决定性作用，优化产业结构，实现资源有效合理配置，市场发展和政府职能相辅相成能够促进经济绿色转型，提高绿色全要素生产率。因此，为明确不同市场规模下建筑业产业集聚与选择效应的存在现状，进一步达到优化建筑产业结构并促进国民经济发展的目的，本节旨在确定不同市场规模下，选择效应与集聚效应对建筑业各细分产业绿色全要素生产率的具体影响情况。现阶段，转变经济增长方式、优化产业结构是中国经济结构调整和稳定增长的重要内容，产业结构调整迫在眉睫，故以中国建筑业为研究对象。⑥ 具体研究过程为：以选择效应理论与集聚效应理论为基础，将中国建筑业各细分产业作为研究对象，采用就业密度作为市场规模衡量指标，对不同市场规模对建筑业细分产业生产力变动的影响源于选择效应还是集聚效应这一问题进行分析。

本节证不同市场规模下中国建筑行业各细分产业的选择效应与集聚效应的存在现状。以区域经济学的区域经济非均衡增长为理论基础，采用定性与定量分析相结合的方法来讨论中国目前建筑业产业结构现状下的经济变动原因。

---

① F. C. Chia, M. Skitmore, G. Runeson, et al., "An Analysis of Construction Productivity in Malaysia", *Construction Management and Economics*, Vol.30(2012), pp.1055-1069.

② P. Crawford, B. Vogl, "Measuring Productivity in the Construction Industry", *Building Research & Information*, Vol.34, No.3(2006), pp.208-219.

③ J. Nazarko, E. Chodakowska, "Measuring Productivity of Construction Industry in Europe with Data Envelopment Analysis", *Procedia Engineering*, Vol.122(2015), pp.204-212.

④ H.S. Park, "Conceptual Framework of Construction Productivity Estimation", *Ksce Journal of Civil Engineering*, Vol.10, No.5(2006), pp.311-317.

⑤ D. Zhang, H. Nasir, C. T. Haas, "Development of an Internal Benchmarking and Metrics Model for Industrial Construction Enterprises for Productivity Improvement", *Canadian Journal of Civil Engineering*, Vol.44, No.7(2017), pp.518-529.

⑥ D. Jiang, Y. Yuan, "The Empirical Analysis of the Impact of Technical Innovation on Manufacturing Upgrading-Based on Subdivision Industry of China", *Proceedings of the Eleventh International Conference on Management Science and Engineering Management*, 2017, pp.274-285.

一、研究设计

(一) 理论基础

1. 产业市场规模

确定合适的市场规模衡量指标和方法可为后续建筑业绿色全要素生产率研究提供较好的基础。且每个地区和行业在发展过程中都会形成与自己发展相适应的市场规模,对市场规模的测度办法也符合自身的发展特点。Badinger 指出,国内市场的规模在国家一级通常按面积和人口来适当地加以衡量,并实证研究了市场规模、贸易、竞争和生产率之间的关系。[①] Salavou 等将员工数作为企业规模的衡量标准,研究了规模、市场和战略定位对非高科技制造业中小企业的创新产生的影响。[②] Ding 等认为中国各省就业人口密度是衡量市场规模的合适指标,且将该指标应用在对制造业企业层面选择效应的分析问题上。[③] 通过分析已有文献可以发现,在对不同区域范围的相关经济问题进行研究时,对市场规模的衡量办法和指标选择也是不一样的,对于国家和省际等宏观市场规模的衡量,采用的指标通常为面积、人口数量、人口密度和就业人口密度等;对于公司和企业等微观规模的衡量一般使用员工数量这类指标。

就建筑业而言,其市场规模的大小在一定程度上取决于固定资产投资额的大小,故部分学者在研究过程中对建筑业的市场规模大小的衡量,会采用固定资产投资额这一指标。[④][⑤][⑥] 但是,考虑到省内运输成本和省际交易成本,本节在考虑市场规模对建筑业生产力的选择效应这一问题时,选择省域就业人口密度作为市场规模基准,来分析建筑业的不同省份规模与建筑

---

① H. Badinger, "Market Size, Trade, Competition and Productivity: Evidence from OECD Manufacturing Industries", *Applied Economics*, Vol.39, No.17(2007), pp.2143-2157.

② H. Salavou, G. Baltas, S. Lioukas, "Organisational Innovation in SMEs", *European Journal of Marketing*, Vol.38, No.9(2004), pp.1091-1112.

③ C. Ding, Y. Niu, "Market Size, Competition, and Firm Productivity for Manufacturing in China", *Regional Science and Urban Economics*, Vol.74(2019), pp.81-98.

④ H.J. Kim, K. F. Reinschmidt, "Market Structure and Organizational Performance of Construction Organizations", *Journal of Management in Engineering*, Vol.28, No.2(2012), pp.212-220.

⑤ 叶堃晖、李炳恒、申立银:《我国区域建筑市场竞争强度研究》,《西安建筑科技大学学报》2011年第5期。

⑥ S. K. Viswanathan, K. N. Jha, "Factors Influencing International Market Selection for Indian Construction Firms", *Journal of Management in Engineering*, 2019, Vol.35, No.5(2019), p.13.

业各细分产业生产力水平之间的关系。

2. 产业选择效应与产业集聚效应

关于产业选择效应与集聚效应对生产率影响的研究前人已经涉及。例如,Baldwin 等通过分析异质性企业的空间选择效应,得出大区域对于高生产率的企业来说是有吸引力的,该结果表明了选择效应的存在和集聚效应的被高估。[1] 为了区分选择效应与集聚效应对生产率的影响,CDGPR 嵌套出了一个广义版本的模型,该模型包括可处理的企业选择模型和标准的凝聚模型,结果发现企业选择理论不能解释空间生产率的不同。[2] Syverson 对美国现拌混凝土行业进行了研究,发现市场密度降低了企业生产率的分散性,提高最低生产率的作用大于提高平均生产率的作用。[3] Accetturo 等将 CDGPR 的实证方法应用于日本和意大利的制造业企业,结果发现很少有结论证据表明城市规模会产生选择效应。[4] Ding 等采用中国制造业企业层面的数据,来研究市场规模对企业生产率的选择效应,结果发现该行业选择效应比较明显。[5]

分析已有文献可以发现,目前对选择效应和集聚效应的分析主要集中在制造业与服务业,较少涉及建筑业,并未涉及其细分产业层面。[6][7][8] 同

---

[1] R. E. Baldwin, T. Okubo, "Heterogeneous Firms, Agglomeration and Economic Geography: Spatial Selection and Sorting", *Journal of Economic Geography*, Vol.6, No.3 (2006), pp.323-346.

[2] P. P. Combes, G. Duranton, L. Gobillon, et al., "The Productivity Advantages of Large Cities: Distinguishing Agglomeration From Firm Selection", *Econometrica*, 2012, Vol.80, No.6 (2012), pp.2543-2594.

[3] C. Syverson, "Market Structure and Productivity: A Concrete Example", *Journal of Political Economy*, Vol.112 (2004), pp.1181-1222.

[4] A. Accetturo, V. Di Giacinto, G. Micucci, et al., "Geography, Productivity, and Trade: Does Selection Explain why some Locations are More Productive than others?", *Journal of Regional Science*, Vol.58, No.5 (2018), pp.949-979.

[5] C. Ding, Y. Niu, "Market Size, Competition, and Firm Productivity for Manufacturing in China", *Regional Science and Urban Economics*, Vol.74 (2019), pp.81-98.

[6] H. Yu, L. Zhou, T. Shen, "Location Selection and Spatial Effects of Agglomeration Economy in Manufacturing Enterprises", *Geographical Research*, Vol.38, No.2 (2019), pp.273-284.

[7] Y. Lu, J. Wang, L. Zhu, "Place-Based Policies. Creation, and Agglomeration Economies: Evidence from China's Economic Zone Program", *American Economic Journal-Economic Policy*, Vol.11, No.3 (2019), pp.325-360.

[8] R. Gonzalezval, M. Marcen, "Agglomeration Economies in Small Cities and Business: The Impact of the Great Recession in Aragon (Spain)", *Sustainability*, Vol.11, No.14 (2019), pp.3770-3787.

时,通过DEA-Malmquist模型计算出建筑业各细分产业绿色全要素生产率后,若进一步运用CDGPR嵌套模型来分析在目前中国建筑业产业结构现状下,不同市场规模对生产率变动的影响程度及原因,与不那么密集地区的生产力分布相比,CDGPR嵌套模型可以估计较密集地区的生产力分布被左截断(选择效应差异的证据)或扩张和右移(集聚经济优势的证据)的程度。① 该模型利用截尾的增大会使得截尾右侧各处的密度分布成比例增大这一事实,来估计截尾在各个区域与整个分布之间的差异,这可以避免不是选择效应的必然结果的结果。②

(二) 模型构建

在DEA-Malmquist模型计算出建筑业各细分产业绿色全要素生产率的基础上,运用CDGPR嵌套模型可以估计较密集地区的生产力分布被左截断(选择效应差异的证据)或扩张和右移(集聚经济优势的证据)的程度③,可以避免不是选择效应的必然结果的结果。④ 因此,本节采用CDGPR(2012)提出的具有严谨的理论基础的嵌套模型,通过计算不同省份规模下建筑业的绿色全要素生产率值,首次对中国建筑业细分产业的选择效应和集聚效应对其生产率的影响进行研究。即先通过定性分析已有文献得出绿色全要素生产率计算指标体系与建筑业市场规模的衡量指标,然后进行定量分析,即选择通过DEA-Malmquist模型计算所得的绿色全要素生产率作为建筑业细分产业生产力的度量值,采用CDGPR的嵌套模型来计算选择效应和集聚效应对中国建筑业细分产业绿色全要素生产率的影响。

1. DEA-Malmquist模型

本节采用数据包络分析法基础上的DEA-Malmquist生产率指数方法,

---

① P. P. Combes, G. Duranton, L. Gobillon, et al., "The Productivity Advantages of Large Cities: Distinguishing Agglomeration From Firm Selection", *Econometrica*, 2012, Vol.80, No.6 (2012), pp.2543-2594.

② A. Accetturo, V. Di Giacinto, G. Micucci, et al., "Geography, Productivity, and Trade: Does Selection Explain why some Locations are More Productive than others?", *Journal of Regional Science*, Vol.58, No.5(2018), pp.949-979.

③ P. P. Combes, G. Duranton, L. Gobillon, et al., "The Productivity Advantages of Large Cities: Distinguishing Agglomeration From Firm Selection", *Econometrica*, 2012, Vol.80, No.6 (2012), pp.2543-2594.

④ A. Accetturo, V. Di Giacinto, G. Micucci, et al., "Geography, Productivity, and Trade: Does Selection Explain why some Locations are More Productive than others?", *Journal of Regional Science*, Vol.58, No.5(2018), pp.949-979.

来全面地分析中国建筑业细分产业的生产率,该方法不需要构建生产函数,能够避免一些主观性和内生性问题。学界通过对 DEA 方法的改进,建立了用来考察两个不同时期全要素生产率(Total Factor Productivity change, TFPch)的 Malmquist 生产力指数,它可以用来描述多产出多投入的技术形式,并可以转化成比较方便的参数模型和非参数模型,能很好地适应面板数据和多投入产出数据分析,测度生产要素的评价效率,而且 Malmquist 指数可以分解为技术进步指数(TPch)和技术效率指数(TEch),如果规模效率可变,技术效率指数(TEch)还能进一步分解成纯技术效率指数(PEch)和规模效率指数(SEch),这种细化分解能更好地说明配置效率的影响因素。该方法计算绿色全要素生产率的基本思想是距离函数,绿色全要素生产率指数分为技术进步(TECH)和技术效率变化(TEC)因素。①

Malmquist 指数假设在 S_t 为 t 时间段的生产技术水平,该时间段(t)的投入用 X_t 表示,产出用 Y_t 表示;同理 X_{t+1},和分别表示 $t+1$ 时间段的投入和产出。因此,以下集合表示生产过程:

$$S_t = \{(X_t, Y_t): X_t \to Y_t\} \tag{5.7}$$

其中,S_t 代表生产可能性集合,而生产技术前沿指的是在给定投入下,所能得到的最大产出的子集。选择 t 时间段的技术作为参考时,基于产出的 Malmquist 绿色全要素生产率指数可以表示为:

$$M_c^t = \frac{d_c^t(X_{(t+1)}, Y_{(t+1)})}{d_c^t(X_t, Y_t)} \tag{5.8}$$

其中,$d_c^t(X_t, Y_t)$ 代表以 t 时间段的生产技术作为参考时,(X_t, Y_t) 的最大可能达到的产出和实际能达到的产出的比值;$d_c^t(X_{(t+1)}, Y_{(t+1)})$ 代表以 $t+1$ 时间段的生产技术作为参考时,$X_{(t+1)}$,$Y_{(t+1)}$ 的最大可能达到的产出和实际能达到的产出的比值。

为了克服生产技术参考项具有随意性这一问题,通过计算 Mtc 和 $Mct+1$ 的平均值来表示绿色全要素生产率的变化。在假定规模报酬保持不变时,可以进一步分解得到技术进步指数(Techch)和技术效率指数(Effch)。这两个指数变动分别表示了绿色全要素生产率增长的来源。依据 Banker 等人对于规模报酬不变条件的宽松,技术效率指数可以进一步被分解成纯技

---

① 唐德才、汤杰新、马婷玉:《中国环境规制效率与全要素生产率研究——基于 SBM-Undesirable 和 DEA-Malmquist 模型的解释》,《干旱区资源与环境》2016 年第 11 期。

术效率和规模效率。因此,绿色全要素生产率可以用下式表示①:

$$TFP = Techch \times Effch = Techch \times Sech \times Pech \tag{5.9}$$

2. CDGPR 嵌套模型

通过 DEA-Malmquist 模型计算出建筑业各细分产业绿色全要素生产率后,进一步运用 CDGPR 嵌套模型来分析在目前中国建筑业产业结构现状下,不同市场规模对生产率变动的影响程度及原因。模型的具体原理如下:

假设有 i 各地区,N_i 表示第 i 个地区的人口,则单个消费者的效用函数为:

$$U = q^0 + \alpha \int_{k \in \Omega} q^k dk - \frac{1}{2}\gamma \int_{k \in \Omega} (q^k)^2 dk - \frac{1}{2}\eta \left(\int_{k \in \Omega} q^k dk \right)^2 \tag{5.10}$$

其中,q^0 代表标准化商品(通常指农产品)的消费数量,Ω 代表差异化工业品的合集,q^k 代表第 k 种差异化工业品的消费数量。α、γ 和 η 均为参数且大于零,α 越大或者 η 越小,都代表着相对于标准化商品来说,消费者更偏好消费工业品;γ 越大则代表着差异化工业品之间的差异性更大。在有预算约束的条件下,消费者效用函数最大化。

设标准化商品的生产规模报酬不变,一单位劳动生产一单位标准化商品,标准化商品地区间贸易无成本,设标准化商品的价格为一,则工人工资为一,差异化工业品市场为垄断竞争市场,每个工业品厂商在支付 s 单位沉没成本后,可以生产差异化产品,生产一个单位产品需使用 h 单位劳动,厂商的边际成本为 h,每个厂商的边际成本不同,所有地区厂商的边际成本都服从概率密度函数 $g(h)$,其累积密度函数为 $G(h)$,如果厂商的边际成本 h 高于,则其产品需求量为 0,厂商退出市场,因此经济均衡时的工业品集合为:$\bar{\Omega} = \{k \epsilon \Omega | h \ll \bar{h}\}$。

设工业品地区间贸易存在贸易成本,贸易成本为"冰山式"成本,T 单位产品运往另一个地区只有一个单位能够到达。对消费者来说,所有差异化工业品都是对称的,则地区 j 单个消费者对地区 i 边际成本为 h 的厂商产品的需求量为:

---

① R. D. Banker, I. Bardhan, W. W. Cooper, "A Note on Returns to Scale in DEA", *European Journal of Operational Research*, Vol.88(1996), pp.583-585.

$$q_{ij}(h) = \frac{1}{\gamma + \eta\omega_i}\left(\alpha + \frac{\eta}{\gamma}\omega_i p_j\right) - \frac{1}{\gamma}p_{ij}(h) = \frac{1}{\gamma}\left(P_j + \frac{\gamma(\alpha - P_j)}{\gamma + \eta\omega_i} - p_{ij}(h)\right) = \frac{1}{\gamma}[\bar{h}_j - p_{ij}(h)] \quad (5.11)$$

厂商进入市场需要支付 S 单位的沉没成本,所以厂商的预期利润为 S。假设 $F(\varphi)$ 为在不考虑省份大小影响情况下测算所得的潜在对数生产率累积密度函数:

$$F_i(\emptyset) = \max\left\{0, \frac{\tilde{F}(\emptyset - A_i) - S_i}{1 - S_i}\right\} \quad (5.12)$$

其中, S_i 代表 i 省厂商入市后因生产能力不足而退出的比例。进一步,可以通过小规模省份 i 的累积密度函数来得到大规模省份 j 的累积密度函数。

假设经济市场中有大市场 i 和小市场 j,则大市场地区 i 受到选择效应 S_i、集聚效应 A_i 和增强效应 D_i 影响后的实际企业对数生产率分布函数为:

$$F_i(\emptyset) = \max\left\{0, \frac{\tilde{F}\left(\frac{\emptyset - A_i}{D_i}\right) - S_i}{1 - S_i}\right\} \quad (5.13)$$

小市场地区 j 受到选择效应、集聚效应和增强效应影响后的实际企业对数生产率分布函数为:

$$F_j(\emptyset) = \max\left\{0, \frac{\tilde{F}\left(\frac{\emptyset - A_j}{D_j}\right) - S_j}{1 - S_j}\right\} \quad (5.14)$$

该模型需计算参数, $A = A_i - DA_j$, $D = D_i/D_j$, $S = (S_i - S_j)/(1 - S_j)$,本节采用 Combes 等提供的估算方法来计算 A、D 和 S。

(三) 变量选取

根据中国统计局 2017 年发布的《国民经济行业分类(GB/T 4754—2017)》标准,建筑业可以细分为以下四类:房屋建筑业、土木工程建筑业、建筑安装业、建筑装饰装修和其他建筑业,行业代码大类分别为 47、48、49 和 50。本节采用 DEA-Malmquist 模型计算建筑业各细分产业在不同省份的绿色全要素生产率。参考已有关于计算建筑业绿色全要素生产率的文献,选择使用频率较高的指标作为本节的投入产出指标,该类指标相对比较成熟且具有权威性。具体指标筛选文献如表 5.2 所示。

表 5.2 建筑行业 TFP 计算方法及指标体系文献

文献来源	计算方法	投入指标	产出指标
(Ye et al., 2019)	生产函数	就业人数,资产	总增值
(Huo et al., 2018b)	TFEPCH	就业人数,资产,技术,能源	总产值
(Hu 和 Liu, 2018b)	2-stage DEA	就业人数,资产	总增值,总利润
(Zhang et al., 2018b)	3-stage DEA	就业人数,资产,能源消耗	总增值,总利润
(Kapelko 和 Abbott, 2017)	DEA-Malmquist	就业人数,资产	总利润
(Chancellor 和 Lu, 2016b)	DEA	就业人数,资产	总增值
(Moreno, Huertas 和 Carrasco, 2016)	生产函数	就业人数,资产	总利润
(Liu et al., 2016)	DEA-Malmquist	资产,运营投资	税前利润总额,项目结算利润
(谭丹,王广斌和曹冬平, 2015a)	DEA-Malmquist	资产,就业人数	总产值,增值
(Nazarko 和 Chodakowska 2015)	DEA-Malmquist	就业人数	总营业盈余,营业额
(Zhang 和 Choi, 2013a)	SBM-DEA	资产,就业人数,能源消耗	GDP, CO_2
(Li 和 Liu, 2010a)	Malmquist 指数	资产,就业人数	总产值,增值
(Yeh, Chen 和 Lai, 2010)	DEA	就业人数,资本存量,煤炭,石油,电力	GDP, CO_2, SO_2
(Chau 和 Walker, 1988)	TFEPCH	就业人数,材料,工厂和设备	总产值,增值

因此,本节所选择的计算建筑业各细分产业绿色全要素生产率的指标分别如下:

1. 解释变量

投入指标:本节将投入指标分为资本和劳动,其中资本用建筑业企业固定资产净值(万元)来表示,劳动用建筑业年平均从业人数(万人)来表示,与第五章第一节一致。

2. 被解释变量

(1) 产出指标:本节选取建筑业总利润(万元)、建筑业增值(万元)和建筑业总产值(万元)三个指标表征。

(2) 非期望产出指标:本节选取建筑业二氧化碳排放量(万吨)来表征,与第五章第一节一致。

具体变量如表 5.3 所示。

表 5.3　各变量选取

变量类型	一级指标	二级指标	单位
解释变量	投入指标	建筑业年平均从业人数	万人
		建筑业企业固定资产净值	万元
被解释变量	期望产出指标	建筑业总产值	万元
		建筑业总利润	万元
		建筑业增值	万元
	非期望产出指标	建筑业二氧化碳排放	万吨

(四) 数据来源

1. 市场规模数据

在对市场规模研究中发现,就中国目前的发展现状而言,很大一部分人口生活在农村地区,在 2008—2017 年这 10 年间,中国的城市化率从大约 46.99% 上升到 58.52%,因此,与人口相比,就业可能是衡量当地经济的更好指标,因此本节使用就业密度来衡量省级市场的规模是很合理的。

本节数据主要来源于《中国统计年鉴》(2009—2018 年)、《中国建筑业统计年鉴》(2009—2018 年)、《中国能源统计年鉴》(2009—2018 年) 以及各省市相关统计年鉴,其他数据来自网站查询(http://cyfd.cnki.com.cn/),有助于提升数据的可信度。由于西藏各能源排放量数据获取来源的限制,本节不将西藏纳入研究范围,且目前无法获得台湾、香港和澳门地区的可靠数据,因此所选数据中不包括这些区域。考虑到数据的可获得性和完整性,所选数据包括由中国 22 个省、4 个直辖市(北京、天津、上海和重庆)和 4 个自治区(广西、内蒙古、宁夏和新疆)组成的 30 个省级单位。从《中国统计年鉴》(2009—2018 年) 与 30 个省级单位各省份统计年鉴(2009—2018 年) 中收集各省的特征数据,其中包括常住人口总数、就业和土地面积等。在计算某省份就业密度时,该省的就业人口数采用2008—2017年这10年的平均就业人口数算得。各指标数据统计口径基本一致,能够保证指标数据的真实性和客观性。

2. 建筑业绿色全要素生产率指标数据

计算建筑业绿色全要素生产率的各指标分别通过以下途径获得:建筑业各细分产业固定资产净值(万元)、建筑业各细分产业年平均从业人数(万人)、建筑业各细分产业总产值(万元)、建筑业各细分产业增值(万元)和总利润(万元)均来自《中国统计年鉴》(2009—2018年)和中国各省份统计年鉴(2009—2018年),有助于提升数据的可信度。各指标数据统计口径基本一致,能够保证指标数据的真实性和客观性。在计算中国建筑业各细分产业二氧化碳排放量时,首先根据IPCC制定的国家温室气体清单指南第二卷(能源)给出的参考计算方法计算出中国各省份建筑业的二氧化碳排放总量,进一步根据建筑业各细分行业产值占建筑行业总产值的比例算出各省份各细分产业二氧化碳的排放量,有助于提高数据的可靠性。具体省级建筑业总二氧化碳排放量根据以下公式计算得出:

$$CO_2 = \sum_{i=1}^{n} Ei \times NCVi \times CEFi \times COFi \times \left(\frac{44}{12}\right) \quad (5.15)$$

其中,Ei代表能源终端消费量,$NCVi$代表能源平均低位发热量,$CEFi$代表能源碳排放系数,$COFi$代表能源碳氧化率(%),$\frac{44}{12}$代表二氧化碳的相对分子质量与碳的相对原子质量之比。各指标数据统计口径一致,能够保证指标数据的真实性和客观性。

二、研究结果与分析

(一)各省份市场规模计算结果

省份市场规模计算结果见表5.4。从计算结果来看,各省的区域面积、人口和就业情况有很大的差异,标准差至少在平均值的63%以上。本节比较了基准结果中位于就业密度中值两侧的就业密度中值的企业生产率分布。就业密度和人口密度高度相关(皮尔逊相关系数为99.7%,在0.01水平下显著),就业密度在中值以上的省份,其人口密度也在中值以上。就业总人数和人口也高度相关(皮尔逊相关系数为98.5%,在0.01水平下显著),但按就业数中值和人口总数中值排序生成的省份组略有不同。

表 5.4 中国各省份规模特征值

省（市、区）	面积（10000km²）	人口（万人）	就业人口（万人）	人口密度（人/km²）	就业人口密度（人/km²）
上海	0.6300	2347.5000	1226.2200	3726.1905	1946.3810
天津	1.1300	1412.6000	803.8200	1250.0885	711.3451
北京	1.6800	2046.3000	1113.8500	1218.0357	663.0060
江苏	10.2600	7916.3000	4749.3200	771.5692	462.8967
山东	15.3800	9711.9000	6495.3300	631.4629	422.3231
河南	16.7000	9453.5000	6334.8000	566.0778	379.3293
浙江	10.2000	5466.7000	3679.2400	535.9510	360.7098
安徽	18.0000	10594.8000	6009.7700	588.6000	333.8761
广东	13.9700	6088.7000	4195.0200	435.8411	300.2878
重庆	18.7700	7287.8000	4046.1200	388.2685	215.5631
湖北	12.1300	3767.0000	2509.4700	310.5523	206.8813
河北	8.2300	2954.8000	1628.3600	359.0279	197.8566
湖南	18.5900	5795.0000	3611.5000	311.7267	194.2711
福建	21.1800	6649.3000	3965.0900	313.9424	187.2092
辽宁	14.5900	4371.3000	2365.8400	299.6093	162.1549
江西	16.7000	4513.0000	2552.8100	270.2395	152.8629
贵州	3.4000	890.3000	478.9100	261.8529	140.8559
广西	23.6000	4760.1000	2833.5000	201.6992	120.0636
海南	15.6300	3594.2000	1786.1300	229.9552	114.2758
四川	17.6000	3524.0000	1882.6100	200.2273	106.9665
山西	20.5600	3765.6000	2063.4000	183.1518	100.3599
陕西	48.1400	8150.9000	4801.1400	169.3166	99.7329
吉林	18.7400	2742.6000	1391.7400	146.3501	74.2657
云南	38.3300	4672.1000	2572.4500	121.8915	67.1132
宁夏	6.6400	650.3000	345.8300	97.9367	52.0828
黑龙江	45.4400	2581.7000	1508.9500	56.8156	33.2075
甘肃	45.4800	3822.0000	1293.8600	84.0369	28.4490
内蒙古	118.3000	2490.9000	1324.0900	21.0558	11.1926

续表

省（市、区）	面积（10000km²）	人口（万人）	就业人口（万人）	人口密度（人/km²）	就业人口密度（人/km²）
新疆	166.0000	2268.2000	999.8800	13.6639	6.0234
青海	72.2300	575.5000	312.7200	7.9676	4.3295
西藏	122.8000	312.1000	206.7200	2.5415	1.6834
中值	17.6000	3767.0000	2063.4000	270.2395	152.8629
均值	31.0010	4360.5484	2551.2416	444.3757	253.4695
标准差	38.1072	2743.5839	1775.8468	672.1017	357.1880

（二）建筑业各细分产业绿色全要素生产率

本节采用DEA-Malmquist生产率指数方法计算30个省市自治区建筑业四个细分产业的绿色全要素生产率，依据表5.4所得的大小规模省份标准来确定大小规模省份的绿色全要素生产率。各个细分产业绿色全要素生产率测算值与指标的基本特征值如表5.5所示。

表5.5 建筑业各细分产业绿色全要素生产率与计算指标特征值

指标代码		固定资产净值（万元）	就业人数（万人）	增值（万元）	CO_2排放量（万吨）	总利润（万元）	总产值（万元）	大省TFP	小省TFP
47	均值	1419581.23	94.92	5786867.64	313.46	4129584.44	25583966.68	0.57	0.46
	标准差	1559318.80	123.64	7596778.67	248.74	13525582.13	34350516.34	0.23	0.21
48	均值	1374082.71	31.81	2410565.28	159.85	532233.15	13397864.53	0.56	0.44
	标准差	1838210.18	36.88	2299079.86	127.98	578786.86	16964754.16	0.24	0.20
49	均值	256392.76	8.29	536730.07	32.61	138616.31	2837029.37	0.55	0.41
	标准差	237643.54	9.15	581464.70	24.56	181812.70	2760447.11	0.25	0.22
50	均值	218377.33	8.15	509457.19	22.81	103150.96	2734181.64	0.60	0.47
	标准差	639748.58	12.40	1435567.44	21.57	152872.75	8653275.85	0.24	0.26
总	均值	3289562.45	144.11	2310905.04	533.67	1831651.49	48590783.12	0.65	0.57
	标准差	3480010.52	168.38	4579326.61	380.30	2004454.79	54131849.73	0.23	0.23

上表中，就业人口密度中值以上的省份为大省（市、区），就业人口密度中值以下的省份为小省（市、区）。全要素生产率是用每个行业的10年平

均水平来衡量的。

(三) 嵌套模型结果

通过使用建筑业各细分产业数据,运用嵌套模型,测试和估计不同省级规模对中国建筑业各细分产业的选择效应和集聚效应。使用 DEA-Malmquist 方法分别估计建筑业每个细分产业 10 年的绿色全要素生产率,来比较各省高于和低于就业密度中值的生产率分布,并研究选择、集聚和增强效应是否以及在多大程度上解释了建筑业四个细分产业生产率的差异。计算过程中,在绿色全要素生产率分布的每一边都削减 1% 的异常值,以减少绿色全要素生产率估计中噪声的影响,各参数具体计算结果如表 5.6 与表 5.7 所示。

表 5.6 含选择效应的各参数结果

行业代码	S (1)	R^2 (2)	S (3)	A (4)	R^2 (5)	S (6)	A (7)	D (8)	R^2 (9)
47	0.1584 (0.05)**	0.7358	0.0892 (0.07)**	0.0882 (0.01)**	0.9050	−0.0627 (0.28)	0.1841 (0.04)**	0.5963 (0.27)*	0.9781
48	0.0951 (0.05)	0.6576	0.0469 (0.21)	0.1067 (0.03)**	0.9371	−0.0028 (0.23)	0.1453 (0.03)***	0.7333 (0.29)*	0.9607
49	0.4424 (0.04)	0.4608	−0.0083 (0.14)	0.1969 (0.03)***	0.8887	−0.1989 (0.47)	0.2674 (0.03)***	0.5521 (0.11)***	0.9573
50	0.2213 (0.04)*	0.9106	0.0431 (0.04)**	0.1413 (0.02)***	0.9654	0.0268 (0.14)	0.1724 (0.07)*	0.7528 (0.25)*	0.9844
总	0.3295 (0.05)**	0.5549	0.0429 (0.30)	0.1001 (0.03)	0.7842	−0.2063 (0.21)	0.1783 (0.04)**	0.4670 (0.25)**	0.9853

注:表格中指标值下括号内为标准误(采用 bootstrap 法计算取得);*、** 和 *** 分别表示在 10%、5% 和 1% 水平下显著,下同。

此外,表格中 S 代表选择效应,R^2 代表决定导数,A 代表集聚效应,D 代表强化效应。

表 5.7 不包含选择效应的各参数结果

行业代码	A (1)	R^2 (2)	A (3)	D (4)	R^2 (5)
47	0.1485 (0.01)***	0.7969	0.1473 (0.01)***	0.7825 (0.08)***	0.9446

续表

行业代码	A (1)	R² (2)	A (3)	D (4)	R² (5)
48	0.1450 (0.02)***	0.7766	0.1433 (0.01)***	0.7465 (0.21)**	0.9590
49	0.1867 (0.02)***	0.8696	0.1865 (0.02)***	0.9644 (0.12)***	0.8718
50	0.2267 (0.05)***	0.3396	0.2168 (0.04)***	0.4482 (0.08)***	0.8997
总	0.1192 (0.01)***	0.7757	0.1188 (0.01)***	0.8939 (0.10)**	0.7999

1. 选择效应与集聚效应结果

（1）当仅采用企业选择效应来单独解释高于和低于就业密度中位数的省份之间绿色全要素生产率分布的差异时，发现其解释力比较强。由表5.6第（1）列可知，当 shift=0、dilation=0，truncation=1 时，4个建筑行业的 S 系数均为正值，且大部分具有统计学意义，取值范围为 0.0951—0.4424，这个结果表明大规模省份淘汰的企业比小规模省份多 9.51% 到 44.24%。同时，在这4个建筑业细分产业中，R² 大多在 0.4608—0.9106 之间，这表明当忽略集聚经济时，仅企业选择效应就可以解释大省和小省之间生产率分布的均方分位数差异的 46%—91%。对于整体建筑业行业，计算结果表明，大省比小省多淘汰了 32.95% 的企业，这种选择效应解释了大省和小省之间生产力分布分位数差异的 55.49%。

（2）为了衡量市场规模可能产生的集聚经济，计算时允许省份规模向右转移生产率分布，即控制 shift=1、truncation=1，dilation=0。表5.5第（3）列和第（4）列的估计结果显示如下：首先，控制集聚效应后，建筑业各细分产业估计的选择效应值均有所下降。与第（1）列相比，第（3）列中其余4个细分产业 S 的估计参数均小于第（1）列的值；在总建筑业中，S 估计值下降为 0.0429。其次，计算结果证明了集聚效应存在。第（4）列的表5.6参数值表明，除房屋建筑业外，各建筑业细分产业的 A 系数均大于 0.1067 且显著，这表明建筑业大省份的生产率增长变动主要受选择效应与集聚效应的共同影响；总建筑行业的 A 系数为正值且显著，其值为 0.1001，该数值表明相对于小省份来说，大省份总建筑行业的平均生产率在集聚效应的影响下提高了 2.63%（$e^{0.1001}-1=0.1053$）。同时，选择效应和集聚效应结合的解释力大于单独考虑选择效应时的解释力,因为第(5)列中所有细分产业的 R^2 值大于第(2)列 R^2 值,且均大于88.87%,其中房屋建筑业、土木工程建筑业和建筑装饰装修与其他建筑业的 R^2 值大于90%。

2. 选择效应、集聚效应与扩张效应综合结果

除企业选择效应与集聚效应外,计算结果还包括扩张效应,从不同程度来反映企业集聚经济中可能获得的收益。

(1) 首先,表5.6第(6)—(9)列为包含扩张效应的结果,该参数表明了建筑行业扩张或收缩的迹象。若D的估计系数与1相差不大,则表明在该行业中,生产率水平不同的企业从集聚经济中获得的利益相似;若表5.6的估计值大于1,则表明该行业中生产率高的企业会在集聚经济中获取更多收益;若D的估计值小于1,则表明该行业中生产率低的企业会在集聚经济中获取更多收益。在本节结果中,各细分产业与整体建筑业的D值均远小于1且显著,这表示在这4个细分产业中,生产率更低的企业从集聚经济中获利更多。

(2) 其次,选择效应不存在。大部分细分产业的S值为负且不显著,建筑装饰装修与其他建筑业的S值为正但不显著。同时,计算结果也显示了企业从集聚中获益的证据,4个细分产业中,除建筑装饰装修与其他建筑业外,其余3个细分产业与整体建筑业的估计值为正值且显著,这具有统计学意义,且其数值都在14.53%以上。这意味着,与小规模省份相比,该行业大规模省份的平均生产率提高了15.64%以上。

(3) 最后,省级分位数模型具有良好的拟合性。如第(9)列中的 R^2 所示,选择、集聚和增强效应的估计参数解释了房屋建筑业、建筑装饰装修与其他建筑业和总体建筑业在大省和小省之间生产率分布的平均平方分位数差异的97.81%以上。在土木工程建筑业和建筑安装业的解释力也很强,这两个细分产业的 R^2 值分别为96.07%和95.73%。

3. 忽视选择效应结果

本节进一步发现忽视企业选择会导致对集聚经济的低估,如表5.6第(7)列与表5.7第(3)列中估计的参数值结果所示。为了说明这个问题,本节忽略了选择效应,让集聚效应和扩张效应来解释高于和低于就业密度中值的省份之间的生产率差异。

(1) 首先,忽视企业选择会导致对集聚效应的低估。对于四个建筑业细分产业来说,忽视选择效应,会造成对房屋建筑业、土木工程建筑业和建筑安装业集聚效应的低估,在这3个细分产业中,表5.7第(3)列A参数值均小于表5.6第(7)列A参数值,即集聚效应被低估。因此,在进行建筑行业生产率的分析时,要同时考虑集聚效应与选择效应。

(2) 其次,计算结果表明,忽略企业选择效应会导致对参数 D 的不准确估计。在房屋建筑业、土木工程建筑业、建筑安装业和整体建筑业中,忽略选择效应使 D 值大幅升高,对比表 5.6 第(8)列与表 5.7 第(4)列的 D 值可以发现扩张效应的作用远远被高估;相反,建筑装饰装修与其他建筑业的 D 值则大幅降低,从 0.7528 降为 0.4482,扩张效应的作用远远被低估。

(3) 最后,缺少选择效应会降低实证模型的解释力。从表 5.6 第(2)列和表 5.7 第(2)列可以看出,企业选择单独解释了建筑行业大小省份之间生产率差异的约 55.49%,而集聚效应单独解释了 77.57%,在 4 个建筑业细分产业中,大部分细分产业的集聚比选择具有更强的解释力。表 5.6 第(9)列与表 5.7 第(5)列的比较表明,加入企业选择效应显著提高了模型适应度,扩大了 R^2 值。

(四) 稳健性检验

在计算市场规模对中国建筑业各细分产业生产率变动的影响程度时,所选择市场规模大小评判标准的不同,可能会带来不同的计算结果,从而影响整体研究结论。为防止该类问题的产生,本节将中国建筑业市场规模衡量标准的改变纳入分析中。在检验过程中,本节选择中国 30 个省市自治区各自 10 年的建筑业固定资产投资额均值,作为中国各省份建筑业市场规模的衡量标准,指标数据来于《中国固定资产投资统计年鉴》(2009—2018)。计算结果如表 5.8 所示。

表 5.8 稳健性检验结果

行业代码	S (6)	A (7)	D (8)	R^2 (9)
47	−0.0549 (0.05)**	0.1257 (0.04)*	0.6663 (0.08)***	0.9672
48	0.0765 (0.05)*	0.0223 (0.04)*	1.0583 (0.07)***	0.9845
49	−1.5687 (0.08)	0.2653 (0.05)	0.3145 (0.11)***	0.8523
50	0.0053 (0.18)	0.0308 (0.09)	0.9915 (0.18)***	0.5943
总	−0.0194 (0.04)***	0.0879 (0.04)*	0.5826 (0.16)***	0.9460

注:表格中 S 代表选择效应,A 代表集聚效应,D 代表强化效应,R2 代表决定导数,*、** 和 *** 分别表示在 10%、5% 和 1% 水平下显著。

改变建筑行业市场规模大小衡量标准,可得到如下结果:将建筑业市场规模衡量标准由就业人口密度改为固定资产投资额时,各细分产业结果参数 S、A 和 D 的系数符号未发生明显变化。除土木工程建筑业外,各细分产业与整体建筑业的 S 参数值与 D 参数值符号均未改变,4 个细分产业与整体建筑业的 A 参数值符号均为正且大多比较显著。R^2 值均大于 59.43%,其中房屋建筑业、土木工程建筑业和整体建筑业的 R^2 值均大于 94.60%。综合以上结果可以得出,该模型稳健性检验结果显著,计算结果与本节实证分析结果大体一致。因此,在对中国建筑业各细分产业选择效应和集聚效应进行研究与分析时,本节所采用的评价方法和指标合理,且分析结果稳健。

根据各细分产业大、小规模省份的绿色全要素生产率计算结果,绘制出中国建筑业各细分产业核密度分布图,如图 5.4 所示。

图 5.4 中的板块 A– 板块 D 分别为中国建筑业各细分产业的绿色全要素生产率核密度分布图,图中实线代表大规模省份,虚线代表小规模省份。由图可见,四个细分产业小规模省份企业出现了"左拖尾"现象,表示其低生产率企业所占比例较大规模省份来说更高。而各细分产业在大规模省份则出现了明显的"右移"现象,且低生产率企业的右移幅度大于高生产率企业,这一现象表明大规模省份建筑业企业的高生产率更多得益于集聚效应的影响,其中低生产率企业从集聚经济中的获利程度大于高生产率企业。在本节的研究结果中,虽然选择效应的作用效果均不显著,但集聚经济对建筑业各细分产业生产率变动产生的作用均为显著。且集聚经济为各细分产业生产率的提高带来的作用都是积极的而不是消极的,未出现"拥挤效应",故应不断加强各地区建筑业企业的集聚程度。整体来看,核密度分布图上表现为高生产率占据较高密度,这表明在中国市场上,不论是在大规模省份还是小规模省份,建筑业各细分产业均以高生产率企业为主。本节研究结论与丁成日等对中国不同市场规模对制造业生产率选择效应的研究结果相悖,产生这种不同结果的原因涉及中国制造业与建筑业的不同市场结构。制造业强大的选择效应的出现,在很大程度上归因于中国各省级地方政府对自身经济的保护。[①] 对于建筑业企业而言,根据本节计算结果与根据生产率绘制的核密度分布图可以得出,建筑业各细分产业的 D 参数值均小于 1 且显著,即在存在相同选择效应的情况下,相对比于小规模省份,大

---

① C. Ding, Y. Niu, "Market Size, Competition, and Firm Productivity for Manufacturing in China", *Regional Science and Urban Economics*, Vol.74(2019), pp.81-98.

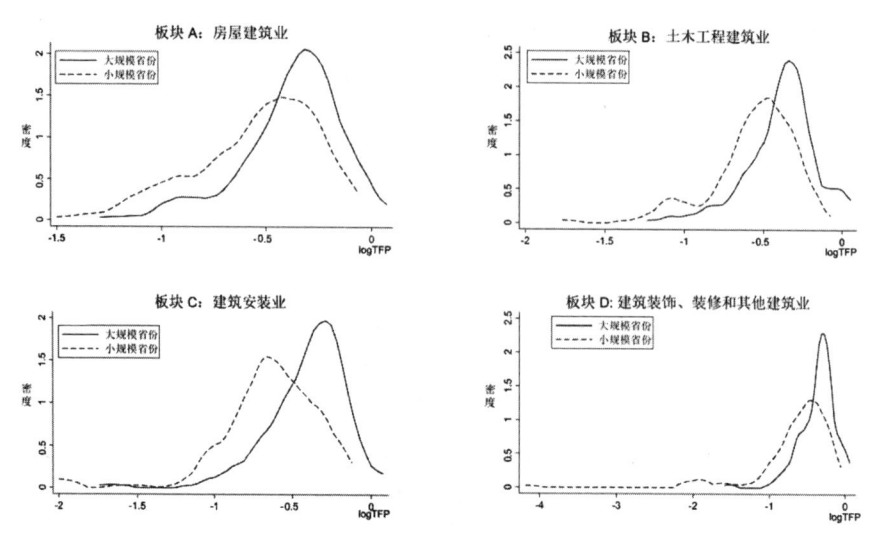

图 5.4　中国建筑业各细分产业核密度分布图

规模省份表现出伴随较低增强效应的集聚效应,生产率较低的建筑业企业从集聚经济中获得了更多的收益。建筑业企业集聚效应的存在,使得相对于低于就业密度中值的省份来说,高于就业密度中值省份的建筑业各细分产业平均生产率的提高范围为 23.91%—34.15%,大小省份规模的不同使得建筑业总体平均生产率提高了 14.04%。另一方面,本节结果与 Accetturo 等采用 CDGPR 的实证方法对日本和意大利制造业企业的实证结果相符,结论均为关于城市规模会产生选择效应的证据不够充分。①

三、小　结

本节基于 CDGPR 的研究方法与 DEA-Malmquist 模型,选取我国 30 个具有相同行政级别地区的 2008—2017 年建筑行业各细分产业数据,检验中国建筑业区域绿色全要素生产率差异程度以及该差异源于选择效应还是集聚效应。本节研究结论与丁成日等对中国不同市场规模对制造业生产率选择效应的研究结果相悖,产生这种不同结果的原因涉及中国制造业与建筑业的不同市场结构。结合本节分析结果,针对目前中国建筑业各细分产业发展现状,可以通过采取以下措施促进各省份建筑业产业结构的优化

---

① A. Accetturo, V. Di Giacinto, G. Micucci, et al., "Geography, Productivity, and Trade: Does Selection Explain why some Locations are More Productive than others?", *Journal of Regional Science*, Vol.58, No.5(2018), pp.949-979.

与经济的均衡增长:首先,各省级政府应该积极采取消除省际建筑行业贸易壁垒和降低省际采购与运输成本等措施,扩大建筑业市场规模,增强建筑业各细分产业企业的选择实力,提高企业生产率;其次,增强建筑业企业省域内技术的流动性和资源配置的高效性,发挥自身区域性要素禀赋的优势,吸引建筑业企业与人才的流入,形成建筑业企业市场集聚,加强小规模省份集聚的外部经济效应,这是提高小规模省份建筑业企业生产率的重要途径,也是解决不同规模省份之间建筑业生产率差异的方法;最后,参考Duranton等的研究结论,从建筑业企业生产的角度来说,可通过"共享、匹配和学习"三种机制提高企业整体的生产效率。①

---

① G. Duranton, D. Puga, "Micro-Foundations fo Urban Agglomeration Economies", *Socialence Electronic Publishing*, Vol.4, No.4(2003), pp.2063-2117.

第六章 科技跨越层面中国建筑业绿色全要素生产率评价

第一节 技术创新视角下中国建筑业绿色全要素生产率评价

数字经济时代,人与物之间在经济社会运行过程中,通过数据信息形成了更为紧密的关联,技术创新活动随数字经济时代的到来发生适应性变化。当数据要素消除微观个体局部信息不对称的同时,也大大增加了个体间交互性,进而提升了宏观技术创新整体的系统性、复杂性。在此过程中,技术创新活动的组织架构、运行方式也随之发生适应性变化,突出表现为:技术创新主体之间高连通、多链接,组织架构去中心化、扁平化,主体行为并发性、交互性,并带来技术创新生态系统整体复杂性的大幅提升。高连通、多链接带来的高复杂性,需要有更为合理的制度安排和即时顺畅的反馈机制才能予以支撑。技术创新治理体系和治理能力,核心就是借助技术创新活动相关的各种体制机制,为技术创新活动的实施和创新生态体系的正常运转提供支撑。适应数字经济条件下创新活动和创新体系的上述变化,技术创新治理数字化转型成为必然选择。

技术创新是实现产业由粗放式发展向集约化转变的重要着力点。全球经济的疾速发展带来了一系列的生态环境问题,环境治理成为各国经济发展必须面对的重要问题。中国作为世界上最大的发展中国家,经济的持续增长带来的环境问题日益严重。《2018BP 世界能源统计年鉴》显示中国仍是世界上最大的能源消费国和最大的碳排放国。在中国庞大的能源消费量和碳排放量中,建筑业占较大比重。建筑业高能耗、高污染的发展方式在资源和环境的双重约束下将难以为继,建筑业亟须加快战略调整和转型步伐,实现绿色发展。据最新统计资料分析,2017 年建筑业产值占比 6.73%,而建筑业重大科技成果占比 3.16%,建筑业开展创新活动企业数占比 4.26%,固定建筑物专利申请量占比 6.13%,可以发现建筑业技术进步缓慢,技术创新效率较低。根据《中国建筑能耗研究报告(2018 年)》,2016 年中国建筑能源消费总量占全国能源消费总量的20.6%,建筑碳排放总量占全国能源碳排放量的19.0%。而技术创新恰恰是实现产业由粗放式发展向集约化转变的重要着力点,绿色技术创新已成为打破资源和环境约束、促进绿色经济增长的有效手段。[1][2] 中国国家发展改革委科技部于2019年4月19日发布的《关于构建市场导向的绿色技术创新体系的指导意见》(发改环资〔2019〕689号)指出,绿色技术创新正成为全球新一轮工业革命和科技竞争的重要新兴领域。

然而,现有针对技术创新的相关研究大多关注建筑业技术创新效率的测算[3][4],或是进行建筑业技术创新能力评价[5][6],而没有考虑环境因素以及创新活动的研发和转化不同阶段,导致测算结果对于建筑业对环境产生的影响视而不见,也无法揭示建筑业企业绿色技术创新的内在运行机制。[7] 由于绿色技术创新能以最小的成本和最少的污染获得最大的经济和生态效益[8],绿色技术创新效率(GTIE)是考虑技术创新的绿色全要素生产率,也是建筑业绿色增长的一个重要标准。由于我国建筑行业技术创新能力整体偏低,而企业是技术创新的主体,如何通过提升企业自身的技术创新能力,进而提高我国建筑企业整体实力,是当前面临的关键问题。因此,基于技术创新激励视角测算中国建筑业绿色技术创新效率是非常重

---

[1] J. l. Du, Y. Liu, W. X. Diao, "Assessing Regional Differences in Green Innovation Efficiency of Industrial Enterprises in China", *International Journal Of Environmental Research And Public Health*, Vol.16, No.6(2019), pp.940-963.

[2] 刘章生、宋德勇、刘桂海:《环境规制对制造业绿色技术创新能力的门槛效应》,《商业研究》2018年第4期。

[3] 范建双、虞晓芬:《区域建筑业技术效率的影响因素及趋同性分析:基于两种不同假设下的实证检验》,《管理评论》2014年第8期。

[4] 薛小龙、李彦、赵祺:《建筑业创新体系与创新绩效分析:以国家科学技术奖为例》,《科技进步与对策》2012年第18期。

[5] 李佳、张晨晖:《运用因子分析法评价我国31省市建筑业技术创新能力》,《土木建筑与环境工程》2012年第S2期。

[6] 陈一飞、李芳成:《基于ISM的建筑业技术创新障碍因素及其关系研究》,《建筑经济》2012年第7期。

[7] 程碧华、汪霄、潘婷:《基于DEA-Malmquist的建筑业技术进步贡献率实证研究:江苏省2006—2015年十类登记类型企业》,《土木工程与管理学报》2018年第3期。

[8] T. Li, L. Liang, D. Han, "Research on the Efficiency of Green Technology Innovation in China's Provincial High-End Manufacturing Industry Based on the RAGA-PP-SFA Model", *Mathematical Problems In Engineering*, Vol.2018(2018), pp.1-13.

要的。①②

由于我国建筑行业技术创新能力整体偏低,而企业是技术创新的主体,如何通过提升企业自身的技术创新能力,进而提高我国建筑企业整体实力,是当前面临的关键问题。因此,本节基于技术创新激励的视角,同时考虑科技研发与成果转化两个阶段,将能源消耗及非期望产出纳入建筑业绿色技术创新效率测算框架,选取中国 2000—2017 年建筑业相关数据,运用基于考虑非期望产出的网络 EBM 模型测算建筑业绿色技术创新效率,为技术创新驱动的建筑业绿色发展提供依据。

一、研究设计

关于研究方法,最初的 DEA 模型主要是由 Charnes 和 Cooper 等共同提出的 CCR 模型和 BCC 模型,这两个模型都是径向模型。③④ 随后,Tone 提出了非径向的 SBM（slacks-based measure）模型。但这三种模型在测算效率的过程中都无法区分产出的好坏。⑤ 鉴于此,Chung 等提出了能够区分期望产出和非期望产出的 DDF（directional distance function）模型,但 DDF 模型是径向模型,由于忽略了松弛变量的存在会使研究对象的效率偏高（Fukuyama and Weber, 2009）。⑥ Tone 和 Tsutsui 结合 SBM 模型和 DDF 模型的优点,提出了一种包含了径向距离和松弛变量的混合距离函数,即 EBM 模型。⑦ EBM 模型综合了径向模型和非径向模型的优点,能对决策

---

① T. Li, L. Liang, D. Han, "Research on the Efficiency of Green Technology Innovation in China's Provincial High-End Manufacturing Industry Based on the RAGA-PP-SFA Model", *Mathematical Problems In Engineering*, Vol.2018 (2018), pp.1-13.

② 孙晓婷、高净鹤、范丹:《我国绿色技术创新的区域差异和效率提升分析》,《科技促进发展》2018 年第 14 期。

③ A. Charnes, W. W. Cooper, E. Rhodes, "Measuring the Efficiency of Decision making Units", *European Journal of Operational Research*, Vol.2, No.6 (1979), pp.429-44.

④ Rajiv D. Banker, A. Charnes, W. W. Cooper, "Some Models for Estimating Technical and Scale Inefficiencies in Data Envelopment Analysis", *Management Science*, Vol.30, No.9 (1984), pp.1078-1092.

⑤ K. Tone, "A slacks-based Measure of Efficiency in Data Envelopment Analysis", *European Journal of Operational Research*, Vol.130, No.3 (2001), pp.498-509.

⑥ Y. H. Chung, R. Färe, S. Grosskopf, "Productivity and Undesirable Outputs: A Directional Distance Function Approach", *Journal of Environmental Management*, Vol.51, No.3 (1997), pp.229-240.

⑦ K. Tone, M. Tsutsui, "An Epsilon-based Measure of Efficiency in DEA-A Third Pole of Technical Efficiency", *European Journal of Operational Research*, Vol.207, No.3 (2010), pp.1554-1563.

单元的效率进行更加准确的计算，不但可以测算出目标值和实际值之间的改进比例，还可以计算出各项投入产出非径向的数值，并找出实际值和目标值之间的差距。[1][2] 但传统 EBM 模型将生产系统看成一个"黑箱"，忽视了生产系统内部结构及其内在真实生产效率。为解决该问题，Madjid Tavana 等提出了网络 EBM 模型，该模型放宽了要素同比例增长或减少的假设，且最大限度地保留了前沿投影值的原始比例信息，因此，效率测算结果更为真实、可靠。[3]

综合考虑，采用网络 EBM 模型测算建筑业绿色技术创新效率更为合适。

（一）模型构建

1. 网络 EBM 模型

数据包络分析（Data Envelopment Analysis，DEA）模型指的是用于衡量决策单元（Decision Making Unit，DMU）相对效率的非参数技术效率分析方法。最初的 DEA 模型主要是由 Charnes 和 Cooper 等共同提出的 CCR 模型和 BCC 模型，这两个模型都是径向模型。[4][5] 随后，Tone 提出了非径向的 SBM（slacks-based measure）模型。但这三种模型在测算效率的过程中都无法区分产出的好坏。[6] 鉴于此，Chung 等提出了能够区分期望产出和非期望产出的 DDF（directional distance function）模型，但 DDF 模型是径向模型，由于忽略了松弛变量的存在会使研究对象的效率偏高（Fukuyama and Weber，2009）。[7] Tone 和 Tsutsui 结合 SBM 模型和 DDF 模型的优点，

---

[1] Q. Qin, X. Li, L. Li, et al., "Air Emissions Perspective on Energy Efficiency: An Empirical Analysis of China's Coastal Areas", *Applied Energy*, Vol.185, (2017), pp.604-614.

[2] L. Yang, K. L. Wang, J. C. Geng, "China's Regional Ecological Energy Efficiency and Energy Saving and Pollution Abatement Potentials: An Empirical Analysis using Epsilon-based Measure Model", *Journal of Cleaner Production*, Vol.194, (2018), pp.300-308.

[3] M. Tavana, H. Mirzagoltabar, S. M. Mirhedayatian, et al., "A New Network Epsilon-Based DEA Model for Supply Chain Performance Evaluation", *Computers & Industrial Engineering*, Vol.66, No.2 (2013), pp.501-513.

[4] A. Charnes, W. W. Cooper, E. Rhodes, "Measuring the Efficiency of Decision making Units", *European Journal of Operational Research*, Vol.2, No.6 (1979), pp.429-44.

[5] Rajiv D. Banker, A. Charnes, W. W. Cooper, "Some Models for Estimating Technical and Scale Inefficiencies in Data Envelopment Analysis", *Management Science*, Vol.30, No.9 (1984), pp.1078-1092.

[6] K. Tone, "A slacks-based Measure of Efficiency in Data Envelopment Analysis", *European Journal of Operational Research*, Vol.130, No.3 (2001), pp.498-509.

[7] Y. H. Chung, R. Färe, S. Grosskopf, "Productivity and Undesirable Outputs: A Directional Distance Function Approach", *Journal of Environmental Management*, Vol.51, No.3 (1997), pp.229-240.

提出了一种包含了径向距离和松弛变量的混合距离函数,即 EBM 模型。[1] EBM 模型综合了径向模型和非径向模型的优点,能对决策单元的效率进行更加准确的计算,不但可以测算出目标值和实际值之间的改进比例,还可以计算出各项投入产出非径向的数值,并找出实际值和目标值之间的差距。[2][3] 但传统 EBM 模型将生产系统看成一个"黑箱",忽视了生产系统内部结构及其内在真实生产效率。为解决该问题,Madjid Tavana 等提出了网络 EBM 模型,该模型放宽了要素同比例增长或减少的假设,且最大限度地保留了前沿投影值的原始比例信息,因此,效率测算结果更为真实、可靠。[4]

根据 Tone 和 Tsutsui 提出的 EBM 模型,假设有 m 种投入 $(i=1,\cdots,m)$ 和 s 种产出 $(i=1,\cdots s)$ 的个决策单元 $(j=1,\cdots n)$,则 EBM 模型构建如下:

$$\gamma^* = \min \theta - \varepsilon_x \sum_{i=1}^m \frac{w_i s_i}{x_{i0}} \tag{6.2}$$

$$s.t.\ \theta x_{i0} - \sum_{j=1}^n \lambda_i x_{ij} - s_i = 0, i = 1, \ldots, m$$

$$\sum_{j=1}^n \lambda_i y_{rj} \geq y_{r0}, r = 1, \ldots, s \tag{6.3}$$

$$\lambda_i \geq 0$$

$$s_i \geq 0$$

模型中 γ^* 表示最优效率值,满足 $0 \leq \gamma^* \leq 1$,w_i 是投入要素,i 的权重满足 $\sum_{i=1}^m w_i = 1 (w_i \geq 0, \forall_i)$ 表示径向效率值,S_i 为第 i 个投入要素所对应的松弛变量,ε_x 是综合径向 θ 和非径向松弛变量的参数,λ 代表参考决策单元的相对重要程度。

---

[1] K. Tone, M. Tsutsui, "An Epsilon-based Measure of Efficiency in DEA-A Third Pole of Technical Efficiency", *European Journal of Operational Research*, Vol.207, No.3 (2010), pp.1554-1563.

[2] Q. Qin, X. Li, L. Li, et al., "Air Emissions Perspective on Energy Efficiency: An Empirical Analysis of China's Coastal Areas", *Applied Energy*, Vol.185, (2017), pp.604-614.

[3] L. Yang, K. L. Wang, J. C. Geng, "China's Regional Ecological Energy Efficiency and Energy Saving and Pollution Abatement Potentials: An Empirical Analysis using Epsilon-based Measure Model", *Journal of Cleaner Production*, Vol.194, (2018), pp.300-308.

[4] M. Tavana, H. Mirzagoltabar, S. M. Mirhedayatian, et al., "A New Network Epsilon-Based DEA Model for Supply Chain Performance Evaluation", *Computers & Industrial Engineering*, Vol.66, No.2 (2013), pp.501-513.

根据 Madjid Tavana 等提出的网络 EBM 模型，假设现有 n 个待评价决策单元(DMU)，每个决策单元 DMU_j $(j=1,\cdots,n)$ 包含 K 个节点。x_{ij}^h 和 y_{ij}^h 分别表示 DMU_j 第 h 个节点的第 i 个投入 $(i=1,\cdots,m_h)$ 和第 r 个产出 $(r=1,\cdots,s_h)$，m_h 和 r_h 分别是第 h 个节点的投入、产出数量。定义从第 k 个节点到第 h 个节点的链接为 (k,h)，所有链接构成集合 L，$[j=1,(,n;(h,h')\in L]$ 表示第 h 个节点到第 h' 个节点的中间产出，综合效率可以通过求解以下模型得到：

$$\gamma^* = \min \sum_{h=1}^{K} W_h(\theta_h - \varepsilon_x^h \sum_{i=1}^{m_h} \frac{w_i^h s_i^h}{x_{i0}^h})$$

$$\begin{aligned}&\text{s.t.} \sum_{j=1}^{n} x_{ij}^h \lambda_j^h + s_i^h = \theta_h x_{i0}^h, i=1,\ldots,m_h, h=1,\ldots,K\\ &\sum_{j=1}^{n} y_{rj}^h \lambda_j^h \geq y_{r0}^h, r=1,\ldots,s_h, h=1,\ldots,K\\ &\sum_{j=1}^{n} z_{f_{(h,h')}j}^{(h,h'')} \lambda_i^h = \sum_{j=1}^{n} z_{f_{(h,h')}j}^{(h,h''')} \lambda_i^{h''}, f_{(h,h')}=1, F_{(h,h')}, \forall (h,h')\\ &\theta_h \leq 1, h=1,\ldots,K\\ &\lambda_j^h \geq 0, j=1,\ldots,n, h=1,\ldots,K\\ &s_i^h \geq 0, i=1,\ldots,m_h, h=1,\ldots,K\end{aligned} \quad (6.4)$$

其中：w_i^h 表示第 h 个节点第 i 个投入的权重，且满足 $\sum_{i=1}^{m_h} w_i^h = 1$；$s_i^h$ 表示第 h 个节点第 i 个投入的松弛量；θ_h 和 ε_i^h 为径向部分的规划参数；W_h 表示由决策者确定的第 h 个节点的重要性。根据 Madjid Tavana 等的定义，每个阶段的效率可以通过以下公式求解得到：

$$\gamma_{NEBM}^h = \theta_h - \varepsilon_x^h \sum_{i=1}^{m_h} \frac{w_i^h s_i^h}{x_{i0}^h} \quad (6.5)$$

2. 核密度估计

核密度估计(kernel density estimation)是一种非参数估计方法，与传统的参数估计相比，非参数估计的目的在于放松回归函数形式的限制，为确定或建议回归函数的参数表达式提供有用的工具，从而能在广泛的基础上得出更加带有普遍性的结论[①]。对于数据集 $(x_1,x_2,\cdots,x_n)$，核密度估计函数为：

$$f(x) = \frac{1}{nh} \sum_{i=1}^{n} k(\frac{x-X_i}{h}) \quad (6.6)$$

其中，n 表示观测值的数量；$k(x)$ 表示核函数，$k \geq 0$，$k(x) = k(-x)$ 且 $\int k(x)dx = 1$；h 表示带宽，对于所有的 $x \in R$，h 是恒定的值。在核密度函

---

① 叶阿忠：《非参数计量经济学》，南开大学出版社 2003 年版，第 93 页。

数中,最重要的 $k(x)$ 和 h 的估计。$k(x)$ 主要包括高斯核、Epanechnikov 核、三角核和四次核,选择的依据是分组数据的密集程度。① 一般来说,选择的分组数据越少,选择高斯核的可能性就越大。② 带宽在核密度估计里至关重要,如果带宽过小,估计结果可能比较粗糙;如果带宽过大,估计结果将会过于平滑。③ 本节选取高斯核函数,使用 Stata15.1 软件估计建筑业绿色技术创新效率分阶段及整体分布的核密度曲线。

(二) 变量选取

根据价值链理论,进一步细化建筑业企业绿色技术创新活动的过程,更好地揭示绿色技术创新各阶段的效率。两阶段创新价值链认为绿色技术创新过程分为科技研发和成果转化两个阶段,如图 6.1 所示。第一阶段为建筑业企业绿色科技研发阶段,主要指在绿色发展的引导下,投入研发人员、研发资本和机械设备,通过一段时间的研究、开发及测试,产生一系列中间产出,包括专利及科技成果等。第二阶段为建筑业企业绿色成果转化阶段,主要指企业生产和经营,第一阶段的中间产出为该阶段的投入,基于绿色发展理念增加能源消耗作为该阶段投入,最终产出包括建筑业增加值和利润的期望产出,以及对环境造成影响的非期望产出。

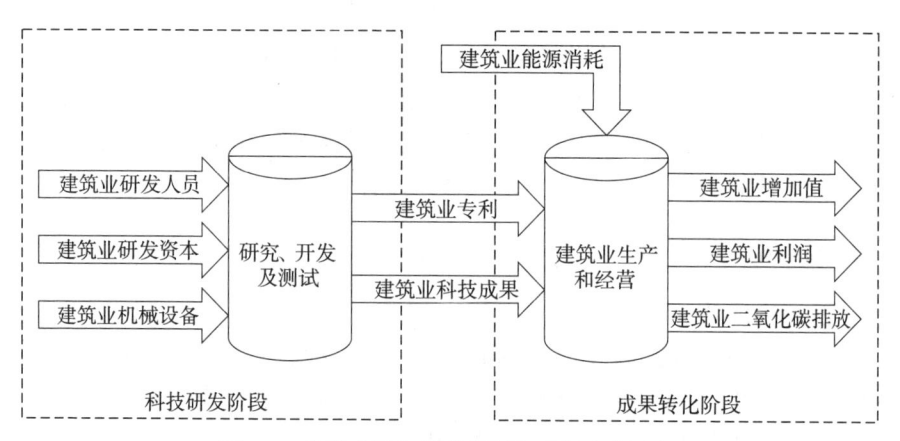

图 6.1 建筑业绿色技术创新两阶段生产过程

建筑业绿色技术创新的科技研发和成果转化两阶段各投入产出指标

---

① 李涛、傅强:《中国省际碳排放效率研究》,《统计研究》2011 年第 7 期。
② 尹朝静、李谷成、贺亚亚:《农业全要素生产率的地区差距及其增长分布的动态演进——基于非参数估计方法的实证研究》,《华中农业大学学报》(社会科学版) 2016 年第 2 期。
③ B. W. Silverman, *Density Estimation for Statistics and Data Analysis*, London: Chapman and Hall, 1986, p.495.

选取如下。

1. 科技研发阶段

投入指标:(1) 研发人员:通常使用 R&D 人员来衡量某一产业的技术人员投入,但由于分行业 R&D 人员数据仅在 2009 年全国第二次资源清查时统计过,缺乏其他年份相关统计数据,因此本节选用公有经济企事业单位建筑业专业技术人员作为研发人员投入指标。[1] (2)研发资本:通常采用永续存盘法计算 R&D 资本存量来表示研发资本投入[2],或是 R&D 经费支出来表示[3][4],但由于分行业 R&D 经费数据也仅在 2009 年全国第二次资源清查时统计过,缺乏其他年份相关统计数据,而 2009 年建筑业 R&D 经费支出占全国 R&D 经费内部支出的 2.33%,本节采用该比例与全国各年份 R&D 经费内部支出之积来计算各年份建筑业 R&D 经费支出,以此衡量建筑业创新过程中的研发资本投入。(3) 机械设备:结合建筑业的实际情况,本节选用各年份建筑业企业技术装备率作为机械设备投入指标。

中间产出指标:国内外研究通常使用新产品销售收入、专利申请数、重大科技成果数等创新活动产出作为中间产出指标,鉴于建筑业产品的特殊性,本节选用按国际专利标准分类的固定建筑物专利授权数,以及建筑业重大科技成果作为中间产出指标。[5][6] 将专利作为中间产出指标时选用授权量而非专利申请量,是由于专利申请并不一定能都获得授权,专利申请量会夸大创新产出。

2. 成果转化阶段

投入指标:(1) 中间产出投入:作为中间产出指标的固定建筑物专利授权数和建筑业重大科技成果继续作为成果转化阶段的研发投入。(2) 能源投入:在资源有限性的约束下,国内外研究通常采用能源消费总量衡量能源

---

[1] 沈能、周晶晶:《技术异质性视角下的我国绿色创新效率及关键因素作用机制研究:基于 Hybrid DEA 和结构化方程模型》,《管理工程学报》2018 年第 4 期。

[2] 肖黎明、高军峰、刘帅:《基于空间梯度的我国地区绿色技术创新效率的变化趋势——省际面板数据的经验分析》,《软科学》2017 年第 9 期。

[3] 韩孺眉、刘艳春:《我国工业企业绿色技术创新效率评价研究》,《技术经济与管理研究》2017 年第 5 期。

[4] 罗艳、陈平:《环境规制对中国工业绿色创新效率改善的门槛效应研究》,《东北大学学报》(社会科学版)2018 年第 2 期。

[5] 钱丽、肖仁桥、陈忠卫:《我国工业企业绿色技术创新效率及其区域差异研究——基于共同前沿理论和 DEA 模型》,《经济理论与经济管理》2015 年第 1 期。

[6] 尚梅、杜彦艳:《中国建筑业技术创新的地区差异研究》,《技术经济与管理研究》2013 年第 1 期。

投入，本节选用建筑业终端能源消费量作为能源投入指标。①②

最终产出指标：(1) 期望产出：考虑到建筑业的产品是各种建筑物、构筑物和设施，很难对其实物量进行加和汇总，因此建筑业常用的表示期望产出的指标有建筑业总产值、建筑业增加值、建筑业利润总额、竣工面积等③④，本节从增加值能力和利润创造能力两个角度，选用建筑业增加值和建筑业利润总额作为期望产出指标。(2) 非期望产出：本节从考虑环境污染的角度选用建筑业二氧化碳排放量作为非期望产出指标，但由于二氧化碳排放量数据的不可获得性，采用联合国政府间气候变化委员会(IPCC) 提供的二氧化碳排放量核算方法，根据建筑业的各种能源消费量，以及它们各自的碳排放系数、碳氧化因子和热值进行估算等⑤。基本计算公式为：

$$CO_2 = \sum_{i=1}^{n} Ei \times NCVi \times CEFi \times COFi \times \left(\frac{44}{12}\right) \tag{6.1}$$

其中，Ei 表示第 i 种能源的终端消耗量，$NCVi$ 表示第 i 种能源的平均低位发热量，$CEFi$ 表示由 IPCC 提供的碳排放因子，$COFi$ 表示碳氧化率，44/12 为碳转换系数。

各指标的选取和描述性统计如表 6.1 所示。

表 6.1 各变量选取及描述性统计

变量	指标	单位	Mean	Std. Dev.	Min	Max
研发投入	公有经济企事业单位建筑业专业技术人员	万人	96.03	33.99	34.90	146.00
	建筑业 R&D 经费支出	亿元	161.30	129.74	20.86	410.01
	建筑业企业技术装备率	元/人	10151.11	1877.29	6304.00	13458.00

---

① 张洪潮、李芳、张静萍：《资源型区域工业企业两阶段技术创新效率评价——基于绿色增长视角》，《科技管理研究》2017 年第 8 期。

② 高萍、王小红：《财政投入、环境规制与绿色技术创新效率——基于 2008—2015 年规模以上工业企业数据的实证》，《生态经济》2018 年第 4 期。

③ 刘炳胜、陈晓红、王雪青等：《中国区域建筑产业 TFP 变化趋势与影响因素分析》，《系统工程理论与实践》2013 年第 4 期。

④ 王雪青、娄香珍、杨秋波：《中国建筑业能源效率省际差异及其影响因素分析》，《中国人口·资源与环境》2012 年第 2 期。

⑤ J. H. Yin, M. Z. Zheng, J. Chen, "The Effects of Environmental Regulation and Technical Progress on CO₂ Kuznets curve: An Evidence from China", *Energy Policy*, Vol.77, (2015), pp.97-108.

续表

变量	指标	单位	Mean	Std. Dev.	Min	Max
中间产出	固定建筑物专利授权数	件	34970.56	32438.65	5848.00	98381.00
	建筑业重大科技成果	项	1444.61	278.60	1031.00	1908.00
能源投入	建筑业终端能源消费量	万吨	4906.06	2136.23	2179.00	8390.00
最终产出	建筑业增加值	亿元	17997.95	13430.48	3341.09	39765.33
	建筑业利润总额	亿元	3107.89	2596.36	192.06	7491.78
	二氧化碳排放量	万吨	3452.17	990.34	2078.16	4952.91

(三) 数据来源

本节数据主要来源于《中国统计年鉴》(2001—2018年)、《中国建筑业统计年鉴》(2001—2018年)、《中国能源统计年鉴》(2001—2018年)《中国环境年鉴》(2001—2018年)《中国环境统计年鉴》(2001—2018年) 以及通过网址(http://data.stats.gov.cn/) 获取的相关年份数据,有助于提升数据的可信度。各指标数据统计口径基本一致,能够保证指标数据的真实性和客观性。建筑业二氧化碳排放量则是以2006年联合国政府间气候变化委员会(IPCC) 发布的《国家温室气体IPCC指南》提供的二氧化碳排放估算公式为基础,计算建筑业能源消耗所排放的二氧化碳。这一二氧化碳排放估算研究方法已得到了国际学术界的认可和广泛的应用,有助于提高数据的可靠性。

二、研究结果与分析

为了检验各阶段投入与产出指标是否满足单调性假设,即投入数量增加,产出不得减少,因此将各年度投入与产出进行 Pearson 相关性检验,检验结果如表6.2所示。结果表明各投入指标与产出指标之间均在1%的显著行水平下呈正相关,满足单调性假设。

表6.2 建筑业绿色技术创新效率投入产出指标相关性检验

	FI_1	FI_2	FI_3	FO_1/SI_1	FO_2/SI_2	SI_3	SO_1	SO_2	SO_3
FI_1	1								
FI_2	0.9489*	1							

续表

	FI$_1$	FI$_2$	FI$_3$	FO$_1$/SI$_1$	FO$_2$/SI$_2$	SI$_3$	SO$_1$	SO$_2$	SO$_3$
FI$_3$	0.7296*	0.6498*	1						
FO$_1$/SI$_1$	0.9050*	0.9879*	0.5807**	1					
FO$_2$/SI$_2$	0.8922*	0.9488*	0.6648*	0.9377*	1				
SI$_3$	0.9723*	0.9892*	0.7017*	0.9643*	0.9433*	1			
SO$_1$	0.9525*	0.9939*	0.6954*	0.9764*	0.9486*	0.9918*	1		
SO$_2$	0.9585*	0.9962*	0.6885*	0.9758*	0.9467*	0.9932*	0.9982*	1	
SO$_3$	0.9781*	0.9676*	0.7033*	0.9340*	0.9282*	0.9921*	0.9722*	0.9746*	1

注：** 和 * 分别表示 5% 和 1% 的显著性水平。FI$_1$ 代表建筑业专业技术人员，FI$_2$ 代表建筑业 R&D 经费支出，FI$_3$ 代表建筑业企业技术装备率，FO$_1$/SI$_1$ 代表建筑业专利授权数，FO$_2$/SI$_2$ 代表建筑业重大科技成果，SI$_3$ 代表建筑业终端能源消费量，SO$_1$ 代表建筑业增加值，SO$_2$ 代表建筑业利润总额，SO$_3$ 代表二氧化碳排放量。

根据网络 EBM 模型运用 MaxDEA7.0 软件测算得到建筑业绿色技术创新效率各阶段及整体效率，测算结果如表 6.3 所示，各年份建筑业绿色技术创新效率变化情况如图 6.2 所示。

表 6.3 2000—2017 年建筑业绿色技术创新效率

年份	研发阶段	转化阶段	整体效率
2000	1.000	0.907	0.907
2001	1.000	1.000	1.000
2002	0.722	0.729	0.674
2003	0.768	0.794	0.743
2004	0.695	0.912	0.788
2005	0.739	1.000	0.869
2006	0.748	0.877	0.789
2007	0.669	0.770	0.680
2008	0.673	1.000	0.836

续表

年份	研发阶段	转化阶段	整体效率
2009	0.636	1.000	0.818
2010	0.759	0.908	0.815
2011	0.713	1.000	0.857
2012	0.821	1.000	0.910
2013	0.848	1.000	0.924
2014	0.839	1.000	0.919
2015	1.000	1.000	1.000
2016	1.000	1.000	1.000
2017	1.000	1.000	1.000
Average	0.813	0.939	0.863

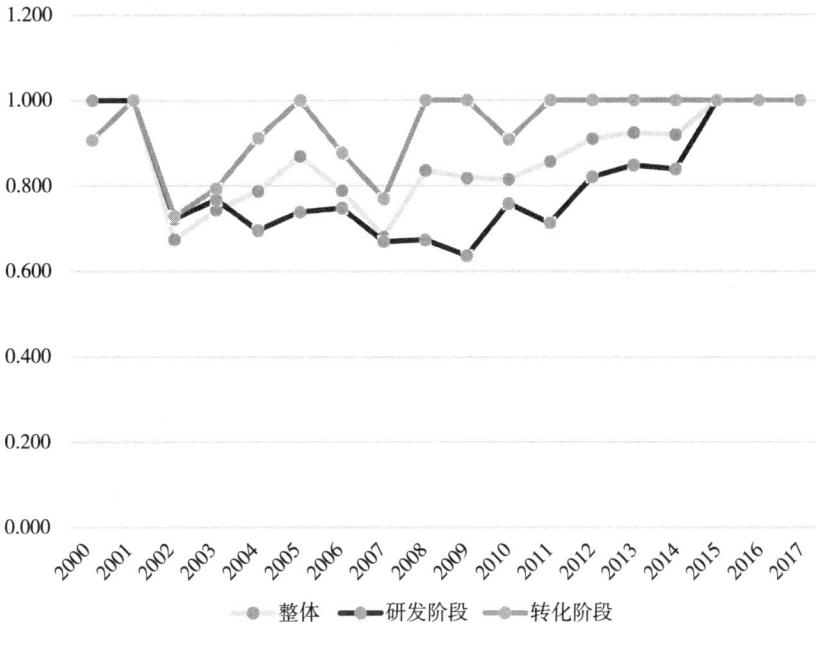

图 6.2　2000—2017 年建筑业绿色技术创新效率变化

从整体上看,2000—2017 年建筑业绿色技术创新效率的均值为 0.863,表明建筑业的绿色技术创新效率整体处于中高水准,其在科技研发和成果转化两阶段取得一定成效,资源利用效率较高。整体效率在 2002 年出现了下跌现象,仅为 0.674,其主要原因在于该时间段内科技研发效率与成果转化效率均下降。2003 年起整体效率呈现出上升的趋势,至 2005 年达到了 0.869,反映了建筑行业的创新效率波动较大。2006 年绿色技术创新效率值发生下降,并在 2007 年出现了拐点,呈现出 M 型变化的趋势。在后十年的发展中,整体的 GEIT 值开始缓慢回升,并从 2015 年开始达到了 1。

科技研发阶段效率均值为 0.813,低于整体效率和成果转化阶段效率,而且经历了从高到低再从低到高的过程,表明期间建筑业科技研发投入的资源利用率较低,造成了投入资源的浪费,反映了绿色技术创新效率的增长主要受限于科技研发阶段,大量的科研投入没有带来相应的回报,存在着资源投入过度冗余的现象。在建筑业中,由于企业过多地追求技术开发人员和经费的投入规模,但忽视技术开发效率,科研资源管理不善,导致研发阶段的效率低下。①

成果转化阶段效率均值为 0.939,高于整体效率和科技研发阶段效率,表明建筑业成果转化阶段资源利用率较高,考虑了能源消耗和环境影响的成果转化取得良好的效果。同时,整体效率的变化趋势成果转化阶段效率的变化趋势,证明了建筑业绿色技术创新效率的增长主要得益于成果转化阶段。进一步说明了技术创新成果对于建筑业经济效益产出有重大作用,技术创新的确是促进建筑业绿色发展的良性发展路径。②

2000—2017 年建筑业绿色技术创新效率分阶段及整体分布的核密度图如图 6.3 所示。横轴表示建筑业绿色技术创新效率分阶段及整体效率值,纵轴表示核密度。从图中可以看出,建筑业绿色技术创新效率在科技研发阶段、成果转化阶段和整体效率值在变化趋势上存在一定的差异性。整体效率值呈单峰分布,但是波峰的高度低、宽度大,表明各年份建筑业技术创新整体效率值差距较大。科技研发阶段效率值也呈单峰分布,波峰靠左,说明科技研发阶段效率值在较低水平上集中。成果转化阶段效率值呈多峰分布,最高波峰在效率值为 1 处出现,说明成果转化阶段效率值在较高水平集中。

建筑业绿色技术创新效率两阶段和整体效率测算结果表明,2000—2017 年建筑业绿色技术创新效率整体效率较高,科技研发阶段效率有很大的提升空间,成果转化阶段效率良好。绿色技术创新效率的波动表示着建

---

① 余泳泽:《我国高技术产业技术创新效率及其影响因素研究——基于价值链视角下的两阶段分析》,《经济科学》2009 年第 4 期。
② 尚梅、杜彦艳:《中国建筑业技术创新的地区差异研究》,《技术经济与管理研究》2013 年第 1 期。

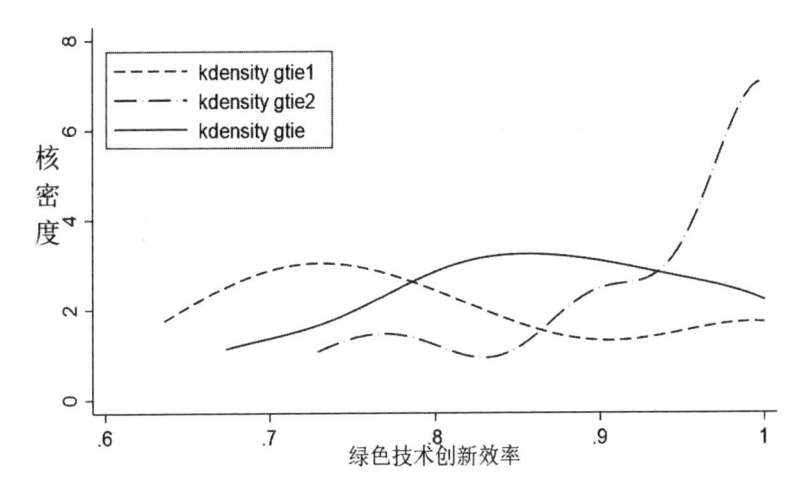

图 6.3　2000—2017 年建筑业绿色技术创新效率核密度图

筑业的产业结构在不断地调整,处于逐渐优化的状态,证明绿色技术创新效率在一定程度上受到环境规制的影响。① 2005 年起中国的经济发展模式逐渐转向以保护环境为主的可持续发展,原本存在着能源利用率低下现象的建筑业企业开始注重于进行绿色技术创新活动。② 建筑业要提高绿色技术创新效率,首先要提高建筑业科技研发阶段效率,控制投入规模,减少资源的冗余,提高产出质量,使技术创新资源向技术效率高的人员、部门及区域聚集。③ 同时要注意继续提高成果转化阶段效率,在促进科技成果产业化时考虑建筑业生产经营对生态和环境的影响,加快建筑业产业结构转型升级,实现更高的绿色技术创新效率,促进绿色发展。

三、小　结

本节利用中国建筑业 2000—2017 年相关数据,将建筑业创新过程划分为科技研发和成果转化两阶段,采用网络 EBM 模型测算建筑业绿色技术创新各阶段和整体效率。结果表明,2000—2017 年中国建筑业绿色技术创新整体效率较高,科技研发阶段效率均值为 0.813,低于整体效率和成果

---

① Y. Guo, X. Xia, S. Zhang, et al., "Environmental Regulation, Government R&D Funding and Green Technology Innovation: Evidence from China Provincial Data", *Sustainability*, Vol.10, No.4(2018), p.940.
② 江珂:《我国环境规制的历史、制度演进及改进方向》,《改革与战略》2010 年第 6 期。
③ 肖仁桥、王宗军、钱丽:《环境约束下中国省际工业企业技术创新效率研究》,《管理评论》2014 年第 6 期。

转化阶段效率,而且经历了从高到低再从低到高的过程,有很大的提升空间。成果转化阶段效率均值为0.939,高于整体效率和科技研发阶段效率,表明建筑业成果转化阶段资源利用率较高,考虑了能源消耗和环境影响的成果转化取得良好的效果。研究结果为环境规制与技术创新协同驱动建筑业绿色发展提供政策依据。

第二节　数字化转型视角下中国建筑业绿色全要素生产率评价

改革开放40多年以来,我国经济得到迅猛发展,创造了举世瞩目的"中国经济奇迹"。然而,我国经济的高速增长是以牺牲环境为代价的,高投入、高消耗、高污染的发展之路已经成为经济可持续发展的"瓶颈"。作为国民经济支柱产业重要部门的建筑业也不例外[1],数字化与绿色化发展已成为建筑业发展的必然趋势。[2][3] 随着新一代信息通信技术的创新突破和融合发展,以大数据、云计算、BIM、移动互联网、物联网、人工智能等为代表的数字技术正成为推动建筑业转型升级及健康发展的动力。[4]

"数字化转型"是利用最新的数字化技术(例如云计算、大数据、人工智能、物联网、机器人、区块链等)来驱动组织商业模式创新和商业生态系统重构的途径和方法。随着新一代信息技术的发展以及人工智能和云计算等创新技术的兴起,数字化转型正成为全球社会、科技、经济发展的主线,数字化转型是企业顺应时代发展的必然要求。近年来,"数字化转型"这一话题引起了企业管理者的关注,全世界各行业都在积极拥抱数字化转型,建筑业也不例外。目前,建筑业的数字化转型处于起步阶段。近年来,住房和城乡建设部专注于建筑业数字化转型,大力推动BIM、云计算、大数据、物联网、移动互联网、人工智能等先进的数字信息技术与建筑业的深度融合。尽管建筑业一直在倡导数字化转型,但是仅有少数建筑业企业将数字化转型提上日程。Ezeokoli等人以尼日利亚作为研究对象,调查建筑专业人员对其建筑行业数字化转型的看法,研究表明69%的专业人员认为数字转型是机

---

[1] 曹琳剑、魏莹、陈静等:《基于两阶段DEA的建筑业效率评价研究——以天津市为例》,《建筑经济》2014年第10期。
[2] 冯博、王雪青、刘炳胜:《考虑碳排放的中国建筑业能源效率省际差异分析》,《资源科学》2014年第6期。
[3] 袁正刚:《建筑企业的数字化转型之路》,《施工企业管理》2019年第2期。
[4] 孙璟璐:《科技创新打造数字化转型引擎》,《中国建设信息化》2020年第2期。

遇,12% 的专业人士认为数字化转型是威胁,还有 19% 的人认为这既是威胁又是机会。[①]

在建筑业中,把握数字化、网络化、智能化融合发展契机,加强新型数字基础设施建设,可以促进质量变革、效率变革、动力变革,实现产业数字化转型升级,从而全面提升企业全要素生产率。而绿色全要素生产率作为衡量企业要素投入转化为最终产出的效率指标,是衡量企业转型成效的代表性指标。把握数字化、网络化、智能化融合发展契机,加强新型数字基础设施建设,促进质量变革、效率变革、动力变革,实现产业数字化转型升级,全面提升企业全要素生产率。由于在数字经济和服务经济的快速发展引领下,数字化转型已经成为增强企业服务创新绩效的关键策略,建筑业是国民经济的支柱产业,响应新技术、新需求、新市场是企业转型升级的主流方向,而作为能源消耗与碳排放后经济增长的直观体现,对建筑业绿色全要素生产率进行科学的系统性分析,可以更好地评估建筑业的发展现状。在此背景下我们不禁思考,数字化转型能否成为建筑业企业高质量发展的新动能?能否提升建筑业企业绿色全要素生产率?其作用机制是什么?本节对上述问题的回答有助于从数字化转型视角下对中国建筑业绿色全要素生产率进行评价,深刻理解数字化转型对建筑业企业高质量发展的驱动作用,为相关政策制定提供经验证据。

因此,本节在建筑业数字化转型背景下,以 2011—2017 年中国 30 个省市自治区的建筑业为研究对象,采用考虑非期望产出二氧化碳的交叉效率评价 CCR 模型测度建筑业绿色全要素生产率,同时采用 PCE 模型测度以数字化转型为前景的建筑业绿色全要素生产率,以便于全面准确地测度建筑业绿色全要素生产率,探究数字化转型前景对建筑业绿色全要素生产率的影响作用,丰富建筑业绿色全要素生产率的应用,为其他行业绿色全要素生产率的研究提供参考。

一、研究设计

目前对于建筑业绿色全要素生产率的研究,集中在对建筑业绿色全要素生产率测算,主要以"索洛余值"为代表的参数估计方法、随机前沿分析法(SFA)和非参数"数据包络分析法(DEA)"被广泛应用。DEA 由于在处

---

① F. O. Ezeokoli, K. C. Okolie, P. U. Okoye, et al.,"Digital Transformation in the Nigeria Construction Industry: The Professionals' View", *World Journal of Computer Application and Technology*, Vol.4, No.3(2016), pp.23-30.

理多投入多产出问题上的优势,因而更受学者们的青睐。1983年,pittman首次采用DEA研究考虑了不良产出的绿色全要素生产率。Ebrahimi & Salehi使用DEA计算技术效率、纯技术效率、规模效率和交叉效率,以探讨二氧化碳减排和提高能源利用效率。[1] Hu等基于数据包络分析和顺序基准技术的Malmquist指数,提出了一种评估全要素生产框架中碳排放绩效的指标。[2] 向鹏成等人采用Global Malmquist-Luenberger模型测算了建筑业绿色全要素生产率。[3] 尽管学者们对建筑业绿色全要素生产率展开了广泛研究,但是以数字化转型为前景的建筑业绿色全要素生产率却鲜有研究。数字化转型究竟能不能为建筑业带来更大的收益,能带来多大收益;数字化转型在资源节约中发挥什么作用,究竟能否提高建筑业绿色全要素生产率,亟待深入研究。前景交叉效率评价模型(prospect cross-efficiency, PCE)可以利用自互评体系以减轻传统方法中单纯依靠自评体系进行决策单元(DMU)评价的弊端,从而能够判断出全局最优的DMU以达到对所有DMU进行充分排序的目的,且该模型描述了交叉效率评价中决策者(DM)对建筑业数字化转型前景的看好程度,并通过改变代表DM对建筑业数字化转型前景的看好程度的参数值来分析中国建筑业2011—2017年六大区域(不包含西藏和港澳台地区)的绿色全要素生产率,以比较不同参数值下各区域建筑业绿色全要素生产率排名。

综上考虑,采用前景交叉效率评价模型测算数字化转型前景下建筑业绿色全要素生产率。

(一) 模型构建

1. 自我效率评价的CCR模型

假设$D=\{DMU_1, DMU_2, \cdots\cdots DMU_n\}$是$n$个被评价的决策单元$DMU$的集合,每个$DMU$使用$m$种投入来产生$s$种产出。令$N=\{1,2,3\cdots n\}$, $k\in N$; $M=\{1,2,3\cdots m\}$, $i\in M$; $S=\{1,2,3\cdots s\}$, $r\in S$。对于任意的DMU_k ($k=1,2,3\cdots n$),投入定义为x_{ik} ($i=1,2,\cdots m$),产出定义为Y_{rk} ($r=1,2,3\cdots s$),见表6.4。决策单元DMU_k的相对效率定义为:

---

[1] R. Ebrahimi, M. Salehi, "Investigation of CO$_2$ Emission Reduction and Improving Energy Use Efficiency of Button Mushroom Production using Data Envelopment Analysis", *Journal of Cleaner Production*, Vol.103, (Sep.15, 2015), pp.112-119.

[2] X. Hu, T. Si, C. Liu, "Total Factor Carbon Emission Performance Measurement and Development", *Journal of Cleaner Production*, Vol.142, No.4 (2017), pp.2804-2815.

[3] 向鹏成、谢怡欣、李宗煜:《低碳视角下建筑业绿色全要素生产率及影响因素研究》,《工业技术经济》2019年第8期。

$$E_{kk} = \sum_{r=1}^{s} u_{rk} y_{rk} / \sum_{i=1}^{m} v_{ik} x_{ik} \tag{6.7}$$

其中，u_{rk} 和 v_{ik} 分别为 s 种产出和 m 种投入的非负权重。在自我效率评价中，DMU_k 相对于其他 DMU 的效率可通过以下 CCR 模型测度：

$$\begin{aligned} &\max E_{kk} = \sum_{r=1}^{s} u_{rk} y_{rk} / \sum_{i=1}^{m} v_{ik} x_{ik} \\ &\text{s.t.} \sum_{r=1}^{s} u_{rk} y_{rj} / \sum_{i=1}^{m} v_{ik} x_{ij} \leq 1, \quad j \in N \\ &u_{rk}, \ v_{ik} \geq 0 \ r \in S, \ i \in M \end{aligned} \tag{6.8}$$

模型（2）为非线性规划模型。为便于求解，本节采用 Charnes-Cooper 转化方法，将其转为以下线性规划模型：

$$\begin{aligned} &\max E_{kk} = \sum_{r=1}^{s} u_{rk} y_{rk} \\ &\text{s.t.} \sum_{r=1}^{s} u_{rk} y_{rj} - \sum_{i=1}^{m} v_{ik} x_{ij} \leq 0, \quad j \in N \\ &\sum_{i=1}^{m} v_{ik} x_{ik} = 1 \\ &u_{rk}, \ v_{ik} \geq 0 \ r \in S, \ i \in M \end{aligned} \tag{6.9}$$

u_{rk}，v_{ik} 是最优产出和投入权重，$E_{kk} = \sum_{r=1}^{s} u_{rk} y_{rk}$ 是 DMU_k 的 CCR 效率，其表示通过自我评价的 DMU_k 的最佳相对效率。如果 $E_{kk} = 1$，且所有的最佳权重 u_{rk}，v_{ik} 都是正的，则 DMU_k 是有效的，否则是无效的。

表 6.4 DMU 的投入产出值

DMU$_s$	DMU$_1$	DMU$_2$	……	DMU$_n$
产出值	y_{11}	y_{12}	……	y_{1n}
	y_{21}	y_{22}	……	y_{2n}
	……	……	……	……
	y_{s1}	y_{s2}	……	y_{sn}
投入值	x_{11}	x_{12}	……	x_{1n}
	x_{21}	x_{22}	……	x_{2n}
	……	……	……	……
	x_{m1}	x_{m2}	……	x_{mn}

2. 交叉效率评价的 CCR 模型

在模型（3）中，每个 DMU 以最优的权重进行评价，这可能导致许多 DMU 的自我效率评价的 CCR 效率值为 1，无法进一步区分。为弥补这一缺陷,Sexton 等提出了交叉效率评价的 CCR 模型,通过使用所有 DMU 的权重来评估每个 DMU 的整体性能。① 若 U_{rk}^*,V_{ik}^* 是模型(3)所给出的 DMU_k 的产出和投入的最优权重,则 DMU_d 的交叉效率得分为:

$$E_{dk} = \sum_{r=1}^{s} U_{rk} y_{rd} / \sum_{i=1}^{m} V_{ik} X_{id}, \ d \in N, \ d \neq k \tag{6.10}$$

对于每一个 DMU_k,模型(3)每次计算 n 次,以获得所有 DMU 的交叉效率分数。n 组 DMU 可以获得 n 组投入产出权重。每个 DMU 获得 n-1 个交叉效率和最优的自我效率,用 n*n 的交叉效率矩阵来表示,对角线元素呈现自我效率评价的 CCR 效率得分 E_{kk}(见表6.5)。

为评估每个 DMU 的整体性能,计算每行交叉效率的平均值(见表6.5),则 DMU_d 的交叉效率定义为:

$$E_d = \sum_{k=1}^{n} E_{dk} / n, \ d \in N \tag{6.11}$$

交叉效率得分 E_d 提供 DMU_d 的对等评估,并且相应地,这 n 个 DMU 可以被完全比较或排序。

表6.5 DMU 的交叉效率矩阵

DMU	决策单元				交叉效率的平均值
	DMU_1	DMU_2	……	DMU_n	
DMU_1	E_{11}	E_{12}	……	E_{1n}	$\sum_{k=1}^{n} E_{1k}/n$
DMU_2	E_{21}	E_{22}	……	E_{2n}	$\sum_{k=1}^{n} E_{2k}/n$
……	……	……	……	……	……
DMU_n	E_{n1}	E_{n2}	……	E_{n3}	$\sum_{k=1}^{n} E_{nk}/n$

3. 前景交叉效率评价模型

1979 年,Kahneman 和 Tver-sky 提出了前景理论,前景理论作为风险个体决策行为的描述性理论,一直被认为是最具影响力的行为决策理论之一。② 前景理论涉及以下重要原则③:

---

① T. Sexton, R. Silkman, A. Hogan, "Data Envelopment Analysis: Critique and Extensions", *New Directions for Program Evaluation*, (1986), pp.73-105.

② D. Kahneman, A. Tversky, "Prospect Theory: An Analysis of Decision Under Risk", *Econometrica*, Vol.47, (1979), pp.263-291.

③ L. Wang, Y. M. Wang, "Martinez L. A group Decision Method Based on Prospect Theory for Emergency Situations", *Information Sciences*, (2017), pp.119-135.

(1) 参考依赖性(DM 通常根据参考点来感知收益或者损失,因此,DM 的前景值曲线由参考点划分为增益域和损耗域两部分)。

(2) 损失厌恶(DM 对损失比对相应的收益更敏感,为此,前景值曲线的损失域比增益域更陡峭)。

(3) 灵敏度降低(DM 显示规避风险的获利趋势和寻求风险的损失趋势。相应地,前景值曲线在增益域中是凹的并且在损耗域中是凸的)。

前景理论的功能函数描述如下:

$$V(\Delta Z)\begin{cases} (\Delta Z)^{\alpha}, & (\Delta Z \geq 0) \\ -\theta(-\Delta Z)^{\beta}, & (\Delta Z < 0) \end{cases} \quad (6.12)$$

ΔZ 用于衡量 Z 相对于参考点的偏差,如果 $\Delta Z \geq 0$,则结果被视为收益,否则,结果被视为损失($\Delta Z < 0$)。参数 $0 < \alpha < 1, 0 < \beta < 1$ 分别表示增益和损耗区域内值函数的凸起程度,θ 表示损耗规避系数。$\theta > 1$ 表示损失的区域值函数比增益的区域值函数要陡得多。

现有的交叉效率评估方法假设 DM 是完全理性的,并且通常属于预期的效用理论框架。注意到前景理论与人类的实际决策行为非常一致,以下部分提出了一种基于前景理论的新的交叉效率评估模型。

前景理论揭示了 DM 通常根据即参考点反映结果的好坏,参考点的选择方法有以下五点:零点,平均值,中值,最差值和最好值。本节基于前景理论,选用最佳和最差的值,最差的 DMU 通常消耗最多的投入产生最少的产出,最佳的 DMU 消耗最少的投入产生最多的产出。在前景理论中,相对收益可以被视为 DMU 高于最差 DMU 的价值,DMU 被视为收益。相对损失可以被视为 DMU 低于最佳 DMU 的值,DMU 被视为损失。

若参考点是最差的 DMU,则 DMU_k 的第 i 个投入第 r 个产出的前景增益值为 $V^+_{Iik} = (x_i^- - x_{ik})^{\alpha}$, $V^+_{Ork} = (y_{rk} - y_r^-)^{\alpha}$,其中,$x_i^- = \max\{x_{ik}\}$, $y_r^- = \min\{y_{rk}\}$;

若参考点是最好的 DMU,则 DMU_k 的第 i 个投入第 r 个产出的前景损失值为 $V^-_{Iik} = -\theta(x_{ik} - x_i^+)^{\beta}$, $V^-_{Ork} = -\theta(y_r^+ - y_{rk})^{\beta}$,其中 $x_i^+ = \min\{x_{ik}\}$, $y_r^+ = \max\{y_{rk}\}$。

设 $N = \{1, 2, \cdots, n\}, k \in N$,对于 $i \in M, M = \{1, 2, \cdots, m\}, S = \{1, 2, \cdots, s\}$,对于 $r \in S$,假设有 n 个被评估的 DMU, DMU_k ($k \in N$) 的产出和投入分别是 y_{rk} ($r \in S$) 和 x_{ik} ($i \in M$)。构建了前进交叉效率评价(PCE)模型,如下所示:

$$\max \lambda \left(\sum_{r=1}^{s} u_{rk}(y_{rk}-y_r^-)^\alpha + \sum_{i=1}^{m} v_{ik}(x_i^- - x_{ik})^\alpha \right)$$
$$-(1-\lambda)\left(\sum_{r=1}^{s} u_{rk}\theta(y_r^+ - y_{rk})^\beta + \sum_{i=1}^{m} v_{ik}\theta(x_{ik}-x_i^+)^\beta \right) \quad (6.13)$$
$$\text{s.t.} \sum_{i=1}^{m} v_{ik} x_{ik} = 1$$
$$\sum_{r=1}^{s} u_{rk} y_{rk} = E_{kk}*$$
$$\sum_{r=1}^{s} u_{rk} y_{rj} - \sum_{i=1}^{m} v_{ik} x_{ij} \leq 0 \quad j \in N$$
$$u_{rk}, v_{ik} \geq 0, r \in S, i \in M$$

参数 λ 代表满足 $0 \leq \lambda \leq 1$ 的增益的相对重要度。在 PCE 模型中,不同的 λ 值代表 DM 的不同态度的指标,如果 $0 \leq \lambda < 0.5$,DM 将更多地关注损失而不是收益;如果 $\lambda = 0.5$,DM 会认为收益和损失的因素同样重要;如果 $0.5 < \lambda \leq 1$,DM 将非常注意增益偏好。

参数 α 表示增益区域内值函数的凹度,代表 DM 对建筑业数字化转型的看好程度,较大的 α 值意味着 DM 对建筑业数字化转型很看好,此时 DM 是寻求风险的。α 趋于 0,评价过程中 DM 规避风险,相应的 PCE 模型的评价结果相当保守。参数 β 表示损失区域内值函数的凸度,代表 DM 对建筑业数字化转型的不看好程度,较大的 β 值意味着 DM 对建筑业数字化转型很不看好,此时 DM 对损失敏感。β 趋于 0,评价过程中 DM 寻求风险,相应的 PCE 模型的评价结果相当冒险。

(二) 变量选取

为了选择适当的指标,本节参考了已有建筑业绿色全要素生产率研究投入产出变量的选择,见表 6.6。

表 6.6 已有研究建筑业效率评价指标体系回顾

文献来源	年份	投入指标	产出指标
(Li 和 Liu,2010b)	2010	(1) 劳动力 (2) 资本	(1) 总增加值
(Wang, Zhou 和 Liu, 2011a)	2011	(1) 劳动力 (2) 资本	(1) 总增加值
(Liu et al.,2013)	2013	(1) 劳动力 (2) 资本	(1) 增加值
(He,2013)	2013	(1) 劳动力 (2) 资本 (3) 人均劳动力机械价值	(1) 总增加值 (2) 利税总额 (3) 整体劳动生产率

续表

文献来源	年份	投入指标	产出指标
(Li, Kang 和 Wang, 2014)	2014	(1) 劳动力 (2) 资本 (3) 企业数量 (4) 人均劳动力机械价值	(1) 企业总收入 (2) 已完成建筑面积
(Shi, Pang 和 Yang 2016)	2016	(1) 资本 (2) 运营投入	(1) 利税总额 (2) 项目结算利润
(Hu 和 Liu, 2016)	2016	(1) 劳动力 (2) 已完施工 (3) 能源	(1) 总增加值
(Hu 和 Liu 2017b)	2017	(1) 劳动力 (2) 已完施工	(1) 总增加值 (2) 二氧化碳排放
(Chen 和 Shen, 2018)	2018	(1) 劳动力 (2) 设备	(1) 增加值 (2) 总增加值 (3) 利税总额
(Hu 和 Liu, 2018a)	2018	(1) 劳动力 (2) 资本 (3) 设备	(1) 总增加值
(Zhang et al., 2018b)	2018	(1) 劳动力 (2) 资本 (3) 设备 (4) 能源	(1) 总增加值 (2) 利润总额 (3) 二氧化碳排放
(Huo et al., 2018a)	2018	(1) 劳动力 (2) 资本 (3) 设备 (4) 能源	(1) 总增加值 (2) 已完成建筑面积

通过对相关文献的分析可以发现，以劳动力、资本和设备作为投入指标，总产值和利润作为产出指标的建筑业效率评价指标体系已被广泛使用。伴随着环境问题和能源危机的日益突出，部分学者开始关注考虑环境因素和能源消耗的建筑业效率，以期为建筑业节能低碳发展提供新的视角。参考已有研究，本节从研究问题出发，建立了中国建筑业绿色全要素生产率评价指标体系，如表6.7所示。

1. 解释变量

(1) 投入指标：本节选取从业人数、所拥有的机械和设备的总功率、总资产和能源消耗量四个指标表征，分别反映建筑业人力、设备、财力和能源投入水平。与第六章第一节一致。

2. 被解释变量

(1) 期望产出指标：本节选取建筑业总产值和总利润两个指标表征，反映了建筑业的总收入和经济增长状况。与第六章第一节一致。

(2) 非期望产出指标:本节选取建筑业二氧化碳排放,来反映建筑业发展过程中存在的环境成本问题。与第六章第一节一致。

表 6.7 各变量选取

变量类型	一级指标	二级指标	单位
解释变量	投入指标	建筑业从业人数	万人
		建筑业自有机械设备总功率	万千瓦
		建筑业企业总资产	万元
		建筑业能源消耗	万吨
被解释变量	期望产出指标	建筑业总产值	万元
		建筑业总利润	万元
	非期望产出指标	建筑业二氧化碳排放	万吨

(三) 数据来源

模型中的 DMU 就是本节考察的各省市自治区,本节主要数据来源于《中国统计年鉴》(2011—2017 年)、《中国建筑业统计年鉴》(2011—2017 年)、《中国能源统计年鉴》(2011—2017 年) 以及各省市相关统计年鉴,其他数据来自网站查询(http://cyfd.cnki.com.cn/),有助于提升数据的可信度。由于西藏各能源排放量数据获取来源的限制,本节不将西藏纳入研究范围,且目前无法获得台湾、香港和澳门地区的可靠数据,所以所选数据中不包括这些区域。考虑到数据的可获得性和完整性,所选数据包括由中国 22 个省、4 个直辖市(北京、天津、上海和重庆)和 4 个自治区(广西、内蒙古、宁夏和新疆)组成的 30 个省级单位,各指标数据统计口径基本一致,能够保证指标数据的真实性和客观性。建筑业二氧化碳排放量则是以 2006 年联合国政府间气候变化委员会(IPCC)发布的《国家温室气体 IPCC 指南》提供的二氧化碳排放估算公式为基础,计算建筑业能源消耗所排放的二氧化碳。这一二氧化碳排放估算研究方法已得到了国际学术界的认可和广泛的应用,有助于提高数据的可靠性。

二、研究结果与分析

本节采用自我效率评价的 CCR 模型和 PCE 模型评估 2011—2017 年中国六大区域的建筑业绿色全要素生产率;其次,对评估结果进行敏感性分析,探究 DM 对建筑业数字化转型前景的看好程度对评估结果的影响,同时比较分析各类测度模型下的评估结果。

(一) CCR 模型评价结果

以 2016 年为例,其他年份的结果可以同理可得。根据 2016 年建筑业的投入产出数据,使用自我效率评价的 CCR 模型计算 30 个 DMU 的效率值,结果显示在表的最后一列。从表 6.8 中可以看出许多 DMU 的效率值都为 1,为有效的 DMU,这导致各个 DMU 无法进一步区分,因此,接下来采用 PCE 模型计算每个 DMU 的交叉效率值,以达到对 DMU 充分排序的目的。

表 6.8 2016 年建筑业投入产出表

DMU	投入					产出		CCR 效率
	建筑业企业从业人员数量(万人)	建筑业企业总资产(亿元)	施工机械设备总功率(10^4 千瓦)	建筑能源消耗(万吨)	二氧化碳排放量(万吨)	建筑业总产值(亿元)	建筑业总利润(亿元)	
北京	58.14	20263.67	366.8	119.47	115.86	8841.19	675.32	1.0000
天津	73.64	6016.72	521.6	237.24	428.63	4891.81	97.58	1.0000
河北	130.88	4972.68	1028.8	312	234.03	5517.69	154.65	0.9312
山西	75.43	4845.39	697	163.28	208.91	3318.47	97.21	0.7853
内蒙古	29.7	1975.86	198.8	367.7	362.22	1220.81	60.63	0.7553
辽宁	126.14	5984.5	1011.2	282.81	78.12	3926.71	121.14	0.6984
吉林	57.02	2418.51	255.8	144.72	211.28	2283.56	91.15	0.8709
黑龙江	37.36	1957.63	324.1	56.9	28.63	1716.61	51.24	0.9772
上海	104.02	9049.64	270	236.64	186.3	6046.19	217.74	1.0000
江苏	763.75	17835.24	3671.8	349.66	78.57	25791.76	992.63	1.0000
浙江	770.28	12087.88	2188.4	370.69	572.96	24989.37	573.78	1.0000
安徽	168	5496.33	753.7	220.69	307.92	6047.29	203.62	0.8583
福建	325.27	4758.45	1047.6	258.58	245.27	8531.45	279.45	1.0000
江西	152.57	3447.48	531.6	114.34	64.77	5179.03	186.8	1.0000
山东	293.19	11135.87	2177	472.1	307	10087.43	415.28	0.7864
河南	260.9	7043.58	2263.3	263.44	333.61	8807.99	438.53	1.0000

续表

DMU	投入					产出		CCR效率
	建筑业企业从业人员数量（万人）	建筑业企业总资产（亿元）	施工机械设备总功率（10^4千瓦）	建筑能源消耗（万吨）	二氧化碳排放量（万吨）	建筑业总产值（亿元）	建筑业总利润（亿元）	
湖北	269.64	9853.31	1233.7	367	318.05	11862.4	475.72	1.0000
湖南	219.96	4631.92	1009.5	377.91	597.68	7304.22	230.3	0.9643
广东	228.57	12200.09	1666.9	740.18	233.95	9652.31	418.28	0.8664
广西	120.02	1898.15	291.8	62.06	6.92	3449.19	67.75	1.0000
海南	7.42	251.5	30.9	47.8	44.78	307.76	12.12	0.9870
重庆	209.08	5325.94	456.3	115.09	191.33	7035.81	326.57	1.0000
四川	282.87	9858.72	1014.8	548.5	311.99	9959.68	266.44	0.8549
贵州	67.53	3544	341.5	161.07	187.99	2362.95	60.11	0.6807
云南	115.63	4590.56	508.7	232.01	265.06	3867.22	147.02	0.7439
陕西	118.32	5344.17	716.5	192.27	116.17	5329.23	163.42	0.9837
甘肃	56.58	1863.44	372.2	110.68	123.56	1947.24	64.37	0.8158
青海	11.44	568.09	109	45.63	58.47	410.62	15.51	0.7167
宁夏	9.93	747.63	53	89.74	66.67	511.25	19.95	0.8525
新疆	38.41	2319.34	233.1	202.35	138.61	2258.24	50.15	1.0000

为进一步分析我国建筑业绿色全要素生产率的空间分布差异，本节参考了 Zhang 等的研究，根据各省市的地理位置和经济发展水平将 30 个省市自治区划分为华东、中南、华北、东北、西南、西北六大区域，华北地区包括山东、江苏、安徽、江西、浙江、福建、上海，中南地区包括河南、湖北、湖南、广西、广东、海南，华北地区包括内蒙古、北京、天津、河北、山西，东北地区包括黑龙江、吉林、辽宁，西南地区包括四川、重庆、云南、贵州，西北地区包括新疆、青海、甘肃、宁夏、陕西。[①]

[①] J. X. Zhang, H. Li, B. Xia, et al., "Impact of Environment Regulation on the Efficiency of Regional Construction Industry: A 3-stage Data Envelopment Analysis (DEA)", *Journal of Cleaner Production*, Vol.200, (2018), pp.770-780.

表 6.9 2011—2017 年区域建筑业 CCR 效率值

区域	2011	2012	2013	2014	2015	2016	2017	平均值
华东	0.907	0.918	0.929	0.924	0.905	0.949	0.894	0.918
中南	0.919	0.944	0.948	0.956	0.958	0.970	0.956	0.950
华北	0.951	0.990	0.990	0.971	0.965	0.894	0.968	0.961
东北	0.931	0.933	0.940	0.920	0.876	0.849	0.866	0.902
西南	1.000	0.973	0.992	0.998	0.873	0.820	0.848	0.929
西北	0.786	0.824	0.865	0.852	0.844	0.874	0.817	0.837
全国	0.907	0.918	0.929	0.924	0.905	0.904	0.894	0.912

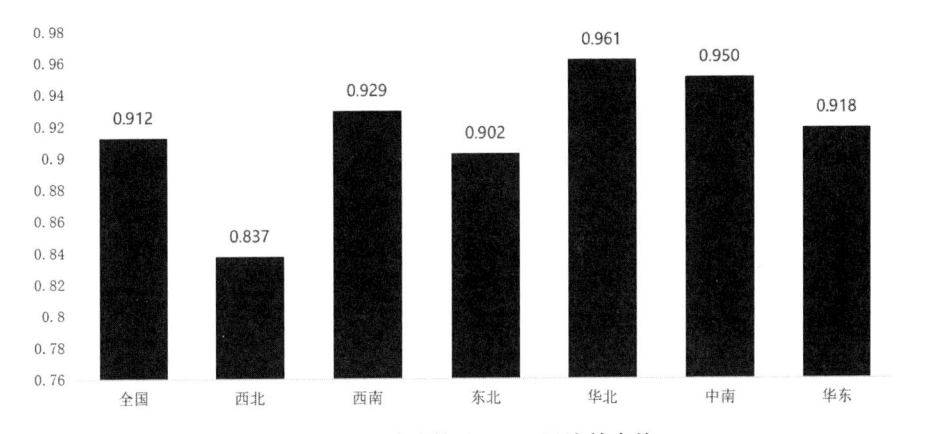

图 6.4 区域建筑业 CCR 平均效率值

中国建筑业 2016 年区域建筑业 CCR 效率值如表 6.9 所示,同理得到 2011—2017 年建筑业 CCR 效率值。本节首先从区域层面对 2011—2017 年研究期内 CCR 效率值进行分析,如图 6.4 所示。从图 6.4 可以清楚地看出,研究期内全国的 CCR 效率平均值为 0.912,其中华东、华北、中南、西南地区的 CCR 效率平均值都高于全国,东北和西北地区的低于全国,其原因可能是东北和西北地区经济落后,对建筑业的投资不如其他地区投资的高,同时在建筑业建造过程中忽略了对环境的污染情况。

(二) PCE 模型评价结果

本节认为建筑业数字化转型正常到来($\lambda=0.5$),模型中的其他参数 α、β 和 θ 分别为 0.89、0.92 和 2.25,以第一步自我评价的 CCR 效率为基础,结合PCE模型计算出建筑业的投入产出权重,见表6.10。

表6.10 建筑业投入产出权重

DMU	投入权重					产出权重	
	建筑业企业从业人员数量（万人）	建筑业企业总资产（亿元）	施工机械设备总功率（10^4千瓦）	建筑能源消耗（万吨）	二氧化碳排放量（万吨）	建筑业总产值（亿元）	建筑业总利润（亿元）
北京	1.720E-02	0	0	0	0	0	1.481E-03
天津	8.219E-03	6.561E-05	0	0	0	2.044E-04	0
河北	3.950E-03	9.060E-05	0	2.646E-08	1.390E-04	1.688E-04	0
山西	6.824E-03	8.076E-05	0	2.410E-04	2.615E-04	2.367E-04	0
内蒙古	1.689E-02	2.522E-04	0	0	0	4.878E-04	2.634E-03
辽宁	4.527E-03	5.909E-05	0	0	9.648E-04	1.778E-04	0
吉林	7.400E-03	1.420E-04	9.168E-04	0	0	3.476E-04	8.468E-04
黑龙江	1.449E-02	1.891E-04	0	0	3.088E-03	5.693E-04	0
上海	0	1.302E-05	3.267E-03	0	0	1.654E-04	0
江苏	0	0	0	0	1.273E-02	0	1.007E-03
浙江	0	1.38E-05	0	2.25E-03	0	4.00E-05	0
安徽	3.385E-03	7.536E-05	0	7.782E-05	0	1.419E-04	0
福建	0	2.102E-04	0	0	0	6.518E-05	1.588E-03
江西	3.815E-03	6.467E-05	2.127E-04	1.822E-04	9.427E-04	1.896E-04	9.600E-05
山东	1.984E-03	2.590E-04	0	0	4.229E-04	7.795E-05	0
河南	1.598E-03	6.929E-05	0	3.604E-04	0	0	2.280E-03
湖北	1.747E-03	2.908E-05	1.742E-04	7.496E-05	0	8.425E-05	1.151E-06
湖南	2.226E-03	1.102E-04	0	0	0	9.486E-05	1.178E-03
广东	2.285E-03	2.982E-05	0	0	4.870E-04	8.976E-05	0
广西	0	0	0	0	1.445 E-01	2.899E-04	0
海南	5.985E-02	1.302E-03	7.397E-03	0	0	3.003E-03	5.172E-03
重庆	0	1.915E-05	5.953E-03	5.442E-03	0	1.421E-04	0
四川	1.707E-03	2.982E-05	1.837E-04	0	1.173E-04	8.583E-05	0
贵州	5.974E-03	9.931E-05	5.940E-04	2.567E-04	2.280E-06	2.881E-04	0
云南	3.749E-03	7.195E-05	4.644E-04	4.128E-08	0	1.761E-04	4.289E-04
陕西	4.698E-03	6.133E-05	0	0	1.001E-03	1.846E-04	0

续表

DMU	投入权重					产出权重	
	建筑业企业从业人员数量（万人）	建筑业企业总资产（亿元）	施工机械设备总功率（10^4千瓦）	建筑能源消耗（万吨）	二氧化碳排放量（万吨）	建筑业总产值（亿元）	建筑业总利润（亿元）
甘肃	9.629E-03	2.443E-04	0	-2.456E-09	0	4.058E-04	3.974E-04
青海	5.020E-02	7.493E-04	0	0	0	1.450E-03	7.827E-03
宁夏	3.242E-02	6.223E-04	4.016E-03	0	0	1.523E-03	3.709E-03
新疆	1.683E-02	1.441E-04	0	0	1.394E-04	4.428E-04	0

根据表6.10的建筑业投入产出权重及表6.8的建筑业投入产出数据，可得到建筑业的交叉效率矩阵，通过计算矩阵每一行的平均交叉效率来反映建筑业的总体效率，同时探究六大区域的建筑业交叉效率值，并得出六大区域交叉效率值的排名顺序。

表6.11 2011—2017年区域建筑业效率值

区域	2011	2012	2013	2014	2015	2016	2017	平均值
华东	0.609	0.636	0.667	0.673	0.696	0.690	0.697	0.667
中南	0.652	0.681	0.680	0.700	0.751	0.751	0.772	0.712
华北	0.624	0.670	0.703	0.701	0.729	0.728	0.762	0.703
东北	0.575	0.615	0.672	0.659	0.673	0.670	0.662	0.647
西南	0.792	0.756	0.762	0.757	0.641	0.626	0.625	0.708
西北	0.513	0.553	0.617	0.625	0.665	0.650	0.648	0.610
全国	0.609	0.636	0.667	0.673	0.696	0.690	0.697	0.600

采用PCE模型测算的中国建筑业2011—2017年建筑业效率值如表6.11所示，本节首先从区域层面对2011—2017年研究期内建筑业的效率值进行分析，如图6.5所示。从图6.5可以清楚地看出，研究期内全国的建筑业效率平均值为0.600，其中中南、西南、华北地区的建筑业效率值最高，这几个地区的经济较为发达，都在积极推进建筑业的发展；东北和西北地区的最低，在促进建筑业发展的资金投资上面可以加大力度。采用PCE模型的测算结果与CCR模型测算出的结果相一致。

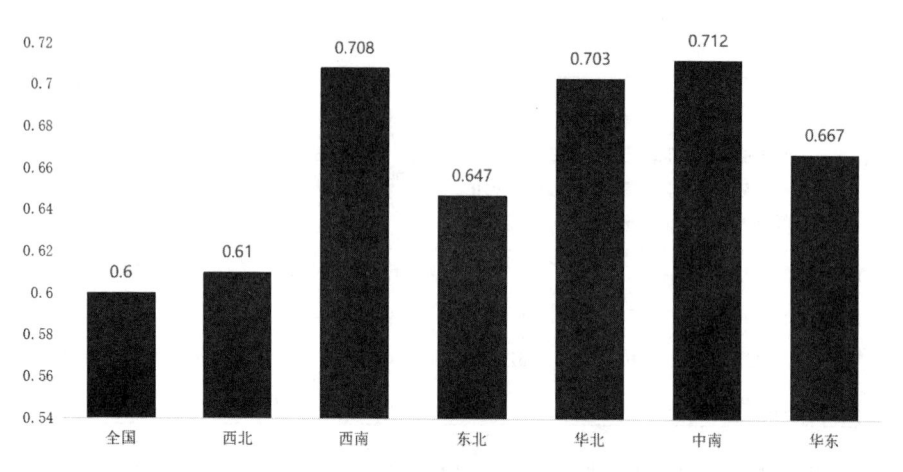

图 6.5 区域建筑业效率平均值

（三）CCR 模型和 PCE 模型的比较

表 6.12 2016 年区域建筑业 CCR 和 PCE 效率值

序号	区域	省（市、区）	CCR 效率	排名	PCE 效率	排名
1	华东	山东、江苏、安徽、江西、浙江、福建、上海	0.949	2	0.751	1
2	中南	河南、湖北、湖南、广西、广东、海南	0.970	1	0.728	2
3	华北	内蒙古、北京、天津、河北、山西	0.894	3	0.670	3
4	东北	黑龙江、吉林、辽宁	0.849	5	0.626	6
5	西南	四川、重庆、云南、贵州	0.820	6	0.650	4
6	西北	新疆、青海、甘肃、宁夏、陕西	0.874	4	0.648	5

本节以 2016 年建筑业为例，对比分析采用 CCR 模型和 PCE 模型对中国六大区域的建筑业效率值的影响；其次，对评估结果进行敏感性分析。表 6.12 显示 2016 年中国 30 个省市自治区六大区域建筑业效率值，为更加直观的展示 CCR 模型和 PCE 模型计算得出的效率值，本节采用折线图反映效率值的变动情况，见图 6.6。从图 6.6 中可以清楚地看出，PCE 模型计算的区域建筑业效率值低于 CCR 模型计算得出区域建筑业效率值，这是由于

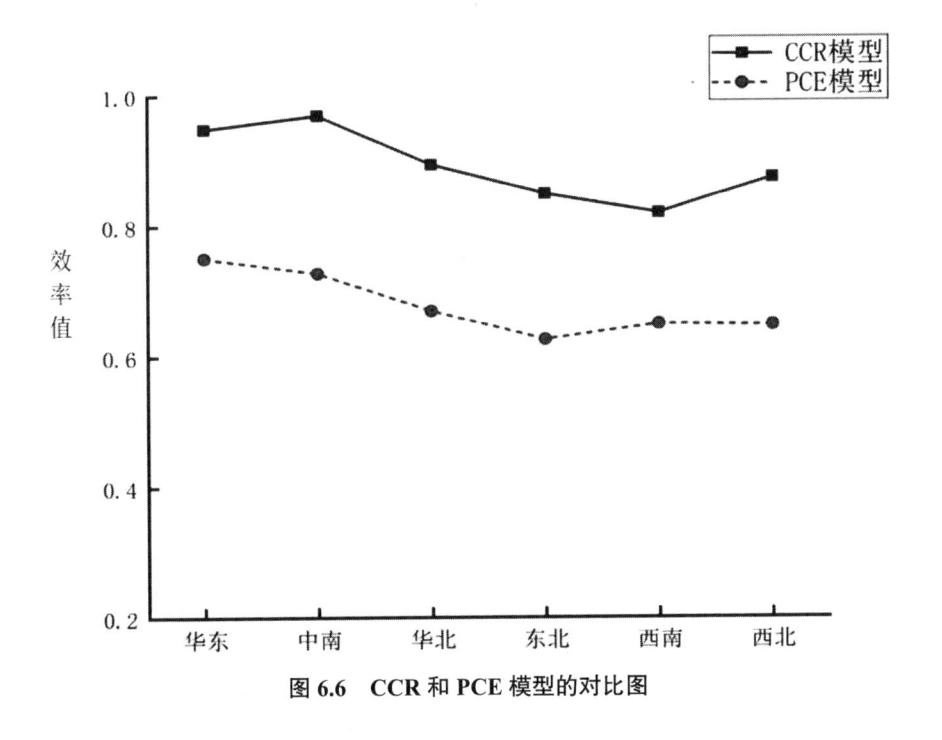

图 6.6　CCR 和 PCE 模型的对比图

PCE 模型是通过两个阶段评估效率值,使用一组最佳权重系数进行自我评估,同时通过其他 DMU 的权重系数进行同行评估所得到的。同时发现华东、中南、华北三大区域的效率值较高,意味着这三大区域建筑业的经济增长都由传统的粗放型经济增长向集约型经济增长转变,建筑业的经济增长效率较高,东北、西南区域的效率值较低,应对这两个区域提出相关的对策建议,使其接下来有一定的改善空间。

(四) 敏感性分析

敏感性分析(Sensitivity Analysis)是从定量分析的角度研究有关参数发生某种变化时对某一个或一组目标变量影响程度的一种不确定性分析方法。它评估一个参数(自变量)对另一个参数(因变量)值的影响。在本节中,通过敏感性分析,探讨 DM 对建筑业数字化转型前景的看好程度(即参数 α, β, θ 和 λ)如何影响建筑业绿色全要素生产率。

计算参数 λ 取不同值时区域建筑业的效率值,λ 的取值为 $0, 0.2, 0.4, 0.6, 0.8, 1$,详细结果见表 6.13。

表 6.13　不同 λ 值的区域建筑业效率值

区域	$\lambda=0$ 结果	排名	$\lambda=0.2$ 结果	排名	$\lambda=0.4$ 结果	排名	$\lambda=0.6$ 结果	排名	$\lambda=0.8$ 结果	排名	$\lambda=1$ 结果	排名
华东	0.789	1	0.753	1	0.753	1	0.751	1	0.747	1	0.749	1
中南	0.774	2	0.738	2	0.736	2	0.728	2	0.727	2	0.732	2
华北	0.672	5	0.666	3	0.666	3	0.671	3	0.670	3	0.677	3
东北	0.647	6	0.627	6	0.625	6	0.626	6	0.623	6	0.313	6
西南	0.680	3	0.649	5	0.650	5	0.650	4	0.647	4	0.504	5
西北	0.673	4	0.653	4	0.652	4	0.648	5	0.645	5	0.652	4

λ 取 0、0.2、0.4 时表明 DM 对建筑业数字化转型的前景很看好，λ 取 0.6、0.8、1 表明 DM 对建筑业数字化转型的前景不看好。从表 6.13 可以看出，λ 的取值不同，各地区的建筑业效率值也随之发生相应变化，但是其总体变化趋势不大，λ 取不同值时，最有效的区域是华东及中南地区，最差的区域东北，华北、西南、西北的排名发生微小变动。

改变建筑业数字化转型前景的看好和不看好程度（即参数 α，β 和 θ）的值，探究 DM 对建筑数字化转型前景的不同看好程度对区域建筑业效率值的影响，假设参数 α，β 和 θ 的原始值分别为 0.5、0.3 和 3。图 6.7、6.8、6.9 分别显示参数 α，β 和 θ 的改变对区域建筑业区域效率值的影响。

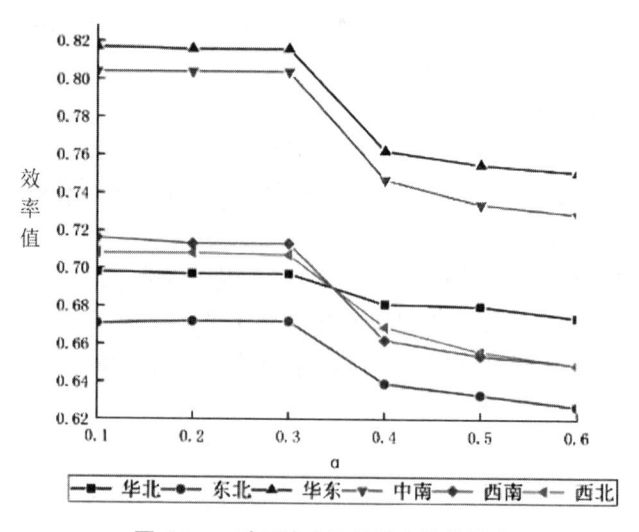

图 6.7　α 对区域建筑业效率值的影响

图 6.7 显示改变 DM 对建筑业数字化转型看好程度（参数 α）时区域建筑业效率值的变化，参数 α 的取值为 0.1—0.6。从图 6.7 可知，随着 α 的增加，表明 DM 对建筑业数字化转型很看好，然而分析发现随着 α 的持续性增加，各地区的建筑业效率值总体上呈现先平稳变化后下降的趋势。其中，华东地区的建筑业效率值最优，中南地区次之，东北地区最差；同时发现，当 α 从 0.1 增加到 0.35 左右时，西南、西北、华北地区的建筑业效率值发生变化，呈现出华北＞西北＞西南的状态。图 6.7 的这一变化表明了尽管 DM 对建筑业数字化转型越来越看好，但是数字化转型并没有提高建筑业绿色全要素生产率。

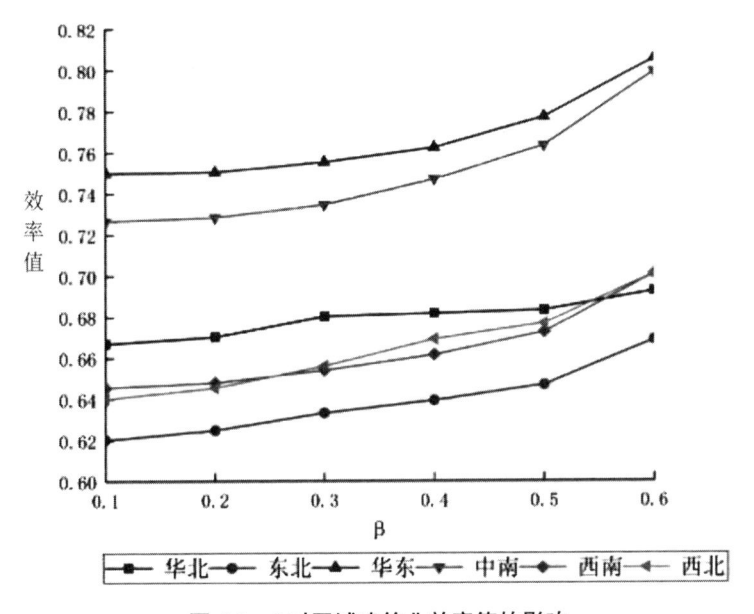

图 6.8　β 对区域建筑业效率值的影响

图 6.8 显示改变 DM 对建筑业数字化转型不看好程度（参数 β）时区域建筑业效率值的变化，参数 β 的取值为 0.1—0.6。从图 6.8 可知，随着 β 的增加，表明 DM 对建筑业数字化转型很不看好，然而随着 β 的持续性增加，各地区的建筑业效率值总体上呈现先平稳变化后上升的趋势。其中，华东地区的建筑业效率值最优，中南地区次之，东北地区最差。同时发现，当 β 从 0.1 增加到 0.25 左右时，西南地区的建筑业效率值低于西北地区的建筑业效率值；β 继续增加到 0.55 左右时，西北、华北、西南地区的建筑业效率值呈现出西北＞西南＞华北的状态。图 6.8 的这一变化表明尽管 DM 对建筑业数字化转型越来越不看好，但是建筑业绿色全要素生产率却有所提高，

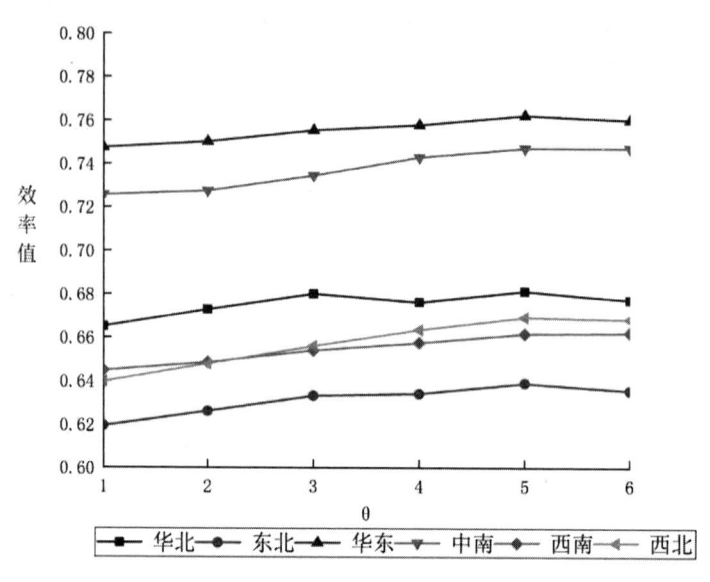

图 6.9　θ 对区域建筑业效率值的影响

参数 θ 表示 DM 对建筑业数字化转型的不看好程度,θ 的值越大,表明建筑业数字化转型的损失要比收益大得多。图 6.9 显示改变参数 θ 时区域建筑业效率值的变化,参数 θ 的取值为 1—6。从图 6.9 可知,随着 θ 的增加,表明 DM 对建筑业数字化转型很看好,然而分析随着 θ 的持续性增加,各地区的建筑业效率值总体上呈现平稳上升的趋势。其中,华东地区的建筑业效率值最优,中南地区次之,东北地区最差。同时发现,当 θ 从 1 增加到 2.3 左右时,西南地区的建筑业效率值低于西北地区的建筑业效率值。图 6.9 的这一变化表明了尽管 DM 对建筑业数字化转型越来越不看好,但是建筑业绿色全要素生产率却在一定程度上有所提高。

三、小　结

本节以 2011—2017 年中国 30 个省市自治区的建筑业为研究对象,以建筑业数字化转型为前景,采用考虑非期望产出二氧化碳的交叉效率评价 CCR 模型测度建筑业绿色全要素生产率,同时采用 PCE 模型测度以数字化转型为前景的建筑业绿色全要素生产率。研究期内,华东、华北、中南、西南地区的建筑业绿色全要素生产率较高,东北及西北地区的建筑业绿色全要素生产率较低,这两个地区存在一定程度上的改善空间。以 2016 年建筑业为例,探究 DM 对建筑业数字化转型前景的看好程度(即参数 α,β,θ 和 λ)对建筑业绿色全要素生产率的影响程度不同。$0 < \lambda < 0.5$ 时,DM 对建筑业

数字化转型很看好,建筑业绿色全要素生产率发生了微小变动;$0.5<\lambda<1$时,DM 对建筑业数字化转型不看好,建筑业绿色全要素生产率发生微小变动。其次,DM 对建筑业数字化转型越来越看好(即参数 α 增大),但是建筑业绿色全要素生产率并没有提高;DM 对建筑业数字化转型越来越不看好(即参数 β,θ 增大),建筑业绿色全要素生产率在一定程度上有所提高,在很大程度上数字化转型并没有提高建筑业绿色全要素生产率。

第七章　环境规制对中国建筑业绿色全要素生产率传导机制研究

第一节　环境规制强度对中国建筑业绿色全要素生产率的传导机制

环境规制对于解决环境问题和弥补市场机制失灵具有重要作用。从经济学供需理论和博弈论角度看,恰当的环境规制严厉程度和合理的环境规制政策工具组合能够驱动企业创新水平的提升。Gray(2011)研究表明,环境税负越重或者环境规制强度越大,会使得企业无法承担增加的环境税成本,从而降低企业生产效率,阻碍企业进行绿色创新。[1] 有学者发现中国整体较弱的环境规制还不能与排污权交易机制的"完美"运行相匹配,零星的潜在经济红利数据与环境规制强度的关系显示,较强的环境规制可能更有利于排污权交易机制实现波特效应。也有学者发现中国的环境规制强度与中国出口贸易之间呈现着显著的负相关关系,中国环境规制水平的加强会减弱中国的出口贸易。[2] 相比于非国有企业、高集中度市场、东部地区、环境规制强度较强的地区,新《环保法》在国有企业、竞争激烈的低集中度市场、环境监管力度较轻的中西部地区、环境规制强度较弱的地区的样本中,能够更为有效地"倒逼"重污染企业绿色创新。[3]

也有学者基于中国工业企业数据,发现环境规制强度与企业全要素生产率之间呈"倒N型"关系,即强度合理的环境规制能够促进企业TFP提高,环境规制强度较弱或强度过高均会导致企业TFP下降。[4] 中国建筑业建筑水泥和钢材的消耗量约占全球总量的50%,能源消耗量约占全国总量的

---

[1] 李瑞、彭邦军、沈佳豪:《我国环境税对制造业绿色创新影响的实证研究》,《公共经济与政策研究》2020年第1期。
[2] 任力、黄崇杰:《国内外环境规制对中国出口贸易的影响》,《世界经济》2015年第5期。
[3] 王晓祺、郝双光、张俊民:《新〈环保法〉与企业绿色创新:"倒逼"抑或"挤出"?》,《中国人口·资源与环境》2020年第7期。
[4] 任胜钢、郑晶晶、刘东华、陈晓红:《排污权交易机制是否提高了企业全要素生产率——来自中国上市公司的证据》,《中国工业经济》2019年第5期。

30%。① 与此同时,中国政府已经向全世界承诺,至2030年,单位国内生产总值二氧化碳排放比2005年下降60%—65%。因此,建筑业低碳高效发展的需求已经迫在眉睫。但是,环境规制强度是应对气候变化、保证能源安全和创建资源节约和环境友好型社会的重要手段,尚未有学者研究如何通过调整环境规制强度,控制和管理建筑业经济活动,从而促进经济可持续发展的重要作用。② 此外,有观点认为合适的环境规制为受监督对象提供了"创新补偿"作用③,是改善行业发展的合适手段。④ 实证研究环境规制对产业生产率已经普及,但关于建筑业,特别是中国建筑业的研究十分有限。⑤

虽然有部分学者已开始研究环境规制对建筑业生产率的影响⑥,但现有研究具有诸多局限性。首先,所用数据多为2013年之前收集的,无法反映当前地区环境规制的快速发展;此外,每项研究使用不同的投入产出指标,使得研究结果的交叉比较困难;再者,学术界对于环境规制的表征尚未达成共识。综合考虑,为解决上述问题,本节使用三阶段DEA方法,采用Hansen门槛回归模型分析环境规制强度对建筑业绿色全要素生产率的门槛效应。

一、研究设计

与传统模型相比,采用三阶段DEA模型评价环境规制下的建筑业绿色全要素生产率,可以使用随机前沿模型分析阶段一中投入差异值与外生环境变量之间的关系。该方法有效剥离了环境因素和随机误差的影响,准确反映决策单元的实际生产率。⑦ 同时,以往的研究表明,环境规制

---

① 《建筑业发展"十三五"规划》,中华人民共和国住房和城乡建设部2017年版,第1页。
② S. Afsah, *Environmental Regulation and Public Disclosure: the Case of Proper in Indonesia*, Abingdon: RFF Press, 2013, pp.491-493.
③ M. E. Porter, "Michael Porter on Competitive Strategy-Reflections and Round Table Discussion", *European Management Journal*, Vol.6, No.1 (1988), pp.2-9.
④ C. Li, W. Wei, "Empirical Study of Environmental Regulation in Northwest China on TFP (Total Factor Productivity)", *Journal of Arid Land Resources and Environment*, Vol.28, No.2 (2014), pp.14-19.
⑤ N. Wang, "The Role of the Construction Industry in China's Sustainable Urban Development", *Habitat International*, Vol.44, (2014), pp.442-450.
⑥ X. Wang, S. Zhou, B. Liu, "An Empirical Study on Regional Construction Efficiency in China Based on Three-stage DEA Model", *Construction Economy*, Vol.350, No.12 (2011), pp.87-90.
⑦ A. J. Masternak, B. M. Rybaczewska, "Comprehensive Regional Eco-Efficiency Analysis Based on Data Envelopment Analysis", *Journal of Industrial Ecology*, Vol.21, No.1 (2017), pp.180-190.

可能对区域建筑业的技术效率产生门槛效应。"门槛效应"模型实际是在环境规制影响建筑业绿色全要素生产率的过程中确定若干个关键点进而将其划分为不同的区间,在不同区间内环境规制对建筑业绿色全要素生产率的影响不同。以往文献对类似问题的处理主要采用分组检验或引入交叉项等方法,分组检验需要对整个样本进行分组,但这种分组通常具有一定的主观性,根据研究问题的不同,分组也缺乏统一标准。引入交叉项建立包含有交叉项的线性模型,但交叉项的引入会带来多重共线性问题,使得模型的估计不再准确。而且,这两种方法都无法解决"门槛效应"的显著性检验问题。Hansen 提出的面板门槛回归模型能够很好地解决上述问题,通过门槛值的检验对行业进行内生性分组,继而对各子样本区间内环境规制效应的门槛特征进行估计和检验,保证门槛值的可靠性和样本分组的客观性。进一步建立面板门槛回归模型,在门槛值所划分的不同分段区间内,关键解释变量的系数估计值会显著不同,即在不同的子样本区间环境规制对建筑业绿色全要素生产率的影响方向或影响程度会存在显著性差异。① 综合考虑,为克服上述不足,本节使用三阶段 DEA 方法研究环境规制对中国建筑业绿色全要素生产率的传导机制,并采用 Hansen 门槛回归模型分析环境规制强度对建筑业绿色全要素生产率的门槛效应。

(一)模型构建

1. 三阶段 DEA 模型

(1)第一阶段:考虑非期望产出的 SBM 模型

与传统的生产函数相比,环境生产函数必须考虑环境因素。产生期望产出的同时将不可避免地产生非期望产出。因此,有必要构建包含期望产出和非期望产出的环境生产函数。首先,本节对一些变量进行定义。投入被定义为 $x = (x_1, \cdots, x_N) \in R_N^+$,期望产出被定义为 $y = (y_1, \cdots, y_N) \in R_M^+$,非期望产出则被定义为 $b = (b_1, \cdots, b_J) \in R_J^+$。本节定义如下生产函数:

$$P(x) = \{(y, b) : x \text{ can produce } (y, b)\}, \quad x \in R_N^+, \quad y \in R_M^+, \quad b \in R_J^+ \quad (7.1)$$

换而言之,对于每个投入变量 x,产出集合 $P(x)$ 可由该变量产生的期望和非期望产出 (y, b) 的组合组成。为了更好地反映真实的生产条件,Faere 等提出一种称为"环境技术"的方法,首次考虑到非期望产出的弱处

---

① 韩国高:《环境规制、技术创新与产能利用率——兼论"环保硬约束"如何有效治理产能过剩》,《当代经济科学》2018 年第 1 期。

置性。① 基于 Faere 等的研究，Reza Farzipoor Saen 等提出考虑非期望产出的 SBM 模型。② 与传统的 SBM 模型相比，该改进模型有效地克服投入和产出变量松弛为零的缺陷，将非期望产出纳入考虑。通过该模型测度得到的生产率值更加符合实际生产条件。因此，该模型被广泛用于测度考虑非期望产出的效率值。Lozano 等使用考虑非期望产出的 SBM 模型测度 2006—2007 年 39 个西班牙机场的效率，发现所使用的 SBM 模型比传统方向距离函数方法具有更强的区分能力。③ Chang 等则使用该方法测度 2001—2010 年中国的区域能源效率，发现非期望产出对能源效率的测度影响显著。④

在第一阶段，本节使用考虑非期望产出的 SBM 模型测度 2011—2015 年中国 30 个省市自治区的建筑业绿色全要素生产率。假设有 n 个 DMU（决策单位），每个 DMU 包含投入、期望产出和非期望产出三个要素，分别定义为 $x \in R^m$，$y^g \in R^{s1}$ 和 $y^b \in R^{s2}$。本节定义如下 X，Y^g 和 Y^b 矩阵，$X = [x_1, \cdots, x_n] \in R^{m \times n}$，$Y^g = [y^{g1}, \cdots, y^{gn}] \in R^{s1 \times n}$，以及 $Y^b = [y^{b1}, \cdots, y^{bn}] \in R^{s2 \times n}$。

参考 Tone 等人的研究，本节建立如下考虑非期望产出的 SBM 模型：

$$\rho^* = min \frac{1 - \frac{1}{m}\sum_{i=1}^{m}\frac{s_i^-}{x_{i0}}}{1 + \frac{1}{s_1+s_2}(\sum_{r=1}^{s1}\frac{s_r^g}{y_{r0}^g} + \sum_{r=1}^{s2}\frac{s_r^b}{y_{r0}^b})} \tag{7.2}$$

Subject to

$$x_0 = X\lambda + s^- \tag{7.3}$$

$$y_0^g = Y^g\lambda - s^g \tag{7.4}$$

$$y_0^b = Y^b\lambda + s^b \tag{7.5}$$

$$s^- \geq 0, s^g \geq 0, s^b \geq 0, \lambda \geq 0 \tag{7.6}$$

---

① R. Faere, S. Grosskopf, C. A. K. Lovell, et al., "Multilateral Productivity Comparisons When Some Outputs are Undesirable: A Nonparametric Approach", *Review of Economics & Statistics*, Vol.71, No.1 (1989), pp.90-98.

② Reza Farzipoor S., "Developing a nondiscretionary model of slacks-based measure in data envelopment analysis", *Applied Mathematics and Computation*, Vol.169, No.2 (2005), pp.1440-1447.

③ S. Lozano, E. Gutiérrez, "Slacks-Based Measure of Efficiency of Airports with Airplanes Delays as Undesirable Outputs", *Computers & Operations Research*, Vol.38, No.1 (2011), pp.131-139.

④ Y. T. Chang, N. Zhang, D. Danao, et al., "Environmental Efficiency Analysis of Transportation System in China: A non-radial DEA Approach", *Energy Policy*, Vol.58, No.Supplement C (2013), pp.277-283.

在模型中，s 表示投入和产出的松弛，λ 表示权重。ρ^* 表示 DMU (x_0, y_0^g, y_0^b) 的效率值，s_i^- 表示第 i 种投入的冗余，s_r^g、s_r^b 表示第 r 种在 XX 产出的不足，$X\lambda$ 表示前沿上的投入量，$Y^g\lambda$、$Y^b\lambda$ 则表示前沿上的产出量。在该模型的目标函数中，$\frac{1}{m}\sum_{i=1}^{m}\frac{s_i^-}{x_{i0}}$ 为 m 项投入的冗余占各自实际投入量的比例的平均值，也即 m 项投入的平均非效率水平，因而分子则反映了各项投入的平均的效率水平，因而 $\frac{1}{s_1+s_2}(\sum_{r=1}^{s1}\frac{s_r^g}{y_{r0}^g}+\sum_{r=1}^{s2}\frac{s_r^b}{y_{r0}^b})$ 为 s_1+s_2 项产出的不足占各自实际产出量的比例的平均值，即 s_1+s_2 产出平均的非效率水平，因而 $1+\frac{1}{s_1+s_2}(\sum_{r=1}^{s1}\frac{s_r^g}{y_{r0}^g}+\sum_{r=1}^{s2}\frac{s_r^b}{y_{r0}^b})$ 则表示了产出的效率水平。目标函数相对于 s^-、s^g、s^b 严格降低，目标值满足 $0\leqslant\rho^*\leqslant1$。若 $\rho^*=1$，则考虑非期望产出的 DMU_0 是有效的。

(2) 第二阶段：随机前沿分析

第一阶段 DEA 模型的缺陷在于不能将外部环境因素、随机误差和内部管理因素对效率值的影响相分离，致使所得到的效率估计值无法准确地反映出是内部管理导致的无效率还是外部环境因素和随机误差所导致的无效率，因此有必要剥离外部环境因素和随机干扰误差对效率估计值的影响。[①]

设第 i 个 DMU 的第 n 个投入值为 x_{ni}，其松弛变量为 s_{ni}，则：

$$s_{ni} = x_{ni}, \quad x_n\lambda > 0 \tag{7.7}$$

根据 Batese 与 Coelli 的研究结论，松弛变量和环境变量的回归方程可设定为：

$$s_{ni} = f(Z_i, \beta^n) + V_{ni} + U_{ni} \tag{7.8}$$

$$n = 1,2,\ldots,N; i = 1,2,\ldots,I \tag{7.9}$$

式中 s_{ni} 为第 i 个决策单元的第 n 种投入的松弛变量，$f(Z_i, \beta^n)$ 表示环境变量对松弛变量 s_{ni} 的影响，取 $f(Z_i,\beta^n)=Z_i\beta^n$；$V_{ni}+U_{ni}$ 为混合误差项。

利用 SFA 模型的回归结果对 DMU 投入进行调整，考虑到投入不可能为负，所以对处于较好外部环境的 DMU 增加投入，从而剥离环境因素和随机因素的影响。以最有效的 DMU 的投入为基准，对各样本的投入量的调

[①] M. P. Timmer, B. Los, "Localized Innovation and Productivity Growth in Asia: an Intertemporal DEA Approach", *Journal of Productivity Analysis*, Vol.23, No.1 (2005), pp.47-64.

整如下：

$$x_{ni}^* = x_{ni} + [\max_i\{Z_i\beta^n\} - Z_i\beta^n] + [\max_i\{V_{ni}\} - V_{ni}] \quad (7.10)$$

$$n = 1,2,\ldots,N; i = 1,2,\ldots,I \quad (7.11)$$

其中 x_{ni}^* 为调整后的投入量，x_{ni} 为第一阶段的投入值。

(3) 第三阶段：调整后的 DEA 模型

在第三阶段中，将第二阶段得到调整后的投入数据与原始产出数据再次代入考虑非期望产出的 SBM 模型，计算各决策单元的效率值，由此得到的即为剔除环境因素和随机因素后的仅反映经营管理水平的纯技术效率。

2. 门槛模型

以往的研究表明，环境规制可能对区域建筑业的技术效率产生门槛效应。基于 Hansen 的工作，本节将环境调节强度设置为核心变量和门槛变量，分别建立单门槛、双重门槛和三重门槛模型[①]，即

$$ECI = \alpha + \beta_1 ER^2(ER < \gamma_1) + \beta_2 ER^2(ER \geq \gamma_1) + \theta X + \varepsilon \quad (7.12)$$

$$ECI = \alpha + \beta_1 ER^2(ER < \gamma_1) + \beta_2 ER^2(\gamma_1 \leq ER < \gamma_2) \\ + \beta_3 ER^2(ER \geq \gamma_2) + \theta X + \varepsilon \quad (7.13)$$

$$ECI = \alpha + \beta_1 ER^2(ER < \gamma_1) + \beta_2 ER^2(\gamma_1 \leq ER < \gamma_2) \\ + \beta_3 ER^2(\gamma_2 \leq ER < \gamma_3) + \beta_3 ER^2(ER \geq \gamma_3) + \theta X + \varepsilon \quad (7.14)$$

ECI 表示建筑业绿色全要素生产率，ER 表示环境规制强度。X 表示可能对建筑业效率产生影响的一组环境变量，β_i 和 θ 的每列表示相应的系数。区域效应表示为 α，随机误差为 ε，并且阈值为 γ_j。

(二) 变量选取

本节对近五年采用三阶段 DEA 模型方法研究建筑业绿色全要素生产率的相关研究进行了回顾，确定建筑业绿色全要素生产率研究的共性指标。

1. 解释变量

投入指标的选取主要涵盖人力、物力、财力三大方面。其主要包括能源要素投入、从业人员数、建筑业职工工资总额、建筑产业总资产、自有机械设备年末总功率等指标。考虑到环境因素，本节将资本、劳动、技术设备和能源终端消耗量作为建筑业效率的投入指标。就资本投入指标而言，一

[①] B. E. Hansen, "Threshold Effects in Non-Dynamic Panels: Estimation, Testing, and Inference", *Journal of Econometrics*, Vol.93, No.2 (1999), pp.345-368.

般选定全国各省市建筑业总资产,能够表明其在本年度所取得物质财富,同时在一定程度上也代表下一年度经营的物质基础。就人力指标而言,通常由相关从业人员的有效劳动时间来进行衡量,而我国建筑业从业人员在平均工作时间的统计中缺乏相关数据,故此处以当年建筑业全行业的从业人员数衡量劳动投入指标。就技术设备而言,对于建筑业来说,原材料的数量差异在很大程度上是由机械设备决定的,且所使用的机械设备在一定程度上可以反映建筑业的技术进步情况,因此本节选取自有施工机械设备年末总功率来表示技术设备投入。就环境影响而言,在资源有限性的约束下,结合建筑业高能耗的特点,建筑业的能源终端消耗量也应作为一种投入指标。即在环境规制下,建筑业经济增长的同时也要控制能源消耗。

2. 被解释变量

产出指标主要包括工程结算利润、建筑施工面积、建筑业总产值和建筑产业利润总额等指标。其中,在工程结算利润和建筑产业利润总额两个指标的选择上,显然建筑产业利润总额更能反映建筑产业经营效率。而建筑业总产值是一个不但考虑建筑施工面积,而且考虑了价格的综合指标。所以本节最终选取建筑产业利润总额和建筑业总产值作为期望产出指标时,"建筑业二氧化碳排放量"作为一种未支付的环境成本成为非期望产出。

3. 控制变量

结合已有的关于建筑业效率的相关研究,以及我国建筑业的相关特点,本节选择市场化程度、环境规制强度(ER)和人均GDP作为环境指标。

就市场化程度而言,地区的市场化水平可以在一定程度上来衡量该地区资源配置的能力大小。在我国建筑业中,其上下游产业对资源的利用效率同样也能对建筑业的生产率产生重要影响,国有企业的比重在一定程度上限制了市场的发展。本节用非国有建筑业企业资产占地区建筑业企业总资产的比重来反映该地区的市场化程度。

就环境规制强度(ER)而言,ER = 治理污染的总投资/GDP。污染治理投资总额:地区污染治理投资总额在一定程度上可以反映环境规制政策对环境的影响强度,本节用它来表示环境规制的强度。

就人均GDP而言,建筑业的生产率水平与各省市的经济发展水平密切相关,而人均GDP在发展经济学中是作为衡量地区宏观经济运行状况的指标。因此,本节选择人均GDP来衡量地区经济发展状况。

表 7.1　各变量选取

变量类型	一级指标	二级指标	指标说明
解释变量	投入指标	建筑业从业人数	反映建筑业投入水平
		建筑业自有机械设备总功率	反映建筑业设备投入水平
		建筑业企业总资产	反映建筑业财力投入水平
		建筑业能源消耗	反映建筑业能源投入水平
被解释变量	期望产出指标	建筑产业利润总额	反映了建筑业的经济增长状况
		建筑业总产值	反映了建筑业的总收入状况
	非期望产出指标	建筑业二氧化碳排放量	反映了建筑业发展过程中存在的环境成本问题
控制变量	环境指标	市场化程度	反映建筑业地区的市场化水平
		环境规制强度（ER）	反映环境规制政策对建筑业的影响强度
		人均 GDP	反映建筑业经济运行状况

(三) 数据来源

本节数据主要来源于《中国统计年鉴》(2011—2017 年)、《中国建筑业统计年鉴》(2011—2017 年)、《中国能源统计年鉴》(2011—2017 年) 以及各省市相关统计年鉴,其他数据来自网站查询(http://cyfd.cnki.com.cn/),有助于提升数据的可信度。由于西藏各能源排放量数据获取来源的限制,本节不将西藏纳入研究范围,且目前无法获得台湾、香港和澳门地区的可靠数据,所以所选数据中不包括这些区域。考虑到数据的可获得性和完整性,所选数据包括由中国 22 个省、4 个直辖市(北京、天津、上海和重庆)和 4 个自治区(广西、内蒙古、宁夏和新疆)组成的 30 个省级单位,各指标数据统计口径基本一致,能够保证指标数据的真实性和客观性。

二、研究结果与分析

(一) 三阶段 SBM-Undesirable 模型测度结果分析

1. 第一阶段

该阶段使用 MaxDEA6.18 软件测度了 2011—2015 年中国建筑业绿色全要素生产率,并获得了各省的技术效率(TE)、纯技术效率(PTE)和规模效率(SE)等数据。图 7.1 显示了忽略随机因素和外部环境变量影响的建筑业绿色全要素生产率及其分解的变化趋势。技术效率、纯技术效率和规模效率的平均值分别为 0.735、0.784 和 0.938，表明技术效率低下一般受纯技术效率的影响较大，规模效率的影响相对较小。如图 7.1 所示，在不考虑环境因素的情况下，技术效率和纯技术效率在 2013 年后逐渐下降，表明技术应用恶化，规模效率总体稳定在 0.95 左右。减少二氧化碳排放的主要制约因素是技术水平。大多数省份由于缺乏资源而呈现相对较低的技术效率。

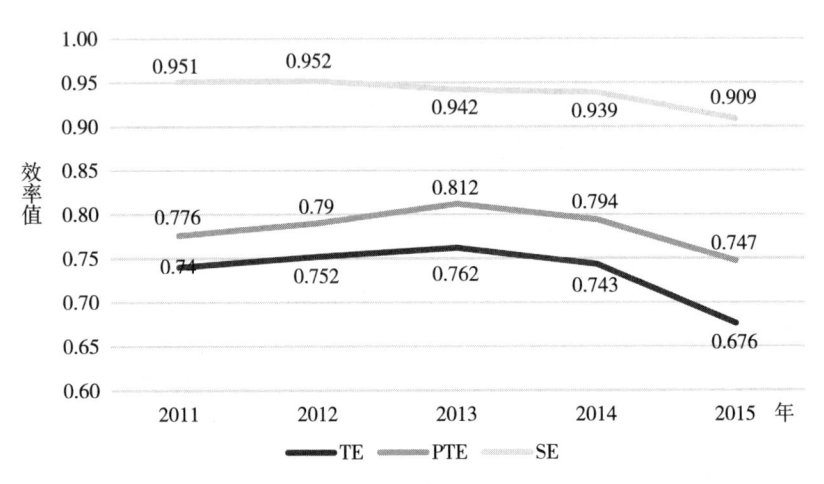

图 7.1 2011—2015 年中国建筑业第一阶段效率

2. 第二阶段

将第一阶段得出的 DMU 中的各投入变量的松弛变量作为被解释变量，选取环境变量市场化程度、人均 GDP 和环境规制强度作为环境变量，运用 Frontier4.1 进行 SFA 回归分析（见表 7.2）。回归结果表明，环境变量对 4 个投入松弛变量的回归系数显著，说明环境规制等外部环境因素在一定程度上对投入变量差额产生了影响且各年份的 $\sigma 2$ 都很大，通过了显著性检验。γ 也很显著，表明非效率因素管理占总方差很大比例。

在表 7.2 中，环境变量的负回归系数表明环境变量的增加与松弛变量的减少相关联，较小的松弛变量与较少的资源浪费和较高的相对效率相关联。正系数表示投入松弛变量随外部环境变量的增加而增加，即增加外部环境变量的值导致投入变量的产出减少。

（1）市场化程度：该变量与建筑业总资产松弛变量和能源终端消耗松弛变量呈负相关，与从业人数松弛变量和机械设备年末总功率松弛变量呈正相关，表示市场水平越高的地区，建筑业对资金和能源的利用率就越高。

这就可以解释,市场化水平越高的省市,竞争性就越强,劳动力和机械设备的投入就越大,难免造成冗杂,建筑业企业要在激烈的市场竞争中生存就必须提高自身效率。

(2) 人均GDP:该指标表征一个地区的经济发展水平。区域经济的发展会带动包括建筑业在内的各个产业的发展,促进建筑业生产效率的提高。该变量与建筑业总资产松弛变量和机械设备年末总功率松弛变量呈负相关,与从业人数和能源终端消耗松弛变量的松弛呈正相关。人均GDP的增加有利于投入松弛变量的减少,有利于节约各种资源的投入,提高各决策单元的相对效率水平。一个地区的经济发展水平越高,表示该地区的经济活动效率也就越高,竞争意识越强。

(3) 环境规制强度:环境规制强度代表政府对环境的管制强度。该变量与从业人员数呈负相关,与建筑业总资产、技术设备总功率和能源终端消耗呈正相关。这与预期相符,随着政府对环境的规制强度升高,建筑业的生产效率降低。

表7.2 第二阶段SFA结果

	建筑业从业人数		建筑业总资产		建筑业自有机械设备总功率		建筑业终端能源消耗量	
	系数	T值	系数	T值	系数	T值	系数	T值
常数	−70.266*	−3.260	−33.591	−0.190	−176.267	−1.020	−51.957	−0.811
市场化程度	5.130	0.239	−15.809	−0.068	237.440	1.070	22.228	0.288
人均GDP	0.000	0.332	0.000	−0.689	0.000	−0.465	0.000	−0.227
环境规制强度	205.237	0.693	191.669*	11.708	−2789.374*	−132.756	1319.630	1.030
$\sigma 2$	3210.179*	2.663	137151.950*	105642.400	125991.470*	107953.330	25071.392*	175.358
γ	0.954*	45.613	0.506*	8.381	0.618*	12.994	0.821*	36.669
对数似然函数值	−638.229		−1062.162		−1040.345		−872.072	
LR	27.916		22.352		35.942		93.007	

注:T值是解释变量是否对解释的变量具有显著影响的指数,*表示在10%水平下显著。

3. 第三阶段

根据 SFA 模型回归的结果调整阶段一中的投入产出数据,获得阶段三新的投入产出数据,并采用 MaxDEA6.18 计算。平均 TE、PTE 和 SE 分别为 0.607、0.875 和 0.688。从图 7.2 中可以看出,在环境因素的情况下,效率值具有类似的趋势。2011—2013 年期间,技术效率和纯技术效率缓慢上升,规模效率在一个小范围内波动。2014—2015 年期间,所有效率值均显著下降,纯技术效率高于规模效率和技术效率。

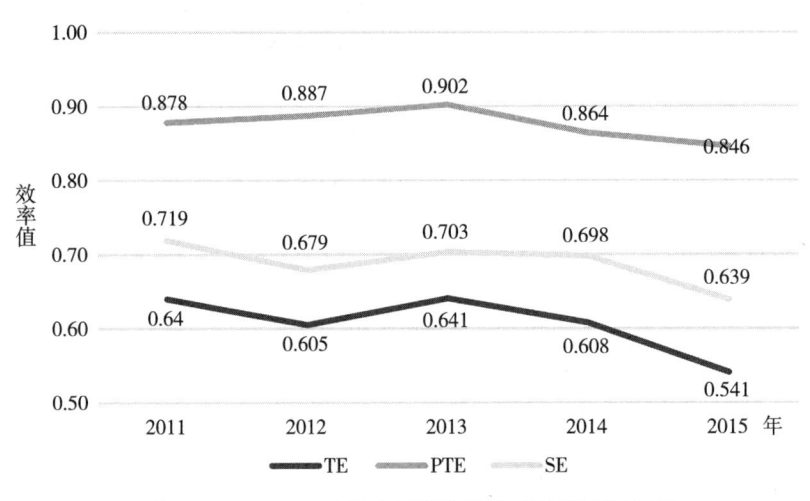

图 7.2 2011—2015 年中国建筑业第三阶段平均效率

全国平均技术效率值从第一阶段的 0.735 降至第三阶段的 0.607,降幅为 0.128。纯技术效率从第一阶段的 0.784 上升到第三阶段的 0.875,增加 0.091,但规模效率急剧下降,从第一阶段的 0.938 降至第三阶段的 0.688,减少 0.25。这表明环境变量对建筑业绿色全要素生产率有显著影响,特别是对规模效率。

(二)区域绿色全要素生产率比较分析

为便于比较,30 个省市自治区被划分为华北、东北、华东、中南、西南和西北地区。华北地区包括北京、天津、河北、山西和内蒙古;东北地区为辽宁、吉林和黑龙江;华东地区为上海、江苏、浙江、福建、山东、安徽、江西;中南地区为河南、湖北、湖南、广东、广西和海南;西南地区为重庆、四川、贵州和云南;西北地区为陕西、甘肃、青海、宁夏和新疆。图 7.3 总结了 2011—2015 年各地区建筑业技术效率、纯技术效率和规模效率。除辽宁、山东和湖北外,几乎所有省份的第一阶段技术效率均高于第三阶段,表明技术效率

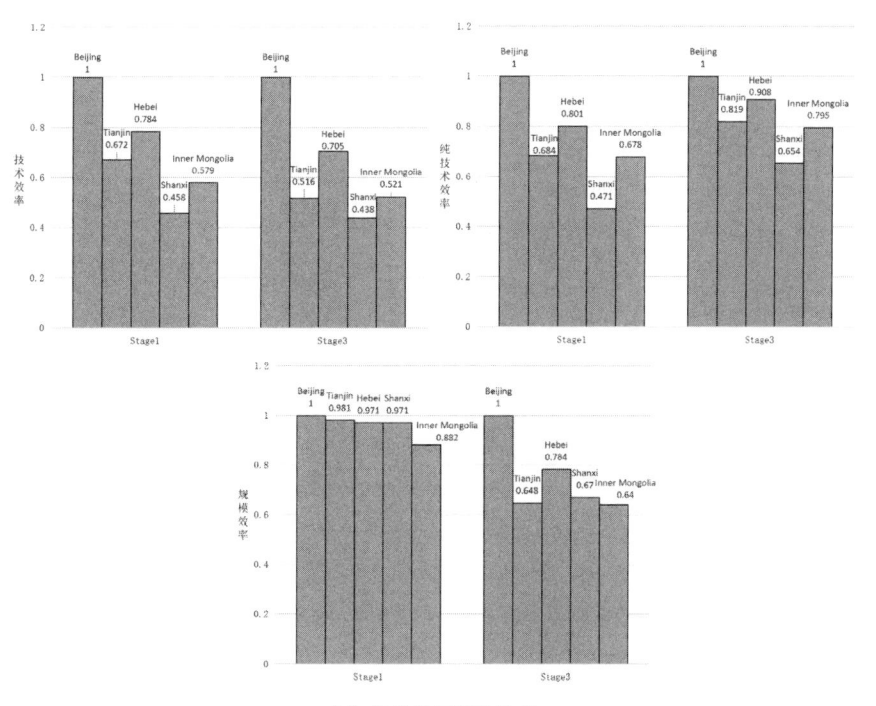

(a) 华北地区平均效率

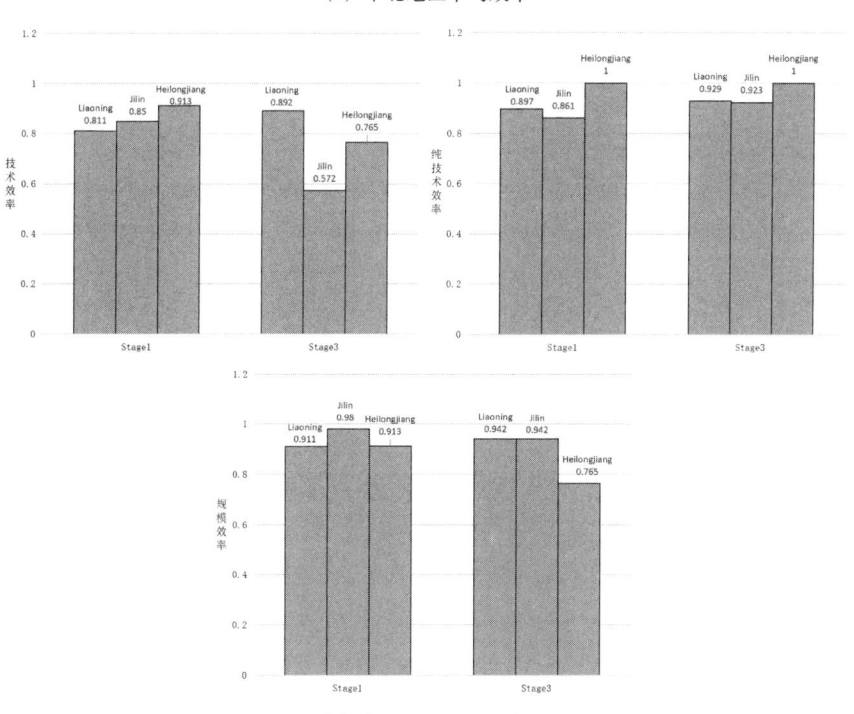

(b) 东北地区平均效率

(c) 华东地区平均效率

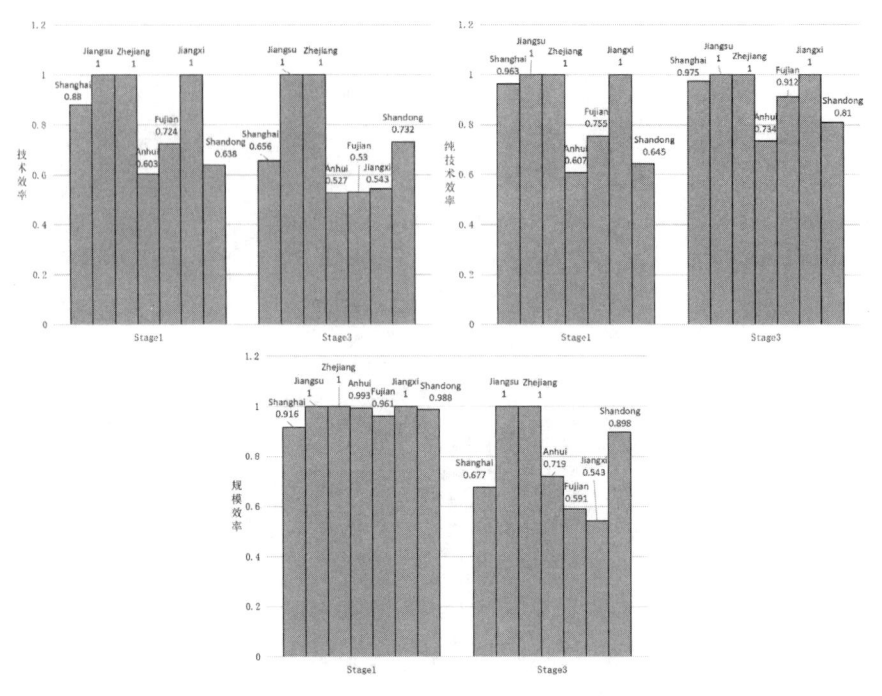

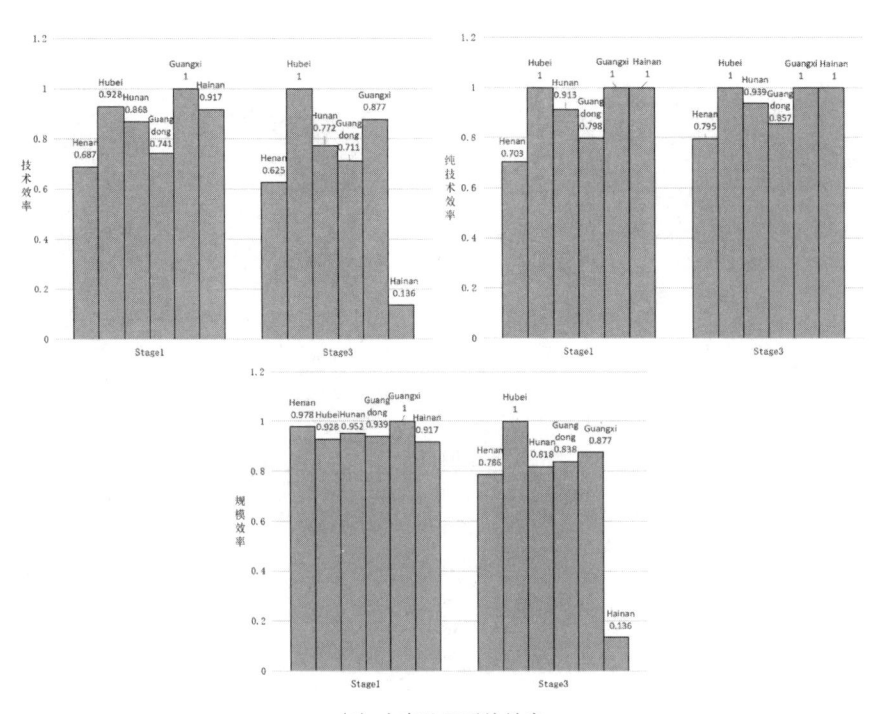

(d) 中南地区平均效率

第七章　环境规制对中国建筑业绿色全要素生产率传导机制研究

(e) 西南地区平均效率

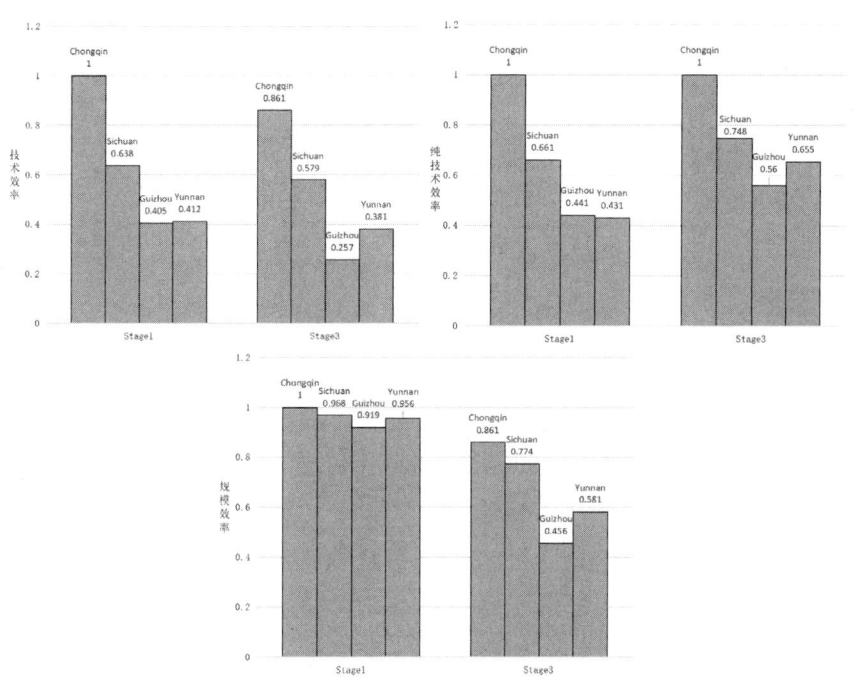

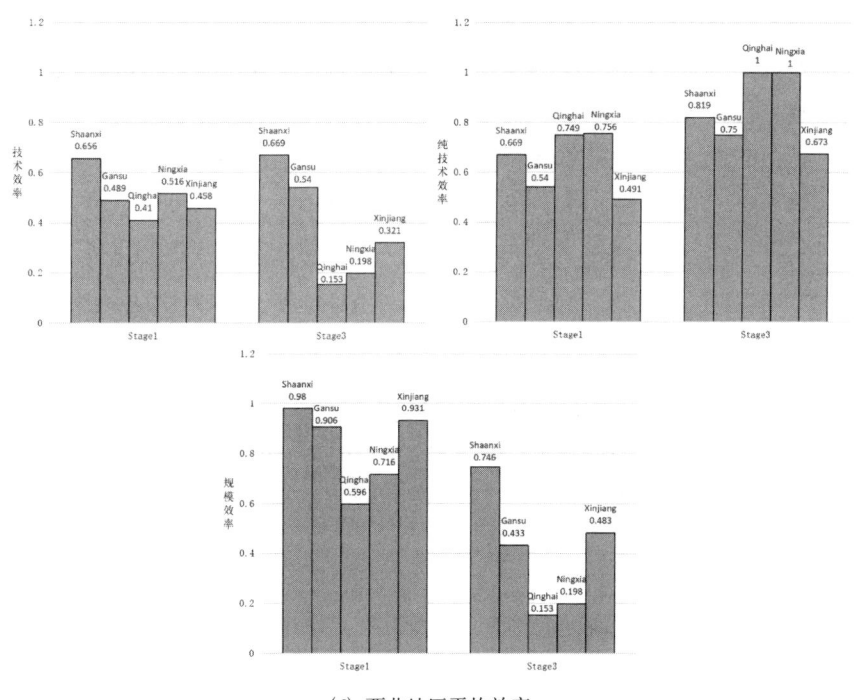

(f) 西北地区平均效率

图 7.3　区域建筑业效率

被高估。此外,各省在第三阶段具有较高的纯技术效率,这表明环境因素确实对技术创新的发展产生了积极影响,规模效率比技术效率和纯技术效率更受影响。

在不考虑环境因素影响的情况下,华北地区的最高技术效率为 1.000,最低的为 0.458。北京处于生产前沿,而山西的技术效率最低。考虑到环境因素的影响,华北地区的技术效率大幅下降。在这些省份中,天津是华北地区受影响最严重的省份,减少了 23.2%。

东北三省的技术效率均大于 0.8,表明东北地区处于较高水平。考虑到环境因素的影响,辽宁的所有效率都有显著提高;吉林和黑龙江的技术效率和规模效率均显著下降,而纯技术效率仅略有提高。这表明辽宁的效率受环境因素的影响较小,而吉林和黑龙江的技术效率受影响较大。

在华东地区,江苏和浙江的效率处于生产前沿。考虑到环境因素的影响,除江苏、浙江和山东以外的其他省份的技术效率均有显著下降。其中,江西的技术效率下降幅度最大,为 45.7%。这表明华东地区建筑业的效率两极分化严重,一些省份的效率被严重高估。

在中南地区,湖北和广西的效率值最高。考虑到环境因素的影响,湖北的技术效率上升到生产前沿,而其他省份则有不同的下降。其中,海南的技术效率从 0.917 降至 0.136,下降了 85.2%,表明被严重高估。

在西南地区,重庆的技术效率处于生产前沿,而其他省份的技术效率低于 0.6。这表明重庆的技术效率最高,但其对周边地区的影响相当小。

在西北地区,陕西技术效率最高,为 0.656。在考虑环境因素的影响后,各省的技术效率显著下降。除陕西外,其他省份减少 30% 以上,青海和新疆减少 60% 以上。这表明西北地区的建筑业效率低下,技术效率被严重高估。

(三) 门槛效应检验

1. 高低环境规制强度地区的划分

使用单门槛、双重门槛和三重门槛模型连续进行检验,检验结果如表 7.3 所示。研究发现,单门槛 F 检验显著,P 值为 0.027,且双重门槛 F 检验也显著,P 值为 0.060。然而,三重门槛的检验不显著。P 值表明回归关系中存在门槛,其中 $\gamma 1$ 为 0.014(1.4%)。

表7.3 门槛效应检验

门槛模型	F	P值	关键值 1%	关键值 5%	关键值 10%
单门槛	6.674**	0.027	9.047	4.638	3.806
双重门槛	4.647*	0.060	8.504	5.029	3.751
三重门槛	2.992	0.200	11.474	6.076	4.552

注：三个bootstrap检验的抽样次数均为300次。F值是门槛效应是否显著的指标，* 和 ** 分别表示在10%和5%水平下显著。

根据上述确定的门槛值ER=1.4，本节将30个省按年份分为高（ER≥1.4）和低（ER<1.4）环境规制强度省份，以分析环境规制强度对建筑业绿色全要素生产率的影响，如表7.4所示。2015年山东和江西从高规制强度省份变为低规制强度省份，广西和重庆则在2014年变为低规制强度省份。2012年至2015年，北京为高规制强度省份。高低环境规制强度省份的最终构成如表7.5所示。

表7.4 2011—2015年高低环境规制强度省（区、市）

年份	高环境规制强度省（区、市）	低环境规制强度省（区、市）
2011	山东、广西、天津、青海、辽宁、安徽、新疆、江西、山西、河北、重庆、宁夏、内蒙古	河南、湖南、广东、浙江、四川、上海、吉林、福建、海南、贵州、黑龙江、江苏、陕西、北京、湖北、云南、甘肃
2012	山东、广西、黑龙江、海南、重庆、河北、北京、安徽、江西、宁夏、陕西、内蒙古、辽宁、新疆	广东、上海、河南、四川、吉林、湖南、甘肃、贵州、浙江、福建、天津、江苏、湖北、云南、山西、青海
2013	重庆、贵州、陕西、江苏、山东、广西、河北、江西、云南、青海、黑龙江、北京、安徽、山西、宁夏、内蒙古、新疆	甘肃、广东、吉林、海南、上海、河南、湖南、四川、浙江、湖北、天津、福建
2014	江苏、山东、河北、江西、陕西、天津、贵州、安徽、山西、北京、宁夏、内蒙古、新疆	甘肃、广东、海南、吉林、福建、河南、湖南、辽宁、四川、上海、黑龙江、浙江、湖北、重庆、云南、广西、青海

续表

年份	高环境规制强度省（区、市）	低环境规制强度省（区、市）
2015	河北、天津、安徽、贵州、山西、北京、宁夏、内蒙古、新疆	甘肃、广东、海南、吉林、福建、湖南、河南、辽宁、上海、湖北、重庆、四川、浙江、广西、云南、陕西、江苏、青海、黑龙江、江西、山东

表 7.5　高低环境规制强度省份划分结果

类型	高环境规制强度地区	低环境规制强度地区
省份	安徽、新疆、山西、河北、宁夏、内蒙古、山东、江西、广西、重庆、北京	河南、湖南、广东、浙江、四川、上海、吉林、福建、甘肃、湖北、天津、黑龙江、江苏、贵州、云南、陕西、青海、辽宁、海南

2. 高低环境规制强度地区建筑业绿色全要素生产率比较分析

表7.6总结了2011—2015年高低环境规制强度地区建筑业绿色全要素生产率。由表7.6可得，在考察期内，6个省第一阶段技术效率为1.000。其中，4个属于高环境规制强度地区，2个属于低环境规制强度地区。北京、江苏和浙江建筑业的效率在第一和第三阶段处于生产前沿，表明这些省份受环境变量的影响较小。以效率值0.5为门槛，技术效率最低的6个省区是高环境规制强度地区的山西和新疆，以及低环境规制强度地区的贵州、云南、甘肃和青海。此外，通过比较这6个省区的第一和第三阶段的效率值，可以发现低环境规制强度地区省区建筑业效率更容易受环境变量的影响。

表 7.6　2011—2015年高低环境规制强度地区中国建筑业效率
（第一阶段和第三阶段）

地区	省（市、区）	2011—2015年					
		第一阶段			第三阶段		
		TE	PTE	SE	TE	PTE	SE
高环境规制强度地区	北京	1	1	1	1	1	1
	河北	0.784	0.801	0.971	0.705	0.908	0.784
	山西	0.458	0.471	0.971	0.438	0.654	0.670

续表

地区	省（市、区）	2011—2015年 第一阶段 TE	PTE	SE	第三阶段 TE	PTE	SE
	内蒙古	0.579	0.678	0.882	0.521	0.795	0.640
	安徽	0.603	0.607	0.993	0.527	0.734	0.719
	江西	1	1	1	0.543	1	0.543
	山东	0.638	0.645	0.988	0.732	0.810	0.898
	广西	1	1	1	0.877	1	0.877
	重庆	1	1	1	0.861	1	0.861
	宁夏	0.516	0.756	0.716	0.198	1	0.198
	新疆	0.458	0.491	0.931	0.321	0.673	0.483
	平均	0.731	0.768	0.950	0.611	0.870	0.698
低环境规制强度地区	天津	0.672	0.684	0.981	0.516	0.819	0.648
	辽宁	0.811	0.897	0.911	0.892	0.929	0.942
	吉林	0.850	0.861	0.980	0.572	0.923	0.614
	黑龙江	0.913	1	0.913	0.765	1	0.765
	上海	0.880	0.963	0.916	0.656	0.975	0.677
	江苏	1	1	1	1	1	1
	浙江	1	1	1	1	1	1
	福建	0.724	0.755	0.961	0.530	0.912	0.591
	河南	0.687	0.703	0.978	0.625	0.795	0.786
	湖北	0.928	1.000	0.928	1	1	1
	湖南	0.868	0.913	0.952	0.772	0.939	0.818
	广东	0.741	0.798	0.939	0.711	0.857	0.838
	海南	0.917	1	0.917	0.136	1	0.136
	四川	0.638	0.661	0.968	0.579	0.748	0.774
	贵州	0.405	0.441	0.919	0.257	0.560	0.456
	云南	0.412	0.431	0.956	0.381	0.655	0.581
	陕西	0.656	0.669	0.980	0.618	0.819	0.746

续表

地区	省（市、区）	2011—2015 年					
^	^	第一阶段			第三阶段		
^	^	TE	PTE	SE	TE	PTE	SE
	甘肃	0.489	0.540	0.906	0.325	0.750	0.433
	青海	0.410	0.749	0.596	0.153	1	0.153
	平均	0.737	0.793	0.932	0.605	0.878	0.682

回顾现有的中国建筑业绿色全要素生产率研究，可以发现明显的区域差异，即东部地区优于中西部地区。例如，Chancellor 和 Lu 对中国建筑业的区域差异进行了描述。[1] 本节采用三阶段方法获得的结果符合 Zhong 等的研究，显示随机误差对生产率的影响，消除影响因素后的生产率更接近真实的情况。[2]

如图 7.2 所示，由于外部环境调节变量和随机因素，各省的平均效率值略有变化。全国平均技术效率值和规模效率值降低，纯技术效率提高。2013—2015 年的纯技术效率平均增长率为 3%，而技术效率和规模效率在很小的范围内波动。2013 年以后，技术效率、纯技术效率和规模效率均大幅下降，技术效率最大降幅为 15%。此外，平均效率趋势与环境调控强度趋势高度一致。结果表明：(1) 环境变量和随机因素对中国建筑业的生产率产生一定的影响；(2) 中国建筑业的规模效率被高估。

从表 7.4 和表 7.7 可以看出：

（1）几乎所有省份在第一阶段的技术效率都高于第三阶段，表明技术效率被高估。此外，各省在第三阶段具有较高的纯技术效率，这表明环境因素确实对技术创新的发展产生积极影响。规模效率比技术效率和纯技术效率更易受影响。

（2）不同地区的建筑业技术效率差异很大。东北、华北和东部地区高

---

[1] W. Chancellor, W. Lu, "A Regional and Provincial Productivity Analysis of the Chinese Construction Industry: 1995 to 2012", *Journal of Construction Engineering And Management-asce*, Vol.142, No.11(2016), p.05016013.

[2] S. Zhong, Y. Liu, X. Han, "Efficiency Evaluation of Construction Industry under Environmental Regulation based on Undesirable DEA", *Proceedings of the 2017 International Conference on Construction and Real Estate Management: Industry Regulation and Sustainable Development*, November 10, 2017, pp.260-269.

于中南、西南和西北地区。此外,华东和西南地区存在明显的两极分化。

可以得出,环境规制等环境因素对中国建筑业绿色全要素生产率,特别是规模效率产生了重大影响。为了进一步分析这一点,表7.6中的第一阶段技术效率值作为横坐标,第三阶段技术效率作为纵坐标(如图7.4和7.5所示),并获得了环境调节影响的简单回归方程。虚线对角线表示第三技术效率与第一技术效率相同的情况,而实线表示线性回归线的位置。当环境规制影响方程的常数项非常接近零时,趋势方程 x 的系数表示第一效率与第三效率的比率。因此,系数越接近单位,回归线越接近对角线,环境变量对第三效率的影响越小。

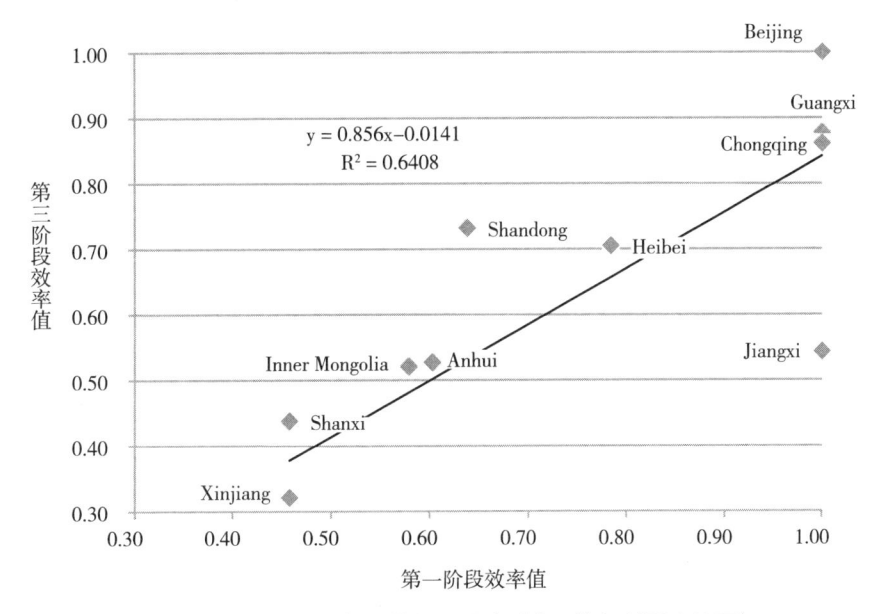

图 7.4　2011—2015 年环境规制影响(高环境规制强度地区)

环境规制影响方程表明,高环境规制强度和低环境规制强度地区的效率与环境规制具有明显的短期均衡关系。① 可以看出,几乎所有点都在对角线以下,表明不考虑环境影响的效率被高估。高环境规制强度和低环境规制强度地区的系数均小于 1.000,表明环境规制对大多数省份的效率产生负面影响。然而,由于低环境规制强度地区环境规制影响方程的常数项

---

① H. Wang, "Comparison and Selection of Environmental Regulation Ppolicy in China: Based on Bayesian Model Averaging Approach", *China Population Resources and Environment*, Vol.26, No.9(2016), pp.132-138.

为 0.1168，因此通过比较系数来确定高低环境规制强度地区之间环境规制影响已不再适用。因此，本节使用 T 测试来进行比较。表 7.7 显示，低环境规制强度地区的环境规制（p＜1%）比高环境规制强度地区（p＜5%）更有效。

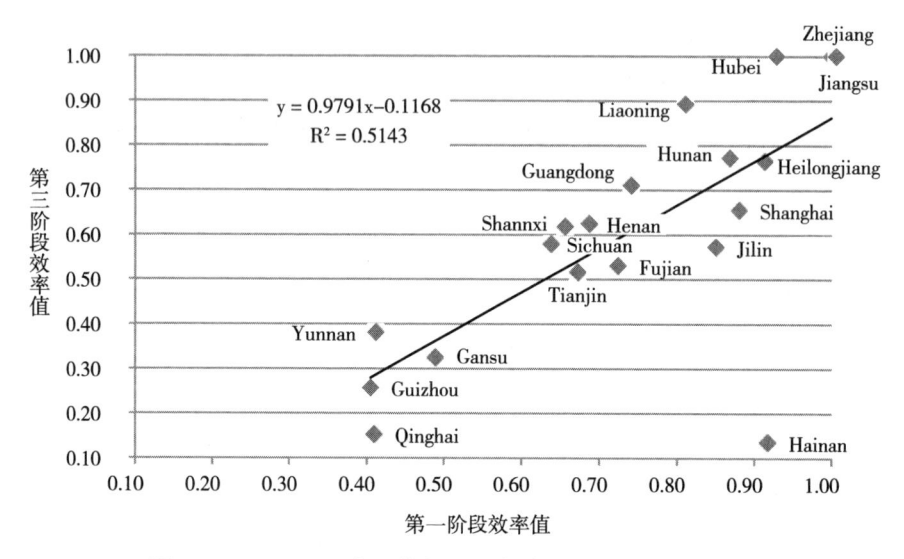

图 7.5　2011—2015 年环境规制影响（低环境规制强度地区）

表 7.7　高低环境规制强度地区 T 检验

项目	对比差异					t	df	Sig.(two sided)
	平均	标准差	平均标准差	95%				
				上限	下限			
高环境规制强度地区阶段1—3效率值	0.1194	0.15201	0.04583	0.0172	0.2215	2.604	10	0.026
低环境规制强度地区阶段1—3效率值	0.1323	0.18788	0.04310	0.0417	0.2228	3.069	18	0.007

造成高环境规制强度地区受到的影响更小的原因，可能是其技术更加成熟。相反，增加低环境规制强度地区的环境规制强度将使企业不得不采

取相应措施来减少或控制由此产生的环境污染。一方面,这将迫使企业增加其原始环境管理的成本以应对环境监管的变化;另一方面,这同时迫使企业在选择和生产过程中加强环境意识和减少污染源。因此,低环境规制强度地区的产业效率受环境规制影响较大。

三、小　结

本节利用2011—2015年中国30个省市自治区的面板数据,揭示环境规制强度对建筑业绿色全要素生产率的传导机制。本节首先采用三阶段DEA模型评价了环境规制影响下的建筑业绿色全要素生产率,然后采用Hansen门槛回归模型分析环境规制强度对建筑业绿色全要素生产率的门槛效应,门槛值为0.014。[①] 结果表明,环境规制对中国建筑业绿色全要素生产率产生重要影响。其中,规模效率受影响最大,且环境规制强度高地区的技术效率受环境规制的影响较小。研究结果为分析其他发展中国家的建筑业生产率提供了参考框架和分析方法,为实施环境规制政策和未来政策制定提供借鉴。

第二节　不同类型环境规制对中国建筑业绿色全要素生产率的传导机制

不同类型环境规制都是以减少经济活动对生态环境影响、缓解环境资源压力为主要目的的。目前环境规制类型主要有命令控制型、市场激励型和自愿参加型三种类型。由于经济全球化不仅推动世界经济的发展,也给各国带来环境问题。从长期发展来看,以环境污染为代价的经济增长方式将难以持续。[②] 通过环境规制工具实现产业经济发展与环境保护的协调融合引起世界各国政府的重视。[③] 这就要求政府部门采用这些不同类型环境规制工具对产业发展进行调控,以减少环境污染,推动绿色发展。

[①] B. E. Hansen, "Threshold Effects in Non-Dynamic Panels: Estimation, Testing, and Inference", *Journal of Econometrics*, Vol.93, No.2 (1999), pp.345-368.

[②] D. L. Millimet, J. Roy, "Three New Empirical Tests of the Pollution Haven Hypothesis When Environmental Regulation is Endogenous", *Journal of Applied Econometrics*, Vol.31, No.4 (2016), pp.652-677.

[③] A. Gouldson, A. Morton, S. J. Pollard, et al., "Better Evironmental Regulation-Contributions from Risk-Based Decision-Making", *Science of The Total Environment*, Vol.407, No.19 (2009), pp.5283-5288.

然而，不同类型的环境规制工具对建筑业绩效的影响却很少有学者研究[①]，大多数研究关注的是环境规制（ER）对经济和效率的影响。[②] 现有研究指出，不同类型的环境规制工具对产业效率会产生不同的影响。[③] 但仅有少数研究考虑不同类型的 ER 对建筑业企业竞争力的影响。同时，由于绿色全要素生产率代表了对产业经济增长的贡献，是衡量产业绿色增长的一个重要标准，绿色全要素生产率的变化可以直接反映建筑业的发展。[④] 因此，研究不同类型的环境规制和绿色全要素生产率之间的关系，以及不同类型的环境规制如何影响建筑业发展是一个非常迫切的问题。

中国建筑业的快速发展不但消耗大量的资源和能源，对生态环境也产生很大的破坏和压力，带来了包括空气污染、水污染、固体废弃物污染、噪声污染等一系列环境污染问题。[⑤] 为了缓解经济发展与能源环境之间的矛盾，中国政府应用不同类型的环境规制工具对建筑业的产业发展进行调控，促进绿色全要素生产率的提高。政府综合运用三种类型环境规制工具，包括命令控制型（如环境行政处罚、环境影响评价制度等）、市场激励型（如排污收费制度、环保税等）、自愿参与型（如环境信访办法、环保举报热线等）[⑥]，同时要求建筑业采用碳排放量少的建筑材料和先进的节能减排技术，以减少建筑业发展过程中产生的能源消耗和环境污染，促进绿色全要素生产率提升。[⑦]

[①] R. H. Xie, Y. J. Yuan, J. J. Huang, "Different Types of Environmental Regulations and Heterogeneous Influence on 'Green' Productivity: Evidence from China", *Ecological Economics*, Vol.132, (2017), pp.104-112.

[②] L. Zhang, J. Tian, Y. Wu, "The Dynamic Effect of Environmental Regulation on Construction Industry in China", *Advances in Information Sciences and Service Sciences*, Vol.4, No.16 (2012), pp.426-435.

[③] S. Ren, X. Li, B. Yuan, et al., "The Effects of Three Types of Environmental Regulation on Eco-efficiency: A cross-region Analysis in China", *Journal Of Cleaner Production*, Vol.173, (2018), pp.245-255.

[④] C. Chen, Q. Lan, M. Gao, et al., "Green Total Factor Productivity Growth and its Determinants in China's Industrial Economy", *Sustainability*, Vol.10, No.4 (2018), pp.1052.

[⑤] F. Pachecotorgal, S. Jalali, "Earth Construction: Lessons from the Past for Future Eco-efficient Construction", *Construction & Building Materials*, Vol.29, No.4 (2012), pp.512-519.

[⑥] Z. Feng, W. Chen, "Environmental Regulation, Green Innovation, and Industrial Green Development: An Empirical Analysis Based on the Spatial durbin Model", *Sustainability*, Vol.10, No.1 (2018), p.223.

[⑦] 《建筑业发展"十三五"规划》，中华人民共和国住房和城乡建设部 2017 年版，第 1 页。

综上,本节以中国建筑业为例,运用 EBM 模型的 GML 生产率指数测算建筑业绿色全要素生产率,并用面板 Tobit 回归模型实证分析不同类型环境规制对建筑业绿色全要素生产率的影响。研究首次探讨不同类型环境规制对中国建筑业绿色全要素生产率产生的不同影响,有助于政府根据不同环境监管工具的影响修改环境监管政策的组合。

一、研究设计

考虑到效率与生产率值具有非负截断特征,对这类受限因变量模型的估计,用普通最小二乘法(OLS)无法完整呈现数据而导致估计偏差,会得到有偏的结果,因此采用 Tobit 模型。[①] 此外,由于本节拟使用 2012—2016 年全国 30 个省市自治区的数据进行实证分析,这组样本的特点之一是样本数据时间较短而截面单元较多,属于典型的短面板数据,可以认为各个城市之间存在个体差异。由于没有充足的数据进行条件最大似然估计而无法进行固定效应面板 Tobit 模型,目前发展较为成熟的有混合效应面板 Tobit 模型和随机效应面板 Tobit 模型。[②] 若直接在混合效应面板 Tobit 回归中引入个体虚拟变量,则所得固定效应估计量有偏。故本节建立随机效应面板 Tobit 模型来研究三种类型环境规制对建筑业绿色全要素生产率的影响。

(一) 模型构建

本节建立随机效应面板 Tobit 模型来研究三种类型环境规制对建筑业绿色全要素生产率的影响。首先建立模型 1 来研究三种类型 ER 与建筑业绿色全要素生产率之间的线性关系:

$$GTFP_{i,t} = \alpha_0 + \alpha_1 GTFP_{i,t-1} + \beta_1 \sum_{j=1}^{3} ER_{j,i,t} + \beta_2 GDP_{i,t} \\ + \beta_3 OSS_{i,t} + \beta_4 IDP_{i,t} + \varepsilon_{i,t}$$

其中,i 和 t 分别表示省市自治区和年份。绿色全要素生产率为建筑业绿色全要素生产率,其具体数值已通过 EBM-GML 计算得到,同时将滞后一期的绿色全要素生产率引入回归模型。ER_j 表示命令控制型(CER)、市场激励型(MER)和自愿参与型(VER)环境规制,$j=1,2,3$。GDP、OSS、IDP 分别表示经济发展水平、所有权结构、产业发达程度。α_0 为常数项,$\varepsilon_{i,t}$

[①] J.Tobin, "Estimation of Relationships for Limited Dependent Variables", *Econometrica*, Vol.26, No.1(1958), pp.24-36.

[②] M C. Buisson, S. Balasubramanya, "The Effect of Irrigation Service Delivery and Training in Agronomy on Crop Choice in Tajikistan", *Land Use Policy*, Vol.18, (2019), pp.175-184.

为扰动项。

与此同时,为了研究三种类型 ER 与建筑业绿色全要素生产率的非线性关系,本节在模型1的基础上引入环境规制的二次项,建立模型2:

$$GTFP_{i,t} = \alpha_0 + \alpha_1 GTFP_{i,t-1} + \beta_1 \sum_{j=1}^{3} ER_{j,i,t} + \beta_2 ER_{j,i,t}^2 + \beta_3 GDP_{i,t} + \beta_4 OSS_{i,t} + \beta_5 IDP_{i,t} + \varepsilon_{i,t}$$

以上两个模型都是研究当期环境规制对建筑业绿色全要素生产率的影响,然而考虑到环境规制对建筑业绿色全要素生产率的影响需要一段时间才能有效,会有一定的滞后性。因此,本节同时建立自变量滞后一期的线性和非线性模型(模型3及模型4),并且将控制变量也滞后一年,以避免与生产率的双向因果关系。①

$$GTFP_{i,t} = \alpha_0 + \alpha_1 GTFP_{i,t-1} + \beta_1 \sum_{j=1}^{3} ER_{j,i,t-1} + \beta_2 GDP_{i,t-1} + \beta_3 OSS_{i,t-1} + \beta_4 IDP_{i,t-1} + \varepsilon_{i,t}$$

$$GTFP_{i,t} = \alpha_0 + \alpha_1 GTFP_{i,t-1} + \beta_1 \sum_{j=1}^{3} ER_{j,i,t-1} + \beta_2 ER_{j,i,t-1}^2 + \beta_3 GDP_{i,t-1} + \beta_4 OSS_{i,t-1} + \beta_5 IDP_{i,t-1} + \varepsilon_{i,t}$$

其中,i 和 t 分别表示省市自治区和年份。ER_j 表示命令控制型(CER)、市场激励型(MER)和自愿参与型(VER)环境规制,$j=1,2,3$。GDP、OSS、IDP 分别表示经济发展水平、所有权结构、产业发达程度。α_0 为常数项,$\varepsilon_{i,t}$ 为扰动项。

(二) 变量选取

为消除量纲的影响,采用标准化法对各指标及变量的原始数据进行无量纲化处理:

$$G_{ij} = \frac{X_{ij} - minX_{ij}}{maxX_{ij} - minX_{ij}} \tag{7.15}$$

---

① Y. Rubashkina, M. Galeotti, E. Verdolini, "Environmental Regulation and Competitiveness: Empirical Evidence on the Porter Hypothesis from European Manufacturing Sectors", *Energy Policy*, Vol.83, No.35(2015), pp.288-300.

其中，X_{ij} 表示 i 省市 j 年的指标。

为了比较不同类型的环境规制对建筑业绿色全要素生产率造成的不同结果，本节选取不同类型环境规制中最具代表性的环境规制工具来进行分析。与第二章所介绍的环境规制政策类别的划分一致，本节也将环绕规制分为命令控制型市场激励型和自愿参与型，各指标选取如下。[1][2]

1. 被解释变量

绿色全要素生产率（GTFP）：对技术创新产出的度量指标目前尚未统一，一些学者认为用技术发明专利数作为度量指标，但是，实际上，有相当一部分技术发明专利并未应用于生产活动，也未创造出价值，因此，它对经济的作用显然没能表现出来。而全要素生产率是技术进步对经济发展作用的综合体现，鉴于环境规制能有效地促进企业进行绿色技术创新，这里选择绿色全要素生产率作为环境规制对绿色技术创新产出影响的度量指标，用 GTFP 表示。

2. 解释变量

（1）命令控制型环境规制指标（CER）：指政府部门或者环保机构通过制定的环境保护方面的法律、法规和政策来达到环境保护的目的，强制性是其主要特点。命令控制型环境规制也是中国应用最为广泛的环境规制手段，目前对命令控制型环境规制的衡量主要是采用出台的环境法规个数、环境行政处罚案件数、建设项目"三同时"项目环保投资额等来衡量、污染物排放达标率、污染治理投入。其中，环境行政处罚案件数更能反映环境规制的强制性，因此，本节选用各地区环境行政处罚案件数作为命令控制型环境规制指标，用 CER 表示。

（2）市场激励型环境规制指标（MER）：指政府部门利用价格和费用等市场化手段，通过税费或排污费等工具发挥作用。中国常见的市场激励型环境规制手段主要有排污费、环保税、可交易的排污许可证等。我国排污收费制度自 2003 年起就在全国范围内普遍执行，而环保税、可交易的排污许可证等制度的执行从时间和范围来看还不够成熟。因此，本节选用各地区排污费作为市场激励型环境规制指标，用 MER 表示。

（3）自愿参与型环境规制指标（VER）：指公众自发地参与到节约资源

---

[1] S. R. Milliman, R. Prince, "Firm Incentives to Promote Technological Change in Pollution Control", *Journal of Environmental Economics and Management*, Vol.17, No.3 (1989), pp.247-265.

[2] W. G. Cai, X. L. Zhou, "Dual Effect of Chinese Environmental Regulation on Green Total Factor Productivity", *Economist*, No.9 (2017), pp.27-35.

和保护环境的行动中,公众的自愿性是其主要特点。自愿参与型环境规制以公众的环保意识为主要表现形式,通常采用环境信访次数、环境事件信息披露次数、环保系统实有人数等指标来衡量。综合考虑数据的准确性和可获得性,本节选用各地区环境信访总数作为自愿参与型环境规制指标,用VER表示。

3. 控制变量

本节选取如下控制变量来确保回归结果的正确性:(1) 经济发展水平(GDP):用地区生产总值来表示;(2) 所有权结构(OSS):地区国有建筑业企业资产占地区建筑业企业总资产比例;(3) 产业发达程度(IDD):地区建筑业总产值占地区 GDP 比例。

各变量的选取和描述性统计如表 7.8 所示。

表 7.8 各变量选取及描述性统计

类别	变量	变量描述	单位	Mean	Std. Dev.	Min	Max
被解释变量	绿色全要素生产率 GTFP	基于 EBM-GML 计算所得	\	1.020	0.126	0.540	1.280
解释变量	命令控制型环境规制 CER	环境行政处罚案件数	件	3969.972	6117.584	68.000	38434.000
	市场激励型环境规制 MER	排污费	万元	65170.790	54059.480	2849.000	400554.000
	自愿参与型环境规制 VER	环境信访总数	件	5703.717	4722.603	183.000	27699.000
控制变量	经济发展水平 GDP	地区生产总值	亿元	21746.140	16456.700	1670.440	80854.910
	所有权结构 OSS	国有建筑业企业资产占地区建筑业企业总资产比例	%	0.218	0.123	0.028	0.706
	产业发达程度 IDP	建筑业总产值占地区 GDP 比例	%	0.229	0.093	0.063	0.564

(三) 数据来源

本节数据主要来源于《中国统计年鉴》(2000—2017年)、《中国建筑业统计年鉴》(2000—2017年)、《中国能源统计年鉴》(2000—2017年) 以及各省市相关统计年鉴,其他数据来自网站查询(http://cyfd.cnki.com.cn/),有助于提升数据的可信度。由于西藏各能源排放量数据获取来源的限制,本节不将西藏纳入研究范围,且目前无法获得台湾、香港和澳门地区的可靠数据,所以所选数据中不包括这些区域。考虑到数据的可获得性和完整性,所选数据包括由中国22个省、4个直辖市(北京、天津、上海和重庆)和4个自治区(广西、内蒙古、宁夏和新疆)组成的30个省级单位,各指标数据统计口径基本一致,能够保证指标数据的真实性和客观性。

二、研究结果与分析

以各省市建筑业绿色全要素生产率作为因变量,以三种不同类型环境规制作为自变量,以经济发展水平、所有权结构、产业发达程度作为控制变量,运用随机效应面板Tobit模型对2012—2016年三种类型ER与建筑业绿色全要素生产率之间的关系进行回归估计,实证分析其当期和滞后一期的线性及非线性关系。本节所使用的统计分析软件为Stata15.1,回归结果如表7.9所示。

表7.9 回归结果

变量	无滞后		滞后一期	
	Model 1	Model 2	Model 3	Model 4
$GTFP_{t-1}$	0.4853*	0.4907*	0.4760*	0.4584*
	(4.94)	(4.86)	(5.2)	(5.05)
CER	0.0587	−0.2059	0.1239**	0.1970
	(1.12)	(−0.79)	(2.11)	(0.86)
CER^2		0.2811		−0.0797
		(1.04)		(−0.33)
MER	0.1183***	0.2472	0.1063	0.1108
	(1.7)	(1.07)	(1.53)	(0.5)
MER^2		−0.1292		−0.0090
		(−0.55)		(−0.04)

续表

变量	无滞后		滞后一期	
	Model 1	Model 2	Model 3	Model 4
VER	0.0155	−0.1117	−0.0114	0.1874
	(0.25)	(−0.74)	(−0.23)	(1.43)
VER^2		0.1604		−0.2560***
		(0.86)		(−1.67)
GDP	0.0252	0.0571	0.0601	0.0277
	(0.35)	(0.55)	(0.92)	(0.33)
OSS	0.1544**	0.1583**	0.2312*	0.2301*
	(2.36)	(2.43)	(3.65)	(3.60)
IDP	0.2600*	0.2925*	0.1429**	0.1265*
	(3.24)	(3.45)	(2.00)	(1.68)
C	0.3632*	0.3544*	0.3818*	0.3877*
	(4.03)	(3.91)	(4.38)	(4.54)
Su	0.0584	0.0570*	0.0620*	0.0640*
	(4.01)	(3.50)	(4.71)	(4.59)
Se	0.0680*	0.0678*	0.0678*	0.0666*
	(13.62)	(12.9)	(14.31)	(14.08)
r	0.4248	0.4146	0.4555	0.4798
LR test	8.13*	6.04*	9.99*	10.09*
Wald chi2	104.57*	107.84*	92.95*	97.32*
Log likelihood	167.2559	168.1943	166.2314	167.6217

注：括号里的值代表 z 统计值；*、** 和 *** 分别表示在 10%、5% 和 1% 水平下显著。

为检验上述随机效应面板 Tobit 模型估计结果的稳健性，本节通过替换回归模型对估计结果进行稳健性检验。如果检验结果中核心变量依然显著，那么说明估计结果具有稳健性，如果检验结果中核心变量变得不显著，那么说明估计结果不具有稳健性。

采用面板 GEE 模型替换面板 Tobit 模型进行回归分析，并使用聚类稳健标准估计标准误差，检验结果如表 7.10 所示。从表 7.10 中的稳健性检验结果可以看出,使用面板 GEE 模型回归之后,核心变量系数和显著性基本不变,这说明该模型的分析结果具有稳健性。

表 7.10 稳健性检验

变量	无滞后 Model 1	无滞后 Model 2	滞后一期 Model 3	滞后一期 Model 4
$GTFP_{t-1}$	0.4853*	0.4907*	0.4760*	0.4584*
	6.25	6.20	5.21	4.51
CER	0.0587	−0.2059	0.1239*	0.1970
	1.36	−0.85	3.07	0.69
CER^2		0.2811		−0.0797
		1.12		−0.28
MER	0.1183*	0.2472***	0.1063	0.1108
	3.18	1.83	3.15*	0.69
MER^2		−0.1292		−0.0090
		−1.04		−0.06
VER	0.0155	−0.1117	−0.0114	0.1874
	0.32	−0.77	−0.33	1.77
VER^2		0.1604		−0.2560***
		1.04		−2.64
GDP	0.0252	0.0571	0.0601	0.0277
	0.45	0.63	1.39	0.38
OSS	0.1544**	0.1583**	0.2312*	0.2301*
	2.40	2.38	3.65	3.66
IDP	0.2600*	0.2925*	0.1429**	0.1265***
	2.80	3.20	2.08	1.65
C	0.3632*	0.3544*	0.3818*	0.3877*
	4.40	4.23	4.68	4.68
Wald chi2	111.07*	144.65*	234.75*	616.13*

注:*、** 和 *** 分别表示在 10%、5% 和 1% 水平下显著。

从表中可以看出,各模型的 Wald chi2 检验值和 LR 检验值均较大,且在99%的置信度下显著,同时 r 值均大于0,这说明模型满足整体显著性检验,且认为存在个体效应,使用随机效应面板 Tobit 模型是合适的。上一期的绿色全要素生产率的系数均为正,且在99%的置信度下显著,表明建筑业绿色全要素生产率的增长具有自积累效应,上一期的绿色全要素生产率积累能够推动下一期绿色全要素生产率的增长。

当期的 CER 与建筑业绿色全要素生产率的线性关系是正向的,但不显著,其非线性关系一次项系数为负,二次项系数为正,也不显著,表明当期的 CER 似乎不影响建筑业绿色全要素生产率。考虑 CER 的时滞效应,滞后一期的 CER 与建筑业绿色全要素生产率的线性关系是正向的,且在95%的置信度下显著,而其非线性关系一次项系数为正,二次项系数均为负,但不显著,表明滞后一期的 CER 与建筑业绿色全要素生产率之间存在线性关系,滞后一期的命令控制型环境规制促进建筑业绿色全要素生产率的增长。

当期的 MER 与建筑业绿色全要素生产率的线性关系是正向的,且在90%的置信度下显著,而其非线性关系一次项系数为正,二次项系数均为负,但不显著,表明当期的 MER 与建筑业绿色全要素生产率之间是线性关系,当期的市场激励型环境规制促进了建筑业绿色全要素生产率的增长。考虑 MER 的时滞效应,滞后一期的 MER 与建筑业绿色全要素生产率的线性关系仍是正向的但不显著,其非线性关系一次项和二次项系数均为正,但也不显著,表明滞后一期的 MER 对建筑业绿色全要素生产率几乎不产生影响。

当期的 VER 与建筑业绿色全要素生产率的线性关系是正向的,但不显著,其非线性关系一次项系数为负,二次项系数均为正,也不显著,表明当期的 VER 对建筑业绿色全要素生产率几乎不产生影响。考虑 VER 的时滞效应,滞后一期的 VER 与建筑业绿色全要素生产率的线性关系仍是正向的但依然不显著,而其非线性关系一次项系数为正但不显著,二次项系数均为负且在90%的置信度下显著,表明滞后一期的 VER 与建筑业绿色全要素生产率之间存在倒"U"型关系。

滞后一期的命令控制型环境规制与建筑业绿色全要素生产率呈现显著的正向线性关系,如图7.6所示。命令控制型环境规制通过设置市场准入、技术和环境标准等强制性环境保护监管工具影响建筑业企业的行动报酬,可以促进节能减排,对建筑业绿色全要素生产率产生正向影响。[①] 但是

[①] X. Zhao, Y. Zhao, S. Zeng, et al., "Corporate Behavior and Competitiveness: Impact of Environmental Regulation on Chinese Firms", *Journal of Cleaner Production*, Vol.86, No.1 (2015), pp.311-322.

命令控制型环境规制的实施表现出明显的滞后性,长期监管的影响更为显著。政府在实施针对建筑业的命令控制型环境规制时应考虑其滞后性,避免由于命令控制型环境规制起效慢而产生的问题,长期监管作用不可忽视。同时,政府要加快推进生态环境保护立法,完善生态环境保护法律法规制度体系,加强对建筑业的环境监管,促进建筑业产业绿色发展。

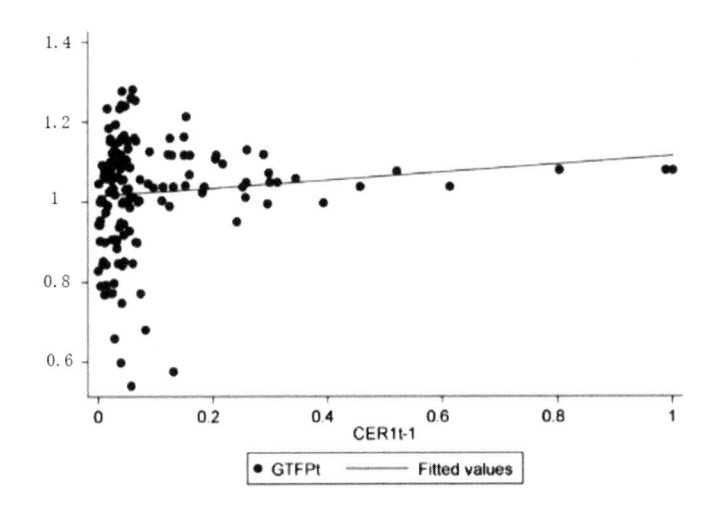

图 7.6　滞后一期的 CER 与绿色全要素生产率之间的线性关系

当期的市场激励型环境规制与建筑业绿色全要素生产率呈现显著的正向线性关系,如图 7.7 所示。市场激励型环境规制可以提高建筑业绿色全要素生产率。市场激励型环境规制通过排污费征收政策要求企业面临经济压力,这将促使建筑业企业抑制污染物排放量,以减少排污费的缴纳。由于市场具有开放性和动态性,当期的市场调节效应比滞后一期更显著,因此市场激励型环境规制不具有滞后性,市场调节效应是即时的。政府在实施针对建筑业的市场激励型环境规制时要重视其时效性,健全环保税、生态补偿、碳排放权交易和限额交易等制度,持续激励建筑业技术创新,提高建筑业绿色全要素生产率。①②

---

① S. Du, L. Hu, M. Song, et al., "Production Optimization Considering Environmental Performance and Preference in the Cap-and-trade System", *Journal of Cleaner Production*, Vol.112, (2016), pp.1600-1607.

② Z Qi, "A Perspective of Evolution for Carbon Emissions Trading Market: The Dilemma between Market Scale and Government Regulation", *Discrete Dynamics In Nature And Society*, Vol.2017, No.2 (2017), pp.1-7.

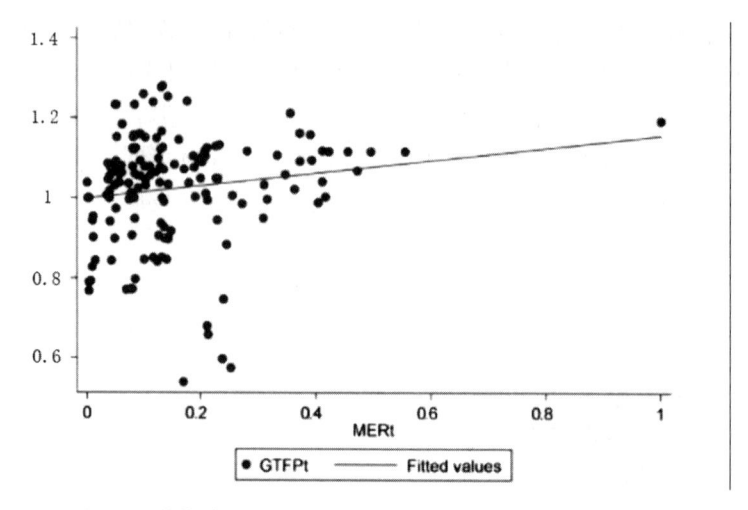

图 7.7　当期的 MER 与绿色全要素生产率之间的线性关系

　　滞后一期的自愿参与型环境规制与建筑业绿色全要素生产率呈现显著的倒"U"型关系，拐点位于 40% 左右，如图 7.8 所示。自愿参与型环境规制通过公民按照自己的环保意愿对环境保护进行监督，突出非正式压力，以保证建筑业的绿色发展。公民的信访首先对政府或市场施加压力，政府或市场进一步将这些压力转化为影响企业行为的驱动力，因此自愿参与型环境规制具有一定的滞后性。[①] 随着自愿参与型环境规制强度的增加，建筑业绿色全要素生产率先增长，随着环境规制强度超过 40%，建筑业绿色全要素生产率开始下降。该现象出现可能有以下两方面原因：一方面，根据"波特假说"，适度的自愿参与型环境规制强度能够刺激建筑业加大技术创新投入，促使其研发并采用绿色节能减排技术，不仅提高建筑业技术效率，而且促进其技术进步，从而产生"创新补偿效应"，减少建筑业环境污染，促进其绿色全要素生产率增长。[②]

　　另一方面，过高的自愿参与型环境规制强度将迫使建筑业将大量本应用于技术创新或者技术效率改善的资金转为环境污染治理投入，从而产生

[①] J. Féres, A. Reynaud, "Assessing the Impact of Formal and Informal Regulations on Environmental and Economic Performance of Brazilian Manufacturing Firms", *Environmental and Resource Economics*, Vol.52, No.1 (2012), pp.65-85.

[②] S. Ambec, M. A. Cohen, S. Elgie, et al., "The Porter Hypothesis at 20: Can Environmental Regulation Enhance Innovation and Competitiveness"? *Review of Environmental Economics and Policy*, Vol.7, No.1 (2013), pp.2-22.

"挤出效应",给建筑业绿色全要素生产率增长造成负面影响。① 由此可见依靠政府来解决环境问题并不是唯一的手段,环保实践中存在大量非政府的、非市场的、企业自主治理的可能性。② 从图 7.8 中可以看出 2012—2016 年中国自愿参与型环境规制强度是合适的,只存在个别强度过高而降低建筑业绿色全要素生产率的情况。政府应进一步引导公众从早期的环保宣传逐步发展到参与环境诉讼、监督企业环境行为、披露和抵制非环保行为、施加建筑业规范约束等。与此同时,政府和公众也要注意将自愿参与型环境规制强度控制在拐点附近的范围内,这样既能使得自愿参与型环境规制最大限度地提高建筑业绿色全要素生产率,又能防止因强度过高而阻碍建筑业绿色全要素生产率的增长。

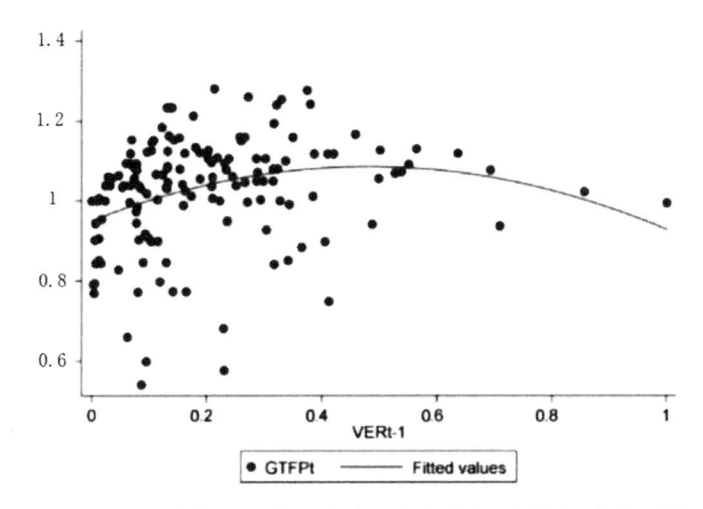

图 7.8 滞后一期的 VER 与绿色全要素生产率之间的倒 "U" 型关系

由此可见,三种类型环境规制对建筑业绿色全要素生产率产生不同影响。实施环境规制的关键不是哪种规制工具最好,而是哪种规制工具的组合最能发挥作用。③ 政府应综合运用不同类型环境规制工具对建筑业发展

---

① W. F.Thomas, "Do Environmental Regulations Impede Economic Growth? A Case Study of the Metal Finishing Industry in the South Coast Basin of Southern California", *Economic Development Quarterly*, Vol.23, No.4(2009), pp.329-341.

② J. L. Campbell, "Why would Corporations Behave in Socially Responsible Ways? An Institutional Theory of Corporate Social Responsibility", *The Academy of Management Review*, Vol.32, No.3(2007), pp.946-967.

③ F. Iraldo, F. Testa, M. Melis, et al., "A Literature Review on the Links between Environmental Regulation and Competitiveness", *Environmental Policy and Governance*, Vol.21, No.3 (2011), pp.210-222.

进行调控,在加强监管和立法的同时激励建筑业企业的自主性,并引导公众的参与和监督。

三、小　结

本节利用中国 30 个省市自治区的 2012—2016 年面板数据,建立面板 Tobit 回归模型,分析三种不同类型环境规制对建筑业绿色全要素生产率的影响。结果表明,2012—2016 年中国建筑业绿色全要素生产率增长缓慢,年均增长率仅为 0.14%;命令控制型和市场激励型 ER 与建筑业绿色全要素生产率是正向的线性关系,自愿参与型 ER 与建筑业绿色全要素生产率为倒"U"型关系;市场激励型 ER 适用于即时调控,命令控制型和自愿参与型 ER 因具有明显的滞后性而适用于长期监管,滞后期为一年。命令控制型是政府直接影响企业生产行为的工具,其通过设置特定的排放标准或是环保技术要求,对企业的生产过程和污染产出进行直接的把控,其更具有强制性。市场激励型是政府通过市场间接影响企业排污行为的工具,通过释放市场信号促使具有能力的企业自发进行调整,政策的强制性较低,企业在遵照规制政策进行生产的过程中也更具有灵活性。研究结果为建筑业的绿色发展提供参考,为不同环境规制工具的组合提供依据,并为其他发展中国家的建筑业绿色全要素生产率提升提供参考。

第三节　环境规制工具组合对中国建筑业绿色全要素生产率的传导机制

规制工具组合(instrument mixes)或一揽子政策(policy packages)即为了实现某一共同目标而将多个领域的多项规制工具进行有机组合后形成的政策"工具包"。环境规制工具组合,即面向特点的环境治理或生态改善目标,科学选择多个环境规制工具作为实施手段,从而在经济、社会和环境的可持续发展中发挥出最佳效益。环境规制工具方面,国内外学者针对各个国家或地区的具体环境政策进行了丰富研究,并由起初强调选择某一最优工具逐步转向构建最优工具组合。从 OECD 国家环境规制经验来看,规制工具组合的实施效果要明显优于单个政策。但是,现有针对环境规制的相关研究,普遍探讨某一种环境规制工具对建筑业经济和效率的影响,忽略了环境规制工具的多样性,也没有结合技术创新的视角进行分析,导致在产业政策指导实践中产生偏差。[1] Testa等考虑了不同类型的ER对欧盟地区建筑业企业竞争绩效的影响,证明不同类型环境规制对建筑业企业竞争绩效产生的影响的确存在差异。[2] 绿色技术创新效率是考虑了技术创新的绿色全要素生产率,绿色技术创新能以最小的成本和最少的污染获得最大的经济和生态效益,是建筑业绿色增长的一个重要标准。研究不同类型的环境规制与绿色技术创新效率之间的关系可以发现不同类型的环境规制如何影响建筑业的技术创新与绿色发展。[3] 因此,基于技术创新激励视角探索不同类型环境规制对中国建筑业绿色技术创新效率的不同影响是非常迫切的。

同时,考虑到不同发展背景下,环境规制具有不确定性,任何环境规制工具的优越性和局限性在工具组合中都可能被放大或缩小,理想的工具组合并不一定能够达到既定的积极效果。因此,为了加强环境规制对不同企业的绿色创新激励效果,构建适宜且灵活的规制工具组合是非常必要的。这也可以促进进一步优化我国环境规制工具组合,加快环境规制创新,构建可持续的环境规制政策体系,实现环境改善、企业创新能力提升与经济绿色增长的三重红利。目前,许多学者也就环境规制工具组合进行了理论探讨和应用研究。因此,对研究环境规制工具组合进行实证研究就显得非常必要。

综上,本节基于技术创新激励的视角,划分不同类型环境规制工具,通过Tobit回归模型系统分析促进绿色发展的环境规制工具组合对建筑业绿色技术创新效率产生的影响,为环境规制与技术创新协同驱动建筑业绿色发展提供政策依据与重要启示。

一、研究设计

(一)模型构建

本节建立Tobit模型来研究三种类型环境规制对建筑业绿色技术创新

---

[1] L. Zhang, J. Tian, Y. Wu, "The Dynamic Effect of Environmental Regulation on Construction Industry in China", *Advances in Information Sciences and Service Sciences*, Vol.4, No.16 (2012), pp.426-435.

[2] F. Testa, F. Iraldo, M.Frey, "The Effect of Environmental Regulation on Firms' Competitive Performance: The Case of the Building & Construction Sector in some EU Regions", *Journal of Environmental Management*, Vol.92, No.9 (2011), pp.2136-2144.

[3] 孙晓婷、高净鹤、范丹:《我国绿色技术创新的区域差异和效率提升分析》,《科技促进发展》2018年第11期。

效率的影响。同时,为了避免或者缓解变量的多重共线性,以及总体回归函数中的随机误差项的异方差性,对模型中除了产业发达程度的其他变量采用对数形式进行转变。首先建立模型1来研究三种类型 ER 与建筑业 GTIE 之间的线性关系:

$$GTIE_t = \alpha_0 + \beta_1 \sum_{i=1}^{3} ER_{i,t} + \beta_2 GDP_t + \beta_3 IDP_t + \beta_4 STI_t + \varepsilon_t$$

与此同时,为了研究三种类型 ER 与建筑业 GTIE 的非线性关系,本节在模型1的基础上引入环境规制的二次项,建立模型2:

$$GTIE_t = \alpha_0 + \beta_1 \sum_{i=1}^{3} (ER_{i,t} + \beta_2 ER_{i,t}^2) + \beta_3 GDP_t + \beta_4 IDP_t + \beta_5 STI_t + \varepsilon_t$$

以上两个模型都是研究当期环境规制对建筑业 GTIE 的影响,然而考虑到环境规制对建筑业 GTIE 的影响可能需要一段时间才能有效,会有一定的滞后性。因此,本节同时建立自变量滞后一期的线性和非线性模型(模型3及模型4),并且将控制变量也滞后一年,以避免与生产率的双向因果关系。①

$$GTIE_t = \alpha_0 + \beta_1 \sum_{i=1}^{3} ER_{i,t-1} + \beta_2 GDP_{t-1} + \beta_3 IDP_{t-1} + \beta_4 STI_{t-1} + \varepsilon_t$$

$$GTIE_t = \alpha_0 + \beta_1 \sum_{i=1}^{3} (ER_{i,t-1} + \beta_2 ER_{i,t-1}^2) + \beta_3 GDP_{t-1} + \beta_4 IDP_{t-1} + \beta_5 STI_{t-1} + \varepsilon_t$$

其中,$GTIE_t$ 表示绿色技术创新效率,t 代表年份,其具体数值已通过网络 EBM 模型计算得到。ER_i 表示不同类型环境规制,当 $i=1$、2、3 时分别表示命令控制型(CER)、市场激励型(MER)和自愿参与型(VER)环境规制。GDP、IDP 和 STI 分别表示经济发展水平、所有权结构、产业发达程度和科技创新水平。α_0 为常数项,ε_t 为扰动项。

(二)变量选取

1. 被解释变量

绿色全要素生产率(GTFP):与第七章第二节一致。

---

① Y. Rubashkina, M. Galeotti, E. Verdolini, "Environmental Regulation and Competitiveness: Empirical Evidence on the Porter Hypothesis from European Manufacturing Sectors", *Energy Policy*, Vol.83, No.35(2015), pp.288-300.

2. 解释变量

(1) 命令控制型环境规制指标(CER):与第七章第二节一致,选用环境行政处罚案件数作为命令控制型环境规制指标。

(2) 市场激励型环境规制指标(MER):与第七章第二节一致,选用各地区排污费作为市场激励型环境规制指标。

(3) 自愿参与型环境规制指标(VER):与第七章第二节一致,选用环境保护部信访办书面来信数量作为自愿参与型环境规制指标。

3. 控制变量

选取如下控制变量来确保回归结果的正确性:(1) 经济发展水平(GDP):用地区生产总值来表示;(2) 产业发达程度(IDP):建筑业总产值占GDP比例;(3) 科技创新水平(STI):技术市场成交额。

各变量的选取和描述性统计如表 7.11 所示。

表 7.11 各变量选取及描述性统计

类别	变量	变量描述	单位	Mean	Std. Dev.	Min	Max
被解释变量	绿色技术创新效率 GTIE	基于网络 EBM 计算所得	\	0.863	0.105	0.674	1.000
解释变量	命令控制型环境规制 CER	环境行政处罚案件数	件	100117.10	20810.54	55209.00	139059.00
解释变量	市场激励型环境规制 MER	排污费	万元	1488473.00	547938.20	579607.00	2199000.00
解释变量	自愿参与型环境规制 VER	环境保护部信访办书面来信	封	3369.89	1350.14	1632.00	7038.00
控制变量	经济发展水平 GDP	地区生产总值	亿元	383134.80	239153.90	100280.10	820754.30
控制变量	产业发达程度 IDP	建筑业总产值占地区 GDP 比例	%	0.211	0.048	0.125	0.276
控制变量	科技创新水平 STI	技术市场成交额	亿元	4547.65	4024.48	651.00	13424.22

(三) 数据来源

本节数据主要来源于《中国统计年鉴》(2000—2017年)、《中国建筑业统计年鉴》(2000—2017年)、《中国能源统计年鉴》(2000—2017年)、《中国环境年鉴》(2001—2018年)、《中国环境统计年鉴》(2000—2017年),其他数据来自网站查询(http://cyfd.cnki.com.cn/),有助于提升数据的可信度。各指标数据统计口径基本一致,能够保证指标数据的真实性和客观性。

二、研究结果与分析

(一) 单位根检验与协整检验

为了估计结果的有效性和尽可能避免伪回归问题,在设定模型和估计参数之前需要对数据进行平稳性检验。本节采用 ADF 进行单位根检验,检验结果见表 7.12。在进行一阶差分的情况下,GTIE、CER 和 STI 的单位根检验结果均在 1% 的置信水平上显著,即不存在单位根。MER、VER、GDP 和 IDP 在一阶差分时存在单位根,但在经过二阶差分以后均在 1% 的水平上显著,即拒绝原假设。由此可见模型所有序列的差分序列是平稳序列,二阶差分检验均不含单位根,因而具有良好的平稳性。

表 7.12 单位根检验结果

	ADF	p	结论		ADF	p	结论
GTIE	−2.527	0.1090	非平稳	Δ^2VER	−3.764***	0.0033	平稳
ΔGTIE	−5.266***	0.0000	平稳	GDP	4.366	1.0000	非平稳
Δ^2GTIE	−6.619***	0.0000	平稳	ΔGDP	−2.082	0.2518	非平稳
CER	−2.853	0.0511	非平稳	Δ^2GDP	−4.151***	0.0008	平稳
ΔCER	−4.676***	0.0001	平稳	IDP	−2.090	0.2486	非平稳
Δ^2CER	−6.050***	0.0000	平稳	ΔIDP	−2.255	0.1870	非平稳
MER	−1.098	0.7158	非平稳	Δ^2IDP	−4.004***	0.0014	平稳
ΔMER	−2.442	0.1302	非平稳	STI	8.934	1.0000	非平稳
Δ^2MER	−4.546***	0.0002	平稳	ΔSTI	−3.776***	0.0032	平稳
VER	0.280	0.9764	非平稳	Δ^2STI	−6.682***	0.0000	平稳
ΔVER	−2.536	0.1071	非平稳				

注:*** 表示检验值在 1% 水平下显著;Δ 表示一阶差分,Δ2 表示二阶差分。

单位根检验结果显示模型的变量序列为二阶单整，有必要对数据进行协整检验，以判断各个变量是否存在协整关系。本节采用 EG-ADF 检验和 Johansen 检验两种方法进行协整检验。

EG-ADF 检验结果如表 7.13 所示。结果显示残差序列的 ADF 统计量在 1% 的置信水平上显著，表明数据的各个变量存在显著的协整关系。

表 7.13　EG-ADF 检验结果

变量	统计值	1% 临界值	5% 临界值	10% 临界值
e	−3.593	−2.66	−1.95	−1.6

进行 Johansen 检验时，首先根据信息准则确定变量的滞后阶数为 1，再确定协整秩，分析结果如表 7.14 所示。当最大秩为 2 时，迹统计量值为 64.1703，小于 5% 临界值，说明各个变量存在两个协整关系。

表 7.14　Johansen 检验结果

最大协整秩	特征值	迹统计量	5% 临界值	最大协整秩	特征值	迹统计量	5% 临界值
0	—	145.1792	124.24	4	0.66182	16.6949	29.68
1	0.93898	100.4337	94.15	5	0.36077	9.5351	15.41
2	0.89632	64.1703*	68.52	6	0.34276	2.8197	3.76
3	0.84787	34.0416	47.21	7	0.16158	—	—

EG-ADF 检验和 Johansen 检验的结果均表明数据通过了协整检验，各变量存在显著的协整关系。

(二) 回归结果

以各年份建筑业 GTIE 作为因变量，以三种不同类型环境规制作为自变量，以经济发展水平、产业发达程度、科技创新水平作为控制变量，运用 Tobit 模型对 2000—2017 年三种类型 ER 与建筑业 GTIE 之间的关系进行回归估计，实证分析其当期和滞后一期的线性及非线性关系。本节所使用的统计分析软件为 Stata15.1，回归结果如表 7.15 所示。从表 7.15 可以看出，各模型的 $LR\chi^2$ 值均在 99% 的置信度下显著，表明模型满足整体显著性检验。

表 7.15 回归结果

变量	无滞后		滞后一年	
	Model 1	Model 2	Model 3	Model 4
CER	−0.1149	−6.2007	0.0432	−25.9323**
	−0.83	−0.53	0.37	−2.92
CER^2		0.2482		1.1468**
		0.49		2.94
MER	0.4197*	−23.568**	−0.1852	24.4617***
	1.87	−2.88	−0.91	3.65
MER^2		0.8731**		−0.9080***
		2.92		−3.68
VER	−0.3411**	4.0505	−0.0645	1.6986
	−2.74	1.65	−0.60	0.42
VER^2		−0.2729		−0.1007
		−1.80		−0.40
GDP	−1.6917***	−2.3753***	−0.2368	1.0390*
	−3.09	−4.52	−0.47	2.01
IDP	−8.4622***	−8.3404***	−7.8126***	−10.0197***
	−3.65	−3.89	−3.73	−5.21
STI	1.4759***	1.8164***	0.5931	0.0081*
	3.65	5.31	1.62	0.03
C	10.3702***	200.2607**	3.4061	−35.0291
	3.51	4.232.96	1.33	−0.86
$LR\ \chi^2$	25.64***	35.01***	24.32***	34.04***
Log likelihood	17.6686	22.3561	18.9457	23.8059

注：*、** 和 *** 分别表示在 10%、5% 和 1% 水平下显著。

为检验上述 Tobit 模型估计结果的稳健性，本节通过替换回归模型对估计结果进行稳健性检验。如果检验结果中核心变量依然显著，那么说明估计结果具有稳健性，如果检验结果中核心变量变得不显著，那么说明估计结果不具有稳健性。

采用 GLM 模型替换 Tobit 模型进行回归分析,并使用聚类稳健标准误估计标准差,检验结果如表 7.16 所示。从表 7.16 中的稳健性检验结果可以看出,使用 GLM 模型回归之后,核心变量系数和显著性基本不变,这说明该模型的分析结果具有稳健性。

表 7.16 稳健性检验

Variable	no lag		one-year lag	
	Model 1	Model 2	Model 3	Model 4
CER	−0.0063	13.672*	0..1145	−22.0650**
	−0.06	1.74	1.30	−4.96
CER^2		−0.6049*		0.9794**
		−1.74		4.99
MER	0.3815**	−13.8858**	−0.1745	23.7052***
	1.99	−1.69	−0.87	4.92
MER^2		0.5246**		−0.8798***
		1.71		−4.92
VER	−0.2341**	1.9566	−0.0295	2.8240
	−2.54	0.95	−0.32	1.47
VER^2		−0.1414		−0.1711
		−1.11		−1.44
GDP	−1.5150***	−2.2468***	−0.2141	0.9794**
	−3.37	−3.24	−0.45	2.00
IDP	−5.8266***	−5.9354***	−6.6206***	−9.8934***
	−3.84	−2.70	−3.68	−7.63
STI	1.2160***	1.6336***	0.5046	0.0327
	3.68	3.90	1.56	0.11
C	8.0751***	25.0280	2.3129	−56.2718
	4.79	0.95	1.14	−3.15
LR χ^2	−2.3017	−2.3202	−2.4040	−2.7939
Log likelihood	−31.7456	−25.9753	−28.2927	−19.8137

注:*、** 和 *** 分别表示在 10%、5% 和 1% 水平下显著。

从当期的回归模型可以看出,当期的 CER 与建筑业 GTIE 的线性关系是负向的,但不显著,非线性关系一次项系数为负,二次项系数为正,也不显著,表明当期的 CER 几乎不影响建筑业 GTIE;当期的 MER 与建筑业 GTIE 的线性关系是正向的,且在 90% 的置信度下显著,非线性关系一次项系数为负,二次项系数为正,均在 95% 的置信度下显著,表明当期的 MER 与建筑业 GTIE 存在非线性关系,且为 U 型;当期的 VER 与建筑业 GTIE 的线性关系是负向的,且在 95% 的置信度下显著,非线性关系一次项系数为正,二次项系数为负,但均不显著,表明当期的 VER 与建筑业 GTIE 存在线性关系。

从滞后一期的回归模型可以看出,滞后一期的 CER 与建筑业 GTIE 的线性关系是正向的,但不显著,非线性关系一次项系数为负,二次项系数为正,且在 95% 的置信度下显著,表明滞后一期的 CER 与建筑业 GTIE 存在显著的非线性关系,且为 U 型;滞后一期的 MER 与建筑业 GTIE 的线性关系是负向的,但不显著,非线性关系一次项系数为正,二次项系数均为负,且在 99% 的置信度下显著,表明滞后一期的 MER 与建筑业 GTIE 存在显著的非线性关系,且为倒 U 型;滞后一期的 VER 与建筑业 GTIE 的线性关系是负向的,但不显著,非线性关系一次项系数为正,二次项系数为负,但均不显著,表明滞后一期的 VER 几乎不影响建筑业 GTIE。

滞后一期的命令控制型环境规制与建筑业绿色技术创新效率呈现显著的 U 型关系。命令控制型环境规制表现出明显的滞后性,这是由于政府行政权力的强制实施需要一定的时间才有效果。[1] 随着命令控制型环境规制强度的逐步加大,使得建筑业绿色技术创新效率出现先下降后上升的趋势,表明只有当命令控制型环境规制越过一定的强度时才能对建筑业绿色技术创新效率产生促进作用,命令控制型环境规制对建筑业绿色技术创新效率的影响并不是简单的线性效应。因此,政府应继续加大命令控制型环境规制的实施,出台更多有效的地方性环境保护法律法规,加大环境行政处罚力度,促进建筑业绿色技术创新效率的提升。

滞后一期的市场激励型环境规制与建筑业绿色技术创新效率呈现显著的倒"U"型关系。由于市场的开放性和动态性,滞后一期的市场激励型环境规制比当期更加显著。可以看出市场激励型环境规制是目前主导的环

---

[1] R. Li, R. Ramanathan, "Exploring the Relationships between Different Types of Environmental Regulations and Environmental Performance: Evidence from China", *Journal of Cleaner Production*, Vol.196, (2018), pp.1329-1340.

境规制手段,对建筑业绿色技术创新效率产生的影响最为深远。随着市场激励型环境规制强度的增加,建筑业绿色技术创新效率呈现先增加后减少的趋势。根据"波特假说",适度的市场激励型环境规制强度能够刺激建筑业加大技术研发和转化,促使其以更少的污染实现更大的效益,促进建筑业技术创新,产生"创新补偿"。① 而过高的市场激励型环境规制强度使得企业不得不增加环境污染治理成本和资金投入,这可能挤占企业在其他方面的投资而给企业的经营带来负面影响,从而产生"挤出效应"。②

当期的自愿参与型环境规制与建筑业绿色技术创新效率呈现显著的负向关系。自愿参与型环境规制主要通过居民、企业、民间组织根据自身对于绿色发展的认识,自发开展的一系列环境保护行动,以监督环境政策的实施。但自愿参与型环境规制对建筑业绿色技术创新效率产生了负面影响,这与前期已有研究结论不同,表明自愿参与型环境规制对建筑业绿色技术创新产生了"挤出效应",过高的自愿参与型环境规制强度会阻碍建筑业绿色技术创新效率的提升。③

综上所述,三种类型环境规制对建筑业绿色技术创新效率均产生一定的影响,不同类型环境规制工具组合共同发挥作用才能更好地促进建筑业绿色发展。④ 在三种类型环境规制工具中,影响最为深远的是市场激励型环境规制。因此要促进建筑业绿色发展,就要进一步健全市场激励型环境规制工具,推动排污权交易制度更广泛地实施,加强运用市场机制解决外部性问题的手段。政府应综合运用命令控制型和市场激励型环境规制工具加强建筑业技术创新,同时不能忽视非政府的、非市场的力量,促进建筑业绿色发展。

三、小 结

本节通过划分不同类型环境规制工具,建立 Tobit 回归模型分析三种

---

① E. Alpay, J. Kerkvliet, S. Buccola, "Productivity Growth and Environmental Regulation in Mexican and U.S. Food Manufacturing", *American Journal of Agricultural Economics*, Vol.84, No.4(2002), pp.887-901.

② A. B. Jaffe, R. G. Newell, R. N. Stavins, "Environmental Policy and Technological Change", *Environmental & Resource Economics*, Vol.22, No.1-2(2002), pp.41-70.

③ 王红梅:《中国环境规制政策工具的比较与选择——基于贝叶斯模型平均(BMA)方法的实证研究》,《中国人口·资源与环境》2016 年第 9 期。

④ F. Iraldo, F. Testa, M. Melis, et al., "A Literature Review on the Links between Environmental Regulation and Competitiveness", *Environmental Policy and Governance*, Vol.21, No.3(2011), pp.210-222.

不同类型环境规制工具组合对建筑业绿色技术创新效率的影响。结果表明,命令控制型环境规制与建筑业绿色创新效率是"U"型关系但滞后性明显,市场激励型环境规制与建筑业绿色创新效率是倒"U"型关系且影响最为深远,自愿参与型环境规制与建筑业绿色技术创新效率是负向线性关系但仅当期有效。研究结果为环境规制与技术创新协同驱动建筑业绿色发展提供政策依据。

第四篇

我国现有环境规制政策评估与未来环境规制政策制定

第八章 我国现有环境规制政策评估

近年来,我国环境恶化与资源枯竭等问题有一定改观,但在大气环境保护方面,雾霾、温室效应、臭氧层枯竭等问题仍制约着各产业的气体排放;在水环境和土壤环境保护方面,我国仍面临十分严峻的污染问题,如抗生素污染、电子垃圾污染、纳米材料污染以及各类物质的复合污染;除此以外,对生态环境的破坏问题也不可忽视,如生物多样性锐减,森林覆盖率较低等。"十三五"时期至2030年,大气、水、土壤等主要局部污染物防治,尤其是重点流域和区域水污染防治、重点行业和重点区域大气污染治理、土壤污染和农村环境保护等,仍是目前我国亟须解决的重大环境问题和重要民生问题。[①] 本章不仅仅关注建筑业,更是从全行业出发,探讨我国目前的环境问题。中国社会治理的重要目标之一就是生态文明建设,环境规制是生态文明建设的关键环节。建立愈加严密的环境规制政策体系非常重要。但现有环境规制政策相关研究较少,且建筑业研究较为单一、不全面且缺乏相应数据,亟须基于顶层视角从全行业出发,探究环境规制问题,这不仅对建筑业也对其他行业的环境规制问题研究具有一定的启发。因此本章不仅仅关注建筑业,更是从顶层设计角度研究环境规制问题。

随着国家对环境规制的逐渐重视,环境规制政策体系也日新月异地发展,环境规制政策建设全面推进。虽然采取了更加严格的措施,但现有环境规制政策体系未能够达到保护环境、规制经济的预期功能。究其原因是当前环境预防、污染防治、循环社会等分散式环境立法,造成环境资源保护立法碎片化。这些环境规制法律之间的割裂与冲突,不仅表现在相关法律之间较为普遍的冲突问题上,还存在许多执行与规划的偏差,其中所产生的制度掣肘制约着环境问题的有效解决。为完善环境、解决环境问题,应当厘清环境立法的根本目的、法域归属及其边界范围,结合环境规制政策的形成脉络和立法现状,深入分析我国环境规制立法存在的偏差。

本章旨在检验当前环境规制政策效果以及在政策制定和执行中是

[①] 程天金、李宏涛、杜讓等:《全球环境与发展动态及"十三五"期间需关注的重大问题研究》,《环境保护》2015年第11期。

否存在偏差。首先分析我国环境规制政策的发展，理清我国环境规制的具体组成以及环境规制体系；其次为更好地检验政策偏差，以我国颁布的"十二五""十三五"环境保护规划政策作为研究样本，从"政策目标制定情况"和"政策目标完成情况"对政策偏差情况进行分析，并采用偏差计量模型（DI）进行政策偏差分析。

通过对我国环境规制的制定和执行偏差的深入、系统研究，不仅有利于反思中国污染治理工作和完善相关政策制定，为我国环境规制立法的体系化方向和应对路径提供基础的理论支持，而且有利于深化政策执行分析理论，为完善我国环境规制执行效果提供理论支撑。通过对环境规制政策制定和执行的研究，总结现有的政策制定和执行经验，有利于探索改善政策执行的微观路径，也有利于更好地了解环境规制制度和执行过程中存在的问题，从而有助于不断完善中国社会环境规制体系，为环境规制政策的制定和执行提供实践借鉴，也为"十四五"环境保护规划提高参考和建议，进而助推"五位一体"布局和生态环境体制改革的顺利实现。

第一节 我国环境规制政策体系以及发展历程

一、我国环境规制政策体系

在环境规制政策体系中，法律是核心、基础的地位。完善的政策体系是环境规制能否得以有效发挥作用的前提，对稀缺资源的分配也正是法律相关活动的主要作用。因此，法律体系的构建也要以资源的有效配置和利用——即效率最大化为目的。从法律经济学的角度看，经济落后是由法律供求不均衡和一种无效率法律体系安排所造成的。

本章认为，环境规制政策体系除各环境规制法律外，还有行政法规、部门规章等其他规制形式；环境规制法律在环境规制政策体系中处于绝对核心地位，我国较为完整合理的环境规制法律体系应包括三大部分，即污染防治法、循环型社会法、自然资源法；除了以上三大部分外，预防法和惩罚法也是保证环境规制实施的、不可或缺的重要法律，如图8.1所示。

（一）环境预防法律

一般而言，环境影响评价法是国家规范环境影响评价程序的法律原则和规则的总称。在美国，与污染控制法、自然资源法形成鼎足而立之势，是一部重要的环境保护基本法。环境影响评价法缔造新型决策机制，是对传统决策观念进行变革，体现公共决策在当代社会新的发展方向，是一项民主

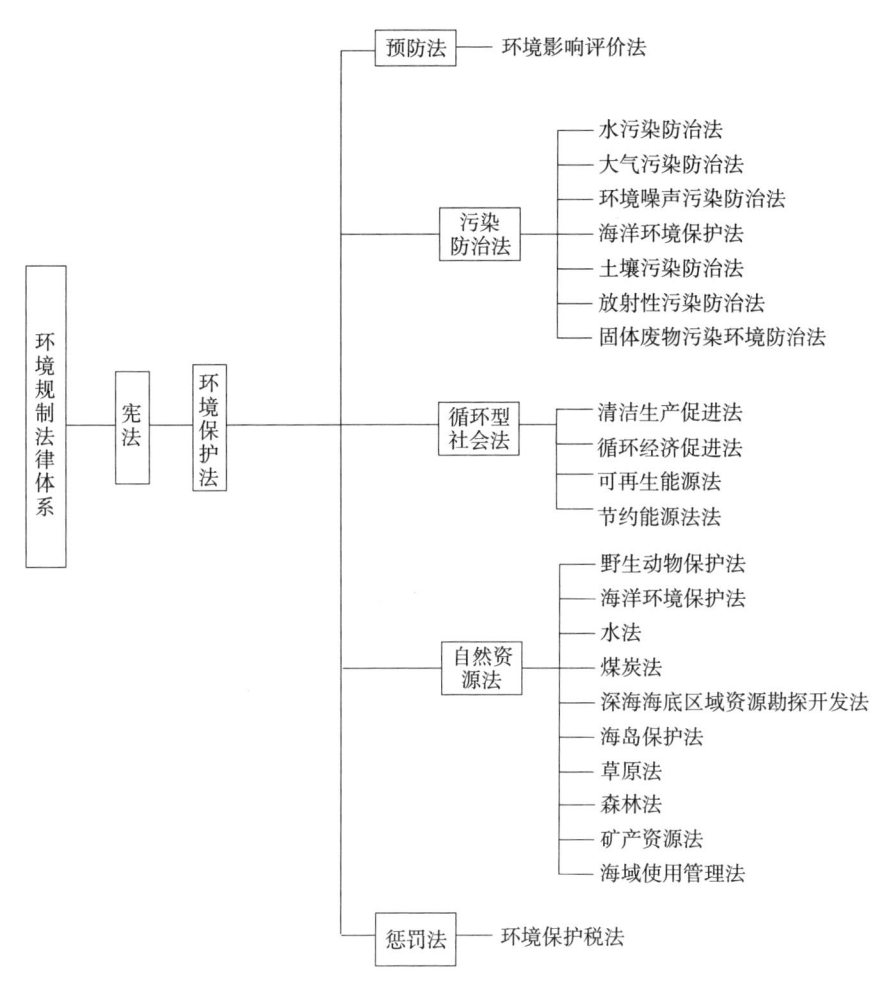

图 8.1 环境规制法律体系

```
环境规制法律体系 ─ 宪法 ─ 环境保护法
    ├─ 预防法 ─ 环境影响评价法
    ├─ 污染防治法
    │    ├─ 水污染防治法
    │    ├─ 大气污染防治法
    │    ├─ 环境噪声污染防治法
    │    ├─ 海洋环境保护法
    │    ├─ 土壤污染防治法
    │    ├─ 放射性污染防治法
    │    └─ 固体废物污染环境防治法
    ├─ 循环型社会法
    │    ├─ 清洁生产促进法
    │    ├─ 循环经济促进法
    │    ├─ 可再生能源法
    │    └─ 节约能源法
    ├─ 自然资源法
    │    ├─ 野生动物保护法
    │    ├─ 海洋环境保护法
    │    ├─ 水法
    │    ├─ 煤炭法
    │    ├─ 深海海底区域资源勘探开发法
    │    ├─ 海岛保护法
    │    ├─ 草原法
    │    ├─ 森林法
    │    ├─ 矿产资源法
    │    └─ 海域使用管理法
    └─ 惩罚法 ─ 环境保护税法
```

化、科学化的决策机制。为进一步实施可持续发展战略,预防因规划和建设项目实施后对环境造成不良影响,促进经济、社会和环境的协调发展,我国于 2002 年 10 月 28 日第九届全国人民代表大会常务委员会第三十次会议通过《中华人民共和国环境影响评价法》。该法于 2003 年 10 月 28 日正式开始实施。该法的实施标志着我国将原来只单纯针对建设项目进行的环境影响评价扩大到对发展规划等战略性活动进行环境影响评价。从单纯评价建设项目扩展到政府编制的区域发展总体规划和专项规划,表明政府已经意识到区域开发、产业发展和自然资源利用对环境造成的影响越来越突出,必须从源头予以控制。该法的出台和实施为我国环境影响评价制度的真正落实提供有力的法律保障。

(二) 环境污染防治法律

经过多年的建设,我国污染防治立法取得较大的成绩,污染防治法律体系已经初具规模。全国人大常委会通过和修改包括《水污染防治法》《大气污染防治法》《环境噪声污染防治法》《固体废弃物污染环境防治法》《海洋环境保护法》《放射性污染防治法》等 6 部专门法律。国务院制定并公布或经国务院批准而由主管部门公布大批综合性或专项行政法规或部门规章,如《大气污染防治法实施细则》(1993 年)、《淮河流域水污染防治暂行条例》(1995 年)、《国务院关于环境保护若干问题的决定》(1996 年)、《机动车排放污染防治技术政策》(1999 年)、《水污染防治法实施细则》(2000 年) 等。这些法律法规为我国污染防治工作提供较为完备的法律依据。另外,我国还制定环境质量标准、污染物排放标准、环境基础标准、样品标准和方法标准,基本上建立起环境标准法律体系。从总体上看,我国已经形成较为完善的污染防治法律体系和制度规范体系。全国环境污染恶化加剧的趋势基本得到控制,部分城市和地区的环境质量有所改善,为实现中国可持续发展战略做出应有的贡献。

(三) 循环型社会法

我国在 20 世纪 70 年代开始注意用法律手段推动环境保护和资源的综合利用、循环使用等工作。早在 1973 年第一次全国环境保护工作会议上,原国家计划委员会拟订的《关于保护和改善环境的若干规定》中就提出努力改革生产工艺,不生产或者少生产废气、废水、废渣;加强管理,消除跑、冒、滴、漏等隐患。1985 年,国务院又批准原国家经济委员会起草的《关于加强资源综合利用的若干规定》,对企业开展资源综合利用规定一系列的优惠政策和措施,并附有相关的产品和物资的具体名录,使企业一目了然。该规定的公布实施,有力地促进我国资源综合利用工作的开展。资源的综合利用,实际上就是今天我们所称循环经济的内容之一。2002 年 6 月 29 日,《中华人民共和国清洁生产促进法》获得通过,于 2003 年 1 月 1 日起施行。这是我国第一部以提高资源利用效率、实施污染预防为主要内容,专门规范企业等清洁生产的法律规范。该法的公布实施,表明我国发展循环经济是以法制化和规范化的清洁生产为开端,是可持续发展的历史性进步。2008 年通过的《循环经济促进法》进一步确立我国发展循环经济的方向。

(四) 自然资源法

改革开放以来,中国自然资源法律体系逐步完善,自然资源立法呈现速度快、体系化的特点,逐步形成以《土地管理法》《森林法》《草原法》等单行资源法为核心,以各类行政法规、国务院文件、部门规章、规范性文件和地方性法规规章为补充的自然资源法律体系。例如《中华人民共和国土地管理法》早在 1986 年 6 月 25 日就经第六届全国人民代表大会常务委员会第十六次会议审议通过，1987 年 1 月 1 日实施。此后，该法又经过四次修订。2019 年 8 月 26 日，十三届全国人大常委会第十二次会议表决通过关于修改土地管理法、城市房地产管理法的决定，已经于 2020 年 1 月 1 日开始实施。上述法律体系在自然资源的保护和开发利用方面起到有效的约束作用，但行政部门主导的立法机制也造成诸多管理问题，如单行法律设立偏重部门利益，致使法律体系内部规定相互交叉重叠，各级政府行政职权划分不合理等。

（五）环境惩罚法律

我国的环境刑事制裁法、环境保护税法从刑事、经济上两个角度对环境破坏行为所需承担的代价进行具体规定。

1. 环境保护税法

环境保护税法是按照"税负平移"的原则，将现行排污费制度向环保税制度转移。我国自 1979 年已经确立排污费制度，2015 年征收排污费 173 亿元，缴费户数 28 万户。草案将现行排污费收费标准作为环保税的税额下限，规定：大气污染物税额为每污染当量 1.2 元；水污染物为 1.4 元；固体废物按不同种类，税额为每吨 5 元至 1000 元；噪声按超标分贝数，税额为每月 350 元至 11200 元。考虑到各地情况差异较大，草案中授权省级人民政府可以在《环境保护税税目税额表》规定的税额标准基础上，上浮应税污染物的适用税额，报同级人大常委会决定，并报全国人大常委会和国务院备案。2018 年 1 月 1 日起环境保护税法正式施行。该法明确"直接向环境排放应税污染物的企业事业单位和其他生产经营者"为纳税人，确定大气污染物、水污染物、固体废物和噪声为应税污染物。法律规定，县级以上地方人民政府应当建立税务机关、生态环境主管部门和其他相关单位分工协作工作机制，加强环境保护税征收管理，保障税款及时足额入库。生态环境主管部门和税务机关应当建立涉税信息共享平台和工作配合机制。法律明确，生态环境主管部门应当将排污单位的排污许可、污染物排放数据、环境违法和受行政处罚情况等环境保护相关信息，定期交送税务机关。税务机关应当将纳税人的纳税申报、税款入库、减免税额、欠缴税款以及风险疑点等环境保护税涉税信息，定期交送生态环境主管部门。

2. 刑事惩罚法

我国的环境刑事立法也经历从产生到短时间内迅速发展的过程，可大致分为三个阶段：(1) 民法、行政法、刑法交互使用的初步确立阶段。在

1979年刑法颁布之前,我国没有真正意义上的环境刑法。1979年刑法虽然没有专门规定环境犯罪,但一些条款已经直接或间接涉及危害环境犯罪。当然从总体上看,这一时期的环境保护主要侧重行政手段和民事制裁,刑事制裁的力度远远不够。(2)单行刑法与附属刑法补充使用的发展阶段。在刑法修订以前,为弥补环境刑法滞后于环境犯罪的事实,我国通过几个关于环境犯罪的特别刑法法规,并在数个环境法规中创立几个环境犯罪罪名,形成附属刑法,这两种形式在一定程度上填补刑法典中环境犯罪的空白,但仍显不足。(3)刑法典修订以后的不断完善阶段。1997年修订的刑法典,在第六章中以专门的一节规定破坏环境资源保护罪,共14个罪名,在其他章节中也规定一些与环境犯罪有关的罪名。在其后的刑法修正案(二)、修正案(四)中对有关法条进行修改,并增加相关罪名。这些构成我国现行环境刑法的主体部分,此外包括一些散见于环境部门法中的刑事处罚条款。

二、我国环境规制政策发展历程

环境规制政策体系的完备和合理是进行环境规制的基础,但环境规制政策体系的完备不是一蹴而就的。从历史上来看,自古以来中国就一直保有数量相当的环境规制法律,但这多是出于朴素的生产需求,"斧斤以时入山林,材木不可胜用也"。随着时代的发展,环境保护思想也逐渐在进步,伴随着工业革命的进程,人类社会活动对环境的负外部性愈加显著,如果不立法限制对环境的影响,终将影响到人类自身的生活。伴随着对环境的恶劣影响,环境规制理论和环境规制思想也在急速发展,环境规制政策法律的制定逐渐拥有系统的理论支撑。中国现代意义的环境立法同样遵循着上述规律,迄今经历三个阶段。

(一)孕育阶段

新中国成立以后至20世纪70年代,这一阶段的中国环境规制政策体系还处于孕育阶段。在这一时期,国家对于伴随经济的发展带来的环境污染问题逐渐重视,并且制定有关防治的规定。如1956年颁布的《工厂安全卫生规程》,明确要求工厂应对所产生的污水、废气、噪声和废弃物加以管理和控制,妥善处理各种废水和废料,不得危害工人和附近居民。1959年颁布的《生活饮用水卫生规程》在规定生活饮用水水质标准的同时规定水源保护区的污染防治。这些规定更多的是从人民生活卫生的角度来考虑的,当时的有关行政主管机关也是卫生部。客观地讲,在国家恢复经济的建设时期,并没有产生完整的环境保护理念,这些零星的国家规定无论从立法位阶上看,还是从实际内容上看,都谈不上是真正的环境规制法律,只能说是孕育了环境规制法律的萌芽。

(二) 起步阶段

从20世纪70年代至80年代末这一阶段是中国环境规制政策的起步阶段。中国环境立法的起步发展始于20世纪70年代,中国派代表参加1972年在瑞典斯德哥尔摩召开的联合国人类环境会议,这次会议给中国带来了现代环境保护理念,也促进了中国开始真正的环境立法工作。中国在1973年8月召开第一次全国环境保护会议,通过《关于保护和改善环境的若干规定(试行)草案》,随后国务院正式批准该规定,该规定确立国家有关环境保护的一些方针政策。1978年修订的《宪法》明确"国家保护环境和自然资源,防治污染和其他公害",第一次以国家根本大法的形式规定环境保护的内容,这对于中国环境立法工作的发展起到了决定性的作用。五届全国人大常委会在1979年9月13日通过了《环境保护法(试行)》,制定该法的设想是将环境保护法作为环境保护领域的基本法,主要是规定国家在环境保护方面的基本方针和基本政策,而一些具体的规定,则将在大气保护法、水质保护法等具体法规和实施细则中去解决,这标志着中国环境立法的正式起步。之后,全国人大常委会相继制定《海洋环境保护法》(1982年)、《水污染防治法》(1984年)、《大气污染防治法》(1987年)。在试行十年之后,全国人大常委会对《环境保护法(试行)》进行修订,通过《环境保护法》。

(三) 初步形成阶段

从20世纪90年代至今是环境规制政策体系的初步形成阶段。我国改革开放经过十几年的发展,经济建设的高速发展使得环境问题变得日益严重,需要在立法上采取积极应对。内外因的结合和促进,使得我国的环境规制立法进入一个快速发展阶段:一方面进行大量的新的环境规制立法,另一方面对原有的环境立法进行大量修订。新的环境规制法律包括《固体废物污染环境防治法》(1995年)、《环境噪声污染防治法》(1996年)、《清洁生产法》(2002年)、《环境影响评价法》(2002年)、《放射性污染防治法》(2003年)。修订的环境规制法律包括《大气污染防治法》(1995年、2000年两次修订)、《水污染防治法》(1996年修订)、《海洋环境保护法》(1999年修订)等。国务院和国务院有关部门也分别制定大量的环境规制行政法规、部门规章,中国环境规制政策体系框架初步形成。

第二节 我国现有环境规制问题

随着我国城镇化和工业化进程深化,经济增长伴随着大量的环境成本消耗,并且对环境的依赖存在刚性需求,因此目前以环境消耗来带动经济增长的发展方式在短期内难以转变。同时,由于资源的相对有限性,环境保护的过程中又不得不以牺牲一定的经济增速为代价。我国长期以来的经济增长模式致力于提升经济发展水平,经济增速很高,但是在提高人民生活质量的同时,亟须关注环境污染带来的危害。

一、环境规制过程中资源、人力以及执法权限等方面力度不足

从1973年我国环保事业开始至今,历经35年逐渐认识到环境规制的重要性,在实践中逐渐树立保护环境就是发展的正确道路。我国政府对保护环境的认识分三个阶段。第一个阶段是用绿水青山去换金山银山,不考虑或者很少考虑环境的承载能力,一味索取资源。第二个阶段是既要金山银山,也要绿水青山。第三个阶段是认识到绿水青山可以源源不断地带来金山银山,绿水青山本身就是金山银山,常青树就是摇钱树,生态优势变成经济优势,环境保护与经济发展浑然一体、和谐统一,达到思想上"更高的境界"。如今,环境保护"总局升部",这一历史性转变标志着环保工作已进入国家政治经济主干线。然而,如果不能在资源、人力以及执法权限等方面加强,也只能是"换汤不换药"。在美国和欧洲这些地区,法律赋予环境监管者强大的独立执法能力,这也是中国的环保部门目前难以企及的。

二、尚未解决个别立法形式下跨媒体的环境问题

我国环境法律已很明显地形成个别立法的形式,借个别专项法律处理某一环境问题(如水污染、空气污染、噪声等等)。这样的做法与最近备受瞩目的统一立法形式颇有差别,地方政府的环境保护职能,一般分散在环保、水利、交通、国土、公安等多个部门,地方环境保护部门难以实施统一监督管理,而大气污染、河流污染、生物多样性破坏等影响不受行政辖区界线的限制,这是制约环保执法力度的一大难题。在这种个别立法形式下,如何解决跨媒体的环境问题,值得研究。

三、当前环境保护法体系不够健全

两头轻、中间重,从环境保护法的三大项所包含的法律看来,环境政策中最前端的"预防"与最后端的"惩罚"都相当薄弱,而中间的"防治""循环""资源"法相当肥大,使整个环境保护法体系呈现橄榄球形状。环境预防部分仅有环境影响评价法,就是这样一部从形式上看比较具体和容易操作的法律,在草案审议阶段却遭到多方的反对,险遭夭折。《环境影响评价

法》规定,任何规划和建设项目在开工前,必须经过环境影响评价,并报环保机构审批,否则,环保机构将责令停工和处以罚款。其遭遇反对的原因也无非是部门利益的冲突。在惩罚法部分,我国利用环境保护税法对环境保护的经济责任进行划分,但我国目前还没有专门的环境刑事制裁法。

四、环境法律领域实体法与程序法失衡

"重实体,轻程序"是我国立法的一大通病,环境法律领域表现得尤为突出。我国现行的环境法律体系以实体法为主,程序法规范很少且多散见于各实体法中,没有专门的程序法,如环境行政组织法。而且在环境行政处罚、环境行政调处、环境侵权救济等诸多方面尚缺乏明确的程序性规定,实体法与程序法的失衡大大影响实体法的效力发挥和事后补救,加大环境执法的难度。

由于我国环境规制政策体系存在的问题会导致政策有效执行不足,效果不佳,无法达到环境治理的目的,改善环境、实行合理且严格的环境政策成为政府的首要目标,环境规制政策评估以及政策偏差研究也成为关注的热点。

第三节 我国环境规制政策偏差实证分析

一、样本选择和数据来源

党中央、国务院以及各级政府都十分重视生态环境保护工作,一直全力推进大气、水、土壤污染防治,持续加大生态环境保护力度,并且制定生态环境保护规划。在生态环境保护目标和任务的制定与执行过程中,国家文件是生态环境保护的纲领性文件,地方政府在国家下达指标以及自身的生态环境情况进行适当调整,颁布具有针对性、本土性的生态环境保护规划政策。选取"十二五"以及"十三五"生态环境保护规划,并根据生态环境保护规划选择主要研究对象:大气环境质量、水环境质量、污染物排放总量、声环境。

本章数据从国务院、国家生态环境部以及地方政府网站和生态环境厅收集获得,其中最为重要的是"十二五"和"十三五"期间国家政府与各级省市政府生态环境保护规划。为系统研究"十二五"和"十三五"期间国家政府与各级省市政府生态环境保护规划目标政策制定和执行的差异性,故本章从"政策目标制定情况"和"政策目标完成情况"两个维度以及污染防

治环境规制的视角出发,分别研究环境规制政策的制定与执行效果偏差。

二、数据收集与分析

"十二五"生态环境保护规划和"十三五"生态环境保护规划均是从大气环境质量、水环境质量、污染物排放总量、声环境等几方面进行主要环境规制指标规划,因此本章中数据主要包括大气环境 T1、水环境 T2、主要污染物总量减排 T3、声环境 T4 等几方面。其中空气环境包括空气质量优良天数比例(%)T11、细颗粒物(PM2.5)年均浓度(微克/立方米)T12、可吸入颗粒物(PM10)年均浓度(微克/立方米)T13;水环境包括地表水水质优良(达到或优于Ⅲ类)比例(%)T21、地表水劣于Ⅴ类水体断面比例(%)T22;主要污染物总量减排包括化学需氧量(%)T31、氨氮(%)T32、二氧化硫(%)T33、氮氧化物(%)T34;声环境包括城市区域声环境(分贝)T41、道路交通噪声(分贝)T42。并且由于目前时间限制无法得到完整的十三五时期的数据,因此本章只研究十三五中期数据。"十二五"和"十三五"我国生态环境保护规划目标制定与完成情况如下(见表 8.1、表 8.2)。

表 8.1 "十二五"我国生态环境保护规划目标制定与完成情况

制定主体	大气环境 T1			水环境 T2		主要污染物总量减排 T3				声环境 T4	
	T11 %	T12 ug/m³	T13 ug/m³	T21 %	T22 %	T31 %	T32 %	T33 %	T34 %	T41 dB	T42 dB
中央	80%	60	100	60%	15%	8%	10%	8%	10%	55	70
	76.7%	50	87	66%	9.70%	12.9%	13%	18%	18.6%	54.1	67
北京	80%	86	109	60%	15%	8.7%	10.1%	13.4%	12.3%	55	70
	54.9%	80.6	101.5	—	—	19.34%	24.96%	31.81%	30.39%	53.3	69.2
天津	85%	60	100	25%	55%	8.7%	10.3%	9.13%	15.3%	55	70
	60.3%	70	133	4.9%	65.9%	12.3%	14.4%	21.9%	27.5%	53.9	65.7
河北	85%	60	100	30%	30%	10.4%	13.8%	14.3%	15.5%	55	70
	52%	77	136	37.29%	49.15%	13%	14.9%	10.2%	25%	54	66.6
山西	85%	60	100	60%	30%	9.6%	12.2%	11.3%	13.9%	55	70
	70.4%	56	98	44%	32%	20%	16%	22.11%	25%	52.9	66.7
内蒙古	80%	60	100	75%	15%	6.7%	9.7%	3.8%	5.8%	55	70
	80.9%	41	88	57.6%	16.9%	9.3%	13.78%	11.91%	13.33%	—	—

续表

制定主体	大气环境 T1			水环境 T2		主要污染物总量减排 T3				声环境 T4	
	T11 %	T12 ug/m³	T13 ug/m³	T21 %	T22 %	T31 %	T32 %	T33 %	T34 %	T41 dB	T42 dB
辽宁	70%	60	100	60%	15%	9.2%	11%	10.7%	13.7%	55	70
	71.5%	55	93	—	—	15%	14.41%	17.34%	18.83%	—	67.7
吉林	80%	60	100	60%	15%	8%	10%	8%	10%	55	70
	73.7%	55	88	60.8%	12%	12.7%	11.4%	12.8%	7.5%	54	67.3
黑龙江	85%	60	100	60%	20%	8.6%	10.4%	2%	3.1%	55	70
	85.9%	41	67	50%	1.6%	13.6%	14%	11.1%	14.3%	54.5	67.5
上海	90%	60	100	80%	15%	10%	12.9%	13.7%	17.5%	55	70
	94.8%	53	69	14.7%	56.4%	25.1%	18.4%	33.1%	32.1%	56.2	69.8
江苏	80%	60	100	50%	15%	12%	12.9%	14.8%	17.5%	55	70
	66.8%	58	96	51.6%	8.6%	17.62%	14.59%	23.07%	27.46%	54.5	66.6
浙江	90%	60	100	75%	5%	8%	10%	8%	10%	55	70
	78.2%	47	68	72.9%	6.8%	18.82%	16.91%	21.35%	28.81%	55.1	67.6
安徽	98.6%	60	87	60%	20%	7.2%	9.9%	6.1%	9.8%	55	70
	77.9%	58	80	69.8%	6.6%	12.67%	20.89%	8.9%	13.43%	54	66.4
福建	90%	60	100	92%	15%	6.3%	8.4%	6.2%	8.6%	55	70
	97.95%	13.3	19.3	94%	0.9%	12.4%	12.4%	13.2%	15.3%	55.7	68.4
山东	80%	60	100	60%	15%	12%	12%	14.9%	16.1%	55	70
	58.6%	76	131	49.2%	8.1%	12.8%	13.5%	18.9%	18.2%	54.3	—
河南	80%	60	100	45%	25%	9.9%	12.6%	11.9%	14.7%	55	70
	50.2%	80	135	51.1%	20.2%	13.17%	13.77%	20.55%	20.59%	—	—
湖北	80%	60	100	60%	15%	7.4%	9.7%	8.35%	7.2%	55	70
	66.6%	65	99	84.2%	5.1%	12.25%	13.95%	20.61%	18.5%	54.5	67.8
湖南	80%	60	100	60%	15%	7.2%	9.8%	8.3%	9%	55	70
	91.1%	54	—	96.9%	—	9.97%	10.85%	16.07%	17.77%	—	—
广东	95%	60	100	75%	15%	12%	13.3%	14.8%	17%	55	70
	91.5%	34	51	77.4%	8.1%	16.9%	15.1%	19.2%	24.6%	55.7	68
广西	93%	60	100	60%	15%	7.5%	9.3%	7.9%	8.9%	55	70
	88.5%	41	61	93.1%	0	11.9%	9.2%	26.39%	17.22%	—	—

续表

制定主体	大气环境 T1			水环境 T2		主要污染物总量减排 T3				声环境 T4	
	T11 %	T12 ug/m³	T13 ug/m³	T21 %	T22 %	T31 %	T32 %	T33 %	T34 %	T41 dB	T42 dB
重庆	80%	60	100	60%	15%	7.2%	8.8%	7.1%	6.9%	55	70
	80%	57	87	81.5%	4.1%	—	—	15.50%	20.3%	—	66.4
四川	80%	60	100	70%	7%	8%	10%	8%	10%	55	70
	80.5%	47	76	61.3%	13.9%	10.42%	9.73%	22.59%	13.87%	54	67.7
云南	80%	60	100	60%	15%	6.2%	8.1%	4%	5.8%	55	70
	87.3%	28	45	74%	10%	9.47%	8.45%	17.06%	13.54%	55	68
陕西	80%	60	100	60%	15%	8%	10%	8%	10%	55	70
	76.6%	59	109	56.5%	12.9%	14.16%	13.61%	22.44%	18.07%	—	66
甘肃	80%	60	100	100%	0	6.4%	8.9%	+2%	3.1%	55	70
	64.28%	—	95	87.5%	0	9.13%	14.09%	8.31%	7.90%	—	—
青海	80%	60	100	80%	15%	8%	10%	8%	10%	55	70
	77.60%	46	106	80%	31.6%	8%	10%	8%	10%	55	70
宁夏	85%	60	100	60%	15%	6%	8%	3.6%	4.9%	55	70
	74%	47	106	66.7%	20%	12.1%	8%	6.6%	12.1%	52.1	66.4

注：表中上行数据是国家或当地目标数据，下行为实际数据；横杠表示数据缺失。因江西、海南、贵州、西藏、新疆数据收集不全，缺少较多，故将其去除。T11：空气质量优良天数比例（%）；T12：细颗粒物（PM2.5）年均浓度（微克/立方米）；T13：可吸入颗粒物（PM10）年均浓度（微克/立方米）；T21：地表水水质优良（达到或优于Ⅲ类）比例（%）；T22：地表水劣于Ⅴ类水体断面比例（%）；T31：化学需氧量（%）；T32：氨氮（%）；T33：二氧化硫（%）；T34：氮氧化物（%）；T41：城市区域声环境（分贝）；T42：道路交通噪声（分贝）；下同。

表 8.2 "十三五"中我国生态环境保护规划目标制定与完成情况

制定主体	大气环境 T1			水环境 T2		主要污染物总量减排 T3				声环境 T4	
	T11 %	T12 ug/m³	T13 ug/m³	T21 %	T22 %	T31 %	T32 %	T33 %	T34 %	T41 dB	T42 dB
中央	80%	35	70	70%	5%	10%	10%	15%	15%	55	70
	79.3%	39	71	71%	6.7%	—	—	—	—	54.4	67

续表

制定主体	大气环境 T1 T11 %	T12 ug/m³	T13 ug/m³	水环境 T2 T21 %	T22 %	主要污染物总量减排 T3 T31 %	T32 %	T33 %	T34 %	声环境 T4 T41 dB	T42 dB
北京	56%	56	70	55%	28%	14%	16%	30%	20%	55	70
	62.2%	51	62	40%	35%	31.58%	29.1%	55.5%	35.5%	53.7	69.6
天津	70%	35	70	25%	55%	14.4%	16.1%	25%	25%	55	70
	—	52	82	40%	25%	—	—	42.9%	26.7%	54.5	65.7
河北	63%	62	70	48.31%	27.97%	19%	20%	28%	28%	55	70
	57%	56	104	48.6%	20.3%	63.6%	35.35%	55.8%	28.6%	55	67.2
山西	75.4%	45	70	60%	15%	17.6%	18%	20%	20%	55	70
	56.8%	55	107	58%	23%	15.94%	12.97%	20.06%	14.75%	53.8	65.8
内蒙古	83.8%	35	72	59.6%	3.8%	7.1%	7.0%	11%	11%	55	70
	83.6%	31	80	47.1%	19.3%	—	—	13.2%	6.3%	53	65.5
辽宁	76.5%	42	77	51.2%	1.2%	13.4%	8.8%	20%	20%	55	70
	75.8%	44	77	60.5%	5.8%	8.26%	8%	15.96%	13.83%	—	—
吉林	80%	44	70	64%	0	10%	10%	15%	15%	55	70
	90.3%	32	57	65.8%	15.3%	—	—	—	—	54.3	67.3
黑龙江	88%	35	70	59.7%	0	6%	7%	11%	11%	55	70
	84.6%	28	52	58%	4.7%	—	—	—	—	54.5	66.8
上海	75.1%	42	70	70%	5%	10%	10%	15%	15%	55	70
	81.1%	36	51	27.2%	7%	—	—	—	—	54.6	69.3
江苏	72%	46	70	67.6%	0	13.5%	13.4%	20%	20%	55	70
	68%	48	76	68.3%	1%	—	—	—	—	54.9	66.2
浙江	80%	35	70	80%	0	10%	10%	15%	15%	55	70
	—	31	52	84.6%	0	—	—	—	—	54.7	67.6
安徽	82.9%	48	70	74.5%	0.9%	9.9%	14.3%	16%	16%	55	70
	71%	49	76	75.2%	1.9%	—	—	7	—	54.9	67
福建	80%	35	70	70%	0	10%	10%	15%	15%	55	70
	95%	22	42	95.8%	—	8.4%	7.4%	13.7%	14.1%	56.1	68.6
山东	62%	35	70	70%	5%	11.7%	13.4%	27%	27%	55	70
	60.4%	49	97	46.3%	6.6%	8.58%	9.43%	22.8%	18%	—	—

续表

制定主体	大气环境 T1			水环境 T2		主要污染物总量减排 T3				声环境 T4	
	T11 %	T12 ug/m³	T13 ug/m³	T21 %	T22 %	T31 %	T32 %	T33 %	T34 %	T41 dB	T42 dB
河南	65%	58	95	57%	10%	18.4%	16.6%	28%	28%	55	70
	56.6%	61	103	63.8%	1.1%	65.3%	36%	35.3%	20%	—	—
湖北	80%	35	70	89.8%	6.1%	9.9%	10.2%	20%	20%	55	70
	82%	44	72	89.4%	1.1%	—	—	—	—	54	68.6
湖南	82.9%	44	70	70%	5%	10.1%	10.1%	21%	15%	55	70
	—	—	—	—	—	—	—	—	—	—	—
广东	92.5%	33	70	84.5%	0	10%	10%	15%	15%	55	70
	92%	34	49	81.7%	7%	—	—	—	—	56.9	68.3
广西	91.5%	35	70	96.2%	0	1%	%	13%	13%	55	70
	91.6%	35	57	92.8%	0	—	—	—	—	—	—
重庆	82%	46	70	70%	5%	7.2%	8.8%	7%	6.90%	55	70
	86.58%	40	64	81.1%	3.1%	—	—	—	—	51	66
四川	83.5%	35	70	81.6%	0	12.8%	13.9%	16%	16%	55	70
	84.8%	38.6	62.6	88.5%	1.1%	—	—	—	—	54.5	68.8
云南	80%	35	70	75%	6%	10%	10%	15%	15%	55	70
	92%	25	46	83.8%	5.5%	10.7%	7.9%	3.5%	2.7%	50	68
陕西	78.5%	35	70	70%	5%	10.%	10.%	18%	18%	55	70
	66.52%	51	104	78.95%	6.1%	11.43%	10.47%	19.41%	—	—	68
甘肃	82%	35	80.7	95.59%	0	10%	10%	15%	15%	55	70
	—	34	77	95.6%	—	—	—	—	—	—	—
青海	80%	35	70	85%	0	10%	10%	15%	15%	55	70
	92.4%	30	67	84.7%	3.4%	—	—	—	—	55	70
宁夏	80%	41	94	73.3%	0	1.2%	0.7%	12%	12%	55	70
	75.9%	35	82	55.6%	11.1%	—	—	—	—	52.8	66.4

注：横坐标1—26分别是北京、天津、河北、山西、内蒙古、辽宁、吉林、黑龙江、上海、江苏、浙江、安徽、福建、山东、河南、湖北、湖南、广东、广西、重庆、四川、云南、陕西、甘肃、青海、宁夏。T11为T11指标的目标值，T11W为该指标的完成值，其余以此类推。下同。

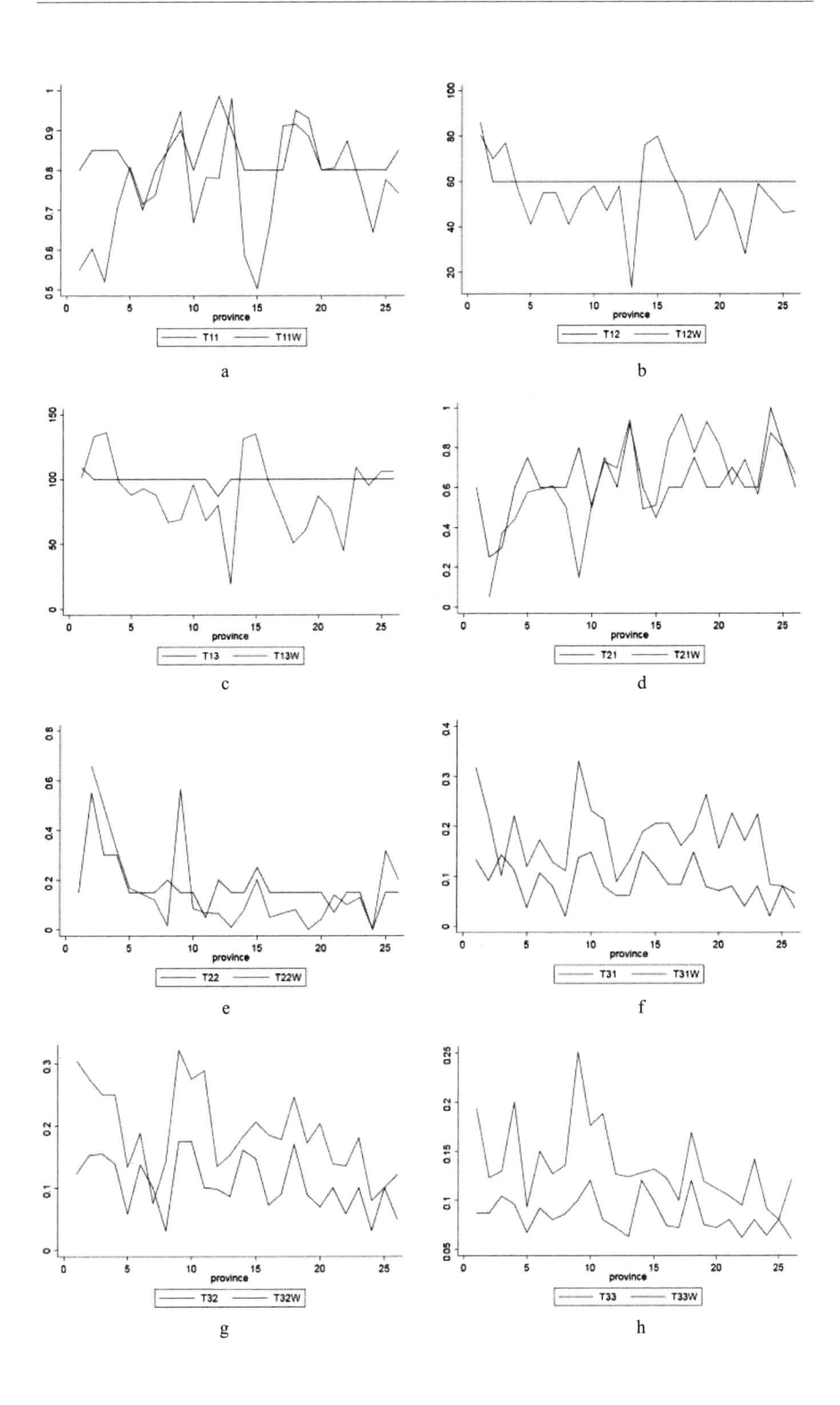

第八章 我国现有环境规制政策评估

i   j

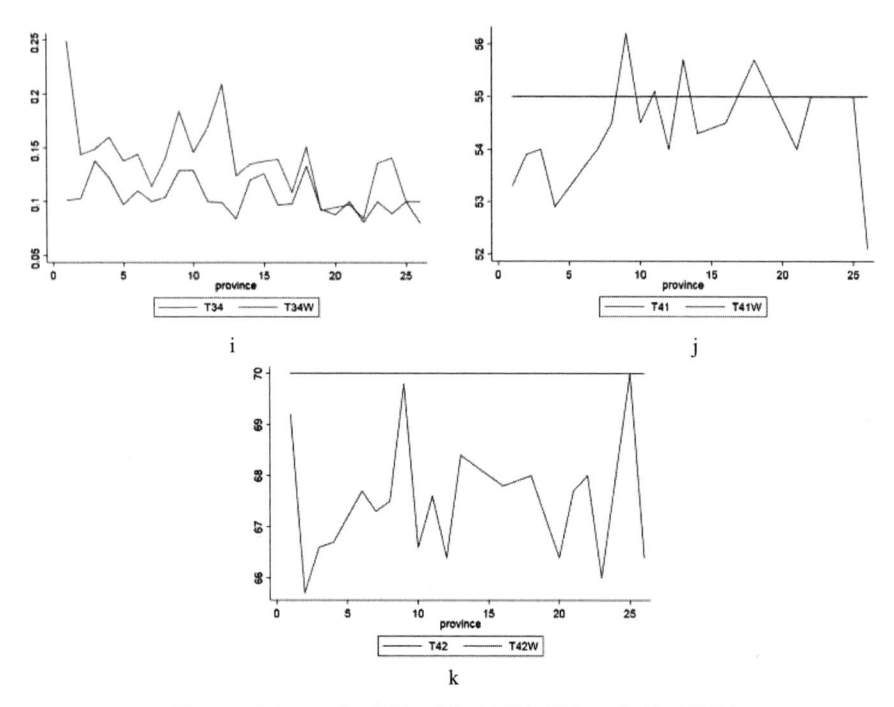

k

图 8.2 "十二五"时期各指标的目标值和实际值对比图

整体上来看,因为各省的环境状况不同,各省市自治区在制定各省的生态环境保护规划时都与国家设定的目标有所差异。大多数省份的目标值设定是高于国家的目标值,极少部分低于国家的目标值,极个别地区环境保护目标值制定较为模糊;在政策执行方面,执行效果良好,大部分均完成目标值,并且有些省份还超额完成目标,例如相比国家十二五时期主要污染物化学需氧量、氨氮、二氧化硫和氮氧化物总量减少比例8%、10%、8%、10%,河北省的主要污染物总量减少比例为10.40%、13.80%、14.30%、15.50%,并且超额完成"十二五"目标任务的2.4倍、1.8倍、1.4倍和1.4倍。

各省在制定大气环境和声环境指标目标值时与国家规划目标值相差不大,对于水环境和主要污染物总量减排的目标值制定却有所差异。"十二五"环境保护规划中地表水水质优良(达到或优于Ⅲ类)比例除天津、河北、江苏、河南外均高于中央政策目标值。就环境保护规划完成情况来说,空气质量优良天数比例指标完成情况较差,仅有内蒙古、辽宁、上海等7个省区成功达到目标值;地表水水质优良(达到或优于Ⅲ类)比例、地表水劣于Ⅴ类水体断面比例指标完成情况一般;细颗粒物(PM2.5)年均浓度、可吸入颗粒物(PM10)年均浓度、主要污染物总量减排以及声环境指标完成情况良好。由此可见各地区还是存在一定的制定和执行偏差,需要通过有效的方法对各省环境保护的效果进行衡量。

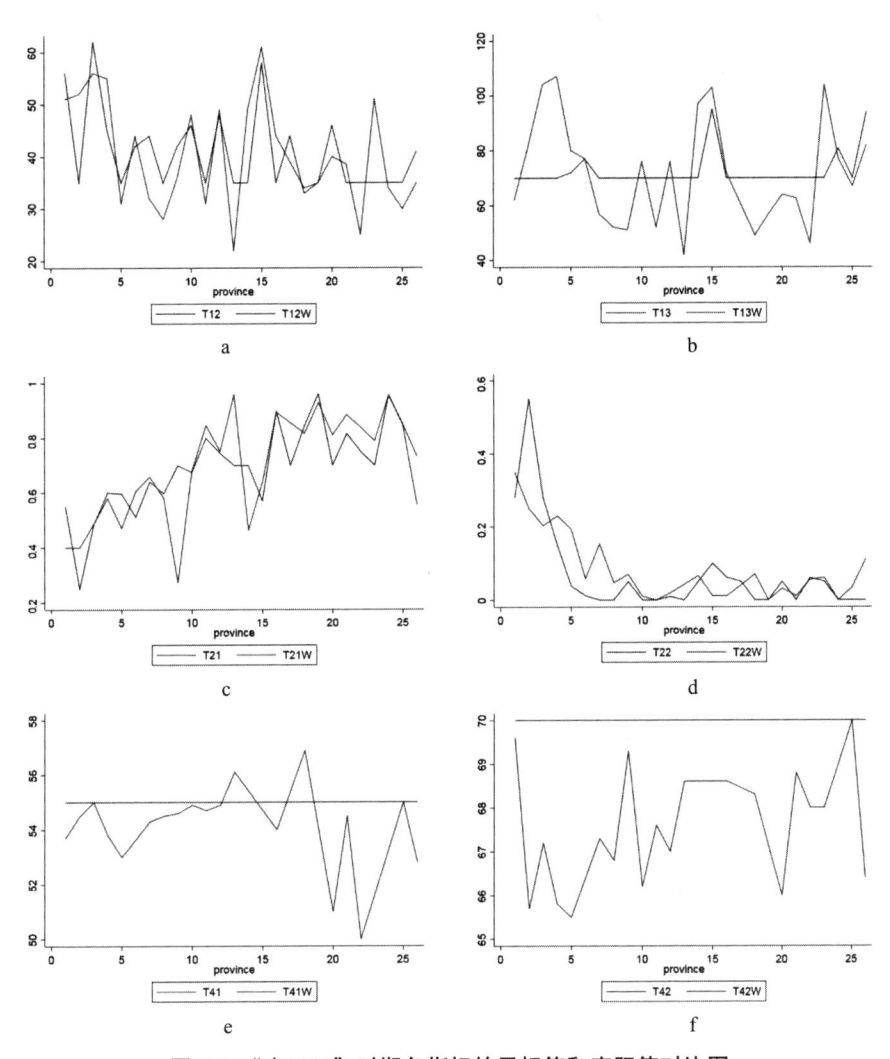

图 8.3 "十三五"时期各指标的目标值和实际值对比图

三、实证结果

偏差指标(DI)能够反映政策制定和执行过程中产生的偏差以及政策实施效果。本章通过分析政策制定和执行过程中产生的偏差,并考虑不同地区间的发展差异性,以达到提高各级政府在实施过程中的效率。本章使用地区生产总值与国内生产总值的比值衡量各省所占的偏差权重,因此生态环境保护规划制定和执行偏差可表示如下。

$$DI_t = \sum_{i=1}^{n} \frac{GDP_{it}}{GDP_t} DI_{it} \qquad (8.1)$$

$$DI_i = \frac{v_i - v_c}{v_c} \qquad (8.2)$$

其中，DI 为生态环境保护规划政策偏差，DI_{it} 为各省第 t 年政策偏差，v_i 为各省的值，v_c 则是国家的值，故 DI_i 为各省政策偏差。DI 代表地方政策制定值或完成值高于或低于国家所制定的目标值或完成值。

表8.3 "十二五"末和"十三五"中我国政策目标制定与执行偏差

\multicolumn{5}{c|}{"十二五"时期}	\multicolumn{5}{c}{"十三五"时期}
指标	具体指标	制定偏差	执行偏差	指标	具体指标	制定偏差	执行偏差
T1	T11	0.051841	−0.01811	T1	T11	−0.03735	−0.00303
	T12	0.014593	−0.104054		T12	0.165046	−0.074296
	T13	−0.0013	−0.143705		T13	0.025235	−0.084593
T2	T21	0.032753	0.01416	T2	T21	0.003745	0.078135
	T22	0.090751	−0.088624		T22	0.166411	−0.085178
T3	T31	0.162522	0.555273	T3	T31	0.146858	—
	T32	0.111389	0.288791		T32	0.178741	—
	T33	0.315204	0.907234		T33	0.262081	—
	T34	0.246048	0.74801		T34	0.223144	—
T4	T41	0	−0.226285	T4	T41	0	−0.26862
	T42	0	−0.255368		T42	0	−0.2628

注：因部分指标数据缺失，故不计算相应的偏差值。T11：空气质量优良天数比例（%）；T12：细颗粒物（PM2.5）年均浓度（微克/立方米）；T13：可吸入颗粒物（PM10）年均浓度（微克/立方米）；T21：地表水水质优良（达到或优于Ⅲ类）比例（%）；T22：地表水劣于Ⅴ类水体断面比例（%）；T31：化学需氧量（%）；T32：氨氮（%）；T33：二氧化硫（%）；T34：氮氧化物（%）；T41：城市区域声环境（分贝）；T42：道路交通噪声（分贝）。

本章将政策偏差分为两种，一是政策制定偏差，二是政策执行偏差，目标值来自"十三五"生态环境保护规制。由于目前仅能收集到2018年的环境保护数据，因此在计算"十三五"政策偏差时，对目标值进行相应调整，将"十三五"规划目标相对2015年改善部分的60%作为目标值，并以2018年GDP进行计算。基于上述模型计算结果如表8.3所示。

由于各个指标的单位不同,偏差值的正负号可能代表着不同的意义。例如空气质量优良天数比例指标的环境规制目标值为空气质量优良天数比例最小值,实际完成情况要大于或等于该目标值,因此制定偏差为正值表示各省制定的目标值高于国家目标值,执行偏差为负值表示完成情况不理想。而地表水劣于Ⅴ类水体断面比例的目标值是最大值,实际完成情况要小于或等于该目标值,因此政策制定为正值虽然表示各省制定的目标值高于国家目标值,但实际却是比中央更宽容的环境限值,执行偏差为正值表示完成情况不理想。

由此可以看出"十二五"期间大气环境在制定过程中存在偏差,其中空气质量优良天数比例指标制定偏差数值相对较大,表明各省在制定目标时更严格,各省目标值与国家的目标值存在一定差异,细颗粒物(PM2.5)年均浓度、可吸入颗粒物(PM10)年均浓度指标各地区制定偏差数值较小,表明各地区政策规划与国家规划水平相差不大;执行偏差均为负值,表明细颗粒物、可吸入颗粒物指标达到目标值要求,仅空气质量优良天数未达到目标值,但数值较小,说明实际完成情况较目标值相差不大。水环境也存在一定的政策制定偏差,其中地表水劣于Ⅴ类水体断面比例中各省目标值与国家目标值差距较大;执行偏差一正一负,表明均完成环境规制规划目标。主要污染物总量减排中四项指标制定偏差数值较大,表明各地区政策规划较国家规划水平更为严格;执行偏差为正值,并且数值较大,表明实际完成情况良好,超额完成目标。声环境政策制定偏差值较小,表明各地区政策规划与国家规划水平相仿;执行偏差均为负,均完成规划目标。

在"十三五"期间,大气环境指标存在一定的制定偏差,细颗粒物制定偏差值为正且较高,表明相比国家环境保护规划目标各省份在细颗粒物的目标值选取更加宽松;执行偏差均为负,细颗粒物(PM2.5)年均浓度、可吸入颗粒物(PM10)年均浓度指标执行偏差为负值,虽然数值较小,但也均已完成目标值,仅空气质量优良天数未达到目标值。水环境制定偏差数值较高,表明各省份在国家环境规制水平上选取更高的环境规制规划目标;执行偏差一正一负,表明均较好的完成相应时间目标值。主要污染物总量减排指标制定偏差数值较大,表明各省市自治区制定更加严格的目标;由于数据缺失较多,并未计算执行偏差,但从仅有数据来看,也是超额完成目标。声环境政策制定偏差值较小,表明各地区政策规划与国家规划水平相仿;执行偏差均为负,均完成规划目标。

目前我国环境规制政策存在"重规划编制、轻规划实施"的特点,从结果中也可以看出,存在一定的政策制定偏差,某些指标的执行效果也不太理想。在地方规划实施过程中规划任务分工难尤为明显，且没有形成生态环保工作部门联动机制。很多省份在工作责任方面规定不具体，分工笼统，导致实施任务无法真正落实。并且，在规划实施过程中缺乏有效管理，缺乏日常推进实施机制，仅考察中期和末期实施情况。

四、讨 论

由于我国省份之间发展差异较大，不同省份之间的环境治理情况也存在不同。为进一步探究环境保护规划政策偏差，本章进一步将全国各省市自治区划分为东中西部进行研究。根据国家统计局划分标准，东部地区为北京、天津、河北、辽宁、上海、江苏、浙江、福建、山东、广东、海南；中部地区为山西、吉林、黑龙江、安徽、江西、河南、湖北、湖南；西部地区为内蒙古、广西、重庆、四川、贵州、云南、西藏、陕西、甘肃、青海、宁夏、新疆。

（一）东部地区

表 8.4 东部地区"十二五"末和"十三五"中我国政策目标制定与执行偏差

指标	具体指标	制定偏差	执行偏差	指标	具体指标	制定偏差	执行偏差
		"十二五"时期				"十三五"时期	
T1	T11	0.037861	−0.020439	T1	T11	−0.037181	−0.028648
	T12	0.014593	−0.065955		T12	0.090095	−0.051435
	T13	0.003031	−0.07704		T13	0.002812	−0.068182
T2	T21	0.026599	−0.04613	T2	T21	−0.012820	0.039116
	T22	0.054098	−0.017711		T22	0.213133	0.115396
T3	T31	0.169533	0.353248	T3	T31	0.118658	—
	T32	0.105608	0.18603		T32	0.133421	—
	T33	0.336107	0.39433		T33	0.193876	—
	T34	0.277460	0.39783		T34	0.171424	—
T4	T41	0	−0.001415	T4	T41	0	0.002751
	T42	0	−0.015770		T42	0	−0.014581

注：因部分指标缺少较多样本数，故不计算相应的偏差值。T11：空气质量优良天数比例（%）；T12：细颗粒物（PM2.5）年均浓度（微克/立方米）；T13：可吸入颗粒物（PM10）年均浓度（微克/立方米）；T21：地表水水质优良（达到或优于Ⅲ类）比例（%）；T22：地表水劣于Ⅴ类水体断面比例（%）；T31：化学需氧量（%）；T32：氨氮（%）；T33：二氧化硫（%）；T34：氮氧化物（%）；T41：城市区域声环境（分贝）；T42：道路交通噪声（分贝）。

由表 8.4 可知,"十二五"期间我国东部地区情况与全国相差不大。大气环境中空气质量优良天数比例指标制定偏差数值较大,表明各省在制定目标时更严格,细颗粒物(PM2.5)年均浓度、可吸入颗粒物(PM10)年均浓度指标制定偏差数值较小,表明各地区政策规划与国家规划水平相仿;执行偏差均为负值,表明实际完成情况较好,仅空气质量优良天数未达到目标值,且执行偏差值较小。水环境也存在一定的政策制定偏差但偏差值较小,表明各地区政策规划与国家规划水平相仿;执行偏差均为负值,表明地表水水质优良实际未完成目标值,地表水劣于V类水体断面比例完成目标值。主要污染物总量减排指标制定偏差数值较大,表明各地区政策规划较国家规划水平更为严格;执行偏差为正值,表明四项指标均超额完成目标;声环境政策制定偏差值较小,表明各地区政策规划与国家规划水平相仿;执行偏差较小,基本完成规划目标。

"十三五"期间,大气环境指标存在一定的制定偏差,细颗粒物制定偏差值为正且较高,表明相比国家环境保护规划目标各省份在细颗粒物的目标值选取更加宽松;执行偏差均为负,表明实际完成情况较好,仅空气质量优良天数未达到目标值;水环境也存在一定的政策制定偏差,其中地表水劣于V类水体断面比例中各省目标值与国家目标值差距较大;执行偏差均为正,表明地表水水质优良完成目标值,地表水劣于V类水体断面比例实际完成情况较差。主要污染物总量减排指标制定偏差数值较大,表明各省制定更加严格的目标。声环境政策制定偏差值较小,表明各地区政策规划与国家规划水平相仿;执行偏差均为负,均完成规划目标。

(二) 中部地区

表 8.5 中部地区"十二五"末和"十三五"中我国政策目标制定与执行偏差

指标	具体指标	"十二五"时期 制定偏差	"十二五"时期 执行偏差	指标	具体指标	"十三五"时期 制定偏差	"十三五"时期 执行偏差
T1	T11	0.010049	−0.016619	T1	T11	−0.006595	−0.019045
T1	T12	0.000000	0.00781	T1	T12	0.067396	−0.057868
T1	T13	−0.004333	0.0072	T1	T13	0.019063	−0.010961
T2	T21	0.008929	0.047419	T2	T21	−0.002173	0.014115
T2	T22	0.071416	−0.080215	T2	T22	0.038160	0.054715

续表

指标	"十二五"时期			指标	"十三五"时期		
	具体指标	制定偏差	执行偏差		具体指标	制定偏差	执行偏差
T3	T31	0.007114	0.128175	T3	T31	0.051418	—
	T32	0.016258	0.079119		T32	0.060347	—
	T33	0.015649	0.266552		T33	0.080635	—
	T34	0.002912	0.217992		T34	0.064451	—
T4	T41	0	−0.002186	T4	T41	0	−0.001641
	T42	0	−0.005262		T42	0	−0.004898

注：因部分指标缺少较多样本数，故不计算相应的偏差值。T11：空气质量优良天数比例（%）；T12：细颗粒物（PM2.5）年均浓度（微克/立方米）；T13：可吸入颗粒物（PM10）年均浓度（微克/立方米）；T21：地表水水质优良（达到或优于Ⅲ类）比例（%）；T22：地表水劣于Ⅴ类水体断面比例（%）；T31：化学需氧量（%）；T32：氨氮（%）；T33：二氧化硫（%）；T34：氮氧化物（%）；T41：城市区域声环境（分贝）；T42：道路交通噪声（分贝）。

由表8.5可知，"十二五"期间我国中部地区大气环境存在制度偏差，但数值较小，表明各省制定的目标值和国家目标值较为接近；执行偏差为一正两负，表明实际完成情况并不理想，均未达到目标值。水环境也存在一定的政策制定偏差，其中地表水劣于Ⅴ类水体断面比例中各省目标值与国家目标值差距较大；执行偏差为一正一负，表明完成情况较好，均完成目标值。主要污染物总量减排指标制定偏差数值较大，表明各地区政策规划较国家规划水平更为严格；执行偏差为正，表明四项指标均完成目标。声环境政策制定偏差值较小，表明各地区政策规划与国家规划水平相仿；执行偏差均为负，均完成规划目标。

"十三五"期间，大气环境指标存在制定偏差，细颗粒物制定偏差值为正且较高，表明相比国家环境保护规划目标各省份在细颗粒物的目标值选取更加宽松；执行偏差均为负值，表明细颗粒物和可吸入颗粒物完成目标值，空气质量优良天数比例未完成目标值。水环境的政策制定偏差数值较大，表明各省份在国家环境规制水平上选取更高的环境规制规划目标；执行偏差均为正，表明地表水水质优良，完成目标值，地表水劣于Ⅴ类水体断面比例实际完成情况不理想。主要污染物总量减排指标制定偏差数值较大，表明各省制定更加严格的目标。声环境政策制定偏差值较小，表明各地区政策规划与国家规划水平相仿；执行偏差均为负，均完成规划目标。

(三) 西部地区

表 8.6　西部地区"十二五"末和"十三五"中我国政策目标制定与执行偏差

"十二五"时期				"十三五"时期			
指标	具体指标	制定偏差	执行偏差	指标	具体指标	制定偏差	执行偏差
T1	T11	0.003931	0.008860	T1	T11	0.006424	0.008913
	T12	0.000000	−0.036839		T12	0.007556	−0.015021
	T13	0.000000	−0.032948		T13	0.003360	−0.013848
T2	T21	0.019498	0.014016	T2	T21	0.018738	0.01486
	T22	−0.034763	0.009302		T22	−0.084882	−0.035027
T3	T31	−0.014125	0.073849	T3	T31	−0.023218	—
	T32	−0.010477	0.023642		T32	−0.015027	—
	T33	−0.036552	0.322464		T33	−0.012429	—
	T34	−0.034324	0.132189		T34	−0.012731	—
T4	T41	0	—	T4	T41	0.000000	−0.004724
	T42	0	−0.004978		T42	0.000000	−0.004856

注：因部分指标缺少较多样本数，故不计算相应的偏差值。T11：空气质量优良天数比例（%）；T12：细颗粒物（PM2.5）年均浓度（微克/立方米）；T13：可吸入颗粒物（PM10）年均浓度（微克/立方米）；T21：地表水水质优良（达到或优于Ⅲ类）比例（%）；T22：地表水劣于Ⅴ类水体断面比例（%）；T31：化学需氧量（%）；T32：氨氮（%）；T33：二氧化硫（%）；T34：氮氧化物（%）；T41：城市区域声环境（分贝）；T42：道路交通噪声（分贝）。

由表 8.6 可知，"十二五"期间我国西部地区大气环境存在制度偏差，但数值较小，表明各省制定的目标值和国家目标值较为接近；执行偏差一正两负，表明细颗粒物（PM2.5）年均浓度、可吸入颗粒物（PM10）年均浓度指标较小程度完成目标值，空气质量优良天数比例未完成目标值。水环境存在政策制定偏差，各省制定目标值与国家目标值存在一定的差距；执行偏差均为正，表明仅地表水水质优良（达到或优于Ⅲ类）比例指标小幅度完成目标值，地表水劣于Ⅴ类水体断面比例未完成目标值。主要污染物总量减排指标制定偏差数值较大，表明各地区政策规划较国家规划水平更为严格；执行偏差为正值，表明四项指标均超额完成目标。声环境政策制定偏差值较小，表明各地区政策规划与国家规划水平相仿；执行偏差均为负，均完成规划目标。

"十三五"期间,大气环境指标存在制度偏差,但数值较小,表明各省制定的目标值和国家目标值较为接近;执行偏差一正两负,表明均完成目标值,细颗粒物(PM2.5)年均浓度、可吸入颗粒物(PM10)年均浓度指标较小程度完成目标值,空气质量优良天数比例未完成目标值。水环境也存在政策制定偏差,表明各省份在国家环境规制水平上选取更高的环境规制规划目标;执行偏差一正一负,表明均较好的完成相应时间目标值。主要污染物总量减排指标制定偏差数值较大,表明各省制定更加严格的目标。声环境政策制定偏差值较小,表明各地区政策规划与国家规划水平相仿;执行偏差均为负,均完成规划目标。

由上述可知,环境规制政策执行区域差异较大。东部地区完成情况较好,中西部地区完成情况相对较差,尤其是水污染指标完成较差。本章认为,这可能是出于以下理由,一方面,东部地区相对而言经济更为发达,符合环境库兹涅茨曲线(EKC)理论,较高水平的经济发展会使环境得到改善。东部地区处于一定的经济发展水平,在思想上对"绿水青山本身就是金山银山"的认识更为深刻,更加重视生态文明建设,因此对环境规制政策的执行更为重视,且东部地区相对发达,在环境投资治理方面投入更多。另一方面,近年来由于东部地区的产业结构升级,一些"三高"企业流向中西部,导致污染转移到中西部,而中西部地区由于发展压力不得已通过牺牲环境实现更为直接和更为快速的发展,导致环境政策执行效果较差。总的来说,发展较好地区由于财力雄厚,更有利于推行积极的环境规制政策,也具备完善各项公众环境参与渠道的有利条件,但缺乏财政收入地区无法进行更有利的环境规制手段。

第四节 研究结论与政策建议

本章收集"十二五""十三五"环境保护规划相关目标和完成情况数据,并根据政策偏差指标检验"十二五"以及"十三五"环境保护偏差,本章的研究结果表明:(1)大气环境质量、水环境质量、污染物排放总量、声环境等各项指标均存在一定的制定和执行偏差。其中水环境中地表水劣于Ⅴ类水体断面比例指标实际执行效果较差。(2)"十二五"期间对环境保护的期望较高,但是情况却不理想,指标实际完成值未达到政府目标。"十三五"期间环境保护情况得到改善,指标完成情况也有所提升。(3)各地表现出重制定轻执行的现象,总体来说各省之间的环境保护执行情况存在一定的偏差,东部地区相对经济比较发达,完成情况较好,中西部地区完成情况相对较差。

基于上述研究,提出如下政策建议。

(一) 制定完善的环境规划

由本章可知,环境保护规制政策的一些指标执行情况较差,因此在"十四五"环境保护规划中应考虑"十二五"以及"十三五"环境保护规划中的执行情况以及特点,总结现有经验,制定更加完善的环境规制政策。在环境规制政策制定过程中将长期政策目标分解为一个个短期执行目标,不断对短期目标的政策执行情况进行评估和反馈,进而整体控制和调节,对执行目标实现渐进式完成。考虑一些指标例如水环境等治理的复杂性和现实条件的限制,并且污染治理是一个长期的过程,应防止出现目标模糊性问题,促使政策执行目标和执行过程中的一致性,通过科学的激励机制对执行目标进行有效的考核。

(二) 注重区域间的差异

由本章研究可知,我国环境规制政策在执行过程中东中西部存在差异,因此我国在政策执行时要综合考虑经济发展水平、产业结构以及区域统筹发展等现实情况,推行环境政策时坚持因地制宜的指导方针,不断完善政策执行过程中的外部环境和条件,注重区域利益调节,加强制度性激励和控制,促使东中西部协调发展。出台"十四五"环境保护规划应根据不同地区的发展水平差距、环境差异等实施差异化的环境政策。我国地区间财力的不同也对各地环境治理水平差异产生影响,也给生活在各地区的群众带来环境权益的不平等,与公民环境权的相关理论相违背。因此,需要完善生态补偿财政转移支付制度,根据环境治理行为的收益范围确定生态补偿财政转移支付方式,并且建立财政转移资金的监督和审查机制,确保转移资金用于环境治理。

(三) 完善政绩考核体系

由上述研究结果可知,主要存在政策执行偏差。中央政府通过对地方政策的环境治理行为进行激励和约束,促使其贯彻国家政府的政策和意图。但国家和地方政府之间存在信息不对称,难以掌控地方真实的环境治理情况,并且存在部分地方政府对环境治理数据美化的情况,因此,仅将环境指标纳入政绩考核中,并不会带来很好的环境治理效果。现阶段,政绩考核体系从 GDP 转向以绿色 GDP 为核心,但绿色 GDP 作为衡量环境治理水平的指标也不能客观、全面反映环境质量,需要建立更加完善的政绩考核体系,例如将公众环境满意度作为一项重要指标,因为在地区生活的公众对该地环境质量较为了解,可以有效监督地方的环境政策,对地方政府形成有效激励,从而改善环境规制执行情况。

(四)加强环境规制新体系

环境保护实施效果并不是很理想,也很难实现经济与环境的双赢。目前我国命令控制型政策的效果和可持续性较低,以污染税费为主要代表的市场型灵活应用不足,不能有效改善污染。在政策过程中应当引入市场和社会的力量,不断培养和发展新型的政策执行工具。参考其他国家的成功经验,形成"共同治理、相互监督"的政府、企业、公众三方共同治理体系是中国实施有效环境规制政策的新途径。而在三方共治的新体系中,严格执法和公众(包括个体和媒体)监督是必不可少的。[①] 鼓励公众参与、调动个体参与关注环保也成为国家环境治理成功的有效推动力,有助于环境质量的改善,推动经济与环境双赢发展;并且通过鼓励媒体报道污染事件,可以调用社会力量有效监督企业积极参与环境保护;严格的环保执法更能提升环境政策的双重效应,因此需要加强环境规制,改变有法不依的局面;通过环保宣传和教育的加强有利于提高公众的环境意识、环境价值认知,提升社会公众的参与意愿,拓宽参与渠道。[②]

[①] M. A. Gentzkow, J. M. Shapiro, "What Drives Media Slant? Evidence from U.S. Daily Newspapers", *Econometrica*, Vol.78, No.1(2010), pp.35-71.

[②] 包群、邵敏、杨大利:《环境管制抑制了污染排放吗?》,《经济研究》2013年第12期。

第九章 我国未来环境规制政策制定与建议

未来环境规制政策的制定,是基于我国现行相关规制和政策制定的一般程序,包括问题界定、目标确定、拟制政策方案、选择最佳方案的几个主要过程。问题界定阶段,通过分析现行环境规制政策不足,界定问题的性质以及范围和严重性;目标确定阶段,遵循目标具体性、可行性和系统性的原则提高环境规制政策的高度;拟制政策方案阶段,对于现存问题经过多种方法的分析与探讨提出政策方案;选择最佳方案阶段,根据提出的政策方案参考我国现状以及可实现性确定最佳政策方案。在前八章的基础上,本章通过建立一个科学合理的政策制定框架,为政策制定提供指引并提出未来环境规制政策建议。

第一节 我国未来政策制定框架

我国是以能源生产和消费为主的大国,由能源需求快速增长以及矿物燃料大规模使用引起的污染物排放,已经造成环境严重污染和生态破坏,同时粗放生产也引发了严重的环境问题。环境问题越来越受到重视,环境规制逐渐成为研究热点。现有研究表明,环境规制作为政府产业管理的一项重要手段,有效弥补市场失灵的缺陷,其在对污染进行控制的同时,还对产业生产率有重要影响。[1] 然而,环境规制的异质性使得环境规制政策制定存在诸多困难,例如,不同类型环境规制的传导机制不同[2],环境规制强度与生产率之间可能存在门槛效应。[3] 此外,政策制定由于涉及各方利益,其决策过程受外界因素影响较大。[4] 要解决环境规制政策制定中存在的上述

---

[1] A. B. Jaffe, J. K.Palmer, "Environmental Regulation and Innovation: A Panel Data Study", *The Review of Economics and Statistics*, Vol.79, No.4 (1997), pp.610-619.
[2] 高明、陈巧辉:《不同类型环境规制对产业升级的影响》,《工业技术经济》2019年第1期。
[3] H. Li, J. X. Zhang, C. Wang, et al., "An Evaluation of the Impact of Environmental Regulation on the Efficiency of Technology Innovation using the Combined DEA Model: A Case Study of Xi'an, China", *Sustainable Cities And Society*, Vol.42, (2018), pp.355-369.
[4] 郭庆:《中国企业环境规制政策研究》,博士学位论文,山东大学产业经济学系,2006年,第2页。

问题,亟须建立一个科学合理的政策制定框架,为政策制定提供指引。从产业角度看,建立一个充分考虑政策制定影响因素和各核心参与方政策需求,引导各核心参与方协同工作的政策制定框架,对于提高产业绿色全要素生产率,促进产业经济高质量增长具有重要意义。

一、政策制定模型理论基础

根据理性程度不同,现有政策制定模型可分为完全理性决策模型、有限理性决策模型、非理性决策模型和整合理性决策模型。古典决策理论假设政策制定者是完全理性的,即认为政策制定者拥有足够的理性,掌握全面的信息和采用正确的分析方法。在这一基础上提出的政策制定模型为完全理性决策模型。完全理性决策模型注重理性思考,在全面了解信息的基础上,以精细化的决策程序实现政策效果最优。然而,完全理性的假设在现实决策中是无法实现的[1],任何一个组织体系都不可能具备完全理性假设所要求的诸多条件。[2] 以西蒙为首的学者就对完全理性决策模型进行批判,并在此基础上提出有限理性决策模型。[3] 有限理性决策模型强调政策制定本身的复杂性超出决策者的驾驭范围,应采用渐进方式对现有政策予以修改,逐渐实现政策目标。与完全理性和有限理性相对的是非理性,即决策者不经逻辑推理,依据自身的直观认识进行政策制定,即非理性决策模型。这类决策模型往往带有较强的随意性、非逻辑性和较大的弹性。[4] 在实际政策制定过程中,政策制定者往往是依据多种决策模型来做出决策,综合运用完全理性、有限性和非理性,即整合理性决策模型。整合理性决策模型强调多种理性的融合和相互渗透,通过对多种理性的整合来使社会各方达成共识,使政策具有合法性地位、社会权威和一定的约束力。[5][6] 该模型旨在促进政策相关者达成对政策的共识,推动政策顺利实施。

---

[1] 王丹、赵平、师二广等:《基于有限理性决策的分布式风电开发模式》,《电力系统自动化》2018年第20期。

[2] 朴贞子、李洪霞:《政策制定模型及逻辑框架分析》,《中国行政管理》2009年第6期。

[3] 秦勃:《有限理性:理性的一种发展模式——试论 H. A. 西蒙的有限理性决策模式》,《理论界》2006年第1期。

[4] 郭妍:《基于实验和前景理论的银行小微贷款非理性决策行为研究》,《金融发展研究》2016年第12期。

[5] 赵宇、杨龙:《公共政策制定模型中理性选择的基本范畴、逻辑框架和适用情景研究》,《领导科学》2011年第35期。

[6] 赵新峰、蔡天健:《美国公共政策制定过程中利益集团的行动逻辑——以全美步枪协会(NRA)为例》,《行政管理改革》2019年第5期。

然而，建筑业涉及的关系方很多，且各方的政策需求存在差异，这使得采用整合理性决策模型进行政策制定时可能存在有效性不足的问题。以中国绿色建筑政策为例，Zhang 和 Wang 发现社会认知差异等六方面因素对政策制定产生负面作用。[①] Shi 则进一步明确中国现行绿色建筑政策存在的不足[②]，提高了建筑业相关环境规制政策制定的有效性，以越南绿色建筑政策为例，在借鉴 Zhang 和 Wang、Shi 研究的基础上，提出一个支持性政策制定框架，如图 9.1 所示。该框架考虑政策制定的障碍和驱动因素，同时对政策相关者的需求进行考察，有效提高决策的科学性和合理性，为产业绿色发展政策制定框架研究提供重要借鉴。

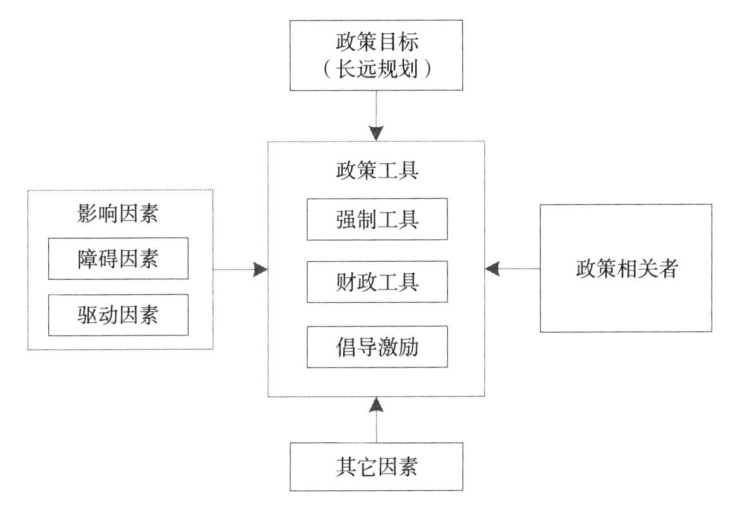

图 9.1 支持性政策制定框架（Hong，2018）

基于图 9.1 所示框架，本章对建筑业环境规制政策制定框架进行研究。本章主要考虑建筑业三大政策制定核心参与方，即政策制定的供给方——政府、政策制定的需求方——业主和承包商以及综合考虑建筑业绿色发展融资支撑平台——绿色金融，三大政策制定核心参与方相互制约、相互促进、共同联动，为提升建筑业绿色全要素生产率，实现建筑业绿色经济高质量增长和产业转型升级提供政策框架支撑。基于这一目标，政策制定框架的基本思路为：(1) 回顾日本、欧洲等国际环境规制政策体系，将国际经验

---

① Y. Zhang, Y. Wang, "Barriers' and Policies' Analysis of China's Building Energy Efficiency", *Energy Policy*, Vol.62, (2013), pp.768-773.

② Q. Shi, X. Lai, X. Xie, et al., "Assessment of Green Building Policies-A Fuzzy Impact Matrix Approach", *Renewable & Sustainable Energy Reviews*, Vol.36, No.C（2014），pp.203-211.

借鉴纳入政策制定框架,以提高决策的科学性和合理性,详细内容见本章第二节;(2)对影响政策制定的因素进行归纳总结,并纳入政策制定框架,实现对环境规制政策影响因素的系统分析与全面控制,详细内容见本章第三节;(3)从供给方、需求方和绿色金融三个角度,充分考虑政策制定各核心参与方的政策需求,促进三方联动工作,详细内容见本章第四节;(4)基于前述分析内容,借鉴"钻石模型"理论,建立面向环境规制政策的钻石模型,详细内容见本章第五节。

二、三点联动环境规制政策制定框架

为了给出未来环境规制政策制定框架,首先需要明确环境规制政策制定三大核心参与方。供给方——政府,顾名思义就是指国家进行统治和社会管理的机关,是国家表示意志、发布命令和处理事务的机关。政策制定是由政府牵头的社会活动,环境规制政策制定需要政府行政单位的参与,也需要与建筑业相关的政府单位参与。供给方是环境规制政策制定中的理论引导。需求方——业主及承包商,业主是工程建设项目的投资人或投资人专门为工程建设项目设立的法人,业主是环境规制政策实施的直接控制者;而承包商则是工程建设项目的建设者,是环境规制政策的直接实施者。需求方是环境规制政策制定中的实践支撑。绿色金融则是金融机构将环境评估纳入投资评估流程,在投融资决策中考虑环境影响而形成的新的经济活动。市场上常见的绿色信贷、绿色债券、绿色资产证券化、绿色保险、绿色基金等都属于绿色金融产品。绿色金融的实施需要政府政策做推动,绿色金融在环境规制政策制定中是政府的主要抓手,也是业主及承包商的主要金融融资支撑。

本书政策制定框架的核心是充分发挥"供给方←→需求方←→绿色金融"三点联动作用,共同推动建筑业绿色全要素生产率提升。政府时刻保持政策高度警惕性,根据国家及国际建筑业绿色发展需求,从宏观调控视角出发响应号召,引领建筑业绿色经济转型。业主及承包商从微观实施检验视角出发,积极以环境规制政策实施者的身份,参与环境规制政策制定,为政府提供环境规制政策具体实施过程中的问题分析及对绿色全要素生产率提升的优势建议。绿色金融则是建筑业绿色经济转型和产业体系建立过程的发动机,在资源环境约束日益紧迫下,各类绿色金融产品需越来越好地服务于各行各业不同的绿色金融融资需求,建筑业也不例外。所以,环境规制政策制定过程中,作为政府和业主及承包商之间重要媒介的绿色金融,也发挥不可忽视的作用。政府可以明确要求绿色金融在为业主及承包商提供绿色金融融资服务时对其绿色生产率进行限制,同时为保证绿色金融的利益,政府也应该提供更好的激励机制,鼓励并积极支持绿色金融产品的发展,绿色金融也可以根据具体融资情况对环境规制政策强度等进行反馈;而政府对于业主及承包商环境规制政策实施需进行更加明确和强有力的约束,建立健全和严格的环境规制政策,推动企业通过技术进步提高生产率,这种约束还会产生技术创新的需求,产生更多的绿色金融服务需求。反之,业主及承包商基于现实建造过程和运营管理,及时向政府反馈政策实施效果,帮助政府找到权衡绿色发展和经济转型的最优解。此外,业主及承包商可以通过提高自身技术水平创造出新的绿色资产,通过市场和交易机制融入绿色金融,推动建筑业经济高质量发展。供给方、需求方和绿色金融三方的详细需求分析见第三节。

基于上述"供给方←→需求方←→绿色金融"关系,本书构建一个充分考虑政策制定影响因素和各核心参与方政策需求,引导供给方、需求方和绿色金融破解环境约束,协同推动建筑业绿色全要素生产率提升的政策制定框架,如图9.2所示。

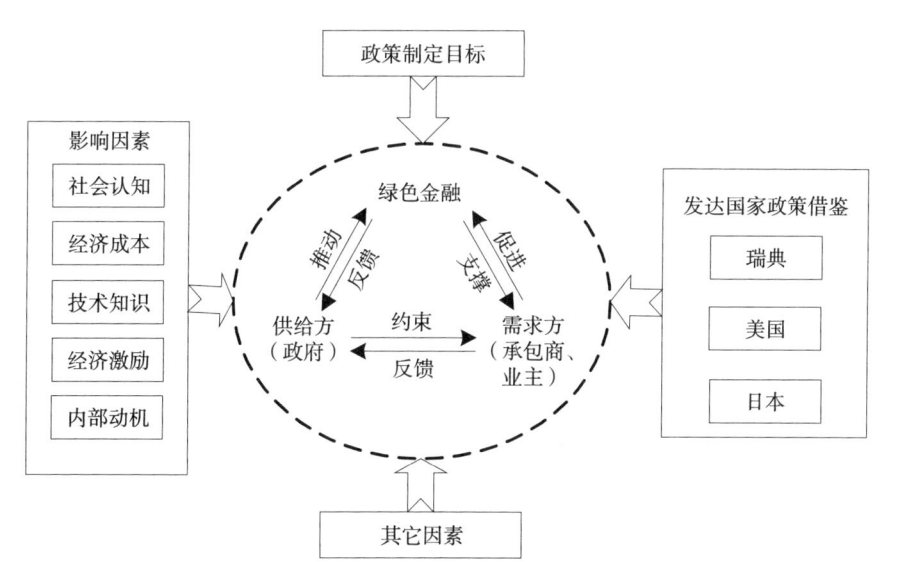

图 9.2 "供给方←→需求方←→绿色金融"三点联动环境规制政策制定框架

第二节 发达国家政策借鉴

一、环境规制政策制定借鉴原则

(一) 原则一：政策借用、学习和创新相统一

政策借鉴并不是侧重于"用"的层面，而是通过借鉴加入其它元素，在肯定原有政策科学性和实践性的基础上，学习发达国家的政策优势，丰富和发展自身的政策，使我国公共政策的制定和执行更加符合我国国情，从而增强政策的有效性与执行力。同时，政策借鉴也需要进行一定的创新。在充分吸收其他政策主体优秀经验与成果后，深度挖掘本土政策创新的潜力，为我国公共政策的创新推进提供正能量，从而在最大程度上使政策既能保持与时俱进，又能规避水土不服。因此，政策借鉴主体应进一步根据自身政策制定与执行过程中存在的问题，在对发达国家先进经验进行借用和学习的基础上，对原有政策制定框架和政策内容进行创新，使其适应当前需求。

(二) 原则二：政策评估贯穿政策借鉴始终

政策的实施成效与其自身的制度环境密切相关。中国与发达国家在社会制度上存在本质区别，这一区别可能导致政策借鉴在实施过程中出现"不适应"症状。例如，发达国家在环境污染治理方面采取的具体政策措施主要以市场激励为主，这与发达国家的经济制度相关。[1] 如果强行将这一政策移入中国，势必造成政策借鉴的"不适应"。为尽可能避免此类情况的发生，政策评估就显得十分有必要。在进行政策借鉴的最初阶段，政策借鉴主体应根据中国具体情况，包括社会、经济、环境情况，对所借鉴政策的适应性进行评估。在符合适应性要求后，再借鉴发达国家政策的先进经验进行政策制定与实施。此外，由于政策借鉴通常是在有限理性的前提下做出的，加之社会环境复杂多变，政策借鉴容易出现"失灵"。在政策借鉴过程中，政策借鉴主体还需及时对政策借鉴的效果进行评估，以便进一步调整政策，提高政策借鉴的有效性。

(三) 原则三：减轻对原有政策生态的冲击

政策借鉴是通过借鉴外部的先进经验完善自身的政策生态，而不是对原有政策生态进行替换。[2] 发达国家的政策或多或少带有其本国特征，可

---

[1] 高明、陈巧辉：《不同类型环境规制对产业升级的影响》，《工业技术经济》2019年第1期。
[2] 郭庆：《中国企业环境规制政策研究》，博士学位论文，山东大学产业经济学系，2006年，第2页。

能与我国的社会制度、意识形态等产生冲突。例如,美国允许地方政策在不违背联邦环境法的前提下,针对当地具体环境问题制定环境规制政策,有效提高环境规制政策执行的针对性和有效性。[①] 然而,我国政策制定通常为"自上而下",尤其在环境管理方面,集中统一管理的特征十分明显。如果忽视政策借鉴过程中的此类冲突,盲目进行政策借鉴,势必会对我国原有政策生态产生较大冲击。因此,在借鉴过程中,政策借鉴主体应充分辨别此类冲突的存在,对政策借鉴的内容有选择地进行吸收,并在尽可能减轻冲击的前提下,将其嵌入原有政策生态。此外,政策借鉴主体还应关注借鉴政策与已有政策之间的关系,避免政策执行冲突。

二、瑞典、美国、日本政策借鉴

(一) 瑞典经验

瑞典对环境规制政策的研究主要集中在生产、盈利能力、生产率和市场均衡等方面,如纸浆和造纸行业采用二氧化碳税、二氧化硫税、电力证书制度和欧盟排放交易制度等政策以提高纸浆和造纸行业的产业效率。

工业活动除为社会提供有用的产品外,还会带来一系列的环境污染问题。但是,自20世纪60年代后半期以来,人们对环境污染问题日益关注,因此制定大量限制排放的法规。纸浆和造纸工业是一个涵盖各种不同生产工艺及其组合的总称,作为一个大规模的加工工业,传统上一直是污染物的重要排放源。因此自20世纪70年代以来,瑞典一直在制定环境规制政策。纸浆和造纸工业中,为了将纤维转化为纸浆和纸张,磨坊不仅需要化学添加剂,还需要消耗大量的水和能源,包括热能和电能。这使得该行业成为空气和水污染物的重要排放者,造成巨大的环境污染。在瑞典,纸浆和造纸工业一直是1996年政府间气候变化专门委员会(IPPC)指令所针对的主要工业部门。为研究环境规制政策是否影响纸浆和造纸工业的生产效率,Johan and Robert采用动态面板数据方法来对八个欧洲国家的纸浆和造纸工业样本进行分析。C以1993—2009年期间的工业全要素生产率作因变量,并通过各种污染物(氮氧化物、二氧化硫、二氧化碳)的环境规制强度及其他许多自变量来解释工业全要素生产率,以研究不同的环境规制强度对欧洲制浆造纸工业效率的影响。在对纸浆和造纸业的研究分析中,包括对单个公司的案例研究、行业规模研究,以及比较制造业或总体宏观经济绩效影响的

---

① 王丹、赵平、师二广等:《基于有限理性决策的分布式风电开发模式》,《电力系统自动化》2018年第20期。

跨国研究。除直接侧重于环境规制对生产力和技术变革的影响的研究外，还有研究分析环境规制对劳工和资本生产力的影响；以及行业盈利能力的影响。因此，纸浆和造纸业在环境规制对生产、盈利能力、生产率和市场均衡的影响方面得到相当详细的研究。大多数研究发现，监管对利润和生产率有负面影响，部分研究发现监管对利润和生产率有正面影响。

瑞典通过纸浆造纸行业环境规制对生产率的影响进行实证分析。其中环境规制的严格程度是根据空气污染物氮氧化物、二氧化硫和二氧化碳的实际排放量来计算的。结果表明，氮氧化物的管制与生产率的提高有关，而二氧化硫和二氧化碳的管制则没有任何统计上的显著影响。一个重要的政策含义是，减少纸浆和造纸行业的排放，除纠正外部影响的目标外，还可以对行业生产率产生积极的影响。研究发现，环境规制反映环境监管的严格程度；同时和没有政策的情况相比，严格而精心设计的环境规制能够提高生产率增长。

欧洲各国家环境规制政策研究中，瑞典的环境实施效果最好。瑞典在对污染行业的环境监管的同时，也能够维护污染行业的竞争力，因此很值得其他国家学习。以瑞典的纸浆和造纸厂进行实证研究也具有现实意义，因为瑞典的纸浆和造纸行业是一个二氧化碳的排放大户。2010年，瑞典工业化石燃料燃烧产生的二氧化碳排放中，有15%是纸浆和造纸行业排放的。同时，纸浆和造纸行业排放的二氧化硫和氮氧化物在瑞典制造业中占相当大的比例。2010年，纸浆和造纸公司占瑞典制造业二氧化硫排放量的35%，在1993年到2010年间，它们在该行业氮氧化物排放量中所占的份额从42%上升到46%以上，很大程度上是化石燃料的使用。二氧化碳、氮氧化物和二氧化硫的排放是化石燃料和非化石燃料燃烧产生的能源的副产品。在纸浆和造纸行业中，制浆加工过程中化学品的使用以及设备的使用会释放出这些污染物。除其他因素外，污染物排放水平取决于轧机的能源消耗。一方面，这包括在生产过程中适用的能效，通常与设备和组件水平（例如锅炉的技术）、设施水平（例如过程集成程度）和组织相关。另一方面，它可能涉及工厂特定的能源效率；通过工艺优化和控制，能够确保各自制造过程中的最大能效，例如原料制备，化学和机械制浆以及造纸。从成本效益的角度来看，提高工厂的能效是一个有效的策略。虽然倾向于需要比排放控制措施更高的前期成本，但它通过减少能源消耗产生不仅削减污染物而且削减能源成本的潜在双重好处。

瑞典环境规制建立在经济激励手段上。经济激励手段是瑞典环境法典（瑞典法规1998）根据欧盟立法规定的监管标准和最佳可行技术水平，而区域环境规制(在污染最严重的密集型工厂情况下)和县行政委员会(CABs)以及地方当局(在污染较少的工厂的情况下)根据工厂特定的环境绩效标准颁发经营许可证,从而根据工厂的具体情况考虑环境影响因素和经济可行性的考虑(瑞典法规,国家环保总局,经合组织)。瑞典的监管机构使瑞典污染行业能够采用既能实现标准又能提高盈利能力的创新流程。

针对瑞典纸浆和造纸行业的空气污染物(二氧化碳、二氧化硫、氮氧化物)问题,瑞典有三种旨在控制污染行业二氧化碳排放的方法:二氧化碳税、电力证书制度和欧盟排放交易制度。二氧化碳税是通过《二氧化碳税法案》(瑞典1990年法典)引入的。除泥炭和生物燃料外,所有燃料都要征收该税,旨在节约能源和刺激可再生燃料的消费。《电力证书法》(瑞典法典2003)建立一项电力证书制度,为每一种能够发电的可再生能源颁发证书。然而,化学纸浆厂作为供应商,它们在使用生物燃料产生热能和电力的同时,也导致污染物的产生。因此,钢厂有动机通过获取和销售电力证书来利用清洁电力生产,同时减少二氧化碳排放。欧盟排放交易制度于2005年通过《二氧化碳排放交易法案》(瑞典法典2004)生效。就像电力证书制度一样,它旨在通过刺激可再生能源的生产和消费以及提高能源效率来减少二氧化碳的排放。

减少二氧化硫排放的主要工具是硫税。该法自1991年起实施(瑞典法规,1990),旨在遏制硫密集型燃料的消费。制造业的二氧化硫排放量通过实现能效改进而下降。氮氧化物排放控制的主要经济手段是氮氧化物加料。自1992年(瑞典法规,1990)生效以来,对固定燃烧装置和燃气轮机以及生产热油、热水或蒸汽的生产装置产生的氮氧化物排放征收费用。这些生产单位当时需要每年至少25吉瓦时的能源生产才能承担征税。1996年,税收扩大到较小的工厂(产量至少为40吉瓦时/年);1997年,收税的范围进一步扩大到产量至少为25吉瓦时/年的工厂。自从氮氧化物充电生效以来,对氮氧化物排放的实际征税也发生变化:直到2007年底,每公斤氮氧化物的排放,企业必须支付40瑞典克朗。自2008年初以来,该税率增加到每公斤氮氧化物的排放要支付50瑞典克朗。减少氮氧化物排放的主要渠道是末端排放控制和非物理减缓技术的创新,这也有效提高能源效率。

除了这些减少特定污染物排放的工具外,瑞典还有两项与提高能效有关的政策工具,这些工具有助于减少上述空气污染物的排放。这两项工具是"环境高效能源供应措施补助条例"(瑞典法规2003)和"能源效率计划法"(瑞典法规2004),它们符合波特提出的在减少不确定性以避免技术开发引起的市场失灵。前者自2003年起生效,通过引入政府补助金,促进清洁高效的能源供应，以及开发、引进和生产清洁高效的能源技术。后一项法案引入自 2005 年起生效的能源效率计划，其中能源密集型行业的公司可以在瑞典能源署的支持下，在 5 年内自愿参与。2009 年，第二个为期 5 年的"能源效率计划"被推出，从纸浆和造纸行业开始，所有工厂都参与"能源效率计划"，旨在提高用电效率。

瑞典纸浆和造纸行业的案例表明，设计良好的环境规制会引发污染企业的生态创新，通过"创新抵消"来改善环境和业务绩效，从而提高生产效率。

(二) 美国经验

美国在《国家环境政策法》和《清洁空气法》的基础上，不断制定环境规制政策，当前美国主要采用命令控制型的环境规制政策提高工业和制造业的产业效率。

大气污染是一个国家发展到工业阶段所不可避免的问题，大气污染的严重程度和经济的粗放式发展呈正相关。美国作为西方发达国家的典型代表，20 世纪初即主导世界经济格局，迄今仍是世界最大的经济体和主要资源生产国。美国在其经济发展历程中同样遭遇各种环境问题并付出过沉重的环境代价。在工业化快速发展的过程中，美国的大气污染问题呈现出越来越严重的趋势。工业化的发展不仅带来了经济的快速增长，人口的大规模扩张，城市化进程也越来越明显，机器带来的大规模生产和现代交通工具的不断更新进步给国家现代助力的同时，不可避免地造成空气质量问题，严重影响民众的身体健康和日常生活，同时也给经济发展带来负面影响。在遭受大气污染特别是雾霾带来的严重危害后，美国政府开始意识到以牺牲环境为代价的工业发展是不明智的选择，必须对环境进行保护，于是走上治理大气污染的道路。

美国的发电行业使用煤炭进行发电，在燃烧过程中，排出大量的烟气、粉尘以及二氧化硫、二氧化碳等污染物，因此美国发电行业是造成大气污染问题的重要因素。美国拥有世界上丰富的煤炭资源，这对于美国工业的发展起到至关重要的作用。自 19 世纪以来，美国的工业革命在本国丰富的矿产资源带动下得到迅猛发展。煤炭作为一种廉价的能源，被广泛应用于生产、生活中，是发电行业的重要原料。发电过程中使用煤炭作为原料燃烧发电，在它燃烧的过程中，排出大量的烟气、粉尘以及二氧化硫等污染物，这些污染物排放到空气中又与空气中其他物质发生化学作用，产生其他的二次污染，再次加重城市的空气污染问题。

美国日益严重的环境污染问题及不断兴起的群众运动成为促使地方

空气污染防治立法的主要因素,引起美国政府的关注。1965年,美国开始制定污染控制立法,《清洁空气法》修正案首次制定国家汽车排放标准。1970年,随着《国家环境政策法》的通过和《清洁空气法》的修订,管制的范围急剧增加。1972年通过《清洁水法》,并对该法案进行修订;1977年通过《清洁空气法》。随着环境政策的制定,公众一直坚定支持对美国制造业和发电厂进行环境监管。随着时间的推移,新的健康问题以及不断发展的监管设计理论集中体现这些法规的特点,但它们仍然保持着广泛的范围和权威。现有法规很大程度上是基于1990年的《清洁空气法》,该法案引入基于市场的改革,例如许可证交易,以使企业在满足空气质量标准方面拥有更大的灵活性。自1970年以来,美国空气质量显著改善。1990年至2008年间,尽管制造业产量大幅增加,但美国制造业的空气污染排放量下降60%。这种治理效果也让许多公众看到环境监管措施的作用。对制造工厂的学术研究表明,事实上,这些减排主要是由排放强度的生产内部变化而不是产量或产品的组成的变化所驱动的,这些法规对节能减排的效果也非常显著。

（三）日本经验

日本借鉴美国的环境规制政策经验,采用"命令控制型"和"市场激励型"两种环境规制政策,并通过制定污染物排放标准,以提高工业和制造业的产业效率。日本研究发现,严格的环境规制政策会提高产业效率。

废物的产生与经济活动密切相关。经济活动使用直接或间接从环境中获取的材料进行生产过程,并将产生的废物返回到大自然中。当今,工业污染与经济增长之间的平衡成为实现世界可持续社会发展的主要政策问题。布伦特兰报告(世界环境与发展委员会)描述废物对人类健康和环境的潜在危险的高度认识。与此同时,值得关注的是,发达国家在经济增长的同时伴随着废物产生的急速增长,而这种现状在日本尤为严峻,因为日本的垃圾填埋空间正在日益减少。日本在20世纪90年代和21世纪初之间产生的工业废物排放已经造成了严重的环境污染问题。

随着2011年地震后政策转向新能源结构,日本需要关注世界气候变化和全球变暖。自"京都议定书"于2005年生效以来,日本政府推行环境政策,以减少使用化石燃料产生的温室气体排放。环境政策影响日本制造业,这些制造业不仅是经济增长的主要贡献者,同时,它们也是二氧化碳等温室气体排放的主要生产者。2011年,工业部门二氧化碳排放量约占二氧化碳总排放量的34%。这是二氧化碳排放量最大的部门,尽管其份额随着时间的推移逐渐减少,但工业部门仍然是最大的二氧化碳排放来源。为了减轻环境负担,政府有必要采取适当的废物处理、废物再使用和循环再造等措施,最重要的是减少工业过程产生的废物。为控制废物的产生,政府鼓励企业将环境因素纳入产品的开发、制造和分销阶段。废物处理和公共清洁法是日本废物管理的一般法律,于1991年10月进行修订,为减少污染物产生和处置废物提供政策基础。20世纪60年代和70年代,日本政府和地方制定应对严重工业污染的环境政策,采用"命令控制型"和"市场激励型"的环境规制政策,制定污染物排放标准,以达到保护环境的目标。

20世纪60年代至70年代,日本的钢铁、纸浆和造纸、石油和煤炭产品、化学制品、有色金属等行业中固定来源的氮氧化物和硫氧化物,成为造成环境污染的重要因素。因此,日本对这些行业的污染减排支出对工厂生产率水平的影响进行研究。来自行业研发支出数据和政府研发补贴数据的"研究与发展调查报告"表明,这五个行业在20世纪60年代和70年代是污染减排资本的重要购买者。1973年颁布的《污染相关健康损害赔偿法》法律,这项法律建立一个全国范围内的空气污染健康损害赔偿体系,要求排放硫氧化物的公司按照其硫氧化物排放量的比例支付费用,以便为那些因为环境污染而导致的疾病患者提供补偿。

日本国家和地方政府在20世纪70年代制定的环境规制政策比20世纪60年代更严格,但1965—1972年间和1973年日本制造业的全要素生产率平均增长率分别为0.91%和1.64%。这表明严格的环境规制不一定会导致日本制造业生产率的下降。例如,在纸浆造纸工业中,从纸浆厂回收含有从木屑中生产纸浆的化学物质的废水,通过燃烧废水可以得到这种化学物质和一种能源。这种回收过程不仅有助于减少水污染,而且有助于提高生产力。在化工产品行业,通过将使用汞电池的生产过程转化为隔膜电池技术,可以降低烧碱厂的汞排放。然而,隔膜法导致产品质量下降和生产成本增加,这成为苛性钠行业公司的一种动力,使它们致力于开发无硫、高效和提高质量的生产技术。因此,离子交换膜工艺在20世纪80年代得到发展,并为提高利润率做出贡献。在20世纪60年代和70年代初,许多日本重工业企业采用管道末端技术,如洗涤器或活性污泥处理技术,以响应环境规制。由于资金和运营成本,这些技术会给企业带来经济负担,而这一负担可能成为日本重工业企业开发更高效、更低污染生产技术的动力。

从日本的实践来看,环境规制促进其技术的创新和发展。例如清洁生产技术,它可能表明面临财政和环境限制的工业出现了新的技术轨迹。环境规制的制定是一个体制因素,使日本制造业面临经济和技术上的取舍。这可能是促使工业把研究工作引向发明低成本、低污染的生产过程,从而出现一种新的技术轨道,使清洁生产技术的发展沿着这条轨道进行。日本通过考察环境规制的严格程度(以污染控制支出衡量)对其制造业研发活动(以研发支出衡量)和资本存量平均年龄的影响发现,污染控制支出与研发支出之间存在显著的正相关关系。这一发现表明,环境规制的压力将刺激创新活动。研究还发现,污染治理支出与资本存量平均年龄呈显著负相关,即监管严格对资本存量有缩减和现代化的影响。将硫氧化物收费的变化纳入代表监管严格程度的指标中,几乎不会影响这些结果。实证发现投资可刺激监管严格对 TFP 增长率有显著积极影响和产生高回报率。后一项发现意味着,遵守环境规制的负担将使面临环境和财政限制的污染企业有动力发展更清洁的生产技术。

这些研究证实日本在 1960 年和 1970 年的环境规制是经过适当设计的,可鼓励企业进行创新活动。日本采用的指挥和控制方法将能够在一定程度上鼓励受管制的公司开发新的和创造性的污染控制技术,因为业绩标准是确定的,而不是以技术为基础的标准。这种以指挥和控制为基础的环境管制将使企业在选择减少污染技术方面具有灵活性,并使它们能够致力于发展控制污染排放的成本效益方法。这也验证波特假说,即更严格的环境法规可能鼓励研究开发有利于环境效益和生产力提高的新技术,监管可以实质性地影响创新的方向。

综上可知,从瑞典对环境规制政策的研究来看,瑞典主要采用市场激励型的环境规制政策提高生产率增长,其认为设计良好的环境规制会引发污染企业的生态创新,通过"创新抵消"来改善环境和业务绩效,从而提高生产效率。从美国对环境规制政策的研究来看,美国主要采用命令控制型的环境规制政策提高工业和制造业的产业效率,使得尽管制造业产量大幅增加,但美国制造业的空气污染排放量下降了 60%。从日本对环境规制政策的研究来看,日本主要采用命令控制型和市场激励型的环境规制政策,认为严格的环境规制政策会提高产业效率。可以发现,国内外的环境规制政策均以命令控制型与市场激励型为主,而自愿参与型环境规制对创新的激励作用尚未显现。但不同类型环境规制对建筑业绿色全要素生产率的影响存在差异。政府应合理组合三种类型环境规制工具,从长期监管的角度实施针对建筑业的命令控制型环境规制,从短期监管的角度实施市场激励型环境规制,并通过环保宣传引导公众从早期的了解认可,逐步发展到参与环境诉讼、监督企业环境行为和施加建筑业规范约束等,建立一个全面的环境规制体系。

第三节 政策制定影响因素

在环境规制政策制定过程中,会受到多方利益相关者的社会认知、经济成本、技术知识、经济激励、内部动机等因素的影响。只有正确认识环境规制政策制定中可能存在的问题与影响因素,才能有助于政府提高政策制定的科学性,从而更好地配置政策资源,提高政府管理能力和管理水平。

一、社会认知

利益相关者对环境规制的认知是环境规制政策制定的主要影响因素之一。政策制定过程中建筑业利益相关者包括政府机构、承包商、业主、绿色金融等。作为环境规制政策服务的主体,他们的环保意识、自主参与和对建筑业绿色发展、产业转型的实际需求在政策制定过程中起重要的作用,决定环境规制政策制定的方向与目标。

政府机构作为政策制定的主体,需要明确建筑业发展过程中有关环境保护与提升绿色生产效率的需求。若政策不能很好地为产业发展服务,那么在执行过程中就会很难达到政策预期的效果。[1] 在政策制定过程中应该注重多元主体参与,以提高决策的透明度,同时把握政策问题的科学导向。公众参与有助于政策制定者充分重视群体的基本利益,使得政策目标和政策内容建立在顺应民意、维护利益的基础上,有效地解决实际问题,减少政策决策的盲目性。[2] 政府在制定环境规制政策时应重视公众意见,通过了解公众意见并及时进行政策反馈,妥善处理政策问题与民众的矛盾,环境规制政策才会得到民众的认同和支持,政策才会发挥真正的效用。

企业的环保意识与社会责任也会影响环境规制政策的制定。企业对环境的污染不可忽视,如果不增强自身环保意识,即使是强制性的环境规制政策也会收效甚微。消费者对绿色产品的喜好等都要求企业重视环境问题,企业应自觉加强环保行为和可持续发展理念,加大对绿色产品、创新技术的研发投入,摒弃"先污染后治理"的治理理念,提倡"谁治理,谁受益",肯定环境规制政策对企业生产效率与可持续发展的促进作用,加快产业转型,促进高能耗、重污染的传统产业向环境友好型、产品附加值高的技术产业转变,使得企业污染治理成本远低于环境效益。企业认识到环境保护对

---

[1] 徐冬妮:《影响公共政策制定的要素分析》,《现代经济信息》2018年第3期。
[2] 施锋矫:《试论公共政策制定中的影响因素及原因》,《山东行政学院学报》2013年第5期。

生产效率的作用机制,努力维护自身利益诉求,为环境规制政策的制定奠定基础,更好地促进环境规制政策的制定和实施。

公众的环境保护意识也是实现政策效用的基础,公众对环境污染和资源浪费问题的认知会直接影响生态情感和社会责任意识。[①] 政府相关部门告知公众当下资源消耗和生态环境变化的现状,以及这些问题对他们的危害,使每个人都能认识到正在发生的资源消耗和环境危机问题,以此提高他们对资源环境问题的感知,促使公众加快转变消费模式。公众自觉参与环境保护,形成全面参与的环保氛围,同时充分发挥群众参与社会管理的基础作用,实现对污染行为、污染企业的有效监督,从而促进环境规制政策的持续性运行与完善。企业和群体只有对政府的环境规制政策做出积极应对,关注环境质量,约束自身行为,才能最终实现环境规制政策目标。

二、经济成本

政策制定是要解决社会价值、资源调整和重新分配的问题,社会各主体的经济收益和环境收益会影响环境规制政策的制定。企业从"经济人"的经济利益最大化考虑,会忽略环境效益,规避由于绿色建筑的标准要求带来的成本增加,从而在建筑产品生产过程中造成严重的环境污染。为了解决这一问题,要求企业在运营过程中充分考虑对环境的影响成本。绿色环保的建筑设计和建筑产品会显著影响建筑成本,而成本溢价会造成建筑价格的上升,最终影响使用者和最终用户的利益。[②] 企业进行绿色改造或技术创新带来的额外成本也会影响企业进行相应的创新投入与技术研发,对产业效率造成一定的影响。

近几年环境成本内部化越来越受到政府的关注。环境成本内部化是指企业把环境要素加入到生产过程中,与劳动、资源、技术和资本等要素一同作为生产要素,通过市场的作用把环境成本分摊到生产者和消费者中去,进而消除市场失灵所导致的环境外部性,对资源进行有效配置,促使环境与经济的协调发展。[③] 环境治理所带来的成本增加虽然有利于企业长远稳定发展,但当超过一定限制后可能会增加建筑产品的成本,抑制建筑业技术创新发展,加重企业的负担,反而降低行业竞争力和产业效率;同时目前我国

---

① 杨圣兮:《环境政策制定的影响因素分析》,《商》2014年第18期。

② Z. Gou, S. S. Lau, D. Prasad, "Market Readiness and Policy Implications for Green Buildings: Case Study from Hong Kong", *Journal of Green Building*, Vol.8, No.2(2013), pp.162-173.

③ 李惠敏、杨美丽:《基于经济学角度的企业环境成本内部化分析》,《商业会计》2015年第13期。

现行的资源定价机制未能充分反映市场供求和资源稀缺程度,因此在环境规制政策制定的过程中,应该考虑经济成本这一因素。

例如关于环境税征收的市场激励型环境规制,其目的是为了把环境成本从社会承担转移到污染企业,即环境成本内部化,从而减少企业的污染行为,实现环境资源市场化的有效配置。政府依据企业的排污情况按一定比例征收环境税,使企业由于环境污染所缴纳的环境税等于污染引起的机会成本,迫使其降低对环境的破坏程度,进一步改善企业在生产活动中对环境产生的不利影响。环境税的起征标准是环境的边际损失等于企业的边际收入,若环境成本过高,则会引起企业无力承担过高的产品成本,降低企业的生产效率,地方政府财政收入的减少,引起社会福利减少,损害公众的根本利益;若环境成本过低,企业就会无视环境污染带来的经济成本,无法对污染行为起到约束作用,这都会导致环境规制政策失效。因此环境成本内部化程度以及合理定价会影响政府利用市场调控手段进行环境规制的效用。

三、技术知识

技术知识也是影响环境规制政策制定的主要因素。首先,公众参与在政策制定过程中可能由于非理性因素会表现出机会主义和不平衡性,而专家的专业技术知识会弥补这个不足。专业知识和理性思考在政策制定过程中能够为政策制定者提供科学的方向性指导和多元化选择的方案,使环境规制政策的制定更加系统、合理和完善,有效地提高环境规制政策效率,是政策制定科学化的前提和保证。[1] 同时政府在制定政策方面还需要更系统地了解和应用科学技术知识,以应对经济与技术转型。

其次,在制定能够促进建筑业绿色全要素生产率的环境规制政策时,也应该结合目前中国建筑业技术创新、绿色建筑的实际情况以及所处的国际背景。目前全球绿色建筑发展势头强劲,中国正处于产业转型时期,绿色建筑逐渐成为产业主流,各级政府积极提倡建筑业技术创新与绿色发展相协调,以促进建筑业可持续发展。相关的绿色建筑技术,比如土建和装修一体化设计技术、住宅工业化技术、绿色建筑材料技术和智能化系统技术等极大地推动建筑业的工业化和绿色发展,越来越受到国内外政府、建设单位、承包商、环保主义者和业主的关注。基于这一现实发展需求,各级财政、住房城乡建设部门鼓励支持建筑节能与绿色建筑工程技术中心的建立和研

---

[1] 施锋矫:《试论公共政策制定中的影响因素及原因》,《山东行政学院学报》2013年第5期。

发,积极支持绿色建筑重大共性关键技术研究的相关政策制定。[1]

建筑业设计方、承包商对绿色建筑技术的理解与应用程度会影响我国企业在大型国家和国际项目中的竞争力,因此政府在制定相关环境规制政策时,需要注重节能建筑规范,促进承包商与设计方对创新性技术的研发与应用,为企业节能绿色建筑方案的设计与执行提供参考。有的设计方、承包商对创新技术和知识缺乏了解,忽略技术创新对建筑业经济效益和社会效益的巨大作用,就会造成中国建筑业施工工艺与建筑产品落后,阻碍建筑业创新发展的步伐。政府要改变这一现状,必然会出台相应的规制政策来进行宏观调控,因此技术知识会影响政府环境规制政策的内容与政策方向。先进的技术知识、相关人员对技术知识的应用都会提高环境规制政策制定的质量与效果。

四、经济激励

由于建筑业的装配式技术及绿色发展面临成本高、风险高且利润低的特点,因此为了降低技术创新投入的成本和风险,拓宽数字建造、绿色建筑、装配式建筑等的市场渠道和准入门槛,就需要政府采取一系列的经济激励政策促进建筑业的绿色可持续发展。政府的经济激励政策包括财政补贴与奖励、优惠贷款、税收减免、消费引导等。已出台的经济激励政策的具体标准、具体的执行情况及针对未来现实情况的考虑,能够共同决定未来环境规制政策的具体内容。[2]

目前我国出台很多经济激励政策,通过对不同方式促进绿色建筑发展的激励政策进行总体把握,为制定我国建筑业绿色发展的经济激励环境规制政策提供参考。对于财政补贴和奖励,政府根据自身的财政能力为绿色建筑和装配式建筑的发展提供一定的资金支持,如对绿色建筑的技术创新和项目做出突出贡献的个人和企业给予资金奖励,"鲁班奖""华夏奖"等的优质工程奖励和补贴;结合国家和省级建筑工程评优,将绿色建筑作为优选的必要条件;对新型材料与技术等专项基金项目投资实行"先征后返优惠政策"等。很多研究都认可政府需要对企业的创新活动进行补贴和奖励,促进企业增加研发费用投入来提高传统产业技术水平和生产效率。但我国对科研人员的激励机制相对不足,对研发费用补贴偏重,在未来制定相应补

---

[1] 赵汝江、陈晓东:《国际绿色建筑发展趋势与国内情况》,《山西建筑》2015 年第 23 期。
[2] 杨文晶:《中国绿色增长政策影响因素研究》,硕士学位论文,大连理工大学企业管理系,2016 年,第 2 页。

贴和奖励政策时注重技术与人才激励相协调。

在优惠贷款方面,政府积极开辟绿色金融通道、加大信贷支持力度降低投资风险等,有利于绿色建筑信贷业务规模化发展的贷款利率优惠,激发企业和消费者选择建设和购买绿色建筑的意愿,一定程度上促进建筑业的转型发展。税收减免优惠政策在市场干预、管理成本、灵活程度等方面优于补贴政策,对企业的创新活动和生产率有更强的激励作用。[①] 目前中国的税收激励政策主要体现在税率优惠与税额减免方面,而较少运用加速折旧、投资抵免等手段;税收政策也多注重区域性(高新技术开发区)优惠,而忽视了产业性优惠,弱化税收手段在促进产业创新方面应有的作用。[②]

因此政府在制定环境规制政策时,需要将经济激励这一影响因素纳入考虑,通过市场手段给予建筑业企业一定的经济支持,调动企业的积极性,从而使建筑业在加强环保行为的同时实现绿色高质量发展。

五、内部动机

环境规制政策制定的最终目的是保护环境以及维护各个主体的根本利益。因此在环境规制政策制定过程中,政府、承包商、业主、绿色金融等的利益诉求也是重要的影响因素之一。作为惠及所有公民根本利益的综合性政策,只有充分听取目标主体的具体诉求,才能保证具体政策具有可操作性与可行性,从而保证政策的顺利实施与良好的执行效果。

对于政府而言,环境规制政策是由具有立法权者制定、而由行政人员运行的法律和法规,最后作用于全体公众。它运用于与环境相关的领域,应具有不同于其他公共政策的国家战略高度,属于宏观性、综合性的政策,该政策的特殊性决定政策具体内容和方式的特殊性。[③] 具体而言,环境污染问题日趋严重,环境治理刻不容缓,政府为响应国家号召,建设美丽中国,将生态环境建设放在突出位置,制定环境规制政策能够缓解建筑业高速发展过程中的环境污染问题,保证业主以及公众对绿色建筑的需求,促进建筑业以及整个社会的可持续发展。

对于承包商而言,企业通过规制采取积极的环保措施能够帮助树立良

---

① 郭玉清、姜磊、李永宁:《中国财政创新激励政策的增长绩效分析》,《当代经济科学》2009年第3期。
② 孙莹:《税收激励政策对企业创新绩效的影响研究》,博士学位论文,东华大学企业管理系,2013年,第101页。
③ 杨文晶:《中国绿色增长政策影响因素研究》,硕士学位论文,大连理工大学企业管理系,2016年,第2页。

好的环保形象,带来更多投资机会,有利于企业的长远发展。建筑业企业为寻求长远绿色发展和积极响应国家可持续发展的国家战略,就应该考虑建筑施工技术给环境带来的较为严重的影响。将绿色建筑理念融入建筑施工当中,对施工技术标准逐步提升,利用科学设计方法最大程度使环境的负面影响降到最低,促使建筑生命周期的绿色工作得到保障,帮助施工企业节约大量的资源,提升整个建筑施工的生产效率和经济效益,同时也为人们提供健康、适用和高效的使用空间。

对于业主而言,随着低碳生活的不断普及,低碳楼盘、绿色建筑等已经逐渐成为消费潮流,因此业主也趋向于对环保绿色生活方式的追求。业主的生态意识随着资源节约型、环境友好型社会的建设而逐渐提高,实施生态消费迫在眉睫。在绿色建筑快速发展的国家,随着智能建筑、智能家居等的普及,越来越多的业主希望改装各种节能设备和绿色建筑建材以力求将住宅能源消耗进一步降低。[①] 这就迫切需要政府加大对建筑业环境保护、绿色住宅等的宣传力度,同时制定与当前行业发展相匹配的相关法规制度。

内部动机能够揭示制定政策的驱动力,准确把握利益相关者的需求,从而更有针对性地制定环境规制政策。

第四节 政策制定核心参与方分析

一、供给方层面

(一)政府层面政策分析

本节搜集国家出台有关环境规制下的建筑业政策作为研究样本,样本筛选如下:(1)选择国家发改委、住建部出台的政策样本;(2)选择"十二五""十三五"期间更具有时效性的样本;(3)剔除不符合环境规制有关政策的样本,通过样本筛选得到以下研究样本。如表9.1所示。

表9.1 本节搜集的建筑工业化产业扶持政策研究样本

序号	政策研究样本名称
1	《建筑业发展"十三五"规划》
2	《绿色建筑评价标准》

---

① 赵汝江、陈晓东:《国际绿色建筑发展趋势与国内情况》,《山西建筑》2015年第23期。

续表

序号	政策研究样本名称
3	《绿色建筑科技发展专项规划》
4	《住房城乡建设部建筑节能与科技司 2018 年工作要点》
5	《住房城乡建设科技创新"十三五"专项规划》
6	《建筑节能与绿色建筑发展"十三五"规划》
7	《生态环境损害赔偿制度改革方案》
8	《关于加快推进生态文明建设的意见》
9	《关于加快推动我国绿色建筑发展的实施意见》

根据政策研究样本，将文本分为建筑节能、绿色建筑、技术创新、城镇建筑、建造方式、宜居环境、指导监督七个方面，本节从这七个方面进行总结和梳理。

1. 建筑节能

针对建筑节能政策研究样本，如图 9.3 所示，可以看出建筑节能不仅降低自身能耗，还减少声、光、电污染，对环境规制下的建筑业企业绿色发展提供助推力。通过发展更高性能的建筑节能新技术，研究超低能耗及近零能耗建筑技术，来提高建筑业的绿色全要素生产率。稳步提升建筑的节能水平，并尽快建立建筑节能标准，通过工程标准化建设、确保工程节能发挥建筑节能在绿色全要素生产率中的带头作用。深入推进可再生能源建筑应用，研究并建立太阳能、光、热等节能系统在建筑生产中的作用，有效加速环境规制对建筑节能的正反馈。

2. 绿色建筑

针对绿色建筑政策研究样本，如图 9.4 所示，可以看出绿色建筑在我国建筑业具有可操作性强且易于技术研究相结合的特点，通过整合绿色建筑领域的科研力量，加强绿色建筑全寿命周期和集成性的专业研发，来提升我国建筑业环境规制下的绿色生产力。提高建筑全过程绿色化水平，满足环境规制对建筑业生产的需要，推动绿色建筑生产数量与质量水平的稳健上升，提升建造过程管理水平，推广绿色生产模式。绿色建筑技术标准规范和综合评价服务体系研究，有利于推进绿色建筑规模化发展。

3. 技术创新

针对技术创新政策研究样本，如图 9.5 所示，可以看出通过对现行发展模式进行分析研究，发现绿色建造与施工关键技术研发，是我国面对可持续发展的现实选择,同时也是推动创新技术应用、促进产业转型升级、提高资源利用率及增强国际竞争力的关键途径。除此之外,对现有的建筑绿色化技术改造、对绿色建筑材料成套应用技术的研究不仅能促进生产力发展,也有助于降低废水废气的排放及削减资源消耗,减轻科技进步对环境与资源的过度破坏力。

>> 实例 <<

稳步提升既有建筑节能水平	1. 推动北方采暖地区城镇新建居住建筑普遍执行节能75%的强制性标准……公益性公共建筑、保障性住房要优先执行绿色建筑标准……不断强化公共建筑节能管理,深入推进可再生能源建筑应用。 2. 推动节水与水资源利用应制定水资源利用方案……推动节材与材料……建筑造型要素应简约,且无大量装饰性构件。 3. 促进低碳节约循环发展……构建生活垃圾基础特性数据库和全过程信息化监管平台。 4. 持续推进既有居住建筑节能改造……创新改造投融资机制……吸引社会资本投入改造的利益分配机制。
发展更高性能的建筑节能新技术	1. 组织可再生能源、新型墙材和外墙保温、高效节能门窗的研发……选取典型地区和工程项目,开展绿色建材产业基地和工程应用试点示范。 2. 研究超低能耗及近零能耗建筑技术体系及关键技术……推广基于物联网和大数据的建筑用能系统运行监测评估技术以及城市级建筑能耗分析比对工具。 3. 绿色建筑能效提升关键技术研究……研究适合当地气候和经济条件的建筑围护结构、可再生能源耦合系统的集成技术。 4. 加大绿色建材开发应用……发展可再生资源制备新型墙体材料技术,发展生物质建材、环境友好型涂料、防水高分子材料等。
加快提高建筑节能标准及执行质量	1. 加快提高建筑节能标准……引领节能标准提升进程……鼓励开展零能耗建筑建设试点。 2. 严格控制建筑节能标准执行质量……实行节能专项论证制度。加强建筑节能材料、部品、产品的质量管理。 3. 研究制定建筑能效提升2020年、2035年以及到本世纪中叶的中长期发展路线图……开展建筑能效评级对标和公示研究……开展建筑节能、绿色建筑及装配式建筑实施情况专项检查。 4. 加快绿色建材评价认证和推广应用……研究构建绿色建材数据库,搭建绿色建材信息共享服务管理平台……发挥绿色建筑和装配式建筑示范带动作用,提高绿色建材在工程建设中的应用比例。
深入推进可再生能源建筑应用	1. 扩大可再生能源建筑应用规模……在城市燃气未覆盖和污水厂周边地区,推广采用污水厂污泥制备沼气技术。 2. 提升可再生能源建筑应用质量……加强基础能力建设,建立健全可再生能源建筑应用标准体系,加快设计、施工、运行和维护阶段的标准制定和修订,加大从业人员的培训力度。

图 9.3　建筑节能政策研究样本

实例

绿色建筑共性关键技术研究	1. 面向我国绿色建筑发展需求……力争在绿色建筑核心技术和产品上取得突破性进展。 2. 绿色建筑规划丨与设计技术研究……研究基于地理信息系统和建筑信息模型的综合规划技术和绿色建筑集成设计方法。 3. 绿色建筑室内外环境健康保障技术……绿色建筑室内环境质量健康保障关键技术研究……集中通风空调系统对室内空气质量监控技术等。建筑室内复合污染防控技术及产品发……开发建筑室内防止复合污染的材料和产品,研发相应的污染暴露模拟及预测仿真软件……净化系统优化设计和产品工程化应用技术。 4. 节地与室外环境……场地内不应有排放超标的污染源。建筑规划布局应满足日照标准,且不得降低周边建筑的日照标准。
提升建筑全过程绿色化水平	1. 构建符合新时代要求的绿色建筑发展模式,推动绿色建筑区块化发展……全过程整合健康建筑、可持续建筑、百年建筑、装配式建筑……满足人民群众对优质绿色建筑产品的需要……建立第三方评价机构诚信管理制度。 2. 实施绿色建筑全过程质量提升行动……完善和提高绿色建筑标准,完善绿色建筑施工图审查技术要点,制定绿色建筑施工质量验收规范。有条件地区适当提高政府投资公益性建筑、大型公共建筑、绿色生态城区及重点功能区内新建建筑中高性能绿色建筑建设比例……加强绿色建筑评价标识项目质量事中事后监管。
加快提高建筑节能标准及执行质量	1. 实施建筑全领域绿色倍增行动。进一步加大城镇新建建筑中绿色建筑标准强制执行力度……推动有条件的城市新区、功能园区开展绿色生态城区(街区、住区)建设示范,实现绿色建筑集中连片推广。 2. 实施建筑全产业链绿色供给行动……开展绿色建材产业化示范,在政府投资建设的项目中优先使用绿色建材。大力发展装配式建筑,加快建设装配式建筑生产基地,培育设计、生产、施工一体化龙头企业……推广绿色物业管理模式。以建筑垃圾处理和再利用为重点,加强再生建材生产技术、工艺和装备的研发及推广应用,提高建筑垃圾资源化利用比例。
建立绿色建筑技术标准规范和综合评价服务体系	1. 目前,我国《绿色建筑评价标准》无法满足不同建筑类型新技术发展的要求,绿色建筑信息共享服务平台尚不完善,面向行业领域的科技服务能力薄弱……促进绿色建筑综合评价与技术服务向专业化、科学化转变,加速绿色建筑技术成果的推广应用。 2. 绿色建筑评价技术与标准研究……研究不同类型既有建筑绿色性能综合评价方法,研究绿色建筑后评估技术与指标体系。 3. 绿色建筑技术信息服务系统研究……研究绿色建筑运营管理信息系统,研究建立绿色建筑技术研发、咨询、评估与展示服务平台和成果推广应用服务体系。 4. 建立绿色建筑科技推进体系……从产业发展的实际需求出发,推动建立产学研相结合的绿色建筑产业技术创新战略联盟……培育面向应用领域的绿色建筑技术服务机构,为中小建筑业企业提供技术支持。 5. 健全绿色建筑标准体系……编制绿色生态城区指标体系、技术导则和标准体系。 6. 完善绿色建筑评价制度……对按绿色建筑标准设计建造的政府投资的保障性住房、学校、医院等公益性建筑及大型公共建筑,率先实行评价标识,并逐步过渡到对所有新建绿色建筑均进行评价标识。

图 9.4　绿色建筑政策研究样本

第九章 我国未来环境规制政策制定与建议

实例

绿色建造与施工关键技术研发	1. 针对我国绿色建筑关联产业之间技术和产品接口配套性差，各类建材与产品质量良莠不齐……研究建筑全寿命期内建筑设计、绿色施工、运营管理等产业链条相互衔接的协同技术……提升绿色建筑产业技术创新能力。 2. 绿色建造新型预制装配集成技术研究……研究装配式构件连接、防水及保温隔热技术，形成预制装配式建筑的建造集成技术体系。 3. 绿色建造与施工技术研究……研究建筑围护结构模板与保温板一体化……研究绿色建造工程仿真技术、设计与施工信息协同利用技术。 4. 绿色建造环境保障技术研究与示范……开发满足绿色施工要求的低排放和低噪声施工装备和机具，开展绿色建造与绿色施工技术工程示范。 5. 提高绿色建筑技术集成度……建立绿色建筑运行效果数据库和基于BM的运营与监测平台，全面推进绿色建筑高效益、规模化发展。 6. 结合深化科技体制改革……完善技术创新体系，提高综合集成创新能力，加强工艺创新与试验。支持生态文明领域工程技术类研究中心、实验室和实验基地建设……加强生态文明基础研究、试验研发、工程应用和市场服务等科技人才队伍建设。
既有建筑绿色化改造技术研究	1. 既有建筑群绿色化改造规划｜与设计技术……研究施工现场减轻、降低扬尘、噪声、污水、建筑垃圾等技术。研究建筑群综合性能诊断与检测评定技术，建立绿色化改造项目性能与效益的综合评价模型。 2. 既有建筑绿色化改造集成技术……研究室内外环境改善和综合节能技术……研究中心城区既有建筑地下空间开发技术和设计方法。 3. 既有建筑绿色化改造施工协同关键技术研究与示范……开发绿色化改造专用设备和施工安全保护设备……开展既有建筑绿色化改造技术集成应用工程示范。
绿色建筑材料成套应用技术研究	1. 适用于绿色建筑的节能防火高耐久性功能建材产品研发……研究提升绿色建筑环境质量的功能材料，高性能快速修复材料，开发具备抗菌、防污、自洁净等特殊功能的建材产品，研究绿色建材的标准、评价、认证体系和检测技术及仪器。 2. 建筑材料模块化技……研究制定建筑材料模块化技术标准。 3. 利用废弃物制造建材产品成套技术研究与装备开发……研究利用电厂脱硫石膏、粉煤灰、冶金尾矿等工业废弃物规模化制造新型建材成套技术，开发相应的生产装备。 4. 积极推进地级以上城市全面开展建筑垃圾资源化利用……实行建筑垃圾集中处理和分级利用，建立专门的建筑垃圾集中处理基地。 5. 各级财政、住房城乡建设部门要鼓励支持建筑节能与绿色建筑工程技术中心建设，积极支持绿色建筑重大共性关键技术研究……促进行业技术进步。

图 9.5 技术创新政策研究样本

4. 城镇建筑

针对城镇建筑政策研究样本，如图 9.6 所示，可以看出新型城镇化是以城乡统筹、城乡一体、产业互动、节约集约、生态宜居、和谐发展为基本特征的城镇化。在我国城镇化进程中，建筑业经济占比逐年上升。新型城镇化的核心在于不以牺牲农业和粮食、生态和环境为代价，着眼农民，涵盖农村，

	实例
积极推进村镇绿色建筑适宜技术研究	1. 村镇绿色建筑本地资源利用技术研究与示范……进行技术集成示范。 2. 村镇绿色建筑被动式节能设计技术与应用……传统民居节能技艺继承和改良技术。 3. 村镇可再生能源利用技术研究与示范……低品位能和生物质能高效利用技术。 4. 大力推进绿色城镇化。认真落实《国家新型城镇化规划（2014—2020年）》，根据资源环境承载能力……尊重自然格局，依托现有山水脉络、气象条件等，合理布局城镇各类空间……划定城镇开发边界，从严供给城市建设用地，推动城镇化发展由外延扩张式向内涵提升式转变。……所有县城和重点镇要具备污水、垃圾处理能力，提高建设、运行、管理水平……维护城乡规划的权威性、严肃性，杜绝大拆大建。
积极推进农村建筑节能	1. 积极引导节能绿色农房建设……总结出符合地域及气候特点、经济发展水平、保持传统文化特色的乡土绿色节能技术，编制技术导则、设计图集及工法等，积极开展试点示范……加强农村建筑工匠技能培训，提高农房节能设计和建造能力。 2. 积极推进农村建筑用能结构调整……空气热能等可再生能源解决农房采暖、炊事、生活热水等用能需求。在经济发达地区……大力推广可再生能源采暖。
构建城镇污水全收集、全处理技术支撑体系	1. 开发城镇污水高标准处理和资源化能源化成套技术与设备……形成适合不同地域气候环境和循环利用需求的城镇污水收集处理及资源化能源化整装成套工艺方案及范例……实现小区雨水、污水等封闭性循环利用。

图 9.6　城镇建筑政策研究样本

促进经济社会发展。通过推进绿色化适宜建造、农村节能、污水处理体系实现城乡基础设施一体化和公共服务均等化。

5. 建造方式

针对建造方式政策研究样本，如图 9.7 所示，可以看出传统建筑业造成的环境污染、资源浪费大幅度抑制建筑业的发展质量。与传统建筑不同，现行生产方式不仅降低现场施工作业工作量、提高施工作业效率，而且有助于降低能源消耗。通过绿色建造、装配式建造、工业化建造、信息化建造等促进传统建筑生产方式转变和加速建筑产业化进程，对我国资源节约型、环境友好型社会的构建也有着举足轻重的作用。

6. 宜居环境

针对宜居环境政策研究样本，如图 9.8 所示，可以看出通过对既有绿地

第九章 我国未来环境规制政策制定与建议

> 实例

发展绿色建造方式	1. 开展施工现场扬尘、噪声和固体废弃物等污染物的排放源、定量数据、影响及控制技术研究……研究建筑工程施工工艺影响"四节一环保"的定量数据,建立绿色施工工艺清单。推动工程施工环境改善及施工人员健康安全保障的技术进步。
构建建筑工业化技术体系	1. 发展装配式建筑结构、外围护、设备与管线、内装集成设计理论和技术方法,推动装配式建筑结构安全及可靠性设计及评价技术进步……研发装配式建筑设计、生产、施工、运维全链条建筑信息平台。 2. 积极推广适合住宅产业化的新型建筑体系……,推行新建住宅一次装修到位或菜单式装修,促进个性化装修和产业化装修相统一。 3. 积极推动住宅产业化……加快建立建筑设计、施工、部品生产等环节的标准体系……大力推广住宅全装修。
推动智慧建造技术发展	1. 研究"互联网+"环境下的工程建设项目管理模式、工作流程、协同工作机制和标准体系……创新工程建设管理模式和技术手段,普及和深化 BIM 应用……开展建筑智能传感及建筑结构自诊断等关键技术研发,建立健全建筑评估及系统性改造、工程全寿命期监测、检测、评估与维护的技术体系。

图9.7 建造方式政策研究样本

与老旧公园功能改造提升,构建城市河道全网络信息集成平台,能全面提升既有住宅的品质、功能和宜居性。建筑作为城市的基本细胞、实现宜居功能的载体,其宜居性的提升是城市宜居的关键。现代人对建筑的要求较以前已发生质的飞跃,他们不仅仅关注建筑的基本使用功能,更注重建筑与时代发展背景的协调统一,注重依托建筑满足人们精神层面的需求,注重建筑对人体生理和心理健康的促进作用。

7. 指导监督

针对指导监督政策研究样本,如图9.9所示,可以看出在监督检查中,政府机关落实改革责任,了解建筑业绿色生产的具体进展,进而发现生产力不足的原因所在。在此基础上,政府肯定建筑业企业已有的成绩,推广先进经验,指出现阶段抑制我国建筑业绿色生产力的因素,并提出改正的途径,健全法律法规,完善标准体系,建立绿色建筑科技发展的长效机制,加强业务指导。

8. 环境规制的影响体系

通过综合分析有关文献资料,咨询专家,收集和分析相关数据,总结出环境规制的影响体系如表9.2所示。

> 实例

促进城市环境居住环境生态宜居	1. 发展既有住区适老化、低能耗改造技术，突破性能导向的建筑监测及运营管理关键技术、隔震减震和建筑物寿命提升技术、停车设施升级改造技术。研究老旧小区改造规划、功能提升及修缮保护技术、适宜的新型电梯设备和电梯加装技术。 2. 完善低污染室内装饰装修材料和构配件"测、评、控、用"技术体系，研发高净化效率低运行能耗系列净化设备，建立不同区域、不同建筑类型的典型和新型污染物工程控制技术体系。研究基于大数据的高密度居住区热岛效应、采光通风、污染物控制的规划评估及优化控制技术。研发居住区绿化景观生态人文设计技术、微气候营造技术和高碳汇植物配置技术，全面提升居住环境品质。
构建多尺度、多层次城市生态保护与修复技术体系	1. 基于城乡生态安全与绿色可持续发展，研究城乡绿色空间保护和生态修复、绿地优化布局和提质增效关键技术。研究城市群生态绿廊、滨水绿带及城乡休闲游憩绿道网络构建技术。开展城市生态修复综合评估、技术集成。研发绿地削减空气污染和生态防护功能提升技术、既有绿地与老旧公园功能改造提升与海绵体建设技术、城镇绿地碳汇提升技术，完善构建高碳汇植物资源数据库。
发展城市水环境质量改善和水生态修复成套技术	1. 系统研究并形成不同功能定位的城市水体构建与生态修复技术路线；突破消除城市河道黑臭的关键瓶颈，研发黑臭底泥清淤与淤泥、恶臭控制与安全处置成套技术与核心装备。研发中心城区污水处理厂排放水提标与接纳水体生态处理的水环境改善成套技术，保障城市河道生态补水水质安全。构建城市河道全网络信息集成平台，实现现场突发污染事件监视、水质监控、水资源调配功能一体化。

图 9.8 宜居环境政策研究样本

表 9.2 环境规制影响体系

序号	政策分类	政策特点
A1	建筑节能	稳步提升既有建筑节能水平、发展更高性能的建筑节能新技术、加快提高建筑节能标准及执行质量、深入推进可再生能源建筑应用
A2	绿色建筑	推动绿色建筑发展量质齐升 绿色建筑共性关键技术研究、提升建筑全过程绿色化水平、推动绿色建筑发展量质齐升、建立绿色建筑技术标准规范和综合评价服务体系
A3	技术创新	绿色建造与施工关键技术研发、既有建筑绿色化改造技术研究、绿色建筑材料成套应用技术研究

续表

序号	政策分类	政策特点
A4	城镇建筑	积极推进村镇绿色建筑适宜技术研究、积极推进农村建筑节能、构建城镇污水全收集、全处理技术支撑体系
A5	建造方式	发展绿色建造方式、构建建筑工业化技术体系、推动智慧建造技术发展
A6	宜居环境	促进城市环境居住环境生态宜居、构建多尺度、多层次城市生态保护与修复技术体系、发展城市水环境质量改善和水生态修复成套技术
A7	指导监督	落实改革责任、建立绿色建筑科技发展的长效机制、加强业务指导、健全法律法规，完善标准体系

实例

落实改革责任	1. 切实履行建筑节能减排监管责任，构建建筑全生命期节能监管体系……建筑材料、工艺、部品部件的使用执法，保证节能减排标准执行到位。 2. 不断强化公共建筑节能管理……强化监测数据的分析与应用，发挥数据对用能限额标准制定、电力需求侧管理等方面的支撑作用……会同有关部门持续推动节约型学校、医院、科研院所建设……鼓励有条件地区开展学校、医院节能及绿色化改造试点。 3. 各省（自治区、直辖市）、市（地、州、盟）党委和政府要加强对生态环境损害赔偿制度改革的统一领导……要及时总结经验，完善相关制度……区域生态环境损害赔偿制度改革工作情况送环境保护部汇总后报告党中央、国务院。 4. 加强法律监督……健全行政执法与刑事司法的衔接机制，加强基层执法队伍、环境应急处置救援队伍建设。强化对资源开发和交通建设、旅游开发等活动的生态环境监管。
建立绿色建筑科技发展的长效机制	1. 加大国家财政对绿色建筑科技的投入力度……国家行业管理部门要制定相关政策，加速推进绿色建筑技术标准和规范的认定和推广工作，加强刚性约束和监督管理……制定相关地方性法规条例，保障绿色建筑技术和产品的推广应用。
加强业务指导	1. 环境保护部会同相关部门负责指导有关生态环境损害调查、鉴定评估、修复方案编制、修复效果后评估等业务工作……司法部负责指导有关生态环境损害司法鉴定管理工作……国家卫生计生委、环境保护部对各地区环境健康问题开展调查研究或指导地方开展调查研究，加强环境与健康综合监测与风险评估。
健全法律法规，完善标准体系	1. 全面清理现行法律法规中与加快推进生态文明建设不相适应的内容……修订野生动物保护法等。 2. 加快制定修订一批能耗、水耗、地耗、污染物排放、环境质量等方面的标准，实施能效和排污强度"领跑者"制度……建立与国际接轨、适应我国国情的能效和环保标识认证制度。

图9.9　指导监督政策研究样本

（二）集成 DEMATEL / ISM 分析环境规制的影响过程与结果

DEMATEL 和 ISM 是在分析系统因素两两直接关系的基础上运用矩阵和图论原理进行系统因素分析的系统结构模型化方法。DEMATEL 侧重于分析系统因素相对重要性和划分原因因素与结果因素，ISM 侧重于建立系统因素相互影响的系统递阶层次结构模型。基于两者具有一定的共性，将 DEMATEL 和 ISM 进行集成，可达到既减少 ISM 建模的计算量又获得系统因素的相对重要性和相互影响关系链。利用集成 DEMATEL / ISM 方法对环境规制的影响体系进行分析。

1. 评价问题之间的影响程度和建立直接影响矩阵

根据有关、无关 1 等级分别赋值 1、0，根据专家经验获得问题之间的直接影响，一般情况下 $a_{ij} \neq a_{ji}$，当 $i=j$ 时，$a_{ij}=0$。据此得到环境规制的影响体系的 7 个构成要素之间的直接影响矩阵 M：

$$M = \begin{bmatrix} 0 & 1 & 1 & 1 & 1 & 1 & 0 \\ 1 & 0 & 0 & 0 & 0 & 1 & 1 \\ 1 & 0 & 0 & 1 & 1 & 1 & 0 \\ 1 & 1 & 0 & 0 & 0 & 1 & 1 \\ 1 & 0 & 1 & 1 & 0 & 0 & 0 \\ 1 & 1 & 0 & 0 & 1 & 0 & 1 \\ 1 & 1 & 0 & 1 & 0 & 1 & 0 \end{bmatrix}$$

规范化直接影响矩阵，得到规范化的直接影响矩阵 S：

$$S = \frac{M}{\max\limits_{1 \leq i \leq n} \sum_{j=1}^{7} a_{ij}}$$

2. 计算综合影响矩阵 Z

综合影响矩阵表示问题之间关系直接影响和间接影响的综合累加，以确定每个因素对于系统中最高水平因素的最后影响，设 I 为单位矩阵，综合影响矩阵为

$$Z = \lim_{m \to +\infty} S + S^2 + \cdots + S^m = S(I - S)^{-1}$$

$$Z = \begin{bmatrix} 0.41 & 0.46 & 0.23 & 0.11 & 0.38 & 0.56 & 0.33 \\ 0.44 & 0.43 & 0.40 & 0.11 & 0.38 & 0.56 & 0.17 \\ 0.33 & 0.23 & 0.33 & 0.09 & 0.11 & 0.47 & 0.33 \\ 0.00 & 0.00 & 0.00 & 0.20 & 0.00 & 0.00 & 0.00 \\ 0.37 & 0.20 & 0.33 & 0.09 & 0.31 & 0.47 & 0.14 \\ 0.09 & 0.29 & 0.08 & 0.26 & 0.08 & 0.31 & 0.03 \\ 0.17 & 0.39 & 0.36 & 0.09 & 0.11 & 0.47 & 0.31 \end{bmatrix}$$

3. 计算各问题的影响度 f 和被影响度 e

综合影响矩阵 Z 元素按行相加得到相应元素的影响度 f,对综合影响矩阵 Z 中元素按列相加得到相应元素的被影响度 e,再将各因素的影响度分别相加和相减,得到各要素的中心度 d 和原因度 m。其中,中心度是评价影响因素本身对复杂系统影响程度的重要指标,原因度是影响因素对其他因素影响程度评价的重要指标。结果如表 9.3 所示。

表 9.3　建筑业环境规制的影响体系的 f、e、d、m

	f	e	d	m
A1	2.49	1.82	4.31	0.67
A2	2.49	1.99	4.48	0.49
A3	1.91	1.73	3.64	0.17
A4	0.20	0.97	1.17	−0.77
A5	1.91	1.36	3.27	0.54
A6	1.14	2.84	3.98	−1.71
A7	1.91	1.31	3.22	0.60

中心度表示该问题在系统中的重要性程度,中心度越大,问题的重要度越高。原因度表示该问题与其他问题的因果逻辑程度,若为正,表示该问题对其他问题的影响大,称为原因问题;若为负,则表示该问题受其他问题的影响大,称为结果问题。

4. 计算整体影响矩阵 Y

由于综合影响矩阵 Z 并未考虑指标对自身的影响,仅考虑指标之间的相互影响。因此,要计算反映整体指标体系的影响矩阵 Y。整体影响矩阵 Y 计算公式为:

$$Y = Z + I$$

$$Y = \begin{bmatrix} 1.41 & 0.46 & 0.23 & 0.11 & 0.38 & 0.56 & 0.33 \\ 0.44 & 1.43 & 0.40 & 0.11 & 0.38 & 0.56 & 0.17 \\ 0.33 & 0.23 & 1.33 & 0.09 & 0.11 & 0.47 & 0.33 \\ 0.00 & 0.00 & 0.00 & 1.20 & 0.00 & 0.00 & 0.00 \\ 0.37 & 0.20 & 0.33 & 0.09 & 1.31 & 0.47 & 0.14 \\ 0.09 & 0.29 & 0.08 & 0.26 & 0.08 & 1.31 & 0.03 \\ 0.17 & 0.39 & 0.36 & 0.09 & 0.11 & 0.47 & 1.31 \end{bmatrix}$$

其中:I 为单位矩阵。

5. 计算可达矩阵

可达矩阵 Q，可达矩阵 $Q = b_{ij_{7*7}}$，且存在以下关系

$$b_{ij} = \begin{cases} 1, & p_{ij} \geq \lambda \\ 0, & p_{ij} \leq \lambda \end{cases}$$

其中：为阈值，在本节中阈值 $\lambda = 0.37$。

$$Q = \begin{bmatrix} 1 & 1 & 0 & 0 & 1 & 1 & 0 \\ 1 & 1 & 1 & 0 & 1 & 1 & 0 \\ 0 & 0 & 1 & 0 & 0 & 1 & 0 \\ 0 & 0 & 0 & 1 & 0 & 0 & 0 \\ 0 & 0 & 0 & 0 & 1 & 1 & 0 \\ 0 & 0 & 0 & 0 & 0 & 1 & 0 \\ 0 & 1 & 0 & 0 & 0 & 1 & 1 \end{bmatrix}$$

6. 计算可达集

按照 Dematel/ISM 建模方法的步骤，在可达矩阵的基础上，满足 $R(b_i) = R(b_i) \cap A(b_i)$ 的各因素归为一个层次的因素集，其中 $R(b_i)$ 表示因素 b_i 的可达集，由因素 b_i 可以到达的因素集合构成；$A(b_i)$ 表示因素 b_i 的前因集，由可以到达 b_i 的因素集合构成，详见表 9.4。类似地，剔除可达矩阵中第一个层级的因素对应的行和列后，重复上述思路得到第二层级的因素集，如此反复直至最后一个矩阵中的所有因素都满足为止。

表 9.4 第一级可达因素与前因素

	R (bi)	A (bi)	R (bi) ∩ A (bi)
A1	i= (1, 2, 5, 6)	i= (1, 2)	i= (1, 2)
A2	i= (1, 2, 3, 5, 6)	i= (1, 2, 7)	i= (1, 2)
A3	i= (3, 6)	i= (2, 3)	i= (3)
A4	i= (4)	i= (4)	i= (4)
A5	i= (5, 6)	i= (1, 2, 5)	i= (5)
A6	i= (6)	i= (1, 2, 3, 5, 6, 7)	i= (6)
A7	i= (2, 6, 7)	i= (7)	i= (7)

重复前述两个步骤，直到所有问题均被划除。按照因素被划除的顺序，建立因素的系统递阶层次结构模型，如图 9.10 所示。

基于计算结果，对环境规制的政策文本进行分析，可得以下几个主要

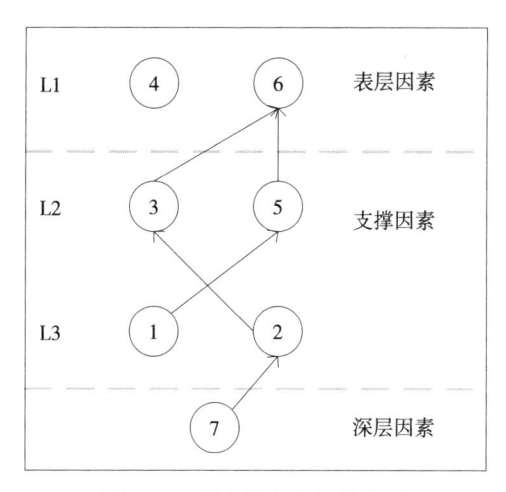

图 9.10　影响因素分级结构图

结论：

第一，由多级递阶结构模型可知，环境规制政策系统共分为 4 层。其中，城镇建筑 A4、宜居环境 A6 这 2 个要素处于环境规制政策系统的顶层，共同构建该系统的表层原因；建筑节能 A1、绿色建筑 A2、技术创新 A3、建造方式 A5 处于环境规制政策系统的中间层，共同构成支撑因素；指导监督 A7 构成深层因素。

第二，由原因度和多级递阶结构模型可知，宜居环境 A6 是环境规制问题的最根本因素，是对其他因素影响较大的原因因素，同时也是政府发挥作用的根本着力点，是影响环境规制发展的最深层因素，通过直接或间接的路径影响其他因素。

第三，由中心度和原因度可知，原因度包括建筑节能 A1、绿色建筑 A2、技术创新 A3、建造方式 A5、指导监督 A7，其中建筑节能 A1 是制约产业发展能力和影响其他发展因素的靶向，是提高建设水平和满足企业需求的根本。

二、需求方层面

需求方层面代表环境规制政策的直接作用对象，一般是承包商或业主。其对环境规制的执行及诉求除追求自身利益最大化外，还包含社会责任及环境伦理的认知。本节把需求方在环境规制政策作用下的实践行动统称为"绿色活动"，并进一步研究企业在环境规制下开展绿色活动的影响因素，以明晰企业的核心需求。

(一)建立指标体系

本节对于需求方层面的研究,遵循全面性、层次性、可比性与针对性的原则,并在研究大量文献和咨询相关专家的基础上,列出一级和二级指标。其中一级指标包括企业内部变革、经济成本、外部效应、制度激励四个维度,具体如表9.5所示:

表 9.5 企业开展绿色活动的影响因素

一级指标	二级指标	参考文献
内部变革	b_1 要素替代	董新兴和刘坤(2016),林在进(2013),王雷(2017)
	b_2 技术变革	王班班和齐绍洲(2014),曹霞和张路蓬(2015),杨东和柴慧敏(2015)
	b_3 组织变革	宁光杰和林子亮(2014)
经济成本	b_4 治污成本	陈勇和黄波(2015),刘伟明(2012)
	b_5 生产成本	盛光华和张志远(2015)
	b_6 管理成本	季小立、周伟杰和马滔(2018)
外部效应	b_7 企业形象	陈泽文和曹洪军(2019),田虹和潘楚林(2015)
	b_8 信息披露	杨东和柴慧敏(2015),王旭、杨有德和王兰(2018)
	b_9 声誉影响	田虹和潘楚林(2015)
	b_{10} 环境治理	贺克斌等(2019)
制度激励	b_{11} 技术保护	姜谷静(2019),尹志锋等(2013)
	b_{12} 技术支持	王春晖和李平(2012),梅强和谢振宇(2004)
	b_{13} 绿色融资	何凌云等(2019),葛鹏飞、黄秀路和徐璋勇(2018)
	b_{14} 补贴激励	邓子基和杨志宏(2011),余明桂、范蕊和钟慧洁(2016),张杰等(2015)

(二)问卷收集及数据处理

在上述影响因素指标体系的基础上,对14个二级影响因素间的相互关系进行问卷调查。其中受调研对象主要是建筑业承包商企业及建设单位的项目经理、高管等,共计10人,他们都对环境规制、企业绿色创新等有较为深入的理解,并从事或接触相关的工作。沿用上一节的DEMATEL/ISM分析环境规制在需求方的影响过程与结果,本节不再赘述计算过程。

首先,受访对象对14个因素之间的关联性打分,根据有关、无关1等级分别赋值 1、0。由此得到环境规制影响体系的 14 个影响因素之间的直接影响矩阵 M：

$$M = \begin{bmatrix} 0 & 0 & 1 & 0 & 1 & 1 & 0 & 0 & 0 & 1 & 0 & 1 & 0 & 1 \\ 1 & 0 & 1 & 1 & 1 & 1 & 0 & 0 & 0 & 1 & 1 & 0 & 1 & 1 \\ 0 & 1 & 0 & 0 & 0 & 1 & 0 & 0 & 0 & 0 & 0 & 0 & 0 & 0 \\ 0 & 1 & 0 & 0 & 0 & 0 & 1 & 0 & 0 & 1 & 0 & 0 & 0 & 1 \\ 0 & 1 & 0 & 1 & 0 & 1 & 0 & 0 & 0 & 0 & 0 & 0 & 1 & 1 \\ 1 & 1 & 1 & 0 & 0 & 0 & 1 & 1 & 0 & 0 & 0 & 0 & 1 & 0 \\ 0 & 1 & 0 & 1 & 0 & 1 & 0 & 0 & 1 & 1 & 0 & 0 & 0 & 0 \\ 0 & 0 & 0 & 0 & 1 & 1 & 0 & 0 & 0 & 0 & 0 & 0 & 0 & 0 \\ 0 & 0 & 0 & 1 & 0 & 0 & 1 & 1 & 0 & 0 & 0 & 0 & 0 & 0 \\ 1 & 1 & 0 & 1 & 0 & 0 & 1 & 0 & 1 & 0 & 0 & 0 & 0 & 1 \\ 0 & 0 & 0 & 0 & 0 & 0 & 0 & 0 & 0 & 0 & 1 & 0 & 0 & 0 \\ 0 & 0 & 0 & 0 & 1 & 0 & 0 & 0 & 0 & 0 & 1 & 0 & 0 & 0 \\ 0 & 1 & 0 & 1 & 0 & 0 & 0 & 0 & 1 & 1 & 0 & 0 & 0 & 1 \\ 1 & 1 & 0 & 1 & 0 & 0 & 0 & 1 & 0 & 0 & 0 & 0 & 0 & 0 \end{bmatrix}$$

根据直接影响矩阵计算出综合影响矩阵和整体影响矩阵，然后计算各问题的影响度 f、被影响度 e、中心度 d、原因度 m，结果如表 9.6 所示：

表 9.6　影响体系的 f、e、d、m

指标	f	e	d	m
b_1	1.41	1.35	2.75	0.06
b_2	2.14	1.96	4.09	0.18
b_3	0.89	0.86	1.75	0.04
b_4	1.11	1.70	2.81	−0.59
b_5	1.34	0.75	2.09	0.59
b_6	1.51	1.43	2.94	0.08
b_7	1.33	1.21	2.54	0.11
b_8	0.54	0.74	1.28	−0.20
b_9	0.66	0.70	1.37	−0.04
b_{10}	1.52	1.33	2.85	0.18
b_{11}	0.15	0.49	0.64	−0.33
b_{12}	0.39	0.43	0.81	−0.04

续表

指标	f	e	d	m
b_{13}	1.27	0.79	2.07	0.48
b_{14}	1.02	1.54	2.56	-0.52

由表可知，影响度最高的三个分别是 b_2 技术变革、b_6 管理成本、b_{10} 环境治理，这意味着这三个因素能够最大限度地影响其他因素；原因度一共有8个，分别是 b_1 要素替代、b_2 技术变革、b_3 组织变革、b_5 生产成本、b_6 管理成本、b_7 企业形象、b_{10} 环境治理、b_{13} 绿色融资。其中，排在前四位的分别是 b_2 技术变革、b_5 生产成本、b_{10} 环境治理、b_{13} 绿色融资，这意味着需求方在环境规制下的绿色创新等活动最容易受到这四个因素的影响。

根据整体影响矩阵，计算可达矩阵，然后带入阈值 $\lambda = 0.15$，得到可达矩阵 Q：

$$Q = \begin{bmatrix} 1 & 0 & 1 & 0 & 0 & 1 & 0 & 0 & 0 & 1 & 0 & 0 & 0 & 1 \\ 1 & 1 & 1 & 1 & 1 & 1 & 0 & 0 & 1 & 0 & 0 & 1 & 1 \\ 1 & 1 & 1 & 0 & 0 & 1 & 0 & 0 & 0 & 0 & 0 & 0 & 0 & 0 \\ 0 & 1 & 0 & 1 & 0 & 0 & 1 & 0 & 0 & 1 & 0 & 0 & 0 & 1 \\ 0 & 1 & 0 & 1 & 1 & 1 & 0 & 0 & 0 & 0 & 0 & 0 & 1 & 1 \\ 1 & 1 & 1 & 0 & 0 & 1 & 1 & 0 & 0 & 0 & 0 & 0 & 1 & 0 \\ 0 & 1 & 0 & 0 & 1 & 1 & 1 & 0 & 0 & 0 & 0 & 0 & 0 & 0 \\ 0 & 0 & 0 & 0 & 0 & 1 & 0 & 1 & 0 & 0 & 0 & 0 & 0 & 0 \\ 0 & 0 & 0 & 0 & 0 & 1 & 0 & 1 & 0 & 0 & 0 & 0 & 0 & 0 \\ 1 & 1 & 0 & 1 & 0 & 1 & 0 & 0 & 1 & 0 & 0 & 0 & 1 \\ 0 & 0 & 0 & 0 & 0 & 0 & 0 & 0 & 0 & 1 & 0 & 0 & 0 \\ 0 & 0 & 0 & 0 & 0 & 0 & 0 & 0 & 0 & 0 & 1 & 0 & 0 & 0 \\ 0 & 1 & 0 & 1 & 0 & 0 & 0 & 0 & 0 & 1 & 0 & 0 & 1 & 1 \\ 1 & 1 & 0 & 1 & 0 & 0 & 0 & 0 & 0 & 0 & 0 & 0 & 0 & 1 \end{bmatrix}$$

进而，按照 Dematel/ISM 建模方法的步骤，在可达矩阵的基础上，满足 $R(b_i) = R(b_i) \cap A(b_i)$ 的各因素归为一个层次的因素集，其中 $R(b_i)$ 表示因素 b_i 的可达集，由因素 b_i 可以到达的因素集合构成；$A(b_i)$ 表示因素 b_i 的前因集，由可以到达 b_i 的因素集合构成，详见表9.7。类似地，剔除可达矩阵中第一个层级的因素对应的行和列后，重复上述思路得到第二层级的因素集，如此反复直至最后一个矩阵中的所有因素都满足为止。

表 9.7　第一级可达因素与前因素

	R (bi)	A (bi)	R (bi) ∩ A (bi)
b_1	i = (1, 3, 6, 10, 14)	i = (1, 2, 3, 6, 10, 14)	i = (1, 3, 6, 10, 14)
b_2	i = (1, 2, 3, 4, 5, 6, 10, 13, 14)	i = (2, 3, 4, 5, 6, 7, 10, 13, 14)	i = (2, 3, 4, 5, 6, 10, 13, 14)
b_3	i = (1, 2, 3, 6)	i = (1, 2, 3, 6)	i = (1, 2, 3, 6)
b_4	i = (2, 4, 7, 10, 14)	i = (2, 4, 5, 7, 10, 13, 14)	i = (2, 4, 7, 10, 14)
b_5	i = (2, 4, 5, 6, 13, 14)	i = (2, 5)	i = (2, 5)
b_6	i = (1, 2, 3, 6, 7, 13)	i = (1, 2, 3, 5, 6, 7)	i = (1, 2, 3, 6, 7)
b_7	i = (2, 4, 6, 7, 10)	i = (4, 6, 7, 9, 10)	i = (4, 6, 7, 10)
b_8	i = (8)	i = (8)	i = (8)
b_9	i = (7, 9)	i = (9)	i = (9)
b_{10}	i = (1, 2, 4, 7, 10, 14)	i = (1, 2, 4, 7, 10, 13)	i = (1, 2, 4, 7, 10)
b_{11}	i = (11)	i = (11)	i = (11)
b_{12}	i = (12)	i = (12)	i = (12)
b_{13}	i = (2, 4, 10, 13, 14)	i = (2, 5, 6, 13)	i = (2, 13)
b_{14}	i = (1, 2, 4, 14)	i = (1, 2, 4, 5, 10, 13, 14)	i = (1, 2, 4, 14)

重复前述两个步骤,直到所有问题均被划除。按照因素被划除的顺序,建立因素的系统递阶层次结构模型。由图 9.11 可以看出最高层,也即第一层级 L1 因素集包括 b_1 要素替代、b_3 组织变革、b_4 治污成本、b_8 信息披露、b_{11} 技术保护、b_{12} 技术支持、b_{14} 补贴激励。类似地,可得到第二层级 L2 包括 b_2 技术变革、b_{10} 环境治理;第三层级 L3 因素包括 b_7 企业形象、b_{13} 绿色融资;第四层级包括 b_6 管理成本、b_9 声誉影响;第五层级包括 b_5 生产成本。将可达矩阵 Q 按照 L1—L5 的层级顺序重新排列后,再减去单位矩阵 I,以此构建相应的递阶结构模型。

基于计算结果,对企业开展绿色活动的影响因素进行分析,可得以下

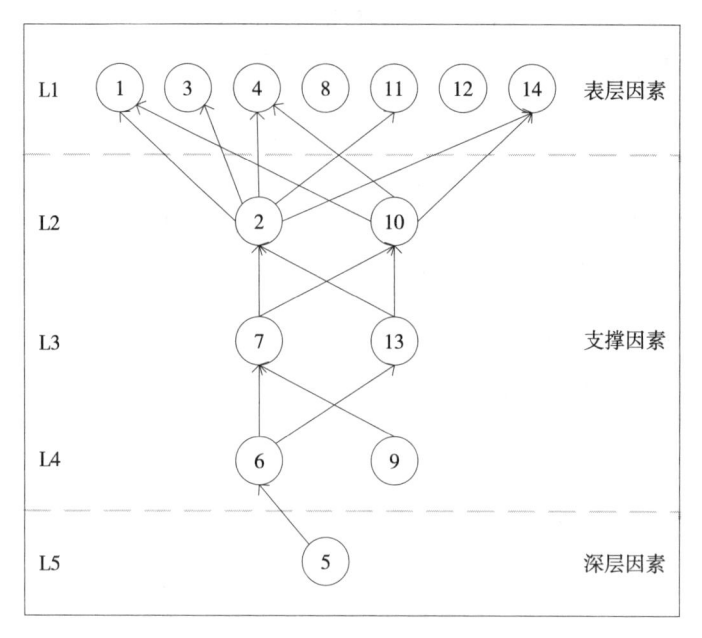

图 9.11 影响因素分级结构图

几个结论：

第一，由中心度和原因度可知，原因度排在前四位的分别是技术变革、生产成本、环境治理、绿色融资，这意味着需求方在环境规制下的绿色创新等活动最容易受到这四个因素的影响。生产成本越低、环境治理的效果越好、绿色融资越容易，能够显著促进企业在环境规制下的绿色活动。

第二，由影响因素分层结构图可知，环境规制下影响需求方绿色活动的因素是一个具有五个等级的多层次递阶结构：第一层因素为表层因素，它们对环境规制下需求方的绿色活动有着最直接的影响。由于所有第二层到第五层的影响因素通过不同的路径和方式最终都指向第一层的要素替代、组织变革、治污成本、技术保护、补贴激励这五个因素，这表明这五个因素是环境规制下影响企业进行绿色活动的最直接原因。

第三，处于第二层到第四层的中间因素有技术变革、环境治理、企业形象、绿色融资、管理成本、声誉影响，这些因素通过影响直接因素，而作用于企业绿色活动。处于中层的关键影响因素同时具备一定的驱动力和依赖性，这些影响因素受到其他影响因素的影响，同时也能影响较多的影响因素，属于中介性影响因素。因此作为影响传播的中介因素，在影响因素的层级中起到承上启下的作用，故加强此类影响因素的控制更容易促进企业绿色创新。

第四,处于底层的关键影响因素生产成本的依赖性较小、驱动力较大,表明影响因素受到影响较小,能影响的其他影响因素较多,这个影响因素为根源性影响因素。

三、绿色金融层面

绿色金融是指金融机构积极支持节能环保项目融资的行为,是将绿水青山变为金山银山的重要市场手段。绿色金融不仅可以促进环境保护及治理,而且更重要的是能够引导资源从高污染产业流向技术先进的部门。从顶层设计出发,绿色金融已经上升为国家战略。深化金融体制改革,实施绿色金融推进绿色发展,寻求科学的经济发展方式,是当前中国实现可持续发展的关键所在。只有大力发展绿色经济才能有效突破资源环境瓶颈,推动经济结构调整和发展方式转变,绿色金融则是发展绿色经济的重要支撑。环境规制是推进生态文明建设的重要途径,为此政府通过一系列专项补贴政策促进企业进行绿色技术创新,然而企业技术创新的资金缺口问题仍较为严重。绿色金融作为政府和业主及承包商之间的重要媒介,是如何发挥其桥梁作用的?又遇到了哪些阻碍?本节通过政策分析和文献回顾对这一问题展开讨论。

(一)绿色金融政策分析

多年来,北京、上海、沈阳、深圳等地出台一系列产业扶持政策,积极促进建筑的绿色发展,各地颁布的政策中有强制性的,也有鼓励性的。从内容上来看,可从财政方面政策、税收方面政策、金融方面政策三个方面总结我国各省市的建筑绿色发展扶持政策。

1. 财政方面政策

图9.12可以看出,财政补贴是各地推动建筑绿色发展的一项直接政策,实施多年来效果明显。目前,各地在财政政策方面的做法包括:政府投资项目的增量成本纳入建设成本;设立专项资金补贴项目;利用原有建筑节能资金等优惠政策,将项目纳入资金补贴使用范围;加大科研资金投入支持装配式建筑相关研究工作等。

财政政策极大鼓舞企业积极性,有利于缓解企业因增量成本带来的畏难情绪,但在操作过程中也存在一定的困难。如因实际项目增量受装配式建筑技术体系、管理水平等多种因素影响,而且对于实施装配式建筑引起的增项内容也有不同理解,导致不同项目差异性较大,产生的增量成本也存在很大区别,财政补贴的设置应尝试针对不同的建筑技术体系设置多样化的补贴标准。

	实例
建造增量成本纳入建设成本	1. 采用住宅产业现代化方式建设的保障性住房等国有投资项目，建造增量成本纳入建设成本（河北、济南、青岛、长沙）。 2. 上海市考虑实施装配式住宅方式而增加的成本，经核算后计入该基地项目的建设成本。
设立专项资金补贴装配式建筑项目	1. 重庆市财政设立专项资金，对建筑产业现代化房屋建筑试点项目每立方米混凝土构件补助 350 元。 2. 绍兴市对符合要求的建筑工业化企业或新增投资项目生产性设备投入额给予 5% 的资助，最高不超过 2000 万元；对新型建筑工业化建筑面积给予 50 元/平方米奖励，最高不超过 100 万元。
利用原有专项资金，扩大使用范围	1. 江苏省拓展省级建筑节能专项引导资金支持范围，对省级建筑产业现代化示范城市中省辖市补助不超过 5000 万元/个，县（市、区）不超过 3000 万元/个。示范基地补助不超过 100 万元/个，示范项目补助不超过 250 万元/个。 2. 河北省提出拓展省建筑节能专项资金、新型墙体材料专项基金、省科技创新项目扶持资金使用范围，优化省保障性住房建设引导资金使用结构。 3. 长春市对引进国外先进住宅产业化设备、技术的产业化项目，在项目开工或设备、技术投入运行后，从市收缴墙体材料专项基金余额中给予一定的补贴。 4. 重庆市工业和信息化专项资金重点支持建筑装备制造和建材产品部品部件化制造的技改项目。 5. 青岛市利用现行的工业发展专项资金、城市建设专项资金等各类扶持政策，采取财政贴息、补助、奖励等方式，优先扶持装配式建筑项目。 6. 长沙市对获得国家绿建二星（含 2A 住宅性能认定）、三星（含 3A 住宅性能认定）标识的两型住宅产业化项目，按照《财政部住房城乡建设部关于加快推动我国绿色建筑发展的实施意见》（财建〔2012〕167 号）规定给予奖励。两型住宅产业化项目使用预制部品部件的部分，经认定可享受新型墙体材料优惠政策。 7. 济南市符合市工业产业引导资金规定的建筑部品（件）生产企业、装配式建筑装备制造企业，可申请市工业产业引导资金及节能专项扶持资金。
资金支持相关研究工作	1. 河北省提出对参与编制省级以上产业化标准的企业和高校给予资金支持。对取得发明专利的研究成果，2 年内在省内转化的，按技术合同成交额对专利发明者给予适当奖励。 2. 长沙市将两型住宅产业化技术研究列为科技重点攻关方向，加大对研发机构和发明专利的扶持与奖励。 3. 济南市支持企业研发生产具有环保节能等性能的新型建筑部品材料和新型结构墙体材料，以后补助方式给予扶持。

图 9.12　财政政策

2. 税收方面政策

图 9.13 可以看出，税收政策方面，主要有三类：一是将装配式建筑纳入高新技术产业，享受高新技术产业政策及相关财税优惠政策；二是对部分生产和施工环节分别核算税收；三是将装配式建筑纳入西部大开发税收优惠范围。纳入高新技术产业、享受高新技术产业政策及相关财税优惠政策，能

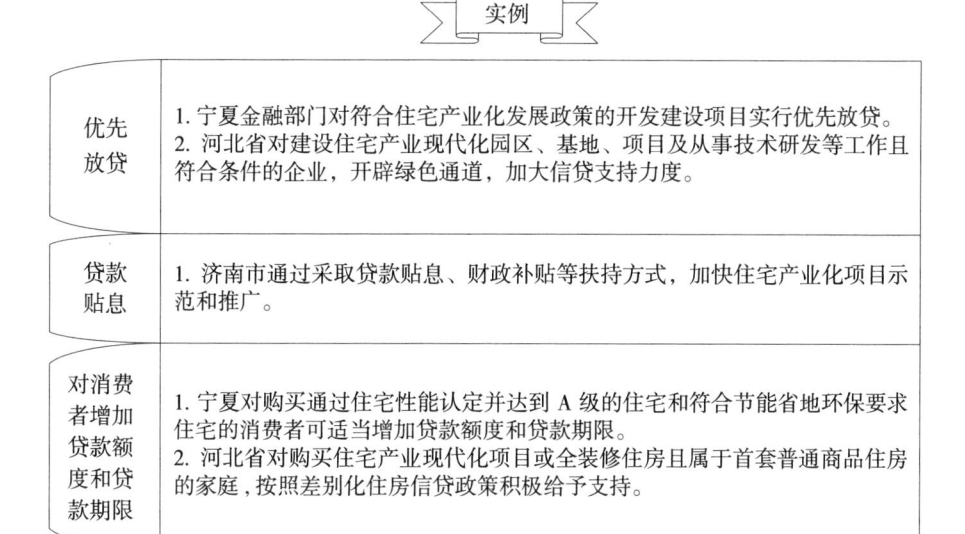

优先放贷	1. 宁夏金融部门对符合住宅产业化发展政策的开发建设项目实行优先放贷。 2. 河北省对建设住宅产业现代化园区、基地、项目及从事技术研发等工作且符合条件的企业，开辟绿色通道，加大信贷支持力度。
贷款贴息	1. 济南市通过采取贷款贴息、财政补贴等扶持方式，加快住宅产业化项目示范和推广。
对消费者增加贷款额度和贷款期限	1. 宁夏对购买通过住宅性能认定并达到 A 级的住宅和符合节能省地环保要求住宅的消费者可适当增加贷款额度和贷款期限。 2. 河北省对购买住宅产业现代化项目或全装修住房且属于首套普通商品住房的家庭，按照差别化住房信贷政策积极给予支持。

图 9.13 税收政策

使企业开发成本降低，起到很好的激励作用。

3. 金融方面政策

图 9.14 可以看出，金融政策主要有两类：一是对装配式建筑项目、企业优先放贷；二是对装配式建筑项目进行贷款贴息；三是对产业化住宅消费者增加贷款额度和贷款期限。宁夏、河北等地发布有关金融优先放贷、贷款贴息等政策，对装配式建筑相关企业的融资，起到很好的作用。当然，在实际操作过程中，也需要与金融部门进行大量的沟通协调。

（二）绿色金融在供需间的发展制约分析

通过政策文本分析可见，当前绿色金融政策体系在财政政策、科技研发、环保税、污染物排放、政绩考核等方面都有一定的改革，对于进一步完善绿色金融政策体系、推动绿色金融发展具有一定的参考价值。但就目前而言，绿色金融的发展还存在一些可以提升的地方。面对政府有限的环境规制资金投入和企业强烈的绿色资金需求，绿色金融业由于绿色投资周期长、风险大，企业信用度市场披露机制不健全，绿色金融产品创新供给不足等问题，其在环境规制中的杠杆效应尚未得到充分发挥。政府在绿色金融发展中的主导作用存在干预失效和制度供给能力有限等问题，环境规制政策缺位、错配等现象尚未得到改观。这意味着政府促进绿色金融发展的强制性制度和柔性制度存在很大的进步空间。总结绿色金融在供需两方之间发展的制约因素，主要有以下几点：

实例

纳入高新技术产业，享受高新技术产业政策及相关财税优惠政策	1. 河北省提出符合条件的住宅产业现代化园区、基地和企业享受战略性新兴产业、高新技术企业和创新性企业扶持政策。 2. 济南市提出鼓励产业化企业申请高新技术企业认定，经省科技厅认定的高新技术企业，按照15%税率缴纳企业所得税。 3. 对生产使用有利于资源节约、绿色环保和产业化发展的"四新术"的企业给予所得税的适当咸免(宁夏、陕西)。
部件生产和施工环节分别核算税收	1. 长沙市对企业在产业化项目建设中同时提供建筑安装和部品部件销售业务的，分开核算给予税收优惠，即部品部件销售部分征收增值税，建筑安装业务部分征收营业税。
纳入西部大开发税收优惠范围	1. 重庆市对建筑产业化部品构件仓储、加工、配送一体化服务企业，符合西部大开发税收优惠政策条件的，依法按减15%税率缴纳企业所得税。

图 9.14　金融政策

1. 配套政策

绿色金融的发展离不开与之配套的激励政策。但是，目前我国绿色金融发展激励机制并不健全。国家层面上，我国绿色金融法律法规建设相当滞后，缺乏一套引导绿色金融健康可持续发展的科学完整的法律法规体系。例如我国的《商业银行法》缺乏商业银行执行绿色信贷政策的强制性规定，《公司法》《证券法》缺乏上市企业和发债企业披露环境信息等方面的强制性条款。上述法规只停留在部委法规制度层面，缺乏强制性、执行力和约束力。虽然《环保法》属国家层面，但规定的企业投保环境污染责任保险只是鼓励而非强制性。相比之下，西方一些国家，绿色金融和绿色经济之所以发展迅速，与其完善的法律法规体系直接相关。因此要积极落实各级政府关于加大绿色金融的政策支持体系，组织相关金融机构为发展前景良好的绿色企业提供专业化的服务。

2. 风险管控

风险控制是融资担保的生命线，更是绿色担保的咽喉。为引导企业进行绿色生产,政府采取市场准入、环境标准、税费、补贴以及信息披露等环境规制手段,使融资担保各主体的利益与环保挂钩,借助绿色投融资带动绿色生产。但创新与风险并存,绿色投资项目融资额度大、周期长、不确定性强,为本就棘手的融资担保风险控制工作带来新挑战。加之,传统担保危机频发,"跑路潮"相继袭来,"多米诺骨牌"效应快速显现,大批关联企业倒闭、银行呆账坏账增多、政府"输血"杯水车薪。政府环境规制下,若不能有效解决绿色融资担保风险防控难题,绿色、协调发展理念的推行将受阻,不仅担保机构无法健康、持续运转,长期还会损害银行利益,加剧金融机构"脱实向虚",实体经济难以得到应有扶持。该问题长期难以解决,根本原因在于绿色融资担保风险防控涉及多主体切身利益,难以协调。各主体为寻求自身利益最大化,重零和博弈轻合作共生,助长风险的滋生和蔓延。小微企业信用差,凭借信息优势采取"洗绿"、违约等行为,引发道德风险;银行依靠强势地位将担保机构当作"防火墙"转嫁风险;担保机构为求生存"剑走偏锋",违规经营以加剧风险。可见,绿色融资担保风险防控是关乎多主体切身利益的博弈问题,须从利益实现机制出发,强化各主体策略选择理性。未来金融监管部门应通过加强现场检查与非现场监督,定期对金融机构参与绿色金融发展情况进行评估,将评估结果公告并作为监管评级参考,打造完善的企业环境信息平台与规范金融机构的可持续性报告来改进绿色金融的信息披露状况。

3. 产品供给

在绿色金融市场中,金融机构作为卖方主体,最大关注点在于利润最大化,对以环境公共利益为目的的绿色金融,天生具有回避的本能,从而造成绿色金融缺乏对市场服务的主体意识。在现实的绿色金融市场中,一方面,绿色金融交易成本高。绝大多数金融机构未将环境风险评估纳入信贷管理全程,仅在项目评估阶段作为考虑因素;另一方面,绿色金融交易风险大,现实的绿色金融市场存在严重的信息不对称。到目前为止,我国还没有成功打造出理想的企业环境信息平台,导致金融机构很难获得作为决策依据的信息,严重影响绿色金融的发展。面对金融机构与企业间金融产品的供给与接受现状,应该完善政府环境规制政策体系,建立起长效制约机制,利用倒逼效应驱赶金融机构与企业进入绿色金融市场,提升绿色金融产品的供应量与需求量;推出一系列市场激励政策,加大激励力度,拓展激励方式,吸引金融机构积极提供绿色金融产品。

4. 精准适配经济效益

从整体上来看,我国绿色金融产品的种类逐渐呈现多样化的发展趋势,涵盖清洁能源、能效与节能减排、污染治理等不同的环保产业,涵盖领域表现出不断拓宽的特点,但绿色金融产品针对性不强,绿色金融所产生的效益仍有较大的提升空间。环保产业项目融资仍以传统的抵押授信方式为主,产品以面向大型环保类企业和大型清洁能源、节能减排项目为主,融资产品设计上重视融资渠道而忽视融资对象特征。这种不均衡的融资资源配置在很大程度上约束中小企业的融资行为,进一步加剧中小环保企业融资难问题。与发达国家相比,我国绿色金融产品以大型环保类企业和绿色项目为主,发达国家的金融机构设计出结构和内容多样的融资方案,产品针对性很强、特色鲜明,有利于进一步激活和开发绿色金融产品市场。发达国家政府的职责主要是制定绿色金融的行动计划,并为此提供相应的法律和政策支持,对金融部门的干预较少,给金融部门很大的自主权。因此,目前我国在环境规制政策的机制设计方面应多效仿西方发达国家,利用绿色金融机构的产品供给模式创新,提高绿色金融产品的针对性,实现精准适配,最大化绿色金融产品的效益。

第五节 "供给方←→需求方←→绿色金融"三方联动的政策建议

本章首先确定了"供给方←→需求方←→绿色金融"三方联动环境规制政策制定框架,并分析了发达国家可借鉴的经验,确定了政策制定的影响因素;其次分析了供给方制定政策包括七个层面,并将其分为了表层因素、支撑因素、深层因素;然后,梳理在环境规制政策下需求方开展绿色活动的影响因素及因素间的作用关系;最后,分析了绿色金融在政府与企业之间的桥梁作用,以及影响或制约绿色金融发展的因素。根据上述分析,本节将构建三方制定环境规制政策的联动钻石模型,并从政策制定核心参与方的角度提出相应的政策建议。

一、面向环境规制政策的三方联动钻石模型

"钻石模型"是美国哈佛大学迈克尔·波特教授提出的一种理解国家或地区全球竞争地位的全新方法。其中波特的"集群"观点或相互联系的企业、供应商、相关产业和特定地区的组织机构组成的群体,已经成为企业和政府思考经济、评估地区的竞争优势和制定公共政策的一种新方式。本节以"钻石模型"作为理论基础,分析环境规制政策的制定在供给方、需求方、绿色金融方的系统中如何联动运作。本节基于以上分析,借鉴"钻石模

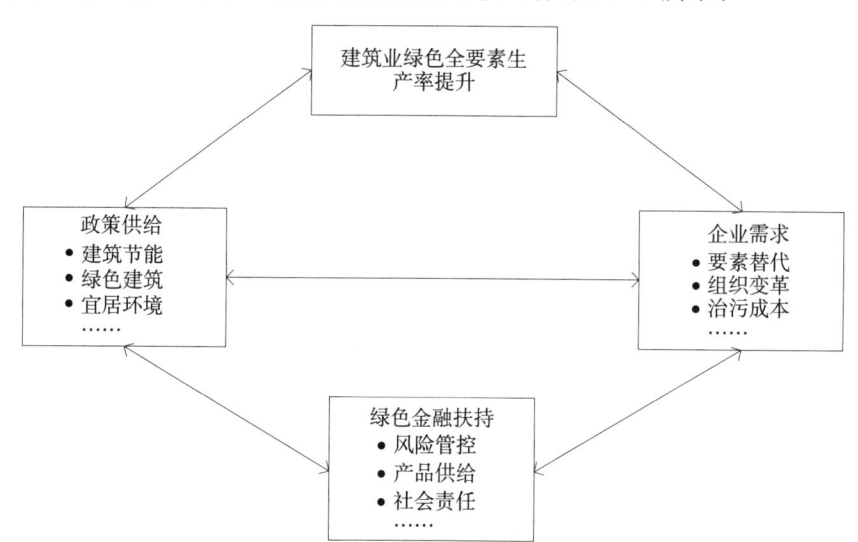

型"理论,建立面向环境规制政策的钻石模型,如图9.15所示:

图 9.15 面向环境规制政策的三方联动钻石模型

图9.15中,环境规制政策下建筑业绿色全要素生产率提升、政策供给、企业需求和绿色金融扶持四个要素具有相互作用、互为支撑的紧密关系。在四者的关系中,建筑业绿色全要素生产率提升对环境规制政策制定具有关系利益协同以及长期指导性的作用。企业需求,即本章讨论的环境规制下企业绿色发展,对政策制定具有引导性作用,并且准确、深入地了解和把握企业需求是制定环境规制政策的首要环节。政策供给需要对政策需求给予及时性的反馈,在政策制定中要坚持政府与市场间公平化和合理化的原则,特别是出台的政策文本能够清晰化、明确化和简单化,保证政策执行方不会因为企业类别不同、区域不同、执行人理解不同甚至利益导向不同引起"上有政策、下有对策"的反向效果。同时,政策供给在波特"钻石模型"中的作用,不仅是政策的制定者,也是绿色金融方的引导者,还代表着广大公众的意愿,其通过提供财政补助、政策优惠等,可以对市场要素和资源配置产生影响。绿色金融方作为一个中间要素,需要对环境规制政策供需给予持久性和经常性的支持,同时也要关注绿色金融方在执行过程中的阻碍、动力,不断优化和完善三方联动机制。

基于对三方联动模型的深入分析,可以发现建筑业产业结构和产业关联在不断地发展和丰富,主要体现在环境规制下,金融产业与建筑业间的相互作用及影响。产业结构的优化升级是协调经济可持续发展和环境保护的关键途径。对建筑业而言,资本要素的投入对产业经济的增长拉动很大,然而环境规制改变传统建筑业的资本需求结构,此时绿色金融在影响传统金融行业的同时,也作为建筑业的绿色资金供给方,有效地解决环境规制对企业带来的成本增加、限制企业利润最大化产出从而竞争力被削弱的"两难"问题。因此,合理的环境规制和绿色金融扶持,能够进一步优化资源配置和技术改进,从而激发产业新活力,提高企业的生产效率和竞争力。同时,通过影响建筑业企业的行为和决策,建筑业产业资源的整体利用率也将得到提高,其在经济增长中造成的环境污染也将得到控制,建筑业绿色全要素生产率也将有效提升。

二、基于"供给方⟷需求方⟷绿色金融"三方联动的政策建议

新中国成立以来,环境规制政策理念经历从"污染防治观"到"生态文明观"的演变,政策类别则经历从政府干预到市场激励,再到公众参与和全社会共同监督的演进。① 然而,总体来看,现有的环境规制政策还存在以下缺陷:

(1) 以往的环境规制政策是以政府为中心的单项规制,体现中国环境规制在治理结构方面的缺失。由于规制目标在部门机构和地方机构中,规制行为带有明显的部门利益和地方利益色彩,规制过程中容易出现规制俘获现象,以至于影响规制绩效。

(2) 环境规制政策虽然日趋严厉,但对各地区的影响不尽相同。因为国家基于整体经济战略布局的考虑,对不同的地区给予不同的优惠措施。如,对一些经济不发达的地区采取宽松的环境政策,而对经济发达的地区采取严格的环境政策。这反而导致"污染转移"现象的产生,最终加剧后发地区环境问题的爆发。

(3) 受限于自然资源条件的约束,部分区域产业结构调整需要花费巨大的财力和物力,但是环境规制在这些区域产业结构调整中并不能产生特别显著的影响。因此,对那些自然资源依赖型区域盲目地实行严格的环境规制措施反而会产生适得其反的结果。

(4) 地方投资强度和产业结构调整的作用并不显著,有时还会产生一定的阻碍作用。就目前来讲,中央对地方的考核制度仍处在不断完善阶段。在地方政府竞争的背景下,会有一些地区仅仅着眼于短期利益,选择投资于低端、高污染,但经济效益显著的产业,以图利用良好的经济增长来掩盖环境保护不力的事实。这对区域的产业结构的调整和经济的长期稳定增长十

---

① 张小筠、刘戒骄:《新中国 70 年环境规制政策变迁与取向观察》,《改革》2019 年第 10 期。

分不利。

(5)环境规制影响下产业结构调整效应与经济增长效应难以同时兼顾,部分区域虽然产业结构调整效应明显,但是经济增长速度和质量却大幅度落后。这一定程度上是因为在环境规制政策的影响下,部分区域忽视基本的经济规律和市场规律,强制进行产业结构调整。比如一些原来在高科技制造业有比较优势的区域,却偏要重点发展第三产业,导致高科技产业因缺乏资金而萎缩,第三产业也无法形成新的增长点,最后导致经济增长乏力,人民生活受到影响。

从我国目前的状况看,将环境规制提高到与发达国家同样的高度是不现实的。我国应该逐步增加环境保护的强度,加大环境政策中对污染密集型产业的管制力度。目前,国际直接投资的主体是欧、美、日等发达地区和国家,这些地区和国家的环境规制水平较高,环境规制政策的实施提高产业的生产效率。因此,我国在今后的环境规制政策制定方向上应当借鉴发达国家。新时代完善环境规制政策体系,应进一步加快环境保护法律制度创新、手段创新,加大环境监管执法力度,并加强环境规制政策与财税、金融、创新政策的协调配合,形成合力,共同推进新时代生态文明建设。

①保障绿色资金,为企业绿色发展保持动力

企业开展绿色活动,会在一定程度上增加企业的资金压力。不论是要素更替、组织更替、管理成本、治污成本或是生产成本,其背后都涉及资金的需求。环境规制迫使企业增加污染防治方面的投入或者缴纳排污费,以致企业的生产成本增加;由于环境规制的约束,企业改变生产工艺或增加生产工艺流程已达到控制污染的目的,此种做法也会增加企业的生产成本;环境规制也可能引起企业用于生产的某些要素价格提高而增加生产成本。另外,环境投资可能不会产生直接的生产价值,但却挤占生产性、营利性投资,从而降低企业的增长绩效。同时,绿色技术创新的科技水平含量较高,也需要大量资金进行技术研发。绿色技术创新的资金投入并非是一次性的,而是连续性并不断递增的投资过程,在这个过程中企业不仅需要较强的资金投入能力,而且要面对来自市场、产品不确定性的挑战,在短期内难以获得满意的经济效益。因此,对于任何企业而言,在绿色技术创新的持续性资金投入上均存在很大压力,虽然高投资、高风险有可能对应的是高收益,但是绿色技术创新的高投入,无法在短期内给企业带来足够的经济效益,其收益回报比较滞后,投入风险更大,往往导致企业习惯性地选择投资和风险性较小的传统技术创新方式,而对绿色活动望而却步。

②发展绿色金融，着力推进绿色金融标准体系建设

我国目前金融主管部门和环保部门还未能建立起统一和清晰的环境评估标准。已有的绿色金融的标准多为综合性、原则性的，缺少具体的指导目录、环境风险评级标准等，商业银行难以制定相关的监管措施及内部实施细则，绿色金融措施缺乏可操作性。因此，应该制定符合中国国情的环评标准和绿色信贷指南，可以由中国人民银行、银监会和环保部等部门联合牵头研究并确定绿色评级标准和方法，由评级公司对企业和项目进行绿色评级。方便金融机构获得企业或项目的环保信息，以确保绿色金融制度的贯彻与执行。发达国家商业银行大都建立环境和社会风险评估系统。如花旗银行设立环境与社会政策评估委员会，建立覆盖所有银行业务的环境与社会风险管理体系，在扩展赤道原则实施范围的同时，提高实施标准。汇丰银行将赤道原则融入信用风险管理中，根据分类和评估的结果决定是否提供融资及融资的额度。日本瑞穗银行，对项目融资和银团贷款制定符合赤道原则的工作流程和指标体系。同时，中国绿色金融标准体系建设，有助于同国际相关机构互相借鉴学习，推动全球资源高效利用以及经济可持续发展。

③创新绿色技术，为企业绿色发展增强竞争力

企业内部的组织要素是企业的绿色资源，是企业进行绿色技术创新，构建持续竞争优势的基础。而影响企业绿色技术创新的内部要素主要包括绿色导向、绿色技术能力等。环境规制愈发严格下，为避免和降低环境损害，企业采用新的或改良的流程、技术、实践、系统和产品，其涵盖与绿色产品和绿色工艺相关的硬件或软件创新，包括能源节约、污染预防、污染回收、绿色产品设计及企业环境管理上的技术创新。在鼓励技术创新的同时，供给方对企业进行技术支持和技术保护也尤为重要。技术创新需要大量的人力、物力以及财力的投入，创新结果的不确定性以及创新环境的复杂性，都使得创新成为一个风险较高的行为。而产权保护从外部环境考量，保障创新主体的成果不受侵犯，推动创新不断发展。首先保护技术产权可以提高创新主体对创新成果的独占性，从而提高外部主体创新的成本。技术产权保护水平越高，企业创新成果的被模仿风险就会越低，预期收益会相应增加，有利于企业创新行为的产生。其次，技术产权保护水平的提高，某种程度上可以说是对这一创新成果所属权的垄断。在一段时间里，企业能够获得这一垄断行为带来的超额利润，激发企业研发积极性，提升企业的创新意愿。因此，加强产权保护可以促进企业合理分配创新资源，提高创新效率进而提升绿色创新效率。

④健全工作机构,强化各部门及企业信息共享

着力强化各部门的信息共享,发展改革、环保、国土和金融部门应加强统筹协调。健全工作机构,通过联席会议、信息平台和企业征信系统等方式规范信息共享程序,共同促进绿色金融发展。

业内普遍认为,目前我国的绿色金融依靠少数金融机构分兵作战,在信息共享和协同作业上存在一定的问题。例如,各金融机构在核定环境风险概率以及保险费率等方面存在明显的能力不足。[①] 对此,有专家建议,应考虑逐步设立统一信息共享平台,建立一系列配套机制促进强制性环境责任的发展。并且,将所有建筑业企业联网,要求有绿色金融服务需求的企业在网站上进行详细、全面、真实的信息披露,及时并完整上传企业的绿色信息,让所有企业主动进行信息披露;建立完善的环保信息库,降低信息搜集成本,统一管理、统一发布。与此同时,动态跟踪每一笔绿色信贷资金的流向,利用信息共享平台对每一笔绿色信贷的资金流向进行实时监控,给企业一定的压力,防止企业利用绿色信贷资金进行高排放高污染项目。一旦这样的信息共享平台建立起来,所有企业都在互联网上进行信息披露,不仅能达到实时监控、动态跟踪的目的,更重要的是可以使得企业进行绿色信贷资金流向和绿色项目进程的信息披露成本大大降低,更能提高政府监管和评估的效率。信息披露和监督管理的成本降低,相应会带来环境正外部性的提高,从而促进环境规制的发展。

---

① 王佳秀、曾煜:《基于"互联网+"完善绿色信贷信息共享机制的思考——基于企业角度》,《产业与科技论坛》2017年第12期。

第十章 主要结论与研究展望

第一节 主要结论

在环境规制下,建筑业需要通过提升绿色全要素生产率以推动建筑业绿色高质量发展。而基于古典经济增长理论的传统全要素生产率模型难以满足对建筑业绿色全要素生产率的研究需求,本书将环境因素纳入生产率测算框架对其进行拓展。本书对于推动我国建筑业产业转型,实现建筑业绿色高质量发展具有重要的意义与价值。本书的主要研究结论有以下几个方面:

(1) 受产业规模效应影响,中国建筑业技术进步空间和 CO_2 减排空间的相关性不明显。只有技术进步带来的产出效率超越规模效应时,才能降低建筑业环境污染。

忽略环境因素会高估技术效率以及绿色全要素生产率,且建筑业绿色全要素生产率的增长主要是由技术进步带动的。在研究期内,本书发现环境污染变量的加入明显会降低平均环境效率的水平,当考虑非期望产出因素的时候,我国建筑业的平均效率水平与未考虑混进污染物相比有较为明显的下降。这意味着不考虑环境污染物的排放而测算出来的建筑业效率是不准确的,而环境污染物的排放给我国建筑业经济的发展带来了一定程度的损失,导致建筑业效率的降低。同样,考虑了环境因素后,环境全要素生产率降低了,说明环境约束对生产率的增长产生了一定的负面影响。

考虑碳排放和建筑业面源污染等非期望产出的建筑业绿色全要素生产率相比于不考虑环境因素的全要素生产率更符合中国建筑业高质量绿色发展的实际水平。无论是否纳入非期望产出,中国建筑业绿色全要素生产率提升多数源于技术进步,较少出现技术进步和技术效率双轮助推的情形,技术效率不足抑制了建筑业绿色全要素生产率显著提升。建筑业绿色全要素生产率虽呈现增长趋势,但增速较缓慢,且不同地域存在显著差异。要素市场扭曲对建筑业绿色全要素生产率的影响为负,其余多数变量显著提高了建筑业绿色全要素生产率水平,但也具有一定的空间溢出效应,阻碍了不同地域建筑业绿色全要素生产率同步增长。中国具有显著的地域差异,不同地域要素市场水平、生产水平、资源要素禀赋条件等都呈现东中西梯度差异。

动态空间绝对β收敛系数相较静态绝对β收敛系数发生了符号和大小程度的变化,说明若不考虑建筑业生产要素流动等潜在因素的循环累积效应,难以真实刻画建筑业绿色全要素生产率区域间差异的收敛状态。建筑业绿色全要素生产率在全国和不同区域范围内都呈发散状态,区域间差异不断增加。空间邻近对建筑业绿色技术、知识的传播具有显著的推动作用。动态空间条件收敛系数对比静态条件β收敛系数表明,考虑了每个区域的经济发展水平等禀赋条件,区域发散特征明显,初始禀赋条件对区域差距不具有完全的决定性作用,生产要素的流动、绿色技术分享等也会对区域差异具有一定的贡献。要素的循环累积效应通过自我实现机制助推农业经济呈现空间集聚状态,区域建筑业绿色生产呈非均衡态势。建筑业绿色全要素生产率增长率的空间外溢效应呈不断增强之势,需进一步促进"滴涓效应"扩散。

(2) 多数省市自治区的建筑业在建造阶段和经济转化阶段,效率值和整体绿色全要素生产率均存在不同程度的提升空间。

环境因素和随机干扰项调整前后,除个别省市外,大部分地区的创新效率值都出现了明显变化。第一,研究期内中国建筑业建造阶段生产率、经济转化阶段生产率与整体绿色全要素生产率均呈现出先增长,后小范围波动和下降的趋势;第二,研究期内中国建筑业整体绿色全要素生产率与经济转化阶段生产率变化趋势趋于一致,而中国建筑业建造阶段生产率不高是限制中国建筑业整体绿色全要素生产率进一步提升的主要原因;第三,研究期内六个地区建筑业整体绿色全要素生产率、建造阶段生产率和经济转化阶段生产率差异化显著,东北地区生产率值波动幅度最大;第四,研究期内只有北京市建筑业整体绿色全要素生产率、建造阶段生产率和经济转化阶段生产率达到有效状态,青海市建筑业建造阶段生产率和经济转化阶段生产率达到有效状态。

对比调整前的综合效率、纯技术效率和规模效率,无论是科技研发阶段或是经济转化阶段,规模效率有了一定程度的下降,说明外部环境的影响高估了创新投入规模,科技研发阶段真实的纯技术效率相比于第一阶段有很大的提升,政府内部的管理效率被低估。具体来看,当科技研发或成果转化慢于要素投入速度时,经济发展水平的提高可能会造成人员和经费资源的冗余;而政府支持能够促进资源的合理配置,加快产品服务实现商业价值,能够有效提高科技研发与经济转化效率;基础设施建设水平促进了信息互通共享,学习更多先进技术和管理经验;对外开放程度的增加,使成果供给与市场需求紧密联系,实现科技成果的经济转化。

因此,无论是东部还是中西部地区,只有不断提高环境规制强度和合理性,才会使技术创新兼顾经济目标和环境目标,消除技术进步非对称性,使科学技术既成为第一生产力,又成为第一环保力,最终走出"经济增长—环境恶化"的怪圈,实现经济与环境协调可持续发展。

(3) 中国建筑业区域绿色全要素生产率差异程度源于选择效应或集聚效应,生产率较低的建筑业企业从集聚经济中获得更高的效益。

首先,从区域产业专业化程度对中国建筑业区域绿色全要素生产率差异的影响来看,劳动密集型产业在区域绿色全要素生产率差异来源于劳动密集型产业专业化集聚带来的集聚效应和选择效应,即高生产率企业主动选择(被动选择)到专业化集聚程度高区域中,且选择效应的作用高于集聚效应;而资本密集型、技术密集型产业在区域绿色全要素生产率差异来源于选择效应。因此,从专业化集聚来看,选择效应对多数建筑业部门在区域绿色全要素生产率差异的影响大于集聚效应。其次,从区域产业多样化程度对中国建筑业区域绿色全要素生产率的影响来看,资本密集型和技术密集型产业在区域绿色全要素生产率差异主要来源于区域产业多样化集聚外部性;劳动密集型产业区域绿色全要素生产率差异主要来源于选择效应,即劳动密集型产业的高生产率企业主动选择(被动选择)到多样化集聚程度高的区域中。再次,从区域产业竞争程度对中国建筑业区域绿色全要素生产率的影响来看,大多数建筑业区域绿色全要素生产率差异来源于选择效应,即高生产率企业主动选择(被动选择)到竞争激烈的区域中。

总之,分三种类型产业来看,劳动密集型产业区域绿色全要素生产率差异主要来源于选择效应,即相对于低生产率企业,劳动密集型产业高生产率企业主动选择(被动选择)到产业专业化程度高、多样化程度高、竞争激烈的区域中,以及产业专业化集聚外部性。资本密集型和技术密集型产业区域绿色全要素生产率差异主要来源于选择效应,即相对于低生产率企业,资本密集型和技术密集型产业高生产率企业主动选择(被动选择)到产业专业化程度高、竞争激烈的区域中,以及多样化集聚外部性。

(4) 环境规制通过技术创新、要素结构和FDI三条路径对建筑业绿色全要素生产率产生影响,其中要素结构的间接效应最大。

建筑业绿色全要素生产率是在全要素生产率计算的基础上,将环境因素纳入生产率框架,突破了新古典经济增长理论生产率模型忽视资源约束与环境污染的缺陷,实现对建筑业经济增长速度与增长质量的综合考察。

第十章 主要结论与研究展望

绿色全要素生产率有效弥补传统全要素生产率的缺陷,客观和真实地反映实际生产过程,准确衡量资源环境约束下产业经济增长状况。建筑业绿色全要素生产率主要涉及七个方面:技术水平、环境规制、要素结构、资源配置、经济环境、能源结构、市场因素。这些影响因素范畴并不是单一作用于绿色全要素生产率,而是通过交互作用,不同程度地牵制着绿色全要素生产率的浮动。其中,技术创新是影响绿色全要素生产率最直接的因素。环境规制则是通过技术创新、要素结构和 FDI 三条路径对绿色全要素生产率产生间接影响,而产业结构升级和能源效率的共同作用主要是体现在科技投入和技术水平的提升,通过技术的改造和革新作用于绿色全要素生产率的提升。

在系统评估中国建筑业绿色全要素生产率及影响因素的基础上,根据生产函数进一步将影响因素分解为内部因素和外部因素,内部因素包括能源结构、资源优化、要素结构、市场因素、技术水平和经济环境,外部因素主要考虑环境规制。此外,根据内部因素之间的内在联系,将六大内部因素两两相结合依次归纳为资源配置层面、生产优化层面及科技跨越层面,从环境规制整体强度、不同类型环境规制和环境规制工具组合三个视角,系统分析了环境规制对建筑业绿色全要素生产率的影响,探索与揭示不同类型环境规制对建筑业绿色全要素生产率的影响机制。

(5) 不同类型环境规制对建筑业绿色全要素生产率的影响存在差异,且环境规制政策的制定和执行存在一定偏差。

环境规制的"创新补偿"效应正逐步抵消"遵循成本"效应所带来的负面影响,政府在实施环境规制时,应充分考虑环境规制对建筑业绿色全要素生产率的门槛效应,制定合适且具有弹性的环境规制强度,更好地发挥环境规制对绿色全要素生产率增长的"倒逼效应"。不同类型环境规制对建筑业绿色全要素生产率的影响存在差异。政府应合理组合三种类型环境规制工具,从长期监管的角度实施针对建筑业的命令控制型环境规制,从短期监管的角度实施市场激励型环境规制,并引导公众从早期的环保宣传逐步发展到参与环境诉讼、监督企业环境行为和施加建筑业规范约束等,建立一个全面的环境规制体系。命令控制型、市场激励型环境规制下存在单门限效应,而自愿协议型环境规制存在双门限效应。因此,引导环境规制强度处在适宜恰当范围内,监管约束水平的提高才能够有效促进绿色全要素生产率拉动以此产生良好的导向结果。

地方政府是建筑业环境治理的直接主体,随着上级政府对建筑业环境治理的重视和环保绩效在地方考核绩效中比重的上升,地方政府面临着从经济发展向经济发展与环境保护双轮驱动的情况转变,在压力型体制下,地方政府倾向于根据中央对经济和环境的实际重视程度进行选择性的政策执行。虽然近几年中央对环境保护比较重视,但经济发展情况仍在地方发展和地方领导人政治命运中具有决定性作用,因此,地方政府倾向于选择被动式的环境治理。此外,地方政府间的竞争会导致地区间环境规制的策略性互动行为,形成地方政府对中央政府环境规制政策的执行偏差,即环境规制非完全执行现象。政策工具是地方政府进行环境治理的重要手段,各级地方政府通过制定和实施各类环境标准进行环境监管。为了与相邻地区的地方政府争夺各种流动性资源,地方政府倾向于运用包括税收竞争、规制竞争等在内的一系列政策工具,其中就包括环境准入标准等政策工具,其行为的出发点是为了在地方政府竞争中取胜,以达到本级政府或行政官员利益的最大化。

作为环境规制部门的地方环保部门在"条块"关系中所面临的环境较为复杂,一方面要完成上级环保部门布置的任务,履行环保监查职能;另一方面又处于地方政府的领导之下,其人员任命和经费都来源于地方,而地方政府多以短期经济发展而非长期的可持续发展为目标,并以此为导向进行常规工作任务安排。在这种背景下,地方环保部门往往面临两难选择,在环境治理中处于被边缘化的位置,会主动或被动地选择不作为或少作为,进行选择性执法。"十三五"时期较"十二五"时期环境保护情况得到改善,指标完成情况也有所提升。各地表现出重制定轻执行的现象,总体来说各省之间的环境保护执行情况存在一定的偏差,东部地区相对经济比较发达,完成情况较好,中西部地区完成情况相对较低。我国在政策执行时要综合考虑经济发展水平、产业结构以及区域统筹发展等现实情况,总结现有经验,制定更加完善的环境规制政策。同时完善政绩考核体系以及加强政府、企业、公众三方环境规制新体系。建筑业环境规制政策的制定应注重发挥"供给方←→需求方←→绿色金融"三点联动作用,在充分考虑政策制定影响因素的基础上,平衡各核心参与方政策需求,引导供给方、需求方和绿色金融破解环境约束,协同推动建筑业绿色全要素生产率提升。

第二节 研究展望

尽管本书在环境规制下的中国建筑业绿色全要素生产率评价与政策研究方面进行一定的创新,取得了一些有价值的理论研究成果和实证检验探索,但仍需要在以下几个方面进行进一步研究与探索。

1. 扩大数据库来源及文献样本量，增大数据的时间跨度并与其他国家进行对比

本书研究选取数据的时间跨度不够大，多为近些年的中国建筑业数据。为响应本书的技术路线图 1.1，本研究实证分析环境规制与资源配置层面、生产优化层面、科技跨越层面的关系时，不同层面面临的具体问题有比较大的差异，具体的指标体系以及指标数据的获取，受到统计年鉴以及其他客观数据来源的限制，指标以及相应的数据不能统一。本书以问题导向优先、逻辑分析、理论架构、实证检验的思路，对此缺陷，非人力研究可及，只能留待以后统计年鉴数据可以归一或者建立统一的数据库进行解决，深表歉意。未来研究应使用时间跨度更长的数据，探究建筑业绿色全要素生产率增长较慢的具体原因，并收集更多不同国家的数据，以对比发展中国家与发达国家的不同类型环境规制对建筑业绿色全要素生产率的影响效果。

2. 选取更多与建筑业相关的环境规制具体政策进行评估

在我国当前建筑业的环境规制政策工具中，命令与控制型环境规制政策起到主导作用，而市场激励型环境规制与自愿型环境规制政策作为辅助。相比较而言，命令与控制型的环境规制工具既提高企业的污染治理成本，也加大了环保部门的管理成本。随着环境问题的日益复杂化和扩大化，环境规制的方式应该多元化，采用市场激励型的规制工具更有效地调动企业的积极性和主观能动性，同时依靠社会公众参与与监督，多元化全方位地对环境进行保护。企业可以根据自身条件在追求自身利益最大化的过程中选择最有利的环境规制工具类型，实现环境保护的目的。因此，政府应进一步改变以命令控制型环境规制政策工具为主的规制方式，广泛运用市场激励型和自愿型环境规制工具。

本书成稿之时，正逢"十三五"结束，"十四五"启航，因此主要对"十三五"时期生态环境保护规划进行政策制定和执行偏差的实证评估。另一个重要的原因是，单独关于建筑业环境规制的政策法规非常少，也是建筑业这个行业特色所致。但这一个评价思路是通用的，"十四五"结束后，本研究可以选取更多的环境规制具体政策，更加全面地评估环境规制政策对建筑业绿色全要素生产率的影响，并进行实时跟踪监测，形成一个系统的、历时态的政策评价研究。为弥补这一缺陷，著者正在积极努力地联系行业专家，共同推进建筑业环境规制具体政策的倡议、制定与评价，期待更多的有识之士共同助力。

3. 进一步分析绿色金融工具或者模型对建筑业绿色全要素生产率的影响

当前我国绿色金融发展水平在地区间存在着发展不平衡不充分问题，呈现"东高""中平""西低"的分布格局。因此，各地区金融机构应大力坚持绿色发展理念，切实担负起保护环境的社会责任，强化环保责任理念，从长远的角度来探索和规划绿色金融的发展，提升绿色金融服务水平，扩大绿色金融服务范围，推动金融业朝着绿色低碳化发展，更好地支持绿色经济发展。此外，积极推广绿色金融服务，采用线上线下等多种渠道方式向广大人民群众宣传绿色金融服务，扩大绿色金融服务的影响力，让更多的公民和企业接受并参与到绿色金融潮流中。

从企业、行业和国家层面，绿色金融作为建筑业经济发展的重要概念，虽仍处于初步阶段，但已得到足够的重视。目前，绿色金融工具（模型）包括绿色抵押贷款、绿色保险、绿色基金和绿色债券。显著的经济（投资）回报、社会和环境行动主义、明确的监管框架以及强大的利益相关者合作可能会影响绿色金融在建筑业领域的应用。大多数国家没有关于绿色金融的国家数据库，因此，统计和经验数据不足，这在一定程度上客观造成本研究结果所描述的信息不足，并限制了对这一主题的深入探索。未来，随着国内对建筑绿色金融及其效益的进一步深入了解，国内也将进一步制定相关法规政策，加速绿色金融在中国建筑业领域的推进，增强绿色金融对建筑业绿色全要素生产率的贡献作用。

实行差异化引资策略，进一步扩大金融市场开放程度，吸引高质量、低污染FDI流入，使外商投资企业在各生产投资环节中贯彻绿色金融概念，有助于促进当地绿色全要素生产率的增加。第一，放松对外资机构的设立形式和业务范围等方面的管制，简化外资企业设立及变更手续，给予其更大空间，深化金融合作，推动金融对外开放程度，吸引外资流入。第二，在保证全方位对外开放的同时，应加强对外商投资企业的审查筛选，由追求外资数量转变为重视外资质量，重点引进高附加值的新兴产业，鼓励并引导外资流入低污染、低能耗、高技术含量的领域，带动地方绿色经济的发展。第三，注重外资与国内经济结构调整升级相结合，充分发挥FDI的技术转移效应和示范效应，通过引进、消化、吸收和再创新方式，充分利用FDI的正向绿色生产率溢出效应，逐步拉动当地产业技术水平升级。

4. 需要密切关注数据在绿色全要素生产率中的贡献作用

当前数字化转型正以数字化技术、数字化产品和数字化平台的基础设施为支撑起点，引领产业间的相互融合及产业结构的改变，引发个人、组织、产业等多层面变革,必将促进建筑业产业结构升级与转型发展。数字技术赋能建筑业绿色全要素生产率是一个方兴未艾的重要命题,数据作为生产要素,进入绿色全要素生产率框架,其作用机理、机制以及贡献度都是非常有价值的研究。目前,国家层面,我国已经出台了数据经济的统计口径,但产业层面与建筑业当前的统计口径缺乏互通,仍未校准。相信不久的将来,随着数据经济的强势崛起,数据作为生产要素,在建筑业领域制定相应的统计口径后,会吸引来学界进行深入研究,我国学者必将率先拓展和深化数字经济环境下建筑业绿色全要素生产率理论研究。因此,这对中国情景下建筑业的绿色发展和数字化转型"双驱动"实践具有革命性的指导意义。

5. 完善环境规制体系,实行多元化的环境规制方式

在我国当前建筑业的环境规制政策工具中,命令与控制型环境规制政策起到主导作用,而市场激励型环境规制与自愿型环境规制政策作为辅助。相比较而言,命令与控制型的环境规制工具既提高企业的污染治理成本,也加大了环保部门的管理成本。随着环境问题的日益复杂化和扩大化,环境规制的方式应该多元化,采用市场激励型的规制工具更有效地调动企业的积极性和主观能动性,同时依靠社会公众参与与监督,多元化全方位地对环境进行保护。企业可以根据自身条件在追求自身利益最大化的过程中选择最有利的环境规制工具类型,实现环境保护的目的。因此,政府应进一步改变以命令控制型环境规制政策工具为主的规制方式,广泛运用市场激励型和自愿型环境规制工具。

由环境规制强度对工业绿色 TFP 和工业绿色技术进步率的影响验证波特假说,说明政府和企业在治理污染的时候环境规制强度越强,工业绿色全要素生产率越高,加大环境规制可以促进绿色 TFP 的提高。加强环境管制对环境污染严格控制的同时,注重激励企业提高绿色创新水平。除了环境标准、排放限额、产品禁令等刚性规制手段外,实施排污权交易、环境补贴等柔性市场手段,为企业技术创新和效率提高提供持续的激励。工业污染的规制主要针对工业生产过程中产生的二氧化硫、二氧化碳等废气和废水等,对其进行回收和处理以及防治工业企业污染排放。因此,应加强环境规制,出台更为严格的法规政策,同时加大工业污染的投资,减少污染的排放以及提高污染物的处理,从而提高全要素生产率。要进一步加大宣传,提高公众环保意识,完善监督机制。

参考文献

[1]《坚定不移沿着中国特色社会主义道路前进　为全面建成小康社会而奋斗——在中国共产党第十八次全国代表大会上的报告》，人民出版社2012年版。

[2]《建筑业发展"十三五"规划》，中华人民共和国住房和城乡建设部2017年版。

[3]《决胜全面建成小康社会　夺取新时代中国特色社会主义伟大胜利——在中国共产党第十九次全国代表大会上的报告》，人民出版社2017年版

[4]《陕西省人民政府关于推进建筑业转型升级加快改革发展的指导意见》，《陕西省人民政府公报》2014年第21期。

[5]《图解政府工作报告（2015）》，人民出版社2015年版。

[6]《政策分析概论》，中国人民大学出版社2004年版。

[7]《政府工作报告——2019年3月5日在第十三届全国人民代表大会第二次会议上》，人民出版社2019年版。

[8]《政府工作报告——2020年5月22日在第十三届全国人民代表大会第三次会议上》，人民出版社2020年版。

[9]《中共中央关于制定国民经济和社会发展第十三个五年规划的建议》，人民出版社2015年版。

[10]《中国共产党第十八届中央委员会第五次全体会议公报》，人民出版社2015年版。

[11]《中华人民共和国环境保护税法》，中国民主法制出版社2016年版。

[12]《住房城乡建设部关于推进建筑业发展和改革的若干意见》，中华人民共和国住房和城乡建设部2014年版。

[13] Spulber：《管制与市场》，汉语大词典出版社2008年版。

[14] 白丹：《西蒙有限理性决策思想研究》，硕士学位论文，大连海事大学公共管理系，2017年。

[15] 包群、邵敏、杨大利：《环境管制抑制了污染排放吗？》，《经济研究》2013年第12期。

[16] 卞亦文：《基于DEA理论的环境效率评价方法研究》，博士学位论文，中国科学技术大学管理科学与工程系，2006年。

[17] 蔡乌赶、周小亮：《中国环境规制对绿色全要素生产率的双重效应》，《经济学家》2017年第9期。

[18] 曹洪军、陈泽文：《内外环境对企业绿色创新战略的驱动效应——高管环保意

识的调节作用)》,《南开管理评论》2017年第6期。

[19] 曹琳剑、魏莹、陈静等:《基于两阶段DEA的建筑业效率评价研究——以天津市为例》,《建筑经济》2014年第10期。

[20] 曹霞、张路蓬:《企业绿色技术创新扩散的演化博弈分析》,《中国人口·资源与环境》2015年第7期。

[21] 查建平、郑浩生、范莉莉:《环境规制与中国工业经济增长方式转变——来自2004~2011年省级工业面板数据的证据》,《山西财经大学学报》2014年第5期。

[22] 常纪文、张俊杰:《"十三五"期间中国的环境保护形势》,《环境保护》2016年第Z1期。

[23] 陈超凡、韩晶、毛渊龙:《环境规制、行业异质性与中国工业绿色增长——基于全要素生产率视角的非线性检验》,《山西财经大学学报》2018年第3期。

[24] 陈超凡:《中国工业绿色全要素生产率及其影响因素——基于ML生产率指数及动态面板模型的实证研究》,《统计研究》2016年第3期。

[25] 陈德敏、张瑞:《环境规制对中国全要素能源效率的影响——基于省际面板数据的实证检验》,《经济科学》2012年第4期。

[26] 陈德强、杨田:《基于DEA的西部地区建筑业生产效率实证研究》,《工程管理学报》2012年第26期。

[27] 陈何南:《公共政策评估标准的应用路径分析》,《商业经济研究》2014年第6期。

[28] 陈健鹏:《温室气体减排政策:国际经验及对中国的启示——基于政策工具演进的视角》,《中国人口·资源与环境》2012年第9期。

[29] 陈路:《环境规制二重性:抑制还是促进技术进步——来自武汉城市圈的证据》,《科技进步与对策》2017年第12期。

[30] 陈敏、杨为根:《考虑规模经济影响的建筑业全要素生产率增长测定》,《工程管理学报》2011年第5期。

[31] 陈诗一:《能源消耗、二氧化碳排放与中国工业的可持续发展》,《经济研究》2009年第4期。

[32] 陈诗一:《中国的绿色工业革命:基于环境全要素生产率视角的解释(1980—2008)》,《经济研究》2010年第11期。

[33] 陈向明:《扎根理论的思路和方法》,《教育研究与实验》1999年第4期。

[34] 陈星星:《非期望产出下我国能源消耗产出效率差异研究》,《中国管理科学》2019年第8期。

[35] 陈一飞、李芳成:《基于ISM的建筑业技术创新障碍因素及其关系研究》,《建筑经济》2012年第7期。

[36] 陈勇、黄波:《中小企业减排技术协同创新策略研究》,《西南大学学报》(自然

科学版)2015年第8期。

[37] 陈玉龙:《基于事实与价值的公共政策评估研究——以农村税费改革政策为例》,博士学位论文,浙江大学行政管理系,2015年。

[38] 陈泽文、曹洪军:《绿色创新战略如何提升企业绩效——绿色形象和核心能力的中介作用》,《华东经济管理》2019年第2期。

[39] 陈哲、陈国宏:《建筑业绿色创新采纳推进政策研究》,《福建论坛》(人文社会科学版)2017年第3期。

[40] 陈政高:《落实绿色发展需保证建造过程和使用过程都绿色》,2016年3月15日,见 http://lianghui.people.com.cn/2016npc/n1/2016/0315/c403081-28200862.html。

[41] 谌仁俊:《大气污染、公众健康与环境政策研究》,博士学位论文,华中师范大学经济统计,2016年。

[42] 程碧华、汪霄、潘婷:《基于DEA-Malmquist的建筑业技术进步贡献率实证研究:江苏省2006—2015年十类登记类型企业》,《土木工程与管理学报》2018年第3期。

[43] 程天金、李宏涛、杜譞等:《全球环境与发展动态及"十三五"期间需关注的重大问题研究》,《环境保护》2015年第11期。

[44] 崔兴华、林明裕:《FDI如何影响企业的绿色全要素生产率?——基于Malmquist-Luenberger指数和PSM-DID的实证分析》,《经济管理》2019年第3期。

[45] 崔媛、朱卫未、淦贵生:《基于两阶段网络DEA模型的省域宜居水平测量方法研究》,《生态经济》2021第2期。

[46] 戴伊、鞠方安、吴忧:《自上而下的政策制定》,中国人民大学出版社2002年版。

[47] 戴永安、陈才、张邿:《中国建筑业全要素生产率及其收敛趋势》,《科技与管理》,2010年第1期。

[48] 邓子基、杨志宏:《财税政策激励企业技术创新的理论与实证分析》,《财贸经济》2011年第5期。

[49] 狄乾斌、孟雪:《基于非期望产出的城市发展效率时空差异探讨——以中国东部沿海地区城市为例》,《地理科学》2017年第6期。

[50] 董会忠、刘帅、刘明睿等:《创新质量对绿色全要素生产率影响的异质性研究——环境规制的动态门槛效应》,《科技进步与对策》2019年第6期。

[51] 董新兴、刘坤:《劳动力成本上升对企业创新行为的影响——来自中国制造业上市公司的经验证据》,《山东大学学报》(哲学社会科学版)2016年第4期。

[52] 杜立柱、杨韫萍、刘喆等:《城市边缘区"城市双修"规划策略——以天津市李七庄街为例》,《规划师》2017年第3期。

[53] 杜亚灵、孙娜:《PPP项目中私人部门公平感知的构念及其结构维度:基于扎根理论的探索性研究》,《科技管理研究》2016年第16期。

[54] 段宗志、彭志胜:《中国区域建筑业TFP增长多因素评价研究》,《华东经济管

理》2011年第9期。

[55] 范洪敏:《环境规制对绿色全要素生产率影响研究——基于"两控区"政策考察》,博士学位论文,辽宁大学人口、资源与环境经济学系,2018年。

[56] 范建双、李忠富、邹心勇:《中国建筑业大型承包商的全要素生产率测算——基于随机前沿生产函数的实证分析》,《系统管理学报》2010年第5期。

[57] 范建双、虞晓芬:《区域建筑业技术效率的影响因素及趋同性分析:基于两种不同假设下的实证检验》,《管理评论》2014年第8期。

[58] 范剑勇、冯猛、李方文:《产业集聚与企业全要素生产率》,《世界经济》2014年第5期。

[59] 范群林、邵云飞、唐小我:《环境政策、技术进步、市场结构对环境技术创新影响的实证研究》,《科研管理》2013年第6期。

[60] 冯博、王雪青、刘炳胜:《考虑碳排放的中国建筑业能源效率省际差异分析》,《资源科学》2014年第6期。

[61] 冯严超、王晓红:《环境规制对中国绿色经济绩效的影响研究》,《工业技术经济》2018年第11期。

[62] 付强、马玉成:《基于价值链模型的我国高技术产业技术创新双环节效率研究》,《科学学与科学技术管理》2011年第8期。

[63] 傅京燕、胡瑾、曹翔:《不同来源FDI环境规制与绿色全要素生产率》,《国际贸易问题》2018年第7期。

[64] 高明、陈巧辉:《不同类型环境规制对产业升级的影响》,《工业技术经济》2019年第1期。

[65] 高萍、王小红:《财政投入、环境规制与绿色技术创新效率—基于2008—2015年规模以上工业企业数据的实证》,《生态经济》2018年第4期。

[66] 葛鹏飞、黄秀路、徐璋勇:《金融发展、创新异质性与绿色全要素生产率提升来自"一带一路"的经验证据》,《财经科学》2018年第1期。

[67] 龚新蜀、李梦洁:《OFDI、环境规制与中国工业绿色全要素生产率》,《国际商务研究》2019年第1期。

[68] 关军、蒋立红、张智慧等:《中国建筑业碳排放增长的结构分解分析》,《工程管理学报》2016年第6期。

[69] 郭炳南、林基:《基于非期望产出SBM模型的长三角地区碳排放效率评价研究》,《工业技术经济》2017年第1期。

[70] 郭捷、杨立成:《环境规制、经济发展水平对技术创新的影响研究——以我国民族八省区为例》,《南京财经大学学报》2019年第5期。

[71] 郭进:《环境规制对绿色技术创新的影响——"波特效应"的中国证据》,《财贸经济》2019年第3期。

[72] 郭启光:《环境规制对建筑业全要素生产率增长的影响研究》,《建筑经济》2015年第1期。

[73] 郭庆:《中国企业环境规制政策研究》,博士学位论文,山东大学产业经济学系,2006年。

[74] 郭庆宾、刘琪、张冰倩:《不同类型环境规制对国际R&D溢出效应的影响比较研究—以长江经济带为例》,《长江流域资源与环境》2017年第11期。

[75] 郭妍:《基于实验和前景理论的银行小微贷款非理性决策行为研究》,《金融发展研究》2016年第12期。

[76] 郭玉清、姜磊、李永宁:《中国财政创新激励政策的增长绩效分析》,《当代经济科学》2009年第3期。

[77] 韩国高:《环境规制、技术创新与产能利用率——兼论"环保硬约束"如何有效治理产能过剩》,《当代经济科学》,2018年第1期。

[78] 韩晶、刘远、张新闻:《市场化、环境规制与中国经济绿色增长》,《经济社会体制比较》2017年第5期。

[79] 韩晶、孙雅雯、陈超凡等:《产业升级推动了中国城市绿色增长吗?》,《北京师范大学学报》(社会科学版)2019年第3期。

[80] 韩孺眉、刘艳春:《我国工业企业绿色技术创新效率评价研究》,《技术经济与管理研究》2017年第5期。

[81] 郝文涛:《环境规制对建筑业绿色全要素生产率的影响研究》,硕士学位论文,西安科技大学技术经济与管理,2020年。

[82] 何凌云、梁宵、杨晓蕾等:《绿色信贷能促进环保企业技术创新吗》,《金融经济学研究》2019年第5期。

[83] 贺克斌、吴烨、余刚等:《立足中国绿色发展贡献全球环境治理环境学科创新人才培养的探索》,《中国大学教学》2019年第Z1期。

[84] 贺夏青:《基于DEA的东北地区建筑业效率评价研究》,硕士学位论文,哈尔滨工业大学管理科学与工程系,2013年。

[85] 胡绪华、陈默:《制造业集聚与城市化协同驱动城市绿色全要素生产率提升研究——来自中国内地261个城市的经验证据》,《科技进步与对策》2019年第24期。

[86] 胡宗义、张丽娜、李毅:《排污征费对绿色全要素生产率的影响效应研究——基于GPSM的政策效应评估》,《财经理论与实践》2019年第6期。

[87] 花均南、王岩:《中国建筑业绿色全要素生产率分析——基于30个省份的面板数据》,《数学的实践与认识》2020年第13期。

[88] 黄承梁:《认真学习总书记在内蒙古代表团重要讲话精神》,《中国环境报》2019年3月8日。

[89] 黄庆华、胡江峰、陈习定:《环境规制与绿色全要素生产率:两难还是双赢?》,

《中国人口·资源与环境》2018年第11期。

[90] 惠明珠、苏有文：《中国建筑业碳排放效率空间特征及其影响因素》，《环境工程》2018年第12期。

[91] 惠树鹏、张威振、边珺：《工业绿色全要素生产率增长的动力体系及驱动效应研究》，《统计与信息论坛》2017年第12期。

[92] 季小立、周伟杰、马滔：《物流成本管理创新与长三角制造业企业竞争力—基于中、美制造业物流效率的比较》，《现代经济探讨》2018年第8期。

[93] 江珂：《我国环境规制的历史、制度演进及改进方向》《改革与战略》2010年第6期。

[94] 姜谷静：《工业企业知识产权保护、对外开放程度与绿色创新效率》，《价值工程》2019年第23期。

[95] 敬博、丁禹元、韩挺：《精准性、人本性、传承性：转型期我国历史城区"城市双修"规划的导向探索——以西安老城区为例》，《现代城市研究》2019年第4期。

[96] 柯坚：《环境行政管制困局的立法破解——以新修订的〈环境保护法〉为中心的解读》，《西南民族大学学报》(人文社科版)2015年第5期。

[97] 蓝虹：《环境产权经济学》，中国人民大学出版社2005年版。

[98] 雷明、虞晓雯：《地方财政支出、环境规制与我国低碳经济转型》，《经济科学》2013年第5期。

[99] 李斌、祁源、李倩：《财政分权、FDI与绿色全要素生产率——基于面板数据动态GMM方法的实证检验》，《国际贸易问题》2016年第7期。

[100] 李波、孙利华：《环境规制对产业绩效的影响：基于医药产业的实证分析》，《中国医药工业杂志》2017年第11期。

[101] 李根忠、朱洪亮：《长江经济带产业结构升级与绿色全要素生产率研究》，《运筹与管理》2021年第5期。

[102] 李惠玲、孙飞：《东北地区建筑业效率实证分析及提升策略》，《沈阳建筑大学学报》(社会科学版)2017年第2期。

[103] 李惠敏、杨美丽：《基于经济学角度的企业环境成本内部化分析》，《商业会计》2015年第13期。

[104] 李佳、张晨晖：《运用因子分析法评价我国31省市建筑业技术创新能力》，《土木建筑与环境工程》2012年第S2期。

[105] 李建峰、赵健：《我国建筑业绩效的计量分析与研究——基于Cobb-Douglas生产函数》，《财经视点》2010年第4期。

[106] 李健、刘召：《中国三大城市群绿色全要素生产率空间差异及影响因素》，《软科学》2019年第2期。

[107] 李俊、徐晋涛：《省际绿色全要素生产率增长趋势的分析——一种非参数方

法的应用》,《北京林业大学学报》(社会科学版)2009 年第 4 期。

[108] 李琳、刘琛:《互联网、禀赋结构与长江经济带工业绿色全要素生产率——基于三大城市群 108 个城市的实证分析》,《华东经济管理》2018 年第 7 期。

[109] 李玲、陶锋:《污染密集型产业的绿色全要素生产率及影响因素——基于 SBM 方向性距离函数的实证分析》,《经济学家》2011 年第 12 期。

[110] 李敏杰、王健:《外商直接投资质量与中国绿色全要素生产率增长》,《软科学》2019 年第 9 期。

[111] 李清秀:《我国建筑业全要素生产率及影响因素研究》,硕士学位论文,东北财经大学管理科学与工程系,2017 年。

[112] 李汝资、刘耀彬、王文刚等:《长江经济带城市绿色全要素生产率时空分异及区域问题识别》,《地理科学》2018 年第 9 期。

[113] 李瑞、彭邦军、沈佳豪:《我国环境税对制造业绿色创新影响的实证研究》,《公共经济与政策研究》2020 年第 1 期。

[114] 李胜兰、申晨、林沛娜:《环境规制与地区经济增长效应分析——基于中国省际面板数据的实证检验》,《财经论丛》2014 年第 6 期。

[115] 李世斌、郭砚莉:《环境规制的经济影响及政策工具选择:一个文献综述》,《产业组织评论》2021 年第 1 期。

[116] 李士梅、李强:《中国装备制造业全要素生产率测算及提升路径》,《哈尔滨商业大学学报》(社会科学版)2019 年第 2 期。

[117] 李树、陈刚:《环境管制与生产率增长——以 APPCL2000 的修订为例》,《经济研究》2013 年第 1 期。

[118] 李涛、傅强:《中国省际碳排放效率研究》,《统计研究》2011 年第 7 期。

[119] 李婉红、李娜、李策:《要素配置效率、选择性产业政策与制造业结构转型——基于东北地区的实证研究》,《产业经济评论》2021 年第 2 期。

[120] 李维明、高世楫:《经合组织关于绿色全要素生产率核算方法的探索及启示》,《发展研究》2018 年第 7 期。

[121] 李先光、李启明、邓小鹏:《中国建筑业经济增长影响因素:分析与实证研究》,《建筑经济》2007 年第 5 期。

[122] 李旭颖:《企业创新与环境规制互动影响分析》,《科学学与科学技术管理》2008 年第 6 期。

[123] 李阳、党兴华、韩先锋:《环境规制对技术创新长短期影响的异质性效应—基于价值链视角的两阶段分析》,《科学学研究》2014 年第 6 期。

[124] 李瑛、康德颜、齐二石:《政策评估理论与实践研究综述》,《公共管理评论》2006 年第 1 期。

[125] 李志刚、李兴旺:《蒙牛公司快速成长模式及其影响因素研究——扎根理论

研究方法的运用》,《管理科学》2006年第3期。

[126] 李忠富、邹心勇、李国良:《中国建筑业全要素生产率的变迁:1996—2005年实证分析》,《土木工程学报》2008年第11期。

[127] 李佐军:《中国绿色转型发展报告》,中共中央党校出版社2012年版。

[128] 林在进:《要素市场扭曲与制造业资本深化》,博士学位论文,暨南大学经济学系,2013年。

[129] 刘炳胜、陈晓红、王雪青等:《中国区域建筑产业TFP变化趋势与影响因素分析》,《系统工程理论与实践》2013年第4期。

[130] 刘和旺、郑世林、左文婷:《环境规制对企业全要素生产率的影响机制研究》,《科研管理》2016年第5期。

[131] 刘华军、李超:《中国绿色全要素生产率的地区差距及其结构分解》,《上海经济研究》2018年第6期。

[132] 刘祺、叶仲霖、陈国渊:《公共政策价值评估:缘起、概念及测度——一种批判实证主义的评估程式建构》,《东南学术》2011年第4期。

[133] 刘伟、童健、薛景:《行业异质性、环境规制与工业技术创新》,《科研管理》2017年第5期。

[134] 刘伟明:《中国的环境规制与地区经济增长研究》,博士学位论文,复旦大学产业组织学,2012年。

[135] 刘祎、杨旭、黄茂兴:《环境规制与绿色全要素生产率——基于不同技术进步路径的中介效应分析》,《当代经济管理》2020年第6期。

[136] 刘应元、冯中朝、李鹏、丁玉梅:《中国生态农业绩效评价与区域差异》,《经济地理》2014年第3期。

[137] 刘赢时、田银华、罗迎:《产业结构升级、能源效率与绿色全要素生产率》,《财经理论与实践》2018年第1期。

[138] 刘章生、宋德勇、刘桂海:《环境规制对制造业绿色技术创新能力的门槛效应》,《商业研究》2018年第4期。

[139] 刘钻扩、辛丽:《"一带一路"建设对沿线中国重点省域绿色全要素生产率的影响》,《中国人口.资源与环境》2018年第12期。

[140] 陆菊春、欧阳寒旭、韩路:《多主体互动博弈下建筑企业低碳转型的演化机理》,《北京理工大学学报》(社会科学版)2019年第1期。

[141] 陆歆弘、金维兴:《中国建筑业产出增长因素分析》,《上海大学学报》(自然科学版)2005年第3期。

[142] 罗艳、陈平:《环境规制对中国工业绿色创新效率改善的门槛效应研究》,《东北大学学报》(社会科学版)2018年第2期。

[143] 马荣:《中国国有企业效率研究——基于全要素生产率增长及分解因素的分

析》,《上海经济研究》2011 年第 2 期。

[144] 梅强、谢振宇:《欧洲国家中小企业技术创新扶持政策及其启示》,《科技与经济》2004 年第 6 期。

[145] 孟祥海、周海川、杜丽永、沈贵银:《中国农业环境技术效率与绿色全要素生产率增长变迁——基于种养结合视角的再考察》,《农业经济问题》2019 年 5 第 6 期。

[146] 明翠琴、钟书华:《中国建筑业绿色增长转型的评价指标体系研究》,《武汉理工大学学报》(社会科学版) 2016 年第 4 期。

[147] 倪敏东、陈哲、左卫敏:《"城市双修"理念下的生态地区城市设计策略——以宁波小洪江片区为例》,《规划师》2017 年第 3 期。

[148] 聂普焱、黄利:《环境规制对全要素能源生产率的影响是否存在产业异质性?》,《产业经济研究》2013 年第 4 期。

[149] 宁光杰、林子亮:《信息技术应用、企业组织变革与劳动力技能需求变化》,《经济研究》2014 年第 8 期。

[150] 牛丽娟:《环境规制对西部地区能源效率影响研究》,博士学位论文,兰州大学应用经济学,2016 年。

[151] 潘勤华、李樱、胡靖:《环境规制方式及其强度对全要素生产率的影响——基于中国面板数据研究》,《企业经济》2016 年第 12 期。

[152] 潘星:《环境规制对中国制造业全要素生产率的影响研究》,硕士学位论文,湘潭大学应用经济学,2016 年。

[153] 庞瑞芝、孟辉:《着力提升绿色全要素生产率》,《中国社会科学报》2018 年 9 月 5 日。

[154] 庞永师、刘景矿、王亦斌等:《基于超效率 DEA 和 Malmquist 法的中国建筑业生产效率分析》,《广州大学学报》(自然科学版) 2015 年第 1 期。

[155] 彭衡、李扬:《知识产权保护与中国绿色全要素生产率》,《经济体制改革》2019 年 3 期。

[156] 彭小辉、王静怡:《高铁建设与绿色全要素生产率——基于要素配置扭曲视角》,《中国人口·资源与环境》2019 年第 11 期。

[157] 彭星、李斌:《不同类型环境规制下中国工业绿色转型问题研究》,《财经研究》2016 年第 7 期。

[158] 彭影:《数字经济下创新要素综合配置与产业结构调整》,《当代经济管理》2021 年第 3 期。

[159] 朴贞子、李洪霞:《政策制定模型及逻辑框架分析》,《中国行政管理》2009 年第 6 期。

[160] 钱爱民、郁智:《政府环境规制、官员晋升压力与企业技术创新》,《技术经济》2017 年第 12 期。

[161] 钱丽、肖仁桥、陈忠卫:《我国工业企业绿色技术创新效率及其区域差异研究——基于共同前沿理论和 DEA 模型》,《经济理论与经济管理》2015 年第 1 期。

[162] 秦炳涛、刘建昆:《环境规制强度、产业结构优化与我国资源配置改善》,《重庆工商大学学报》(社会科学版) 2020 年第 6 期。

[163] 秦勃:《有限理性:理性的一种发展模式——试论 H. A. 西蒙的有限理性决策模式》,《理论界》2006 年第 1 期。

[164] 邱士雷、王子龙、刘帅等:《非期望产出约束下环境规制对环境绩效的异质性效应研究》,《中国人口·资源与环境》2018 年第 12 期。

[165] 屈小娥、胡琰欣、赵昱钧:《产业集聚对制造业绿色全要素生产率的影响—基于长短期行业异质性视角的经验分析》,《北京理工大学学报》(社会科学版) 2019 年第 1 期。

[166] 全良、张敏、赵凤:《中国工业绿色全要素生产率及其影响因素研究—基于全局 SBM 方向性距离函数及 SYS-GMM 模型》,《生态经济》2019 年第 4 期。

[167] 任力、黄崇杰:《国内外环境规制对中国出口贸易的影响》,《世界经济》2015 年第 5 期。

[168] 任胜钢、郑晶晶、刘东华、陈晓红:《排污权交易机制是否提高了企业全要素生产率——来自中国上市公司的证据》,《中国工业经济》2019 年第 5 期。

[169] 任阳军、汪传旭、俞超:《中国区域绿色全要素生产率的空间溢出效应研究》,《软科学》2019 年第 4 期。

[170] 尚梅、杜彦艳:《中国建筑业技术创新的地区差异研究》,《技术经济与管理研究》2013 年第 1 期。

[171] 沈能、周晶晶:《技术异质性视角下的我国绿色创新效率及关键因素作用机制研究:基于 Hybrid DEA 和结构化方程模型》,《管理工程学报》2018 年第 4 期。

[172] 盛光华、张志远:《补贴方式对创新模式选择影响的演化博弈研究》,《管理科学学报》2015 年第 9 期。

[173] 施锋矫:《试论公共政策制定中的影响因素及原因》,《山东行政学院学报》2013 年第 5 期。

[174] 舒扬、孔凡邦:《内生视角下环境规制、产业集聚与城市绿色全要素生产率——以长江经济带城市为例》,《工业技术经济》2019 年第 10 期。

[175] 宋国君、马中、姜妮:《环境政策评估及对中国环境保护的意义》,《环境保护》2003 年第 12 期。

[176] 孙付华、李申达、龚茗菲、李军:《异质性企业对外投资行为如何影响中国绿色经济增长?》,《产业经济研究》2019 年第 5 期。

[177] 孙继德、陈旭、聂琪:《上海市建筑业产业集聚效应分析》,《上海管理科学》2015 年第 37 期。

[178] 孙璟璐:《科技创新打造数字化转型引擎》,《中国建设信息化》2020年第2期。

[179] 孙晓娥:《扎根理论在深度访谈研究中的实例探析》,《西安交通大学学报》(社会科学版)2011年第6期。

[180] 孙晓婷、高净鹤、范丹:《我国绿色技术创新的区域差异和效率提升分析》,《科技促进发展》2018年第14期。

[181] 孙燕铭、孙晓琦:《长三角城市群工业绿色全要素生产率的测度及空间分异研究》,《江淮论坛》2018年第6期。

[182] 孙玉华、曾庆铎:《二阶段网络系统的全局DEA模型》,《统计与决策》2014年第11期。

[183] 孙玉环、刘宁宁、张银花:《中国环境规制与全要素生产率关系的区域比较》,《东北财经大学学报》2018年第1期。

[184] 谭丹、王广斌、曹冬平:《建筑业全要素生产率的增长特征及其影响因素》,《同济大学学报》(自然科学版)2015年第12期。

[185] 谭政、王学义:《绿色全要素生产率省际空间学习效应实证》,《中国人口·资源与环境》2016年第11期。

[186] 唐德才、汤杰新、马婷玉:《中国环境规制效率与全要素生产率研究——基于SBM-Undesirable和DEA-Malmquist模型的解释》,《干旱区资源与环境》,2016年第11期。

[187] 陶锋、王余妃:《环境规制、研发偏向与工业绿色生产率——"波特假说"再检验》,《暨南学报》(哲学社会科学版)2018年第5期。

[188] 陶长琪、周璇:《环境规制、要素集聚与全要素生产率的门槛效应研究》,《当代财经》2015年第1期。

[189] 田虹、潘楚林:《前瞻型环境战略对企业绿色形象的影响研究》,《管理学报》2015年第7期。

[190] 涂蕾:《中国城市绿色全要素生产率溢出效应与收敛性分析》,硕士学位论文,华中科技大学西方经济学,2018年。

[191] 王班班、齐绍洲:《有偏技术进步、要素替代与中国工业能源强度》,《经济研究》2014年第2期。

[192] 王兵、刘光天:《节能减排与中国绿色经济增长—基于全要素生产率的视角》,《中国工业经济》2015年第5期。

[193] 王兵、罗佑军:《中国区域工业生产效率、环境治理效率与综合效率实证研究—基于RAM网络DEA模型的分析》,《世界经济文汇》2015年第1期。

[194] 王春晖、李平:《政府扶持企业技术创新的政策效应分析》,《科技进步与对策》2012年第2期。

[195] 王丹、赵平、师二广等:《基于有限理性决策的分布式风电开发模式》,《电力

系统自动化》2018年第20期。

[196] 王红梅:《中国环境规制政策工具的比较与选择—基于贝叶斯模型平均(BMA)方法的实证研究》,《中国人口·资源与环境》2016年第9期。

[197] 王佳秀、曾煜:《基于"互联网+"完善绿色信贷信息共享机制的思考——基于企业角度》,《产业与科技论坛》2017年第12期。

[198] 王杰、刘斌:《环境规制与企业全要素生产率—基于中国工业企业数据的经验分析》《中国工业经济》2014年第3期。

[199] 王雷:《劳动力成本、就业保护与企业技术创新》,《中国人口科学》2017年第1期。

[200] 王腾:《我国生态环境损害赔偿磋商制度的功能、问题与对策》,《环境保护》2018年第13期。

[201] 王纬文:《不同类型环境规制对工业绿色增长的政策效应仿真研究》,硕士学位论文,大连理工大学企业管理,2018年。

[202] 王曦、卢锟:《规范和制约有关环境的政府行为:理论思考和制度设计》,《上海交通大学学报》(哲学社会科学版)2014年第2期。

[203] 王小腾、徐璋勇、刘潭:《金融发展是否促进了"一带一路"国家绿色全要素生产率增长?》,《经济经纬》2018年第5期。

[204] 王晓祺、郝双光、张俊民:《新〈环保法〉与企业绿色创新:"倒逼"抑或"挤出"?》,《中国人口·资源与环境》2020年第7期。

[205] 王旭、杨有德:《企业绿色技术创新的动态演进:资源捕获还是价值创造》,《财经科学》2018年第12期。

[206] 王雪青、娄香珍、杨秋波:《中国建筑业能源效率省际差异及其影响因素分析》,《中国人口·资源与环境》2012年第2期。

[207] 王彦皓:《政企合谋、环境规制与企业全要素生产率》,《经济理论与经济管理》2017年第11期。

[208] 王幼松、张文剑、张雁:《基于改进生产函数的中国建筑业全要素生产率计量分析》,《建筑经济》2013年第6期。

[209] 王玉、张占斌:《数字经济、要素配置与区域一体化水平》,《东南学术》2021年第5期。

[210] 王钺:《市场整合、资源有效配置与产业结构调整》,《经济经纬》2021年第6期。

[211] 威廉·N.邓恩:《公共政策分析导论》,中国人民大学出版社2011年版。

[212] 吴传清、张雅晴:《环境规制对长江经济带工业绿色生产率的门槛效应》,《科技进步与对策》2018年第8期。

[213] 吴新中、邓明亮:《技术创新、空间溢出与长江经济带工业绿色全要素生产

率》,《科技进步与对策》2018 年年 17 期。

[214] 伍格致、游达明:《环境规制对技术创新与绿色全要素生产率的影响机制:基于财政分权的调节作用》,《管理工程学报》2019 年第 1 期。

[215] 伍启元:《公共政策》,香港商务印书馆 1989 年版。

[216] 向鹏成、谢怡欣、李宗煜:《低碳视角下建筑业绿色全要素生产率及影响因素研究》,《工业技术经济》2019 年第 8 期。

[217] 肖黎明、高军峰、刘帅:《基于空间梯度的我国地区绿色技术创新效率的变化趋势——省际面板数据的经验分析》,《软科学》2017 年第 9 期。

[218] 肖仁桥、王宗军、钱丽:《环境约束下中国省际工业企业技术创新效率研究》,《管理评论》2014 年第 6 期。

[219] 肖兴志、王伊攀:《政府补贴与企业社会资本投资决策——来自战略性新兴产业的经验证据》,《中国工业经济》2014 年第 9 期。

[220] 肖滢、卢丽文:《资源型城市工业绿色转型发展测度——基于全国 108 个资源型城市的面板数据分析》,《财经科学》2019 年第 9 期。

[221] 肖远飞、吴允:《财政分权、环境规制与绿色全要素生产率——基于动态空间杜宾模型的实证分析》,《华东经济管理》2019 年第 11 期。

[222] 谢荣辉:《环境规制、引致创新与中国工业绿色生产率提升》,《产业经济研究》2017 年第 2 期。

[223] 谢贤君、王晓芳、任晓刚:《市场化对绿色全要素生产率的影响》,《北京理工大学学报》(社会科学版) 2021 年第 1 期。

[224] 邢丽云、俞会新:《环境规制对企业绿色创新的影响——基于绿色动态能力的调节作用》,《华东经济管理》2019 年第 10 期。

[225] 熊波、杨碧云:《命令控制型环境政策改善了中国城市环境质量吗?——来自"两控区"政策的"准自然实验"》,《中国地质大学学报》(社会科学版) 2019 年第 3 期。

[226] 徐冬妮:《影响公共政策制定的要素分析》,《现代经济信息》2018 年第 3 期。

[227] 许水平、邓文涛、赵一澍:《环境规制技术创新与全要素生产率——基于对"波特假说"的实证检验》,《企业经济》2016 年第 12 期。

[228] 薛小龙、李彦、赵祺:《建筑业创新体系与创新绩效分析:以国家科学技术奖为例》,《科技进步与对策》2012 年第 18 期。

[229] 杨东、柴慧敏:《企业绿色技术创新的驱动因素及其绩效影响研究综述》,《中国人口·资源与环境》2015 年第 S2 期。

[230] 杨赫、杨栋会、刘方:《环境规制、产业转移与资源配置》,《资源与产业》2019 年第 3 期。

[231] 杨洪刚:《中国环境政策工具的实施效果及其选择研究》,博士学位论文,复旦大学行政管理,2009 年。

[232] 杨继生、徐娟、吴相俊：《经济增长与环境和社会健康成本》，《经济研究》2013年第12期。

[233] 杨俊、邵汉华：《环境约束下的中国工业增长状况研究——基于Malmquist-Luenberger指数的实证分析》，《数量经济技术经济研究》2009年第9期。

[234] 杨骞、秦文晋、刘华军：《环境规制促进产业结构优化升级吗？》，《上海经济研究》2019年第6期。

[235] 杨圣兮：《环境政策制定的影响因素分析》，《商》2014年第18期。

[236] 杨文晶：《中国绿色增长政策影响因素研究》，硕士学位论文，大连理工大学企业管理系，2016年。

[237] 杨秀艳：《长江经济带绿色全要素生产率测度及影响因素分析》，硕士学位论文，浙江财经大学经济统计学，2019年。

[238] 杨亚萍：《低碳约束下的建筑业绿色全要素生产率研究》，硕士学位论文，东北林业大学管理科学与工程，2016年。

[239] 杨越、成力为、赵晏辰：《技术进步、要素价格与区域能源效率动态演化》，《科研管理》2018年第8期。

[240] 杨志安、王佳莹：《财政分权与绿色全要素生产率基于系统GMM及门槛效应的检验》，《生态经济》2018年第11期。

[241] 姚战琪：《生产率增长与要素再配置效应：中国的经验研究》，《经济研究》2009年第11期。

[242] 叶阿忠：《非参数计量经济学》，南开大学出版社2003年版。

[243] 叶玲、叶贵、付媛：《基于BP-VIKOR的建筑企业技术创新评价模型》，《建筑经济》2018年第9期。

[244] 叶堑晖、李炳恒、申立银：《我国区域建筑市场竞争强度研究》，《西安建筑科技大学学报》2011年第5期。

[245] 叶祥松、彭良燕：《我国环境规制下的规制效率与全要素生产率研究：1999—2008》，《财贸经济》2011年第2期。

[246] 尹朝静、李谷成、贺亚亚：《农业全要素生产率的地区差距及其增长分布的动态演进——基于非参数估计方法的实证研究》，《华中农业大学学报》(社会科学版)2016年第2期。

[247] 尹建华、弓丽栋、王森：《陷入"惩戒牢笼"：失信惩戒是否抑制了企业创新？——来自废水国控重点监测企业的证据》，《北京理工大学学报》(社会科学版)2018年第6期。

[248] 尹礼汇、孟晓倩、吴传清：《环境规制对长江经济带制造业绿色全要素生产率的影响》，《改革》2022年第3期。

[249] 尹志锋、叶静怡、黄阳华等：《知识产权保护与企业创新：传导机制及其检

验》,《世界经济》2013 年第 12 期。

[250] 余明桂、范蕊、钟慧洁:《中国产业政策与企业技术创新》,《中国工业经济》2016 年第 12 期。

[251] 余泳泽:《我国高技术产业技术创新效率及其影响因素研究—基于价值链视角下的两阶段分析》,《经济科学》2009 年第 4 期。

[252] 负杰、杨诚虎:《公共政策评估:理论与方法》,中国社会科学出版社 2006 年版。

[253] 袁正刚:《建筑企业的数字化转型之路》,《施工企业管理》2019 年第 2 期。

[254] 岳鸿飞、徐颖、吴琰:《技术创新方式选择与中国工业绿色转型的实证分析》,《中国人口·资源与环境》2017 年第 12 期。

[255] 岳鸿飞:《基于环境规制的我国绿色技术创新效率测算》,《统计与决策》2018 年第 8 期。

[256] 张成、陆旸郭路等:《环境规制强度和生产技术进步》,《经济研究》2011 年第 2 期。

[257] 张成、于同申、郭路:《环境规制影响了中国工业的生产率吗——基于 DEA 与协整分析的实证检验》,《经济理论与经济管理》2010 年第 3 期。

[258] 张峰、宋晓娜:《提高环境规制能促进高端制造业"绿色蜕变"吗——来自绿色全要素生产率的证据解释》,《科技进步与对策》2019 年第 21 期。

[259] 张洪潮、李芳、张静萍:《资源型区域工业企业两阶段技术创新效率评价——基于绿色增长视角》,《科技管理研究》2017 年第 8 期。

[260] 张家亮:《我国绿色全要素生产率的测度及影响因素的机理分析》,硕士学位论文,东北财经大学应用经济学系,2018 年。

[261] 张杰、陈志远、杨连星等:《中国创新补贴政策的绩效评估:理论与证据》,《经济研究》2015 年第 10 期。

[262] 张敬伟、马东俊:《扎根理论研究法与管理学研究》,《现代管理科学》2009 年第 2 期。

[263] 张静晓、李慧、周天华:《我国建筑业产能过剩测度及对策研究》,《科技进步与对策》2012 年第 18 期。

[264] 张丽丽:《环境规制对我国建筑业经济增长的影响研究》,博士学位论文,哈尔滨工业大学管理科学与工程系,2013 年。

[265] 张平、张鹏鹏、蔡国庆:《不同类型环境规制对企业技术创新影响比较研究》,《中国人口·资源与环境》2016 年第 4 期。

[266] 张倩:《环境规制对企业技术创新的影响机理及实证研究》,博士学位论文,哈尔滨工业大学管理学院,2016 年。

[267] 张书涛:《政府绩效评估的政策偏差与矫治:基于府际协同治理的视角》,《河

南师范大学学报》(哲学社会科学版)2016年第2期。

[268] 张素庸、汪传旭、任阳军:《生产性服务业集聚对绿色全要素生产率的空间溢出效应》,《软科学》2019年第11期。

[269] 张小筠、刘戒骄:《新中国70年环境规制政策变迁与取向观察》,《改革》2019年第10期。

[270] 章忠亮:《环境规制对物流业绿色全要素生产率的影响——基于华东六省一市的实证研究》,硕士学位论文,安徽财经大学工商管理系,2018年。

[271] 赵红、谷庆:《环境规制、引致R&D与全要素生产率》,《重庆大学学报》(社会科学版)2015年第5期。

[272] 赵汝江、陈晓东:《国际绿色建筑发展趋势与国内情况》,《山西建筑》2015年第23期。

[273] 赵书松、吴思、彭忠益:《地方政府政策评估的均衡性价值取向》,《中南大学学报》(社会科学版)2018年第3期。

[274] 赵新峰、蔡天健:《美国公共政策制定过程中利益集团的行动逻辑—以全美步枪协会(NRA)为例》,《行政管理改革》2019年第5期。

[275] 赵宇、杨龙:《公共政策制定模型中理性选择的基本范畴、逻辑框架和适用情景研究》,《领导科学》2011年第35期。

[276] 赵玉民、朱方明、贺立龙:《环境规制的界定、分类与演进研究》,《中国人口·资源与环境》2009年第6期。

[277] 郑垂勇、朱晔华、程飞:《城镇化提升了绿色全要素生产率吗?——基于长江经济带的实证检验》,《现代经济探讨》2018年第5期。

[278] 郑强:《城镇化对绿色全要素生产率的影响—基于公共支出门槛效应的分析》,《城市问题》2018年第3期。

[279] 郑婷婷、付伟、陈静:《信息化发展水平、资源依赖与绿色全要素生产率——来自地级市面板数据的分析》,《科技进步与对策》2019年第23期。

[280] 植草益:《微观规制经济学》,中国发展出版社1992年版。

[281] 中华人民共和国国家统计局:《中国统计年鉴(2016)》,中国统计出版社2016年版。

[282] 中华人民共和国国家统计局:《中国统计年鉴(2019)》,中国统计出版社2019年版。

[283] 周建国:《公共政策评估多元模式的困境及其解决的哲学思考》,《中国行政管理》2012年第2期。

[284] 周五七、朱亚男:《金融发展对绿色全要素生产率增长的影响研究——以长江经济带11省(市)为例》,《宏观质量研究》2018年第3期。

[285] 朱承亮、刘瑞明、王宏伟:《专利密集型产业绿色创新绩效评估及提升路径》,

《数量经济技术经济研究》2018年第4期。

[286] 朱承亮：《环境规制下中国火电行业全要素生产率及其影响因素》，《经济与管理评论》2016年第6期。

[287] 朱金鹤、王雅莉：《创新补偿抑或遵循成本？污染光环抑或污染天堂？——绿色全要素生产率视角下双假说的门槛效应与空间溢出效应检验》，《科技进步与对策》

[288] 朱文涛、吕成锐、顾乃华：《OFDI、逆向技术溢出对绿色全要素生产率的影响研究》，《中国人口·资源与环境》2019年第9期。

[289] 朱峥峥：《基于三阶段DEA方法的我国建筑业效率研究》，硕士学位论文，东北林业大学管理科学与工程系，2013年。

[290] A. Accetturo, V. Di Giacinto, G. Micucci, et al., "Geography, Productivity, and Trade: Does Selection Explain why some Locations are More Productive than others?", *Journal of Regional Science*, Vol.58, No.5 (2018), pp.949-979.

[291] A. B. Jaffe, K. L. Palmer, "Environmental Regulation and Innovation: A Panel Data Study", *Review of Economics and Statistics*, Vol.79, No.4 (1997), pp.610-619.

[292] A. B. Jaffe, R. G. Newell, R. N. Stavins, "Environmental Policy and Technological Change", *Environmental & Resource Economics*, Vol.22, No.1-2 (2002), pp.41-70.

[293] A. C. Pigou, *The Economics Of Welfare*, London: Macmillan, 1920.

[294] A. Charnes, W. W. Cooper, E. Rhodes, "Measuring the Efficiency of Decision making Units", *European Journal of Operational Research*, Vol.2, No.6 (1979), pp.429-44.

[295] A. E. Kahn, *The Economics of Regulation: Principles and Institutions*, Cambridge: MIT Press, 1988, p.199.

[296] A. E. Oke, C. Aigbavboa, S. A. Dlamini, "Carbon Emission Trading in South African Construction Industry", *Energy Procedia*, Vol.142, (2017), pp.2371-2376.

[297] A. Gouldson, A. Morton, S. J. Pollard, et al., "Better Environmental Regulation--Contributions from Risk-Based Decision-Making", *Science of The Total Environment*, Vol.407, No.19 (2009), pp.5283-5288.

[298] A. Hoff, "Second Stage DEA: Comparison of Approaches for Modelling the DEA Score", *European Journal of Operational Research*, Vol.181, No.1 (2007), pp.425-435.

[299] A. J. Masternak, B. M. Rybaczewska, "Comprehensive Regional Eco-Efficiency Analysis Based on Data Envelopment Analysis", *Journal of Industrial Ecology*, Vol.21, No.1 (2017), pp.180-190.

[300] A. M. Hussen, *Principles of Environmental Economics and Sustainability: an Integrated Economic and Ecological Approach*, New York: Routledge, 2012.

[301] A. Manello, "Productivity Growth, Environmental Regulation and Win-win Opportunities: The Case of Chemical Industry in Italy and Germany", *European Journal of Operational Research*, Vol.262, No.2 (2017), pp.733-743.

[302] A. Yu, X. R. Lin, Y. T Zhang, et al., "Analysis of Driving Factors and Allocation of Carbon Emission Allowance in China", *Science of the Total Environment*, Vol.673, (2019), pp.74-82.

[303] A.Emrouznejad, G.l. Yang, G.R. Amin, "A novel Inverse DEA Model with Application to Allocate the CO_2 Emissions Quota to Different Regions in Chinese Manufacturing Industries", *Journal of the Operational Research Society*, (2019), pp.1079-1090.

[304] B. E. Hansen, "Threshold Effects in Non-Dynamic Panels: Estimation, Testing, and Inference", *Journal of Econometrics*, Vol.93, No.2 (1999), pp.345-368.

[305] B. Liu, X. Chen, X. Wang, et al., "Analysis on the Changing Trend and Influencing Factors of TFP about the Regional Construction Industry in China", *Systems Engineering-Theory & Practice*, Vol.33, No.4 (2013), pp.1041-1048.

[306] B. Liu, Y. Chen, R. Wang, et al., "Different Interaction Mechanisms of Market Structure in the Construction Industry TFP from the Spatial Perspective: A Case Study in China", *Journal of Civil Engineering*, Vol.20, No.1 (2016), pp.23-33.

[307] B. W. Silverman, *Density Estimation for Statistics and Data Analysis*, London: Chapman and Hall, 1986, p.495.

[308] Baogui Xin and Yongmei Qu. *Effects of Smart City Policies on Green Total Factor Productivity: Evidence from a Quasi-Natural Experiment in China* [J]. International Journal of Environmental Research and Public Health, 2019, 16 (13): 2396-2396.

[309] C. Chen, Q. Lan, M. Gao, et al., "Green Total Factor Productivity Growth and its Determinants in China's Industrial Economy", *Sustainability*, Vol.10, No.4 (2018), pp.1052.

[310] C. Ding, Y. Niu, "Market Size, Competition, and Firm Productivity for Manufacturing in China", *Regional Science and Urban Economics*, Vol.74 (2019), pp.81-98.

[311] C. Feng, M. Wang, "The Economy-Wide Energy Efficiency in China's Regional Building Industry", *Energy*, Vol.141 (2017), pp.1869-1879.

[312] C. Li, W. Wei, "Empirical Study of Environmental Regulation in Northwest China on TFP (Total Factor Productivity)", *Journal of Arid Land Resources and Environment*, Vol.28, No.2 (2014), pp.14-19.

[313] C. Syverson, "Market Structure and Productivity: A Concrete Example",

Journal of Political Economy, Vol.112 (2004), pp.1181-1222.

[314] C. W. Anderson, "The Place of Principles in Policy Analysis", *American Political Science Review*, Vol.73, No.3 (1979), pp.711-723.

[315] C. Yang, Y. Tseng, C.Chen, "Environmental Regulations, Induced R&D, and Productivity: Evidence from Taiwan's Manufacturing Industries", *Resource and Energy Economics*, Vol.34, No.4 (2012), pp.514-532.

[316] Chao Feng and Miao Wang. Journey for green development transformation of China's metal industry: A spatial econometric analysis [J]. *Journal of Cleaner Production*, 2019, 225: 1105-1117.

[317] Chen C, Yan H. Network DEA model for supply chain performance evaluation [J]. *European Journal of Operational Research*, 2011, 213 (1): 147-155.

[318] D. H Oh, A. Heshmati, "A Sequential Malmquist-Luenberger Productivity index: Environmentally Sensitive Productivity Growth Considering the Progressive Nature of Technology", *Energy Economics*, Vol.32, No.6 (2010), pp.1345-1355.

[319] D. H. Oh, "A global Malmquist-Luenberger Productivity Index", *Journal of Productivity Analysis 2010*, Vol.34, No.3 (2010), pp.183-197.

[320] D. Hu, Y. Wang, Y. Li, "How Does Open Innovation Modify the Relationship between Environmental Regulations and Productivity?", *Business Strategy and the Environment*, Vol.26, No.8 (2017), pp.1132-1143.

[321] D. Jiang, Y. Yuan, "The Empirical Analysis of the Impact of Technical Innovation on Manufacturing Upgrading-Based on Subdivision Industry of China", *Proceedings of the Eleventh International Conference on Management Science and Engineering Management.* 2017, pp.274-285.

[322] D. Kahneman, A. Tversky, "Prospect Theory: An Analysis of Decision Under Risk", *Econometrica*, Vol.47, (1979), pp.263-291.

[323] D. L. Millimet, J. Roy, "Three New Empirical Tests of the Pollution Haven Hypothesis When Environmental Regulation is Endogenous", *Journal of Applied Econometrics*, Vol.31, No.4 (2016), pp.652-677.

[324] D. Tang, J. Tang, T. Ma, "Environmental Regulation Efficiency and TFP in China-Econometric Explanation Based on SBM-Undesirable and DEA-Malmquist", *Journal of Arid Land Resources and Environment*, Vol.30, No.11 (2016), pp.7-12.

[325] D. Zhang, H. Nasir, C. T. Haas, "Development of an Internal Benchmarking and Metrics Model for Industrial Construction Enterprises for Productivity Improvement", *Canadian Journal of Civil Engineering*, Vol.44, No.7 (2017), pp.518-529.

[326] D. Zhao, A. P. McCoy, J. Du, et al., "Interaction Effects of Building Technology

and Resident Behavior on Energy Consumption in Residential Buildings", *Energy And Buildings*, Vol.134, (2017), pp.223-233.

[327] E. Alpay, J. Kerkvliet, S. Buccola, "Productivity Growth and Environmental Regulation in Mexican and U.S. Food Manufacturing", *American Journal of Agricultural Economics*, Vol.84, No.4 (2002), pp.887-901.

[328] E. G. Guba, Y. S. Lincoln, "The Countenances of Fourth-generation Evaluation: Description, Judgement and Negotiation", *The politics of program evaluation*, (1987), pp.202-234.

[329] E. Hille, P. Möbius, "Environmental Policy, Innovation, and Productivity Growth: Controlling the Effects of Regulation and Endogeneity", *Environmental and Resource Economics*, Vol.73, No.4 (2018), pp.1315-1355.

[330] E. Woerdman, "Organizing Emissions Trading: the Barrier of Domestic Permit Allocation", *Energy Policy*, Vol.28, No.9 (2000), pp.613-623.

[331] E.Vedung, "Public Policy and Program Evaluation", *Administrative ence Quarterly*, Vol.44, No.2 (1997), pp.160-161.

[332] F. C. Chia, M. Skitmore, G. Runeson, et al., "An Analysis of Construction Productivity in Malaysia", *Construction Management and Economics*, Vol.30 (2012), pp.1055-1069.

[333] F. Iraldo, F. Testa, M. Melis, et al., "A Literature Review on the Links between Environmental Regulation and Competitiveness", *Environmental Policy and Governance*, Vol.21, No.3 (2011), pp.210-222.

[334] F. M. Gollop, M. J. Roberts, "Environmental Regulations and Productivity Growth: The Case of Fossil-Fueled Electric Power Generation", *Journal of Political Economy*, Vol.91, No.4 (1983), pp.654-674.

[335] F. O. Ezeokoli, K. C. Okolie, P. U. Okoye, et al., "Digital Transformation in the Nigeria Construction Industry: The Professionals' View", *World Journal of Computer Application and Technology*, Vol.4, No.3 (2016), pp.23-30.

[336] F. Pachecotorgal, S. Jalali, "Earth Construction: Lessons from the Past for Future Eco-efficient Construction", *Construction & Building Materials*, Vol.29, No.4 (2012), pp.512-519.

[337] F. Spigarelli, L. Curran, A. Arteconi, China and Europe's Partnership for a more Sustainable World: Challenges and Opportunities, 2006.

[338] F. Testa, F. Iraldo, M.Frey, "The Effect of Environmental Regulation on Firms' Competitive Performance: The Case of the Building & Construction Sector in some EU Regions", *Journal of Environmental Management*, Vol.92, No.9 (2011), pp.2136-2144.

[339] Fuxia Yang and Mian Yang and Hualin Nie. Productivity trends of Chinese regions: A perspective from energy saving and environmental regulations [J]. *Applied Energy*, 2013, 110: pp.82-89.

[340] G. Duranton, D. Puga, "Micro-Foundations fo Urban Agglomeration Economies", *Social ence Electronic Publishing*, Vol.4, No.4 (2003), pp.2063-2117.

[341] G. H. Yang, Y. Wang, Y. X. Zeng, et al., "Rapid Health Transition in China, 1990-2010: Findings from the Global Burden of Disease Study 2010", *Lancet*, Vol.381, No.9882 (2013), pp.1987-2015.

[342] G. Ye, Y. Wang, Y. Zhang, et al., "Impact of Migrant Workers on Total Factor Productivity in Chinese Construction Industry", *Sustainability*, Vol.11, No.3 (2019), pp.1-18.

[343] H. Badinger, "Market Size, Trade, Competition and Productivity: Evidence from OECD Manufacturing Industries", *Applied Economics*, Vol.39, No.17 (2007), pp.2143-2157.

[344] H. E. Lilong, "Definition, Classification and Evolution of Environmental Regulations", *China Population Resources and Environment*, (2009), pp.85-90.

[345] H. Lee, "Agglomeration and Growth", *The Korean Economic Review*, Vol.24, No.2 (2008), pp.425-57.

[346] H. Li, J. X. Zhang, C. Wang, et al., "An Evaluation of the Impact of Environmental Regulation on the Efficiency of Technology Innovation using the Combined DEA Model: A Case Study of Xi'an, China", *Sustainable Cities And Society*, Vol.42, (2018), pp.355-369.

[347] H. Salavou, G. Baltas, S. Lioukas, "Organisational Innovation in SMEs", *European Journal of Marketing*, Vol.38, No.9 (2004), pp.1091-1112.

[348] H. Wang, "Comparison and Selection of Environmental Regulation Ppolicy in China: Based on Bayesian Model Averaging Approach", *China Population Resources and Environment*, Vol.26, No.9 (2016), pp.132-138.

[349] H. Yu, L. Zhou, T. Shen, "Location Selection and Spatial Effects of Agglomeration Economy in Manufacturing Enterprises", *Geographical Research*, Vol.38, No.2 (2019), pp.273-284.

[350] H.H. Zheng, Z.X. Wang, "Measurement and Comparison of Export Sophistication of the New Energy Industry in 30 Countries during 2000-2015", *Renewable & Sustainable Energy Reviews*, Vol.108 (2019), pp.140-158.

[351] H.J. Kim, K. F. Reinschmidt, "Market Structure and Organizational Performance of Construction Organizations", *Journal of Management in Engineering*, Vol.28, No.2

(2012), pp.212-220.

[352] H.S. Park, "Conceptual Framework of Construction Productivity Estimation", *Ksce Journal of Civil Engineering*, Vol.10, No.5 (2006), pp.311-317.

[353] J. Brolund, R. Lundmark, "Effect of Environmental Regulation Stringency on the Pulp and Paper Industry", *Sustainability*, Vol.9, No.12 (2017), p.2323

[354] J. D. Chen, Q. Shi, L. Y. Shen, et al., "What Makes the Difference in Construction Carbon Emissions between China and USA"? *Sustainable Cities And Society*, Vol.44 (2019), pp.604-613.

[355] J. D. Moreno, V. D. Huertas, O. R. Carrasco, et al., "Assessment of the Efficiency of the Spanish Construction Industry Using Parametric Methods: Case Study", *Journal of Construction Engineering and Management-asce*, Vol.142, No.9 (2016), p.05016008.

[356] J. Du, Y. Chen, Y. Huang, "A Modified Malmquist-Luenberger Productivity Index: Assessing Environmental Productivity Performance in China", *European Journal of Operational Research*, Vol.269, No.1 (2018), pp.171-187.

[357] J. Féres, A. Reynaud, "Assessing the Impact of Formal and Informal Regulations on Environmental and Economic Performance of Brazilian Manufacturing Firms", *Environmental and Resource Economics*, Vol.52, No.1 (2012), pp.65-85.

[358] J. H. Yin, M. Z. Zheng, J. Chen, "The Effects of Environmental Regulation and Technical Progress on CO_2 Kuznets curve: An Evidence from China", *Energy Policy*, Vol.77, (2015), pp.97-108.

[359] J. Hong, G. Q. Shen, Y. Feng, et al., "Greenhouse Gas Emissions during the Construction Phase of a Building: A Case Study in China", *Journal of Cleaner Production*, Vol.103, (2015), pp.249-259.

[360] J. Horbach, "Determinants of Environmental Innovation-New evidence from German Panel Data Sources", *Research Policy*, Vol.37, No.1 (2006), pp.163-173.

[361] J. Hu, S. Wang, "Total-Factor Energy Efficiency of Regions in China", *Energy Policy*, Vol.34, No.17 (2006), pp.3206-3217.

[362] J. Kirkley, C. J. M. Paul, and D. Squires, "Capacity and Capacity Utilization in Common-pool Resource Industries", *Environmental & Resource Economics*, Vol.22 (2002), pp.71-97.

[363] J. L. Campbell, "Why would Corporations Behave in Socially Responsible Ways? An Institutional Theory of Corporate Social Responsibility", *The Academy of Management Review*, Vol.32, No.3 (2007), pp.946-967.

[364] J. l.Du, Y. Liu, W. X. Diao, "Assessing Regional Differences in Green

Innovation Efficiency of Industrial Enterprises in China", *International Journal Of Environmental Research And Public Health*, Vol.16, No.6 (2019), pp.940-963.

[365] J. Liu, C. Bi, "Effects of Higher Education Levels on Total Factor Productivity Growth", *Sustainability*, Vol.11, No.6 (2019), pp.1790-1802.

[366] J. Montero, J. M. Sanchez, R. Katz, "A Market-Based Environmental Policy Experiment in Chile", *The Journal of Law and Economics*, Vol.45, No.1 (2002), pp.267-287.

[367] J. Nazarko, E. Chodakowska, "Measuring Productivity of Construction Industry in Europe with Data Envelopment Analysis", *Procedia Engineering*, Vol.122 (2015), pp.204-212.

[368] J. S. Coggins, J. R. Swinton, "The Price of Pollution: A Dual Approach to Valuing SO_2 Allowances", *Journal of Environmental Economics & Management*, Vol.30, No.1 (1996), pp.58-72.

[369] J. X. Zhang, H. Li, B. Xia, et al., "Impact of Environment Regulation on the Efficiency of Regional Construction Industry: A 3-stage Data Envelopment Analysis (DEA)", *Journal of Cleaner Production*, Vol.200, (2018), pp.770-780.

[370] J. X. Zhang, Y. M. Liu, Y. Chang, et al., "Industrial Eco-efficiency in China: A Provincial Quantification using Three-Stage Data Envelopment Analysis", *Journal of Cleaner Production*, Vol.143, (2017), pp.238-249.

[371] J. Zhang, H. Li, Xia B, et al., "Impact of Environment Regulation on the Efficiency of Regional Construction Industry: A 3-Stage Data Envelopment Analysis (DEA)", *Journal of Cleaner Production*, No.200 (2018), pp.770-780.

[372] J.Tobin, "Estimation of Relationships for Limited Dependent Variables", *Econometrica*, Vol.26, No.1 (1958), pp.24-36.

[373] Jiangfeng Hu et al. Environmental Regulation Intensity, Foreign Direct Investment, and Green Technology Spillover—An Empirical Study [J]. *Sustainability*, 2019,11(10): 2718-2718.

[374] Jinhua Cheng et al. Can low-carbon city construction facilitate green growth? Evidence from China's pilot low-carbon city initiative [J]. *Journal of Cleaner Production*, 2019, 231: 1158-1170.

[375] K. Conrad, D. Wastl, "The Impact of Environmental Regulation on Productivity in German Industries", *Empirical Economics*, Vol.20, No.4 (1995), pp.615-633.

[376] K. Tone, "A slacks-based Measure of Efficiency in Data Envelopment Analysis", *European Journal of Operational Research*, Vol.130, No.3 (2001), pp.498-509.

[377] K. Tone, "Dealing with Undesirable Outputs in DEA: A Slacks-based Measure

(SBM) Approach (DEA (1))",日本オペレーションズ リサーチ学会春季研究発表会アブストラクト集, Vol.2004, (2004), pp.44-45.

[378] K. Tone, M. Tsutsui, "An Epsilon-based Measure of Efficiency in DEA-A Third Pole of Technical Efficiency", *European Journal of Operational Research*, Vol.207, No.3 (2010), pp.1554-1563.

[379] K. W. Chau, A. Walker, "The Measurement of Total Factor Productivity of the Hong Kong Construction Industry", *Construction Management and Economics*, Vol.6, No.3 (1988), pp.209-224.

[380] K.Wang, Y. M. Wei, "China's Regional Industrial Energy Efficiency and Carbon Emissions Abatement Costs", *Applied Energy*, Vol.130 (2014), pp.617-631.

[381] L. D. Otero, G. Centeno, C. E. Otero, et al., "A DEA-Tobit Analysis to Understand the Role of Experience and Task Factors in the Efficiency of Software Engineers", *IEEE Transactions on Engineering Management*, Vol.59, No.3 (2012), pp.391-400.

[382] L. Q. Zhang, S. P. Chen, Y. W. Zhu, et al., "The Measurement of Carbon Emission Effect of Construction Land Changes in Anhui Province Based on the Extended LMDI Model", *Journal of Resources and Ecology*, Vol.4, No.2 (2013), pp.186-192.

[383] L. Wang, Y. M. Wang, "Martinez L. A group Decision Method Based on Prospect Theory for Emergency Situations", *Information Sciences*, (2017), pp.119-135.

[384] L. Yang, K. L. Wang, J. C. Geng, "China's Regional Ecological Energy Efficiency and Energy Saving and Pollution Abatement Potentials: An Empirical Analysis using Epsilon-based Measure Model", *Journal of Cleaner Production*, Vol.194, (2018), pp.300-308.

[385] L. Zhang, J. Tian, Y. Wu, "The Dynamic Effect of Environmental Regulation on Construction Industry in China", *Advances in Information Sciences and Service Sciences*, Vol.4, No.16 (2012), pp.426-435.

[386] M. A. Gentzkow, J. M. Shapiro, "What Drives Media Slant? Evidence from U.S. Daily Newspapers", *Econometrica*, Vol.78, No.1 (2010), pp.35-71.

[387] M. Bovens, P. Hart, S. Kuipers, *The Politics of Policy Evaluation*, The Oxford Handbook of Public Policy, 2006, pp.317-33.

[388] M C. Buisson, S. Balasubramanya, "The Effect of Irrigation Service Delivery and Training in Agronomy on Crop Choice in Tajikistan", *Land Use Policy*, Vol.18, (2019), pp.175-184.

[389] M. C. Alkin, "An Approach to Evaluation Theory Development", *Studies in Educational Evaluation*, Vol.5, No.2 (1979), pp.125-127.

[390] M. C. Burda, B. Severgnini, "Total Factor Productivity Convergence in German States since Reunification: Evidence and Explanations", *Journal of Comparative Economics*, Vol.46, No.1 (2018), pp.192-211.

[391] M. E. Porter, "America's Green Strategy", *Scientific American*, No.4 (1991), pp.168.

[392] M. E. Porter, "Michael Porter on Competitive Strategy-Reflections and Round Table Discussion", *European Management Journal*, Vol.6, No.1 (1988), pp.2-9.

[393] M. E. Porter, C. A. Montgomery, Strategy, Seeking and Securing Competitive Advantage, Boston: Harvard Business School Press, 1991.

[394] M. E. Porter, C. V. D. Linde, "Toward a New Conception of the Environment-Competitiveness Relationship", *Journal of Economic Perspectives*, Vol.9, No.4 (1995), pp.97-118.

[395] M. E. Porter, *Competitive Strategy: Techniques for Analyzing Industries and Competitors*, New York: Free Press, 1980.

[396] M. G. Ladu, M. Meleddu, "Is There any Relationship between Energy and TFP (Total Factor Productivity)? A Panel Cointegration Approach for Italian regions", *Energy*, Vol.75 (2014), pp.560-567.

[397] M. Hokey, M. Hyesung, J. J. Seong, "A Data Envelopment Analysis-Based Balanced Scorecard for Measuring the Comparative Efficiency of Korean Luxury Hotels", *International Journal of Quality & Reliability Management*, Vol.25, No.4 (2008), pp.349-365.

[398] M. Kapelko, M. Abbott, "Productivity Growth and Business Cycles: Case Study of the Spanish Construction Industry", *Journal of Construction Engineering and Managemen-asce*, Vol.143, No.5 (2017).

[399] M. Maghbouli, A. Amirteimoori, S. Kordrostami. "Two-stage Network Structures with Undesirable Outputs: A DEA based Approach", *Measurement*, Vol.48 (2014), pp.109-118.

[400] M. P. Timmer, B. Los, "Localized Innovation and Productivity Growth in Asia: an Intertemporal DEA Approach", *Journal of Productivity Analysis*, Vol.23, No.1 (2005), pp.47-64.

[401] M. Tavana, H. Mirzagoltabar, S. M. Mirhedayatian, et al., "A New Network Epsilon-Based DEA Model for Supply Chain Performance Evaluation", *Computers & Industrial Engineering*, Vol.66, No.2 (2013), pp.501-513.

[402] M. U. Hossain, C. S. Poon, "Global Warming Potential and Energy Consumption of Temporary Works in Building Construction: A Case Study in Hong Kong", *Building And*

Environment, Vol.142, (2018), pp.171-179.

[403] M. Wang, C. Feng, "Exploring the Driving Forces of Energy-related CO_2 Emissions in China's Construction Industry by Utilizing Production-theoretical Decomposition Analysis", *Journal of Cleaner Production*, Vol.202, (2018), pp.710-719.

[404] Manli Cheng et al. Analysis of Coordinated Development of Energy and Environment in China's Manufacturing Industry under Environmental Regulation: A Comparative Study of Sub-Industries [J]. *Sustainability*, 2019, 11(22): 6510-6510.

[405] Marco Letta and Richard S. J. Tol. Weather, Climate and Total Factor Productivity [J]. *Environmental and Resource Economics*, 2019, 73(1): 283-305.

[406] N. C. Onat, M. Kucukvar, O. Tatari, "Scope-based Carbon Footprint Analysis of US Residential and Commercial Buildings: An Input-output Hybrid Life Cycle Assessment Approach", *Building And Environment*, Vol.72, (2014), pp.53-62.

[407] N. Ghodrati, T. W. Yiu, S. Wilkinson, "Unintended Consequences of Management Strategies for Improving Labor Productivity in Construction Industry", *Journal of Safety Research*, Vol.67, (2018), pp.107-116.

[408] N. Shen, H. Liao, R. Deng, et al., "Different Types of Environmental Regulations and the Heterogeneous Influence on the Environmental Total Factor Productivity: Empirical Analysis of China's Industry", *Journal of Cleaner Production*, Vol.211, (2019), pp.171-184.

[409] N. Yusof, N. Z. Abidin, S. H. M. Zailani, et al., "Linking The Environmental Practice of Construction Firms and the Environmental Behaviour of Practitioners in Construction Projects", *Journal of Cleaner Production*, Vol.121, (2016), pp.64-71.

[410] N. Zhang, Y. Choi, "Environmental Energy Efficiency of China's Regional Economies: A Non-Oriented Slacks-based Measure Analysis", *The Social Science Journal*, Vol.50, No.2(2013), pp.225-234.

[411] N.Wang, "The Role of the Construction Industry in China's Sustainable Urban Development", *Habitat International*, Vol.44, (2014), pp.442-450.

[412] N.Zhang, Y. Choi, "Environmental Energy Efficiency of China's Regional Economies: A Non-oriented Slacks-based Measure Analysis", *The Social Science Journal*, Vol.50, No.2(2013), pp.225-234.

[413] O. O. f. E. Co-operation Development, "Measuring Productivity-OECD Manual Measurement of Aggregate and Industry-level Productivity Growth", *Sourceoecd Statistics Sources & Methods*, Vol.2001, (2001), pp.1-156.

[414] P. B. Downing, L. J.White, "Innovation in Pollution Control", *Journal of Environmental Economics & Management*, Vol.13, No.1(1986), pp.18-29.

[415] P. C. Melo, D. J. Graham, R. B. Noland, "A Meta-Analysis of Estimates of Urban Agglomeration Economies", *Regional Science and Urban Economics*, Vol.39, No. (2009), pp.332-342.

[416] P. Crawford, B. Vogl, "Measuring Productivity in the Construction Industry", *Building Research & Information*, Vol.34, No.3 (2006), pp.208-219.

[417] P. P. Combes, G. Duranton, L. Gobillon, et al., "The Productivity Advantages of Large Cities: Distinguishing Agglomeration From Firm Selection", *Econometrica*, 2012, Vol.80, No.6 (2012), pp.2543-2594.

[418] Pengsheng Li and Yanying Chen. The Influence of Enterprises' Bargaining Power on the Green Total Factor Productivity Effect of Environmental Regulation—Evidence from China [J]. *Sustainability*, 2019, 11 (18): pp.1-20.

[419] Q. Qin, X. Li, L. Li, et al., "Air Emissions Perspective on Energy Efficiency: An Empirical Analysis of China's Coastal Areas", *Applied Energy*, Vol.185, (2017), pp.604-614.

[420] Q. Shi, X. Lai, X. Xie, et al., "Assessment of Green Building Policies-A Fuzzy Impact Matrix Approach", *Renewable & Sustainable Energy Reviews*, Vol.36, No.C (2014), pp.203-211.

[421] Q. Shi, Y. Pang, Z. Yang, "Total Factor Productivity About the Regional Construction Industry in China", *Journal of Civil Engineering and Management*, Vol.33, No.5 (2016), pp.98-103 + 9.

[422] Q.Li, Y. Song, "Productivity Growth in Chinese Construction Industry Considering Solid Wastes Generation", *Advanced Materials Research*, Vol.472 (2012), pp.3316-3319.

[423] R. Betz, S. Seifert, P. Cramton et al., "Auctioning Greenhouse Gas Emissions Permits in Australia", *Australian Journal of Agricultural & Resource Economics*, Vol.54, No.2 (2010), pp.219-238.

[424] R. D. Banker, I. Bardhan, W. W. Cooper, "A Note on Returns to Scale in DEA", *European Journal of Operational Research*, Vol.88 (1996), pp.583-585.

[425] R. E. Baldwin, T. Okubo, "Heterogeneous Firms, Agglomeration and Economic Geography: Spatial Selection and Sorting", *Journal of Economic Geography*, Vol.6, No.3 (2006), pp.323-346.

[426] R. E. Baldwin, T. Okubo, "Heterogeneous Firms, Agglomeration and Economic Geography: Spatial Selection and Sorting", *Journal of Economic Geography*, Vol.6, No.3 (2006), pp.323-346.

[427] R. Ebrahimi, M. Salehi, "Investigation of CO_2 Emission Reduction and

Improving Energy Use Efficiency of Button Mushroom Production using Data Envelopment Analysis", *Journal of Cleaner Production*, Vol.103, (Sep.15, 2015), pp.112-119.

[428] R. Faere, S. Grosskopf, C. A. K. Lovell, et al., "Multilateral Productivity Comparisons When Some Outputs are Undesirable: A Nonparametric Approach", *Review of Economics & Statistics*, Vol.71, No.1 (1989), pp.90-98.

[429] R. Fare, M. Grosskopf, Z. Morris, et al., "Productivity Growth, Technical Progress and Efficiency Change in Industrialised Countries", *American Economic Review*, Vol.84, No.1 (1994), p.18.

[430] R. Färe, S. Grosskopf, C. A. Pasurka, et al., "Accounting for Air Pollution Emissions in Measures of State Manufacturing Productivity Growth", *Journal of Regional Science*, Vol.41, No.3 (2001), pp.381-409.

[431] R. Fare, S. Grosskopf, E. C. Kokkelenberg, "Measuring Plant Capacity, Utilization, and Technical Change: a Nonparametric Approach", *International Economic Review*, Vol.30, No.3 (1989), pp.655-666.

[432] R. Färe, S. Grosskopf, M. Norris, "Productivity Growth, Technical Progress, and Efficiency Change in Industrialized Countries: Reply", *American Economic Review*, Vol.87, No.5 (1997), pp.1040-1044.

[433] R. Gonzalezval, M. Marcen, "Agglomeration Economies in Small Cities and Business: The Impact of the Great Recession in Aragon (Spain)", *Sustainability*, Vol.11, No.14 (2019), pp.3770-3787.

[434] R. H. Coase, "The Problem of Social Cost", *Journal of Law and Economics*, Vol.3, (1960), pp.1-44.

[435] R. H. Xie, Y. J. Yuan, J. J. Huang, "Different Types of Environmental Regulations and Heterogeneous Influence on 'Green' Productivity: Evidence from China", *Ecological Economics*, Vol.132, (2017), pp.104-112.

[436] R. H. Xie, Y. J. Yuan, J. J. Huang, "Different Types of Environmental Regulations and Heterogeneous Influence on 'Green' Productivity: Evidence from China", *Ecological Economics*, Vol.132, (2017), pp.104-112.

[437] R. Kneller, E. Manderson, "Environmental Regulations and Innovation Activity in UK Manufacturing Industries", *Resource & Energy Economics*, Vol.34, No.2 (2012), pp.211-235.

[438] R. Li, R. Ramanathan, "Exploring the Relationships between Different Types of Environmental Regulations and Environmental Performance: Evidence from China", *Journal of Cleaner Production*, Vol.196, (2018), pp.1329-1340.

[439] R.W. Shepard, Indirect Production Functions, Mathematical Economics and

Game Theory, 1977, pp.418-434.

[440] Rajiv D. Banker, A. Charnes, W. W. Cooper, "Some Models for Estimating Technical and Scale Inefficiencies in Data Envelopment Analysis", *Management Science*, Vol.30, No.9 (1984), pp.1078-1092.

[441] S. Afsah, *Environmental Regulation and Public Disclosure: the Case of Proper in Indonesia*, Abingdon: RFF Press, 2013, pp.491-493.

[442] S. Albrizio, T. Kozluk, V. Zipperer, "Environmental Policies and Productivity Growth: Evidence Across Industries and Firms", *Journal of Environmental Economics and Management*, Vol.81, (2017), pp.209-226.

[443] S. Ambec, M. A. Cohen, S. Elgie, et al., "The Porter Hypothesis at 20: Can Environmental Regulation Enhance Innovation and Competitiveness"? *Review of Environmental Economics and Policy*, Vol.7, No.1 (2013), pp.2-22.

[444] S. Belayutham, V. Gonzalez, T. W. Yiu, et al., "A Aleaner Production-pollution Prevention based Framework for Construction Site Induced Water Pollution", *Journal of Cleaner Production*, Vol.135, (2016), pp.1363-1378.

[445] S. Du, L. Hu, M. Song, et al., "Production Optimization Considering Environmental Performance and Preference in the Cap-and-trade System", *Journal of Cleaner Production*, Vol.112, (2016), pp.1600-1607.

[446] S. Fontana, E. D'Amico, D. Coluccia, et al., "Does Environmental Performance Affect Companies' Environmental Disclosure"? *Measuring Business Excellence*, Vol.19, No.3 (2015), pp.42-57.

[447] S. H. Lee, S. Park, T. Kim, "Review on Investment Direction of Green Technology R&D in Korea", *Renewable and Sustainable Energy Reviews*, Vol.50 (2015), pp.186-193.

[448] S. K. Viswanathan, K. N. Jha, "Factors Influencing International Market Selection for Indian Construction Firms", *Journal of Management in Engineering*, 2019, Vol.35, No.5 (2019), p.13.

[449] S. Lozano, E. Gutiérrez, "Slacks-Based Measure of Efficiency of Airports with Airplanes Delays as Undesirable Outputs", *Computers & Operations Research*, Vol.38, No.1 (2011), pp.131-139.

[450] S. Noh, Y. Son, J. Park, "Life Cycle Carbon Dioxide Emissions for Fill Dams", *Journal Of Cleaner Production*, Vol.201, (2018), pp.820-829.

[451] S. R. Milliman, R. Prince, "Firm Incentives to Promote Technological Change in Pollution Control", *Journal of Environmental Economics and Management*, Vol.17, No.3 (1989), pp.247-265.

[452] S. Ren, X. Li, B. Yuan, et al., "The Effects of Three Types of Environmental Regulation on Eco-efficiency: A cross-region Analysis in China", *Journal Of Cleaner Production*, Vol.173, (2018), pp.245-255.

[453] S. Zhong, Y. Liu, X. Han, "Efficiency Evaluation of Construction Industry under Environmental Regulation based on Undesirable DEA", *Proceedings of the 2017 International Conference on Construction and Real Estate Management: Industry Regulation and Sustainable Development*, November 10, 2017, pp.260-269.

[454] STRUTZEL B G G A L S E. The Discovery of Grounded Theory: Strategies for Qualitative Research [J]. *Nursing Research*, 1968, 17(4): p.364.

[455] T. Balezentis, K. Sun, "Measurement of Technical Inefficiency and Total Factor Productivity Growth: A Semiparametric Stochastic Input Distance Frontier Approach and the Case of Lithuanian Dairy Farms", *European Journal of Operational Research*, Vol.285, No.3 (2020), pp.1174-1188.

[456] T. Busch, P. Shrivastava, the Global Carbon Crisis: Emerging Carbon Constraints and Strategic Management Options, Sheffield, UK: Greenleaf Publishing, 2011.

[457] T. Huo, H. Ren, W. Cai, et al., "The Total-Factor Energy Productivity Growth of China's Construction Industry: Evidence from the Regional Level", *Natural Hazards*, Vol.92, No.3 (2018), pp.1593-1616.

[458] T. Huo, H. Ren, W. Cai, et al., "The Total-Factor Energy Productivity Growth of China's Construction Industry: Evidence from the Regional Level", *Natural Hazards*, Vol.92, No.3 (2018), pp.1593-1616.

[459] T. Kuosmanen. "Weak Disposability in Nonparametric Production with Undesirable Outputs", *American Journal Of Agricultural Economics*, Vol.87, No.4 (2005), pp.1077-1082.

[460] T. Li, L. Liang, D. Han, "Research on the Efficiency of Green Technology Innovation in China's Provincial High-End Manufacturing Industry Based on the RAGA-PP-SFA Model", *Mathematical Problems In Engineering*, Vol.2018 (2018), pp.1-13.

[461] T. Sexton, R. Silkman, A. Hogan, "Data Envelopment Analysis: Critique and Extensions", *New Directions for Program Evaluation*, (1986), pp.73-105.

[462] T.l Yeh, T.y, Chen, P.y. Lai, "A comparative Study of Eenergy Utilization Efficiency between Taiwan and China", *Energy Policy*, Vol.38, No.5 (2010), pp.2386-2394.

[463] The Intergovernmental Panel on Climate Change (IPCC), 2006 IPCC Guidelines for National Greenhouse Gas Inventories, 2006.

[464] V. D. Mcconnell, R. M. Schwab, "The Impact of Environmental Regulation on Industry Location Decisions: The Motor Vehicle Industry", *Land Economics*, Vol.66, No.1

(1990), pp.67-81.

[465] W. Chancellor, W. Lu, "A Regional and Provincial Productivity Analysis of the Chinese Construction Industry: 1995 to 2012", *Journal of Construction Engineering And Management-asce*, Vol.142, No.11 (2016), p.13.

[466] W. Chancellor, W. S. Lu, "A Regional and Provincial Productivity Analysis of the Chinese Construction Industry: 1995 to 2012", *Journal of Construction Engineering And Management*, Vol.142, No.11 (2016), p.13.

[467] W. F.Thomas, "Do Environmental Regulations Impede Economic Growth? A Case Study of the Metal Finishing Industry in the South Coast Basin of Southern California", *Economic Development Quarterly*, Vol.23, No.4 (2009), pp.329-341.

[468] W. G. Cai, X. L. Zhou, "Dual Effect of Chinese Environmental Regulation on Green Total Factor Productivity", *Economist*, No.9 (2017), pp.27-35.

[469] W. Jin, H. Q. Zhang, S. S.Liu, et al., "Technological Innovation, Environmental Regulation, and Green Total Factor Efficiency of Industrial Water Resources", *Journal of Cleaner Production*, Vol.211, (2019), pp.61-69.

[470] W. W. Li, W. P. Wang, H. W. Gao, et al., "Evaluation of Regional Metafrontier Total Factor Carbon Emission Performance in China's Construction Industry: Analysis based on Modified Non-radial Directional Distance Function", *Journal of Cleaner Production*, Vol.256 (2020), p.120425.

[471] Wenhua Yuan et al. Measuring the area green efficiency and the influencing factors in urban agglomeration [J]. *Journal of Cleaner Production*, 2019, pp.92-118.

[472] X. A. Shi, L. S. Li, "Green Total Factor Productivity and its Decomposition of Chinese Manufacturing based on the MML Index: 2003-2015", *Journal of Cleaner Production*, Vol.222, (2019), pp.998-1008.

[473] X. B. Huang, X. L. Liu, "The Impact of Environmental Regulation on Productivity and Exports: A Firm-Level Evidence from China", *Emerging Markets Finance and Trade*, Vol.55, No.11 (2019), pp.2589-2608.

[474] X. C. Hu, C. L. Liu, "Energy Productivity and Total-Factor Productivity in the Australian Construction Industry", *Architectural Science Review*, Vol.99, No.5 (2016), pp.432-444.

[475] X. C. Hu, C. L. Liu, "Total Factor Productivity Measurement with Carbon reduction", *Engineering Construction and Architectural Management*, Vol.24, No.4 (2017), pp.575-592.

[476] X. Hu, C. Liu, "Measuring Efficiency, Effectiveness and Overall Performance in the Chinese Construction Industry", *Engineering, Construction and Architectural*

Management, Vol.25, No.6 (2018), pp.780-797.

[477] X. Hu, T. Si, C. Liu, "Total Factor Carbon Emission Performance Measurement and Development", *Journal of Cleaner Production*, Vol.142, No.4 (2017), pp.2804-2815.

[478] X. M. Zhao, C. J. Liu, M. Yang, "The Effects of Environmental Regulation on China's Total Factor Productivity: An Empirical Study of Carbon-intensive Industries", *Journal of Cleaner Production*, Vol.179, (2018), pp.325-334.

[479] X. Q. Wang, S. G. Zhou, B. S. Liu, "The Empirical Research into Efficiency of Construction Industry in Regional China Based on DEA Model", *Construction Economy*, Vol.12, (2011), pp.8-12.

[480] X. Tian, M. Chang, F. Shi, et al., "Decoding the Effect of Socioeconomic Transitions on Carbon Dioxide Emissions: Analysis Framework and Application in Megacity Chongqing from Inland China", *Journal Of Cleaner Production*, Vol.142, (2017), pp.2114-2124.

[481] X. Wang, S. Zhou, B. Liu, "An Empirical Study on Regional Construction Efficiency in China Based on Three-stage DEA Model", *Construction Economy*, Vol.350, No.12 (2011), pp.87-90.

[482] X. Xue, H. Wu, X. Zhang, et al., "Measuring Energy Consumption Efficiency of the Construction Industry: the Case of China", *Journal of Cleaner Production*, Vol.107 (2015), pp.509-515.

[483] X. Zhao, B. Sun, "The influence of Chinese Environmental Regulation on Corporation Innovation and Competitiveness", *Journal of Cleaner Production*, Vol.112, No.4 (2015), pp.1528-1536.

[484] X. Zhao, Y. Zhao, S. Zeng, et al., "Corporate Behavior and Competitiveness: Impact of Environmental Regulation on Chinese Firms", *Journal of Cleaner Production*, Vol.86, No.1 (2015), pp.311-322.

[485] Xia Y., Kong Y., Ji Q., et al. Impacts of China-US trade conflicts on the energy sector [J]. China Economic Review, 2019, p58.

[486] Xiai Shi and Lianshui Li. Green total factor productivity and its decomposition of Chinese manufacturing based on the MML index: 2003-2015 [J]. Journal of Cleaner Production, 2019, 222: 998-1008.

[487] Xiaocang Xu et al. Spatial-Temporal Characteristics of Agriculture Green Total Factor Productivity in China, 1998-2016: Based on More Sophisticated Calculations of Carbon Emissions [J]. *International Journal of Environmental Research and Public Health*, 2019, pp.3932-3939.

[488] Y. Bian, N, Liang, H. Xu, "Efficiency Evaluation of Chinese Regional Industrial

Systems with Undesirable Factors using a Two-Stage Slacks-Based Measure Approach", *Journal of Cleaner Production*, Vol.87 (2015), pp.348-356.

[489] Y. Chen, B. S. Liu, Y. H. Shen, et al., "Spatial Analysis of Change Trend and Influencing Factors of Total Factor Productivity in China's Regional Construction Industry", *Applied Economics*, Vol.50, No.25 (2018), pp.2824-2843.

[490] Y. Gao, S.B. Tsai, X. Xue, et al., "An Empirical Study on Green Innovation Efficiency in the Green Institutional Environment", *Sustainability*, Vol.10, No.3 (2018), p.724.

[491] Y. Guo, X. Xia, S. Zhang, et al., "Environmental Regulation, Government R&D Funding and Green Technology Innovation: Evidence from China Provincial Data", *Sustainability*, Vol.10, No.4 (2018), p.940.

[492] Y. H. Chung, R. Färe, S. Grosskopf, "Productivity and Undesirable Outputs: A Directional Distance Function Approach", *Journal of Environmental Management*, Vol.51, No.3 (1997), pp.229-240.

[493] Y. H. Wang, G. Ye, Y. X. Zhang, et al., "Is the Chinese Construction Industry Moving Towards a Knowledge-and Technology-Intensive Industry"? *Journal of Cleaner Production*, Vol.259 (2020), p.120964.

[494] Y. Li, C. Liu, "Malmquist Indices of Total Factor Productivity Changes in the Australian Construction Industry", *Construction Management and Economics*, Vol.28, No.9 (2010), pp.933-945.

[495] Y. Li, T. Kang, K. Wang, "Productivity Differences of China's Construction Enterprises Based on DEA", *Journal of Liaoning Technical University (Social Science Edition)*, Vol.16, No.1 (2014), pp.15-17.

[496] Y. Lu, J. Wang, L. Zhu, "Place-Based Policies. Creation, and Agglomeration Economies: Evidence from China's Economic Zone Program", *American Economic Journal-Economic Policy*, Vol.11, No.3 (2019), pp.325-360.

[497] Y. Ren, M. Li, "Study on the Efficiency of China's Regional Construction Industry Based on Three-staged DEA", *Journal of Anhui Institute of Architecture & Industry*, Vol.24, No.1 (2016), pp.91-110.

[498] Y. Rubashkina, M. Galeotti, E. Verdolini, "Environmental Regulation and Competitiveness: Empirical Evidence on the Porter Hypothesis from European Manufacturing Sectors", *Energy Policy*, Vol.83, No.35 (2015), pp.288-300.

[499] Y. T. Chang, N. Zhang, D. Danao, et al., "Environmental Efficiency Analysis of Transportation System in China: A non-radial DEA Approach", *Energy Policy*, Vol.58, No.Supplement C (2013), pp.277-283.

[500] Y. Zhang, Y. Wang, "Barriers' and Policies' Analysis of China's Building Energy Efficiency", *Energy Policy*, Vol.62, (2013), pp.768-773.

[501] Yafei Wang et al. Does FDI Promote or Inhibit the High-Quality Development of Agriculture in China? An Agricultural GTFP Perspective [J]. *Sustainability*, 2019, 11 (17): 4620-4620.

[502] Yingjie Feng et al. Ecological well-being performance growth in China (1994-2014): From perspectives of industrial structure green adjustment and green total factor productivity [J]. *Journal of Cleaner Production*, 2019, 236 (C): 117556.

[503] Yingying Zhou et al. The Threshold Effect of China's Financial Development on Green Total Factor Productivity [J]. *Sustainability*, 2019, 11 (14): 3776-3776.

[504] Z Qi, "A Perspective of Evolution for Carbon Emissions Trading Market: The Dilemma between Market Scale and Government Regulation", *Discrete Dynamics In Nature And Society*, Vol.2017, No.2 (2017), pp.1-7.

[505] Z. Feng, W. Chen, "Environmental Regulation, Green Innovation, and Industrial Green Development: An Empirical Analysis Based on the Spatial durbin Model", *Sustainability*, Vol.10, No.1 (2018), p.223.

[506] Z. Gou, S. S. Lau, D. Prasad, "Market Readiness and Policy Implications for Green Buildings: Case Study from Hong Kong", *Journal of Green Building*, Vol.8, No.2 (2013), pp.162-173.

[507] Z. Y, Zhao, M.M. Yao, X.C. Li. "Overcapacity Analysis and Coping Strategies of China's Construction Industry", *Construction economy*, Vol.37, No.06 (2016), pp.9-13.

[508] Z. Zhao, C. Tang, X. Zhang, et al., "Agglomeration and Competitive Position of Contractors in the International Construction Sector", *Journal of Construction Engineering and Management*, Vol.143, No.6 (2017), pp.1-9.

[509] Zhengge Tu and Tao Zhou and Ning Zhang. Does China's Pollution Levy Standards Reform Promote Green Growth? [J]. *Sustainability*, 2019, 11 (21): pp.61-86.